인문학의 뿌리로서의
한국 한문학

인문학의 뿌리로서의

한국 한문학

송재소 지음

보고사
BOGOSA

머리말

나는 2023년 연말에 암(癌) 선고를 받고 그때부터 내가 써온 글들을 정리하기 시작했다. 어쭙잖은 글들이지만 아직 책으로 묶이지 않은 글들을 죽기 전에 한데 모아놓으려 한 것이다. 여기저기 흩어져 있던 글들을 모아 종류별로 분류해 보니 대략 4권 분량이나 되었다. 참으로 쓸데없는 글을 많이도 썼구나 하는 생각이 들었지만 버릴 수가 없었다. 동물이 자기 새끼를 버리지 못하듯이 미우나 고우나 내가 쓴 글들이라 일단 모아서 정리해 보기로 했다.

그중 이 책에는 학술적 성격의 글을 모았다. '학술적 성격의 글'이라 한 것은, 이 책에 학술 논문과 함께 엄격한 의미에서의 학술 논문이라 할 수 없는 글도 섞여 있기 때문이다. 그래서 어떤 글에는 주(注)를 달지 않은 경우도 있고, 번역문만 제시하고 한문 원문을 생략한 글도 있다.

또 내 생애에서 쓴 글들을 모두 모으려는 의도에서, 그동안 잊혔던 아주 오래전 글도 찾아내어 수록했다. 「살아있는 전통문화」는 1984년에 쓴 글이니 지금으로부터 40여 년 전의 글이다. 개인용 컴퓨터가 없었거나 활성화되지 않은 시절에 쓴 글이어서 지금까지 눈에 띄지 않다가 우연히 발견된 것이다.

뿐만 아니라 이 책에는 나의 전공인 한국 한문학 분야 밖의 글도 실려 있는데 「김동리의 『사반의 십자가』에 대하여」가 그것이다. 내 나이 30대 중반의 치기만만하던 시절에 써두었던 글이다. 그때 나는 문학평론에도 관심을 가졌던 것 같다. 40여 년 전의 내 생각이 지금의 생각과 꼭 같지는 않지만 그것도 나의 성장 과정의 일부인 만큼 그때 쓴 논문도 차마 버릴 수 없어 부끄러움을 무릅쓰고 수록했다.

나머지 글들은 2005년에 펴낸 『한국 한문학의 사상적 지평』 이래 여러 학술지에 발표했던 논문과 강연문, 기조연설 등을 모은 것이다. 이렇게 정리를 하고 나니 홀가분하다. 또 한편으로는, 평생을 한국 한문학의 언저리에서 서성이며 '내가 얻은 것은 무엇이며, 내가 학계에 기여한 것은 무엇인가?'라는 아쉬운 생각이 들기도 한다.

　책 이름을 정하지 못하고 있었는데 보고사의 김태희 씨가 '한국 인문학의 뿌리와 미래'라는 가제목을 붙였길래 이를 좀 바꾸어 지금과 같이 '인문학의 뿌리로서의 한국 한문학'이라 최종 결정했다. 1~3부 각 단원의 제목도 김태희 씨가 지어준 대로 따랐다. 이 자리를 빌려 고맙다는 뜻을 전한다. 나의 서툰 컴퓨터 조작을 도와준 성균관대학교 한문학과 박사과정의 김종후 군에게도 감사한다. 그리고 책의 출판을 흔쾌히 허락해 주신 김흥국 사장님에게 감사의 말씀을 드린다.

2025. 2. 27.
지산시실(止山詩室)에서
송재소

차례

책머리에 • 005

제1부
다산학과 실학

다산 경세론의 인문학적 기반 • 011

다산의 사언시에 대하여 • 058

다산학단 연구 서설(序設) • 080

다산학 연구의 제 문제 • 097

다산학 연구의 진단과 과제 • 104

『성호사설』「시문문」을 통해서 본 이익의 문학관 • 114

18세기 동아시아 문명의 새로운 전환 • 130

동아시아 실학 연구가 가야 할 길 • 150

제2부
선비정신의 명맥

선비정신의 본질 • 165

조선 전기 사림·도학파의 문학 사상 • 173

서애 류성룡의 시문학 • 222

지식인의 품격 • 257

사미헌 장복추의 시에 대하여 • 271

19세기 안동 유림의 활동과 서산학파 • 287

심산 김창숙의 독립운동과 반독재 투쟁 그리고 교육활동 • 293

제3부
한국 인문학이 나아갈 방향

살아있는 전통문화 • 307

인문학의 위기와 그 극복 방안 • 318

한국 한문학 연구의 현황 • 331

한국 고전문학의 번역을 위하여 • 342

한국 고전 번역학의 과제 • 348

한국의 한자교육 • 354

항체 문화의 형성을 위하여 • 368

부록
김동리의 『사반의 십자가』에 대하여 • 377

초출일람 • 396

제1부

다산학과 실학

다산 경세론의
인문학적 기반

1. 머리말

500여 권에 달하는 다산(茶山) 정약용(丁若鏞, 1762~1836)의 학문적 업적을 크게 양분하면 경학(經學)과 경세학(經世學)으로 나눌 수 있을 것이다. 이 중 경세학은, 임진왜란과 병자호란을 겪고 난 후 피폐한 이조사회의 각종 병폐를 바로잡아 건강하고 튼실한 나라를 건설하고자 했던 국가 개조론의 성격을 띤다. 다산의 국가 개조론은 정치, 경제, 사회, 문화의 전 분야에 걸쳐 방대하고도 철저하게 전개되었다. 다산은 이렇게 말했다.

한 번 임진년 왜구의 침략 이후로 모든 법도가 무너지고 온갖 일이 문란하여 군문(軍門)은 자꾸 증가되어 국용(國用)이 고갈되고 전제(田制)가 문란하고 조세의 징수가 편벽되어 재물을 생산하는 근원은 힘을 다하여 막아버리고 재물을 소비하는 구멍은 마음대로 뚫어 놓았다. 이에 오직 관서(官署)를 혁파하고 인원을 줄이는 것으로써 위급함을 구제하는 방법으로 삼았으니 이익이 되는 것은 한 말, 한 되밖에 안 되는데도 손해되는 것은 언덕처럼 크게 되었다. 백관(百官)이 갖추어지지 못하고 정직한 선비가 녹(祿)이 없어 탐욕스런 기풍이 크게 일어나고 백성들이 초췌하게 되었다. 가만히 생각하니 털끝 하나도 병들지 않은 것이 없으므로 지금 고치지 않으면 반드시 나라가 망하고 난 후에야 그칠 것이다. 이것이 어찌 충신과 지사(志士)가 팔짱만 끼고 그저 보고만 있을 일인가.[1]

다산의 경세학은 "지금 고치지 않으면 반드시 나라가 망하고 난 후에야 그칠 것이다"라는 절박한 위기의식에서 나온 것이다. 임·병(壬丙) 양란(兩亂)을 거친 후 이러한 위기의식을 가진 학자는 다산 이외에도 있었을 것이다. 그러나 위기의식을 바탕으로 다산만큼 철저한 국가 개조론을 제시한 사람은 없었다.

같은 시대를 살았던 다른 사람들보다 더 철저하고 치밀한 국가 개조론을 다산이 구상하게 된 데에는 다산 나름의 독창적인 사상이 밑받침되었을 것이다. 그리고 이 독창적인 사상의 기저에는 다산 나름의 철학적 사색이 자리 잡고 있었을 것으로 생각된다. 철학은 인간의 사유방식을 연구하는 학문이다. 사유방식의 차이에 따라 국가관, 세계관이 달라지고, 달라진 국가관, 세계관에 따라 현실인식의 시각이 달라지며 따라서 현실에 대한 대처방안도 달라지게 마련이다. 이 논문은, 다산으로 하여금 그토록 방대한 경세론을 펼칠 수 있게 한 사상적 기저를 인문학적(人文學的) 측면에서 밝히는 것을 목적으로 한다.

2. 인문학(人文學)의 개념

본 논문의 제목이 '다산 경세론의 인문학적 기반'인 만큼 먼저 인문학

---

[1] 『與猶堂全書』 5집 권1, 「經世遺表 引」, "一自壬辰倭寇以後, 百度墮壞, 庶事搶攘, 軍門累增, 國用蕩竭, 田疇紊亂, 賦斂偏僻, 生財之源, 盡力杜塞, 費財之竇, 隨意穿鑿. 於是, 唯以革署減員, 爲救急之方. 所益者升斗, 而所損者丘陵. 百官不備, 正士無祿, 貪風大作, 生民憔悴. 竊嘗思之, 蓋一毛一髮, 無非病耳, 及今不改, 其必亡國而後已. 斯豈忠臣志士所能袖手而傍觀者哉"

의 개념을 정의하기로 한다. 정치학이 정치를 연구하는 학문이고, 역사학이 역사를 연구하는 학문이듯 인문학(人文學)은 인문(人文)을 연구하는 학문이다. 그러면 인문이란 무엇인가? 인문이라는 용어가 최초로 사용된 출전은 『주역(周易)』이다. 『주역』 비괘(賁卦)의 단사(彖辭)에 이렇게 쓰여 있다.

    천문(天文)을 관찰하여 사시(四時)의 변화를 살피고, 인문(人文)을 관찰하여 천하를 화성(化成)한다.[2]

이에 대한 정자(程子)의 주(註)를 통하여 인문의 좀 더 분명한 뜻을 알 수 있다.

    천문이란, 해와 달과 별이 뒤섞여 있고, 추위와 더위, 음과 양이 교대로 변화는 것을 말하는데 그 운행을 관찰함으로써 사시(四時)의 변화를 살피는 것이다. 인문은 인리(人理)의 질서인데, 인문을 관찰함으로써 천하를 교화하여 천하가 그 예속(禮俗)을 이루는 것이다.[3]

『주역』에서는 이 세계의 현상을 크게 천문과 인문으로 구분하고 있다. 천문은 자연계의 현상을 가리키고 인문은 인간사회의 여러 현상을 가리킨다. 그런데 여기서 천문과 인문을 나란히 대비시킨 데에는 그럴 만한 이유가 있다. 자연계의 현상에는 일정한 법칙이 있다. 해와 달과 별의 운행에는 그 나름의 질서가 있고, 더위와 추위가 교대로 찾아오는 것

---

2 觀乎天文, 以察時變, 觀乎人文, 以化成天下.
3 天文謂日月星辰之錯列, 寒暑陰陽之代變. 觀其運行, 以察四時之遷改也. 人文人理之倫序, 觀人文, 以敎化天下, 天下成其禮俗.

도 어떤 법칙에 의한 현상이다. 이런 법칙과 질서에 의해서 자연계가 유지되는 것이다.

이와 마찬가지로 인간사회에도 일정한 법칙과 질서가 있어야 한다고 생각했다. 그것이 "인리(人理)의 질서"로 표현되어 있는데, 인리(人理)란 인간의 도리이다. 그러므로 "인리의 질서"는 인간으로서의 도리를 수행하기 위한 질서라 말할 수 있다. 이 질서가 인간사회를 유지하는 기본 법칙이다. 그리고 이것이 곧 인문이라는 것이다. 선초(鮮初)의 정도전(鄭道傳)도 이와 비슷한 글을 남겼다.

> 일월성신은 천지문(天之文)이요 산천초목은 지지문(地之文)이요, 시서예악은 인지문(人之文)이다. 그런데 하늘[天]은 기(氣)로써 존재하고 땅[地]은 형(形)으로써 존재하지만 사람[人]은 도(道)로써 존재한다. 그러므로 "문(文)은 도(道)를 싣는 그릇이다"라 할 때의 문(文)은 인문(人文)을 말한 것이다. 그 도(道)를 터득하면 시서예악의 가르침이 천하에 밝아지고 삼광(三光: 해와 달과 별-인용자)의 운행이 순조로우며 만물이 옳게 다스려지는데 문(文)의 성대함이 이에 이르러 극치에 달한다.[4]

정도전은 시서예악(詩書禮樂)을 인문으로 규정하고 또 인문은 도(道)를 싣는 그릇이라고 말했다. 인문 곧 시서예악의 글은 그 속에 도를 담고 있다는 것이다. 여기서 말하는 도는 인간사회와 자연계를 함께 지배하는 최고의 원리를 지시하는 것으로 표현되어 있지만, 이는 인문의 공

---

4 鄭道傳, 『三峰集』 卷3, 「陶隱先生文集序」(『韓國文集叢刊』 5, 342면), "日月星辰, 天之文也, 山川草木, 地之文也, 詩書禮樂, 人之文也. 然天以氣, 地以形, 而人則以道, 故曰文者載道之器, 言人文也. 得其道, 詩書禮樂之敎, 明於天下, 順三光之行, 理萬物之宜, 文之盛, 至此極矣"

능(功能)을 강조하려는 의도의 결과로 보아야 할 것이다. 그만큼 인문이 중요하다는 말이다.

인문학은 이러한 인문을 연구하는 학문이다. 여기서 '文'이란 글자의 뜻을 검토해볼 필요가 있다. '文'이란 원래 무늬 또는 문채의 뜻으로 쓰인 글자이다. 이 문채는 어떤 사물 고유의 속성이 겉으로 드러난 것이다. 일월성신은 하늘 고유의 무늬이고 산천초목은 땅 고유의 무늬이다. 일월성신이야말로 하늘을 하늘이게끔 해주는 무늬이고 산천초목이야말로 땅을 땅이게끔 해주는 무늬이다. 일월성신의 무늬가 없으면 하늘이라 할 수 없고, 산천초목의 무늬가 없으면 그것은 더 이상 땅이 아니다. 마찬가지로 인문은 인간 고유의 무늬이다. 인문이 있으므로 해서 인간은 인간일 수 있다. 바꾸어 말하면, 인간인 이상 인간 고유의 무늬인 인문이 있어야 한다. 인문이 없으면 인간이 아니고 짐승과 다름없는 존재로 격하된다.

이렇게 보면 하늘의 무늬를 연구하는 학문이 천문학(天文學)이고 인간의 무늬를 연구하는 학문이 인문학이다. 시서예악이 인문이라고 했을 때의 시서예악은 포괄적인 개념이다. 시서예악은 인간의 윤리와 행동규범을 제시하는 전거로서의 대표성을 지니는 개념이다.

이상의 논의를 종합해보면, 동양적 전통의 맥락에서의 인문학은 인간에 대한 학문이고 인간의 삶의 질(質)에 대한 학문이다. 결국 인문학은 인간다운 삶에 대한 탐구를 목적으로 하는 학문이다. 그러므로 인문학은 가치관의 문제를 다룬다. 호랑이에게는 호랑이의 무늬가 있고 기린에게는 기린의 무늬가 있듯이 인간에게는 인간 고유의 무늬가 있다. 이 인간의 무늬가 퇴색하지 않게 해주는 학문이 인문학이다. 즉 어떻게 살아야 인간다운 삶인가? 어떻게 살아야 가치 있는 삶인가를 연구하는 것이 인문학이다.

다산의 경세서(經世書)는 넓게 말하면, 더불어 살아가는 인간세상에서 각자가 인간의 무늬를 잃지 않고 도덕적 가치를 실현할 수 있는 방도를 모색한 글이다. 유학의 가장 중요한 개념인 인(仁)에 대해서도 그는, 사람과 사람 사이의 윤리적 실천행위를 인이라 해석했다. 그만큼 그가 궁극적으로 지향한 것은 인간다운 삶을 영위하는 일이었다. 벼슬하는 사람이나, 재야에서 학문을 닦는 사람이나, 농업에 종사하는 평민이나 모두 인간의 무늬를 잃지 않아야 하는데, 국민 모두가 인간다운 삶을 누리기 위한 법적, 제도적 방안을 큰 틀에서 구상하여 제시한 것이 다산의 경세서라 할 수 있다.

3. 다산 경세론의 이론적 배경

1) 수기(修己)와 치인(治人)

유학자라면 누구나 수기, 치인을 이상적인 목표로 삼는다. 수기는 개인적으로 수양하여 인격을 갖추는 것이고, 치인은 수기를 바탕으로 벼슬에 나아가 자신의 이상을 실현하는 것이다. 다산도 예외가 아니다. 그는 수기와 치인에 관하여 다음과 같이 말했다.

> 군자의 학문은 두 가지를 벗어나지 않는다. 첫 번째는 수기(修己)이고 두 번째는 치인(治人)이다. 수기란 자신을 선(善)하게 하는 것이고, 치인이란 남을 사랑하는 것이다. 자신을 선하게 하는 것은 의(義)가 되고 남을 사랑하는 것은 인(仁)이 되는데, 인과 의는 상호 작용을 하여 어느 한쪽도 폐할 수 없다. 두 개 중에서 각각 그 하나만을 잡는 것은 변통을 알지 못하는 것이니 이는 잘못이다.[5]

학문에 뜻을 둔 군자에게 이처럼 수기, 치인은 표리를 이루는 과제이기 때문에 어느 하나도 소홀히 할 수 없다. 그러면 "자신을 선하게 하여" "의(義)"롭게 되는 수기와, "남을 사랑하여" "인(仁)"을 실천하는 치인의 과정과 그 실체는 무엇인가? 다시 다산 자신의 말을 들어본다.

> 군자의 학문은 수신이 그 반이요 나머지 반은 목민인 것이다. … 먼 변방 귀양살이 18년 동안에 오경(五經)·사서(四書)를 잡고 되풀이 연구하여 수기의 학(學)을 익혔으나, 이윽고 생각해보니 수기의 학은 학의 반에 불과하다.[6]

> 육경사서(六經四書)로써 자신을 닦고(修己) 일표이서(一表二書)로써 천하 국가를 다스렸으니 본(本)과 말(末)이 구비되었다고 하겠다.[7]

"군자의 학문"의 절반인 수기의 학(學)은 육경사서를 연구함으로써 이루었고, 나머지 절반인 치인은 일표이서를 통하여 수행했다는 것이다. 조정에 나아가 벼슬을 함으로써 실제로 자신의 경륜을 펼치는 것을 치인이라 할 수 있는데, 다산이 "일표이서로써 천하국가를 다스렸다"라 말한 것은, 18년간의 유배생활로 인하여 그렇게 할 기회가 없었기 때문에 저술로 이를 대신했다는 의미이다. 『목민심서』 「자서(自序)」에서도 "심

5　『與猶堂全書』 2집 권6, 44면, 『孟子要義』, 「盡心」, "君子之學 不出二者 一曰修己 二曰治人 修己者所以善我也 治人者所以愛人也 善我爲義 愛人爲仁 仁義相用 不可偏廢 二者各執其一 不知變通 是其謬也"

6　『與猶堂全書』 5집 권16, 2면, 『牧民心書』, 「自序」, "君子之學 修身爲半 其半牧民也 … 窮居絶徼 十有八年 執五經四書 反復研究 講修己之學 旣而曰學學半"

7　『與猶堂全書』 1집 권16, 18면, 「自撰墓誌銘」, "六經四書以之修己 一表二書以之爲天下國家 所以備本末也"

서(心書)라 한 것은 무슨 까닭인가. 목민할 마음은 있으나 몸소 실행할 수 없다. 때문에 '심서'라 이름 한 것이다"라 말한 것과 맥락을 같이한다.

그리고 수기는 본(本)이고 치인은 말(末)이라 했다. 이것은 본이 더 중요하고 말이 덜 중요하다는 말은 아닐 것이다. 다만 그 선후관계를 말한 것일 뿐이다. 이것은 다산이 『대학(大學)』의 "物有本末 事有終始 知所先後 則近道矣"를 해석했을 때의 본말, 종시. 선후와 같은 관계로 이해해야 한다. 그는 『대학』의 이른바 '팔조목(八條目)'을 해석하면서 의(意)·심(心)·신(身)이 본(本)이고 가(家)·국(國)·천하(天下)가 말(末)이며, 성(誠)·정(正)·수(修)가 시(始)이고 제(齊)·치(治)·평(平)이 종(終)이라 했다. 그리고 본과 말, 시와 종 중에서 먼저 할 것과 나중에 할 것을 안다면 도(道)에 가까울 것이라고 했다.[8] 성의, 정심, 수신을 먼저 하고 제가, 치국, 평천하를 나중에 할 것이라 말한다고 해서 제가, 치국, 평천하가 덜 중요하다는 말이 아니다. 다만 성의, 정심, 수신을 본(本)으로 삼아야만 제가, 치국, 평천하가 실현될 수 있다는 말이다. 여기서 본, 말, 시, 종으로 나눈 것이 선비가 해나가야 할 일의 순서를 지시한 것과 같이 수기, 치인도 마찬가지이다.

일표이서가 다산 경세론의 중핵(中核)이라 말할 수 있는데, 이에 앞서 수기의 학으로서의 경학 연구가 선행되었음을 의미한다. 실제로 다산은 1801년 강진으로 유배된 후 1816년경까지 예서(禮書), 『시경(詩經)』, 『주역』을 비롯해서 사서(四書)에 대한 연구를 대체로 마무리했다. 특히 1813년에서 1814년의 2년간 『논어』, 『맹자』, 『대학』, 『중용』에 대한 주해(註解)가 집중적으로 이루어졌다. 이를 바탕으로 1817년부터 일표이서의 저술에 착수했다.

---

8 『與猶堂全書』 2집 권1, 17면, 『大學公議』 참조.

이렇게 볼 때 다산 경세론이 나올 수 있었던 인문학적 기반 또는 철학적 기반은 경학 연구라 할 수 있다.

2) 변화와 개혁의 논리

다산의 사상을 한마디로 정의하기는 어려운 일이지만 전체적인 맥락으로 볼 때 개혁사상이라 해도 크게 무리가 없을 것이다. 비유하자면 의사로서의 다산이 진단한 당시의 조선은 중환자(重患者)였다. 그의 말대로 "털끝 하나도 병들지 않은 것이 없는" 나라였다. 이 조선이라는 중환자를 살리기 위한 처방전(處方箋)이 일표이서를 비롯한 경세 관련 저술들이다. 그가 제시한 처방전은 임시방편적인 대증요법(對症療法)이 아니고 보다 철저하고 근본적인 것이었다. 병의 근원을 찾아내어 완전히 제거해야 한다는 처방을 내린 것이다. 다산 경세론의 결정판이라 할 수 있는 『경세유표(經世遺表)』의 성격을 그는 스스로 다음과 같이 규정했다.

> 『경세유표』는 어떤 것인가. 관제(官制), 군현제(郡縣制), 전제(田制), 부역(賦役), 공시(貢市), 창저(倉儲), 군제(軍制), 과제(科制), 해세(海稅), 상세(商稅), 마정(馬政), 선법(船法) 등 나라를 경영하는 제반 제도에 대해서 현재의 실행 여부에 구애되지 않고 경(經)을 세우고 기(紀)를 나열하여 낡은 우리나라를 새롭게 해보려고 생각한 것이다.[9]

"현재의 실행 여부에 구애되지 않고[不拘時用]" "낡은 우리나라를 새롭게[新我之舊邦]" 하려는 다산의 시도는 철저한 개혁정신의 소산이다.

9　『與猶堂全書』 1집 권16, 18면, 「自撰墓誌銘」, "經世者何也, 官制郡縣之制, 田制賦役貢市倉儲, 軍制科制 海稅商稅 馬政船法 營國之制 不拘時用 立經陳紀 思以新我之舊邦也"

다산은 기본적으로 법과 제도는 시대에 따라 변할 수 있고 또 마땅히 변해야 한다고 생각했다. 이 세상에 고정불변한 법과 제도는 없다는 것이 다산의 신념이다. 이것은 다산 경세론의 전개에 가장 중요한 전제이다. 그는 하(夏)나라의 고법(古法)을 존중해야 할 것이라 말하면서도

> 그러나 은(殷)나라 사람이 하(夏)나라를 교대했을 때 덜고 보태는 것이 없을 수 없었고, 주(周)나라 사람이 은나라를 교대했을 때 덜고 보태는 것이 없을 수 없었으니 무엇 때문인가? 세상의 도리는 강물이 흘러가는 것과 같아서 한 번 정해져서 만세토록 변동되지 않는 것은 이치가 능히 그렇게 되는 것이 아니다. … 이로 인하여 살펴보면, 법을 능히 고치지 못하는 것과 제도를 능히 변경하지 못하는 것은 한결같이 사람의 어질고 어리석음에 말미암은 것이지 천지의 이치가 원래 고침이 없고 변경이 없게 하고자 함은 아닌 것이다.[10]

라고 하여 변법(變法)의 당위성을 말하고 있다. 그는 또 법과 제도의 변경을 "사시(四時)가 변하지 않을 수 없는 것과 같다"[11]라 말함으로써 그것을 지극히 자연스러운 일로 간주했다. 같은 글에서 다산은 또한, 영조(英祖)가 균역법(均役法)을 제정할 때 반대하는 자들에게 "나라가 비록 망하더라도 이 법은 고치지 않을 수 없다"고 말한 것을 두고 "대성인(大聖人)의 훌륭한 말씀"이라고 극찬한 뒤에

---

10 『與猶堂全書』 5집 권1, 「經世遺表 引」, "然殷人代夏, 不能不有所損益, 周人代殷, 不能不有所損益. 何則, 世道如江河之推移, 一定而萬世不動, 非理之所能然也. … 由是觀之, 法之不能改, 制之不能變, 一由夫本人之賢愚, 非天地之理, 原欲其無改無變也"

11 『與猶堂全書』 5집 권1, 「經世遺表 引」, "如四時之不能不變"

그러므로 법을 고치고 관직을 정비한 일은 『춘추(春秋)』에서 이를 귀하게 여겼으니, 반드시 왕안석(王安石)의 일로써 이를 꾸짖는 것은 용렬한 사람의 속된 말이고 밝은 임금이 마땅히 걱정할 바는 아니다.[12]

라 하여 『춘추』의 권위를 내세워 개혁의 당위성을 말하고, 편법을 주장해서 간신의 대명사처럼 인식되었던 왕안석에 대해서도 극단적으로 폄하하지는 않는 듯한 태도를 보이고 있다. 역대 왕들이 고치기를 꺼려했던 이른바 '조종지법(祖宗之法)'에 대해서도 다산은 생각을 달리했다.

만약 "우리 선조는 성인이므로 선조가 제정한 것은 모두 하늘이 이룬 것이고 땅이 정한 것이다"라 말하면서, 신성하여 헤아릴 수 없는 묘(妙)가 있다고 여겨 감히 변동하지 못한다면 그런 나라는 부패하고 위축되어 망하지 않은 적이 없다. … 조종(祖宗)의 법은, 좋으면 그대로 두고 폐단이 있으면 좋게 고치는 것이 옳다. 경세제긴(經世濟긴)의 책무를 아는 선비가 일을 하려고 할 때마다 용렬하고 무식한 사람들이 문득 조종의 법임을 끌어들여 호령함으로써 백세(百世)에 잘 다스려진 적이 없게 되었다.[13]

그것이 비록 조종지법이라도 폐단이 있으면 고쳐야 한다는 것이 다산의 생각이다. 실로 다산의 개혁적 경세론은 이러한 신념에서 나온 것이다. 다산 이전의 어느 누구도 다산만큼 투철한 개혁론을 펼친 사람은 없

---

12 『與猶堂全書』 5집 권1 「經世遺表 引」, "故改法修官 春秋貴之 其必以王安石而叱之者 庸夫之俗言 非明主之所宜恤也"
13 『與猶堂全書』 1집 권12, 6면, 「及黶論」, "若但曰, 吾祖聖人也, 其所爲皆天成地定也. 疑其有神詭不測之妙, 而莫敢遷動焉, 則其國未有不腐壞委頓, 而亡者也. … 祖宗之法, 善則因之, 敝則修潤之可也. 經濟識務之士, 每有所欲爲, 庸劣不學者, 輒引祖宗, 以號令之, 使百世無善治者"

었다. 성리학자 중에서 비교적 강도 높은 경장론(更張論)을 제시했던 율곡(栗谷) 이이(李珥)도 조종의 법은 변경할 필요가 없다고 했다.

> 그러므로 법이 있더라도 그것을 시행할 사람이 없으면 법이 스스로 시행되지 못한다. 법이 없더라도 사람이 있으면 사람이 법을 만들어낼 수가 있다. 그러므로 법이 아름답지 못하다고 근심할 일이 아니요, 사람이 훌륭하지 못함을 근심해야 한다. … 우리 조종(祖宗)의 법은 진선진미(盡善盡美)하여 더할 것이 없다. 사람을 얻어 법을 시행한다면 양병(養兵), 양민(養民)이 지극하게 되지 않음이 없을 것인데 어찌 반드시 경장(更張)을 하리요.[14]

조종의 법 자체는 '진선진미'한 것이어서 고칠 필요가 없고 다만 그것을 운용하는 사람이 문제라는 것이다. 율곡의 현실인식에 대하여 김태영(金泰永) 교수는 다음과 같이 말했다.

> 율곡의 현실인식은, 조종의 법제가 비록 삼대(三代)의 경우와 동질의 것은 아니라 하더라도 그것이 근원적으로 잘못 제정된 법제는 아니라고 하는 전제에 입각하고 있었다. 법제보다 그것을 운용하는 사람이 항상 문제라는 것이 율곡의 기본 견해였다. … 그러므로 그의 현실인식은 어디까지나 조종의 법제라든가 기존의 국가 통치체제를 일단 긍정적으로 전제하고서 출발하는 입장이었다.[15]

14　李珥, 『栗谷全書拾遺』 卷4, 「軍政策」(『韓國文集叢刊』 45, 545면), "故有法無人, 則徒法不能自行, 有人無法, 則惟人可以創法. 是以, 不患法之不美, 而患人之未善耳. … 惟我祖宗之法, 盡善盡美, 無以尙矣. 得人而行法, 則兵民之養, 無所不用其極矣, 何必更張"

조종의 법제에 대해서 율곡과 다산이 견해를 달리한 것은 단순히 두 사람의 개인적 차이에 기인한 것일 수도 있지만 더 깊이 따지면 성리학자 율곡과 실학자 다산의 차이로 보인다. 결국은 성리학자로서의 율곡과 실학자로서의 다산의 세계관이 달랐기 때문이라고 볼 수 있다. 그러면 성리학의 세계관과 다산의 세계관은 어떻게 다른가? 이에 대한 답은 다산의 경학 연구에서 찾을 수 있다. 다산의 경학 관련 저술은 방대하다. 그가 「자찬묘지명(自撰墓誌銘)」에서 밝힌 「경집(經集)」의 분량은 232권이나 된다. 『여유당전서(與猶堂全書)』 500여 권의 절반에 가까운 분량이다. 이 경집의 내용을 분석하고 그 성격을 밝히는 일은 필자의 능력 밖의 일이다. 본 논문에서는 선학들과 다산 경학 연구자들의 선행 업적에 힘입어, 다산 경세론의 전개와 관련 있다고 생각되는 몇몇 항목에 대하여 살펴보기로 한다.[16]

4. 다산 경세론의 이론적 근거

1) 우주론(宇宙論)

성리학적 우주론에는 태극(太極)이 그 중심에 놓여있다. 태극은 인간을 포함한 우주만물의 궁극적 존재근원으로서, 우주만물을 생성하고 순

---

15 金泰永, 『실학의 국가 개혁론』, 서울대학교 출판부, 1998, 16~17면.
16 본 논문에서 주로 참고한 서적은 다음과 같다. 금장태, 『心과 性』(서울대학교 출판부, 2005), 금장태, 『仁과 禮』(서울대학교 출판부, 2006), 장승구 『정약용과 실천의 철학』(서광사, 2001), 李篪衡, 『茶山經學研究』(太學社, 1996), 鄭一均, 『茶山四書經學研究』(一志社, 2000), 백민정, 『정약용의 철학』(이학사, 2007). 그리고 번역서로는 李篪衡, 『譯註 論語古今註』(사암, 2010)과 李篪衡, 『譯註 茶山孟子要義』(현대실학社, 1994)의 도움을 많이 받았음을 밝힌다.

환시키는 원리이다. 그러므로 천지만물은 모두 태극으로부터 생성된 것이다. 그리고 태극으로부터 생성된 만물 역시 각각 태극을 갖추고 있다. 이 태극이 곧 천지만물을 주재(主宰)하는 근거로서의 리(理) 또는 천리(天理)이다. 한편 만물의 생성원리로서의 태극과는 별도로 만물에 내재(內在)해 있는 태극을 성(性)이라 한다.

태극은 원(元)·형(亨)·이(利)·정(貞)의 사덕(四德)으로 만물을 생성, 운행하고 만물에 내재해 있는 성(性)은 인(仁)·의(義)·예(禮)·지(智)를 그 속성으로 하고 있다. 이 인의예지의 성과 원형이정의 태극이 동일한 하나의 리(理)로 일관되어 있다는 것이 성리학의 이론인데 이것이 곧 '성즉리(性卽理)'이다. 인간에 한정해서 말한다면 성(性)은 인간의 선(善)한 본성을 지칭하고 그 내용이 인의예지이다. 이 인의예지는 인간의 윤리행위의 준칙으로 인간이 가치 있는 삶을 영위하기 위해서 반드시 따라야 할 절대명제(絕對命題)이다. 왜냐하면 성이 곧 만물을 주재하는 리 또는 천리이기 때문이다. 성리학은 이 천리를 체득하는 것을 목적으로 하는 학문인데 천리를 체득한다는 것은 인간에게 본래부터 갖추어져 있는 선한 본성을 자각하여 실현한다는 것을 의미한다. 인간이 선한 본성을 자각함으로써만 그에 합당한 윤리적 실천을 할 수 있다는 것이 성리학의 사상체계이다.

리(理)는 모든 현상계의 존재근거이며 우주 삼라만상을 지배하는 최고의 원리이지만 그 속성은 형이상학적이고 선험적(先驗的)인 초월자이다. 주자(朱子)에 의하면 리 또는 천리는 형체도 없고[無狀], 소리도 없고[無聲], 방소도 없고[無方所], 냄새도 없는[無臭] 무형의 추상물이다. 또한 천리는 인간의 경험 이전부터 존재해온 초월적인 절대자이기 때문에 인위적으로 만들어진 것이 아니고 자기 스스로 그렇게 존재하는 것이다. 성리학자들은 이 천리를 체득함으로써 천리에 순응하는 것이 인간의 도리라고 생각한다. 천리에 순응하는 것이 곧 선한 본성을 실현하는 것이기 때문이다. 천리를 체득하여 천리에 순응하게 되는 경지를 '천인합일(天人合一)'이라 하는데 끊임없는 수양을 통하여 천인합일의 경지에 이른 사람이 성인(聖人)이다. 요(堯)·순(舜)·우(禹)·탕(湯)·문(文)·무(武)·주공(周公)·공자(孔子)는 모두 천인합일을 이룬 성인이다. 그러므로 성리학은 성인이 되기 위한 공부라 할 수 있다.

다산은 이러한 성리학적 우주론에 대하여 비판적인 입장을 취했다. 우선 그는 만물을 화생(化生)하는 존재근거로서의 태극 개념을 부정한다. 그는 세계의 근원을 태극으로 보면서도, 태극을 리(理)로 보지 않고 기(氣)로 파악했다. 그는 태극을 "천지가 나누어지기 전의 혼돈한 것으로 형체 있는 것의 시초요, 음양을 잉태하고 있는 것으로 만물의 시초"[17]라 정의하고 주자의 태극에 대한 이론을 이렇게 반박했다.

> 후세의 의론은 태극을 높이 받들어 형이상(形而上)의 것으로 만들고 매양 말하기를 "이것은 리(理)이지 기(氣)가 아니다", "이것은 무(無)이지 유(有)가 아니다"라 한다.[18]

이 말을 뒤집어 생각하면, 태극은 형이하적(形而下的)인 것이고 기(氣)이며 유(有)라는 말이라 볼 수 있다. 주자식의 견해는, 인간의 지각활동 너머에 있는 선험적인 무형의 어떤 섭리를 설정함으로써 현상을 설명하려고 하는 관념론적 사고의 소산인데, 도대체 형체도 없는 추상적인 '그

---

17 『與猶堂全書』 2집 권17, 1면, 『易學緖言』 권3, 「沙隨古占駁」, "太極者, 天地未分之先, 渾敦有形之始, 陰陽之胚胎, 萬物之太初也"

18 『與猶堂全書』 2집 권16, 3면, 『易學緖言』 권2, 「韓康伯玄談考」, "後世之論, 推尊太極 爲形而上之物, 每云是理非氣, 是無非有"

무엇'이 세계의 주재자가 될 수 없다는 것이 다산의 생각이다.

「태극도(太極圖)」의 한 둥근 동그라미는 육경(六經)에 보이지 않는다. 이것은 영(靈)이 있는 물건인가, 아니면 아무런 지각도 없는 물건인가, 텅 비어있는 불가사의한 것인가? 천하의 영이 없는 물건은 주재자가 될 수 없다. 그러므로 한 집안의 어른이 혼매하고 지혜롭지 못하면 집안의 만사가 다스려지지 않고, 한 고을의 어른이 혼매하고 지혜롭지 못하면 그 고을의 만사가 다스려지지 않는다. 그런데 하물며 텅 비어있는 태허(太虛)의 한 리(理)로써 천지만물을 주재하는 근본으로 삼는다면 천지 사이의 일이 이루어질 수 있겠는가?[19]

"「태극도」의 한 둥근 동그라미"는 태극을 말하는데, 이 태극이 "육경에 보이지 않는다"고 말함으로써 다산은 태극의 실재 자체에 대해서 회의적인 견해를 보였다. 그러나 태극이 실재하더라도 그것을 기(氣)라고 생각했지 무형의 리(理)로 보지는 않았다. 그는 "염계(濂溪) 주 선생(周先生)이 일찍이 그림을 그려서 「태극도」를 만들었는데 무릇 형체가 없었다면 「태극도」를 만들지 못했을 것이다. 리(理)를 어떻게 그림으로 그릴 수 있겠는가"[20]라 하여 만일 태극이 있다면 분명히 형체가 있는 것이라 말했다. 다산은 태극을 원초적 기(氣)의 모습으로 파악했는데 이 원초적 기는 결국 음양을 잉태하고 천지를 만들기 위한 잠재적 상태의 기일 뿐

---

19 『與猶堂全書』 2집 권6, 38면, 『孟子要義』, 「盡心 第七」, "太極圖上一圓圈, 不見六經, 是有靈之物乎 抑無知之物乎? 將空空蕩蕩, 不可思議乎? 凡天下無靈之物, 不能爲主宰. 故一家之長, 昏愚不慧, 則家中萬事不理, 一縣之長, 昏愚不慧, 則縣中萬事不理. 況以空蕩蕩之太虛一理, 爲天地萬物主宰根本, 天地間事, 其有濟乎"

20 『與猶堂全書』 2집 권47, 1면, 『易學緖言』 권3, 「沙隨古占駁」, "濂溪周先生, 嘗繪之爲圖. 夫無形則無所爲圖也, 理可繪之乎"

이다.[21]

여기서 다산 경세론의 단초가 마련된다. 주자와 다산의 철학적 견해의 차이는 태극 개념에 대한 차이에 그치지 않고 현실을 파악하는 입장의 차이로 연장되기 때문이다.

주자학에 의하면 천하의 사물에는 당연(當然)의 '리(理)'와 아울러 소이연(所以然)의 '리'가 있는데, 인간의 윤리관계도 자연적인 것이고 결코 인위적인 것이 아니며, 이것이 곧 당연 또는 소이연의 '리'로서 천(天)으로부터 품수(稟受)하는 '성(性)'에 불과한 것이라고 하였다. 이 '성'이 천지간에 존재하는 '태극'이라고 부르는 혼연(渾然)한 일리(一理)이며, 나아가 군(君)의 인(仁), 신(臣)의 의(義), 친(親)의 자(慈), 자(子)의 효(孝), 그리고 지주와 농노 등 모든 상하관계는 모두 사람의 작위(作爲)에서 된 것이 아닌 동시에 조금도 이론(異論)이 있을 수 없는 자연이요 천리(天理)라는 것이다.[22]

천지만물을 천리의 구현으로 보는 성리학에서는 인간사회의 모든 제도나 신분질서 또한 천리가 구현된 것으로 파악한다. 그러므로 각종 제도나 신분질서를 바꾸는 것은 원칙적으로 천리를 거역하는 셈이 된다. 이것을 성리학에서는 '연비어약(鳶飛魚躍)'으로 설명한다. 즉 인간사회의 기존 질서는, 솔개가 하늘에서만 날고 물고기가 연못에서만 뛰노는 것과 같아서 바꿀 수 없다는 것이다. 만약 기존의 제도나 질서를 바꾼다면

21　백민정, 『정약용의 철학』, 이학사, 2007, 121면 참조.
22　李佑成, 「儒敎의 政治觀과 近代的 政治理念」, 『韓國의 歷史像』, 創作과批評社, 1982, 248~249면.

이는 솔개가 연못에서 뛰놀고 물고기가 하늘을 나는 것과 같아서 있을 수 없는 일이 된다. 성리학자들이 기존 제도의 개혁에 소극적인 이유가 여기에 있다. 이에 반해서 천리 또는 태극의 절대성을 부정하는 다산으로서는 기존 제도의 구속으로부터 자유로울 수 있다. 조종의 법제는 진선진미하다고 한 율곡과, 조종의 법제일지라도 과감히 개혁해야 한다고 주장한 다산의 차이가 여기서 확연히 드러난다.

2) 심성론(心性論)

인의예지는, 우주의 생성원리인 태극의 속성인 원형이정(元亨利貞)이 개별 존재자의 성(性)에 부여된 것으로 선험적(先驗的) 리(理)라는 것이 성리학의 이론이다. 이 인의예지의 본성이 밖으로 드러난 것이 측은지심(惻隱之心), 수오지심(羞惡之心), 사양지심(辭讓之心), 시비지심(是非之心)의 사단(四端)이다. 주자는 『맹자집주(孟子集註)』에서 이를 다음과 같이 설명했다.

> 측은, 수오, 사양, 시비는 정(情)이요, 인, 의, 예, 지는 성(性)이요, 심(心)은 성과 정을 통합한 것이고 단(端)은 실마리이다. 정이 발함으로 인하여 성의 본연을 볼 수 있으니, 물건이 안에 있으면 실마리가 밖에 나타나는 것과 같다.[23]

인의예지의 사덕이 밖으로 드러난 단서가 사단이라는 것이다. 그러므로 사덕은 사단의 가능근거가 되는 선험적인 리(理)이다. 그러나 다산은

---

23 『孟子集註』, 「公孫丑 上」〈人皆有不忍人之心〉장, "惻隱羞惡辭讓是非, 情也. 仁義禮智, 性也. 心統性情者也. 端緖也. 因其情之發, 而性之本然, 可得而見, 猶有物在中, 而緖見於外也"

이 주자의 설을 정면으로 반박했다. 즉 사단의 단(端)은, 내면의 사덕이 밖으로 드러난 실마리가 아니라 거꾸로 사덕을 이루기 위한 시작이라는 것이다. 이것이 이른바 '단시설(端始說)'이다. 이 사단의 실마리를 시작으로 이를 실천함으로써 사덕을 성취할 수 있다는 것이 다산의 견해이다.

> 인의예지의 명칭은 일을 행한[行事] 후에 이루어지는 것이다. 그러므로 사람을 사랑한 후에 이를 인(仁)이라 하는 것이지 사람을 사랑하기 전에는 인이라는 명칭이 성립되지 않는다. 나를 선(善)하게 한 후에 이를 의(義)라고 하는 것이지 나를 선하게 하기 전에는 의라는 명칭이 성립되지 않는다. 손님과 주인이 절하고 읍(揖)한 후에 예(禮)라는 명칭이 성립되고 사물을 명료하게 분변한 후에 지(智)라는 명칭이 성립된다. 어찌 인의예지의 네 알맹이가 복숭아와 살구의 씨처럼 사람의 마음속에 덩어리로 잠재해 있는 것이겠는가?[24]

측은, 수오, 사양, 시비의 사심(四心)은 인간이 본래 구유(具有)하고 있는 마음인데 이를 단초로 삼아 확충함으로써만 인의예지의 사덕(四德)을 이룰 수 있다는 것이 다산의 주장이다. 이렇게 사심을 단초로 삼아 확충해 나가는 행위가 다산이 말하는 "행사"이다. 행사란 실천이다. 일상생활에서 사심(四心)을 실천한 후에라야 인의예지를 이룰 수 있는 것이지 실천하기 전에는 아예 인의예지의 명칭조차 운위할 수 없다는 것이다. 실천하기 전에도 사덕이 선험적으로 인간 본성에 내재해 있다는

---

24 『與猶堂全書』 2집 권5, 22면, 『孟子要義』, 「公孫丑 第二」, "仁義禮智之名, 成於行事之後. 故愛人而後謂之仁, 愛人之先, 仁之名未立也. 善我而後謂之義, 善我之先, 義之名未立也. 賓主拜揖而後禮之名立焉, 事物辨明而後智之名立焉. 豈有仁義禮智四顆, 磊磊落落, 如桃仁杏仁, 伏於人心之中者乎"

주자의 설을 뒤집은 것이다. 이러한 다산의 학설은 매우 중요한 의미를 지닌다. 이 학설이 다산 경세론의 단초가 되기 때문이다.

> 인의예지가 행사(行事) 이후에 이루어진다는 것을 알면 사람이 힘써 부지런히 하여 그 덕을 이루기를 바라지 아니함이 없을 것이다. 인의예지를 본심의 온전한 덕(德)이라 알고 있다면 사람이 할 일이란 다만 향벽관심(向壁觀心)하고 회광반조(回光反照)함으로써 이 심체(心體)를 허명통철(虛明洞澈)하게 할 따름이다. 그리하여 인의예지라는 네 덩어리의 어렴풋한 모습이 있어 나의 함양(涵養)을 받는 듯함을 보이게 할 뿐이다. 이것이 어찌 옛 성인들이 힘쓰던 바이겠는가.[25]

성리학적 수양론(修養論)에 대한 다산의 비판에 관해서는 후술하겠지만, 근본적으로 인의예지를 선천적으로 주어진 성(性) 또는 리(理)로 본다면 인간은 그것을 잘 지키고 밖으로 드러나기를 기다리는 수밖에 없다. 이것을 다산은 '향벽관심' 즉 벽을 향하고 마음을 관조하는 것, '회광반조' 즉 빛을 안으로 돌려 마음의 본체를 밝히려는 것이라 표현한 것이다. 이러한 수양론에서는 사회관계 속에서의 인간의 실천이 거세된다. 따라서 참된 선비가 지향해야 할 경세적 행사와는 거리가 멀어진다. 왜냐하면 성리학적 수양론에 따른다면 치국안민(治國安民)이라는 사회적 실천보다 개인의 내면적 수양이 더 중요시되기 때문이다.

이러한 다산의 관점은 인(仁)의 해석에서 더욱 선명하게 드러난다. 주

---

25 『與猶堂全書』 2집 권5, 22면, 『孟子要義』, 〈公孫丑 第二〉, "仁義禮智, 知可以行事而成之, 則人莫不俛焉孳孳, 冀成其德. 仁義禮智, 知以爲本心之全德, 則人之職業, 但當向壁觀心, 回光反照, 使此心體, 虛明洞澈, 若見有仁義禮智四顆, 依俙髣髴, 受我之涵養而已, 斯豈先聖之所務乎"

지하는 바와 같이 인은 유학의 가장 중요한 개념 중의 하나이다. 주자는 인을 "사랑의 이치요 마음의 덕[愛之理 心之德]"이라 해석하고 궁극적으로는 "천지가 만물을 낳는 마음[天地生物之心]"으로서, 태극의 동력을 인이라 정의했다. 이에 반해서 다산은 인륜관계의 실천 속에서 인의 의미를 부여했다.

옛 전서(篆書)에 인(仁)이란 글자는 人과 人이 중첩된 문자였다. 아버지와 아들은 두 사람이고 형과 아우는 두 사람이며, 임금과 신하는 두 사람이고 목민관과 백성은 두 사람이다. 무릇 두 사람 사이에서 그 본분을 다하는 것을 인이라 한다. 천지가 만물을 낳는 마음이 나와 무슨 상관이 있겠는가? 자식된 자가 그 부모에게 효도하면서 "나는 천지가 만물을 낳는 마음으로 부모에게 효도한다"고 말하거나, 신하된 자가 그 임금에게 충성하면서 "나는 천지가 만물을 낳는 마음으로 임금에게 충성한다"고 말한다면 사체(事體)에 상당한 손상이 있을 것이다.[26]

사람과 사람 사이의 윤리적 실천행위를 인이라 단정하고, '천지생물지심(天地生物之心)'이 인이라는 주자의 설을 강도 높게 비판하고 있다. 어디까지나 "행사" 즉 실천을 통해서만 인이 성립될 수 있다는 견해이다. 다음 글에서는 좀 더 자세히 주자설을 비판하고 있다.

부모 섬기기를 효성스럽게 하는 것이 인(仁)이라는 것을 안다면 따뜻

---

26 『與猶堂全書』 2집 권4 36면, 『中庸講義補』 권1, 〈故爲政在人〉 절, "古篆仁者, 人人疊文也. 父與子二人也, 兄與弟二人也, 君與臣二人也, 牧與民二人也. 凡二人之間, 盡其本分者, 斯謂之仁. 天地生物之心, 干我甚事. 爲人子者, 孝於其親曰, 我以天地生物之心, 孝於親, 爲人臣者, 忠於其君曰, 我以天地生物之心, 忠於君, 豈於事體有多少損傷"

함과 서늘함을 살피고 음식을 봉양함에 마땅히 아침저녁으로 힘쓰게 된다. 천지가 만물을 낳는 마음이 인이라면 오직 눈을 감고 단정히 앉아 있으면 된다. 임금 섬기기를 충성스럽게 하는 것이 인이라는 것을 안다면 임금을 바로잡고 돕고 부지(扶持)하여 마땅히 바쁘게 힘을 다하게 된다. 동방(東方)의 목덕(木德)이 인이라면 오직 흙이나 나무 같은 몸뚱이로 스스로 명(命)하기를 음양을 섭리(燮理)한다고 하면 그만이다. 백성 다스리기를 자애롭게 함이 인이라는 것을 안다면 백성을 편안하게 해주고 은혜를 베풀고 구제하는 데에 마땅히 공경과 힘을 다하게 된다. 몸속에 가득한 한 덩이의 화기(和氣)가 인이라면 오직 아무 말없이 문을 닫아걸고 그 기운을 함양하면 그만이다. 그 공적을 이룸이 어찌 만 배의 차이가 나지 않겠는가?

유자(有子)가 말하기를 "효제(孝悌)란 인(仁)을 행하는[爲] 근본이 된다"라 하였고, 공자가 말하기를 "인(仁)을 행함[爲]은 자기에게서 말미암는다"라 하였으며, 증자(曾子)는 말하기를 "당당하도다, 자장(子張)이여! 그러나 함께 인을 행하기[爲]는 어렵도다"라 하였으니, 인(仁)이 본래 마음속에 있는 리(理)라면 어떻게 인을 '행한다[爲]'고 할 수 있겠는가? '爲'자는 '作' 자와 같은 것이니 힘을 써서 일을 행하는 것[行事]을 '爲'라 하고, 손을 대어 일을 도모하는 것을 '爲'라고 한다. 마음속에 있는 리(理)를 어찌 손을 대어 힘을 쓸 수 있겠는가?[27]

---

27 『與猶堂全書』 2집 권5, 22면, 『孟子要義』, 「公孫丑 第二」, "知事父孝爲仁, 則溫淸滫瀡, 便當朝夕著力. 謂天地生物之心爲仁, 則惟瞑目端坐而已. 知事君忠爲仁, 則匡拂扶持, 便當奔走竭力. 謂東方木德爲仁, 則惟土木形骸, 自命曰燮理陰陽而已. 知牧民慈者爲仁, 則懷綏惠恤, 便當恪恭致力. 謂滿腔子一團和氣爲仁, 則惟默然無語, 閉門涵養而已. 其功績之所成就, 豈不萬倍以相懸乎. 有子曰孝弟也者, 其爲仁之本. 孔子曰爲仁由己. 曾子曰堂堂乎張也, 難與竝爲仁矣. 仁本在內之理, 則何以謂之爲仁. 爲猶作也, 用力行事之謂爲也, 著手圖功之謂爲也, 在心之理, 何以著手而用力乎"

다산이 줄기차게 주장하고 있는 것은 실천적 윤리규범으로서의 인(仁)이다. 그는 『논어』의 구절을 재해석함으로써 인을 "천지만물지심(天地萬物之心)"이라 보는 주자의 설을 반박하고 있다. 그는 다른 글에서도 "안연(顔淵)이 인을 물었을 때 공자는 '극기복례(克己復禮)하는 것이 인이다'라 하였으니, 인이라는 것은 사람의 공(功)으로 이루어지는 것이지 태어날 때부터 하늘이 한 덩어리의 인을 만들어 사람의 마음에 끼워 넣은 것이 아님을 밝혔다. 극기복례할 때 어찌 사람의 노력이 많이 필요하지 않겠는가?"[28]라 하여 "사람의 공(功)" 즉 인륜의 실천을 통해서 이루어지는 것이 인임을 거듭 주장하고 있다.

다산이 말하는 "사람의 공" 즉 인륜의 실천은 구체적으로 "부모 섬기기를 효성스럽게 하고" "임금 섬기기를 충성스럽게 하고" "백성 다스리기를 자애롭게 하는" 그런 일이다. 그는 "인(仁)이란 다른 사람을 향한 사랑이다"[29]라 말했는데, 부모를 사랑하고 임금을 사랑하고 백성을 사랑하는 것이 곧 인이라는 것이다. 이렇게 다른 사람을 사랑하면서 펼치는 정사(政事)가 '인정(仁政)'이고 다산의 경세론은 이 인정을 베풀자는 것 이외의 아무 것도 아니다. 다른 사람을 사랑하는 마음으로 인정을 베푼다면 그가 『목민심서』 서(序)에서 말한 바 "하민(下民)들은 여위고 시달리고, 시들고 병들어 서로 쓰러져 진구렁을 메우는데, 그들을 기른다는 자는 바야흐로 고운 옷과 맛있는 음식으로 자기만 살찌우는"[30] 그런 일은 벌어지지 않을 것이다. 물론 백성을 돌보지 않고 "자기만 살찌우

---

28 『與猶堂全書』 2집 권5, 22면, 『孟子要義』, 「公孫丑 第二」, "顔淵問仁, 子曰克己復禮爲仁, 明仁之爲物, 成於人功, 非賦生之初, 天造一顆仁塊, 挿于人心也. 克己復禮之時, 豈不費許多人力乎?"

29 『與猶堂全書』 2집 권9, 14면, 『論語古今注』 卷3, 「雍也 下」, "仁者嚮人之愛也"

30 『與猶堂全書』 5집 권16, 1면, "下民羸困, 乃蠹乃瘵, 相顚連以實溝壑, 而爲牧者, 方且鮮衣美食以自肥"

는" 목민관들이 모두 성리학자여서 그렇다는 말은 아니다. 그들이 성리학자이든 아니든 목민관은 백성을 사랑하는 마음으로 인정을 베풀어야 하는데, 적어도 글 읽은 선비라면 공자가 그토록 강조한 인(仁)의 참뜻을 알아야 하고 인의 참뜻을 알기 위해서는 주자식의 공허한 인설(仁說)에 매몰되어서는 안 된다는 것이 다산의 확고한 신념이다.

3) 수양론(修養論)

유학의 수양론은 심성론에 바탕을 두고 있다. 심, 성의 올바른 실현을 추구하여 인격의 완성을 이루고자 하는 것이 수양론이다. 이 수양론은 도덕론과 연계되며 나아가 사회적 실천으로서의 경세론과 깊이 관련되어 있다. 그러므로 다산 수양론의 구조를 밝히는 것이 그의 경세론이 근거한 기반을 확인하는 것이 된다. 성리학의 심성론은 '심통성정론(心統性情論)'으로 요약되는데 퇴계와 율곡의 글에 명시되어 있다.

> 리(理)와 기(氣)가 합하여 심(心)이 되므로 자연히 허령지각(虛靈知覺)의 묘가 있는 것입니다. 고요하여 뭇 이치를 구유한 것이 성(性)이고, 이 성을 담고 있는 것이 심이며, 움직여 만사에 응하는 것이 정(情)입니다. 이 정을 드러내는 것 역시 심입니다. 그러므로 심통성정이라고 합니다.[31]

> 천리(天理)가 사람에게 부여된 것을 일러 성(性)이라 하고, 성과 기(氣)가 결합하여 일신을 주재하는 것을 일러 심(心)이라 하며, 심이 사물에 응하여 밖으로 드러나는 것을 일러 정(情)이라 합니다. 성은 심의 체(體)

31　李滉, 『退溪先生文集』 권18, 「答奇明彦 別紙」(『韓國文集叢刊』 29, 457면), "理氣合而爲心, 自然有虛靈知覺之妙. 靜而具衆理, 性也, 而盛貯該載此性者, 心也, 動而應萬事, 情也, 而敷施發用此情者, 亦心也, 故曰心統性情"

요, 정은 심의 용(用)이니, 심은 곧 미발(未發)·이발(已發)의 총명입니다. 그러므로 심통성정이라고 한 것입니다.[32]

이상이 대표적인 성리학자인 퇴계와 율곡이 밝힌 심통성정의 구조인데, 요컨대 성과 정을 통섭하여 "일신을 주재하는" 심(心)이 중요하기 때문에 성리학에서는 치심(治心) 공부가 매우 긴요한 과제가 된다. 이 치심 공부의 핵심이 존심양성(存心養性)을 위한 함양(涵養) 공부이고 그 방법은 주정거경(主靜居敬)이다. 다산은 이러한 성리학적 수양론을 비판한다. 맹자가 말한 조존(操存), 즉 존심(存心)에 대해 다산은 이렇게 말했다.

맹자의 조존법(操存法)은 없어지려는 것을 '보존(保存)'하는 것이고, 후세의 조존법은 떠나버리려는 것을 '머물러 있게[住存]' 하는 것이니, 그 차이는 털끝만 하지만 그 어긋나는 것은 8척(尺)이나 1장(丈)이 된다. 맹자의 이른바 '존심(存心)'이라는 것은 매양 일을 행할 적에 사욕을 버리고 천명을 따르며 악을 버리고 선을 좇아서 이 미미하여 장차 없어지려고 하는 한점 도심(道心)을 보존하는 것이니, 이것이 이른바 보존(保存)인 것이다. 후세의 이른바 존심이라는 것은 매양 정좌(靜坐)를 할 적에 시선을 거두고 경(敬)을 주로 하며, 정신을 모으고 생각을 중지하여 이 조급하고 일정하게 안정되어 있지 못한 마음을 보존하는 것이니 이것이 이른바 주존(住存)인 것이다. 주존의 공부도 참으로 좋은 것이긴 하지만 맹자가 말한 것과는 다르다.[33]

32　李珥,『栗谷全書』권14,「人心道心圖說」(『韓國文集叢刊』44, 284면), '天理之賦於人者, 謂之性. 合性與氣而爲主宰於一身者, 謂之心. 心應事物而發於外者, 謂之情. 性是心之體, 情是心之用, 心是未發已發之摠名, 故曰心統性情'

33　『與猶堂全書』2집 권6, 37면,『孟子要義』卷2,「盡心 第七」, "孟子操存之法, 保存其將亡, 後世操存之法, 住存其將去, 其差雖若毫釐, 其違乃至尋丈. 孟子所謂存心者, 每於行

조존법으로서의 '보존(保存)'과 '주존(住存)'은 다산의 말처럼 엄청난 차이가 있다. 주존은 원래 있는 것을 그대로 머물러 있게 하는 것이다. 즉 "마음에 공부가 있어 잊지 않는 것"[34]이기 때문에 그 방법이 정좌묵존(靜坐默存)의 경향을 띤다. 반면에 다산이 말하는 보존은 "미미하여 없어지려고 하는 도심(道心)을 보존하는 것"이다. 그런데 이 도심을 보존하기 위해서 다산은 "어버이를 섬기고 어른을 섬기고 임금을 섬기고 붕우와 교제하고 백성을 다스리고 사람을 가르칠 때에 충(忠)과 신(信)을 힘써 행하여 털끝만큼도 속임이나 성실하지 못한 어긋남이 없게 한 후에라야 그것(도심)을 잃지 않았다고 할 수 있다"[35]라 말한다. 다산은 주존을 주로 하는 성리학적 수양론을 이렇게 비판했다.

후세에 말하는 정존(靜存), 묵존(默存)이라는 것은 생각함도 없고, 말도 하지 않고, 웃지도 않고, 눈을 감고 마음을 모아 오로지 발(發)하기 전의 기상(氣象)을 보아 본체로 하여금 허명(虛明)하고 통철(洞澈)하여 티끌 하나도 물들지 않게 해서 활발발(活潑潑)한 경지를 구하는 것이다.[36]

이렇게 내향적이고 정적(靜的)인 수양론과 달리 다산은 실제 생활에서의 윤리적 실천행위 즉 '행사'를 통해서만 도심을 보존할 수 있고 이렇

事之時, 去私而循命, 棄惡而從善, 以存此幾希將亡之一點道心, 此所謂保存也. 後世之所謂存心者, 每於靜坐之時, 收視而主敬, 凝神而息慮, 以存此躁擾不定之人心, 此所謂住存也. 住存之工, 固亦甚好, 但與孟子所言者不同耳."

34 『與猶堂全書』 2집 권6, 3면, 『孟子要義』 卷2, 「離婁」 〈君子所以異於人者其存心〉, "心有工而不忘也"

35 『與猶堂全書』 2집 권6, 3면, 『孟子要義』 卷2, 「離婁」, "事親事長事君交友牧民教人之際, 勉行其忠信, 無一毫欺詐不誠之差, 然後方可曰不失也."

36 『與猶堂全書』 2집 권6, 4면, 「離婁」, "後世所云靜存默存者, 無思無慮, 不言不笑, 瞑目疑心, 專觀未發前氣象, 使本體虛明洞澈, 一塵不染, 以求活潑潑地."

게 하는 것이 바로 존심(存心)이라는 것이다. 이것이 다산 경세론 전개의 기반이 된다. 정존, 묵존을 위주로 한 개인적 수양은 독선기신(獨善其身)을 위해서는 유용한 방법이 될 수는 있지만 그 외연이 겸제천하(兼濟天下)로 확대되기 어렵기 때문이다. 물론 독선기신이 옳지 않은 것은 아니다. 다산도 "주존의 공부도 참으로 좋은 것이긴 하다"라 말했다. 그러나 다산의 경세론은 궁극적으로 겸제천하를 목표로 하는 것이기 때문에 독선기신만으로는 당면한 현실 문제를 해결할 수 없다고 생각한 것이다. 양성(養性)의 방법에 대해서도 다산의 견해는 마찬가지이다.

> 양성(養性)도 그러하니, 맹자의 이른바 양성이란 오늘 한 가지 선한 일을 행하고 내일 한 가지 선한 일을 행하여 의(義)를 모으고 선(善)을 쌓아 선을 즐거워하고 악을 부끄럽게 여기는 본성을 길러 호연지기(浩然之氣)를 가득 채워 줄어들지 않게 하는 것이다. 그런데 후세의 이른바 양성이란 눈을 감고 소상(塑像)처럼 앉아서, 오로지 마음이 발하기 이전의 기상을 살펴 활발발(活潑潑)한 경지를 구하는 것이니 이것이 이른바 함양(涵養)이라는 것이다. … 후세의 유자들은, 옛날의 존양(存養)을 동존(動存), 동양(動養)으로 여기고, 오늘날의 존양을 정존(靜存), 정양(靜養)으로 여긴다.[37]

요컨대 양성이란 "오늘 한 가지 선한 일을 행하고 내일 한 가지 선한 일을 행"함으로써 되는 것이지, 고요히 내면을 응시하여 이루어지는 것

---

37 『與猶堂全書』 2집 권6, 37면, 『孟子要義』 卷2. 「盡心 第七」, "養性亦然 孟子之所謂養性者, 今日行一善事, 明日行一善事, 集義積善, 以養其樂善恥惡之性, 使浩然之氣, 充然不餒也. 後世之所謂養性者, 瞑目塑形, 專觀未發前氣象, 以求活潑潑地, 此所謂涵養也. … 後儒以古之存養, 爲動存動養, 以今之存養, 爲靜存靜養."

이 아니라는 말이다. 다산은 이것을 동(動)과 정(靜)으로 표현했다. 미발지심(未發之心)을 함양한다는 정적(靜的)인 수양을 넘어서 부모를 섬기고 백성을 사랑하는 동적(動的)인 실천행위 즉 '행사'를 전제로 해야 일표이서(一表二書)와 같은 경세론이 전개될 수 있는 것이다. 다산이 줄곧 강조하는 것은 이 '행사'가 거세된 주정적(主靜的)이고 개인적인 수양 태도이다. 이러한 태도가 선비들로 하여금 현실을 외면하고 산림으로 은거하는 빌미를 제공한다고 다산은 생각했다. 같은 이유로 해서 성리학적 수양론의 가장 중요한 개념인 '경(敬)'에 대해서도 다산은 상당히 비판적이다.

경(敬)의 덕(德)은 안에서 단속하여 밖으로 베푸는 것이요, 의(義)의 덕은 밖에서 규제하여 안을 선(善)하게 하는 것이다. 이렇게 겉과 속이 서로 기다리고 저쪽과 이쪽이 서로 발(發)하기 때문에 덕은 외롭지 않다[德不孤]고 하는 것이다. 경의 덕은 반드시 일에 대응하고 사물에 접촉한[應事接物] 다음에 시행할 수 있다. 『곡례(曲禮)』편에는 첫머리에 '毋不敬' 세 글자를 말하고 그 아래에 '毋' 자가 수십 군데인데 모두 일에 대응하고 사물에 접촉하는 곳에서 살피고 경계하라는 것이다. … 고요히 앉아 아무 일이 없고 향하여 가는 곳이 없다면 어떻게 경을 쓰겠는가?[38]

다산이 여기서 강조하는 것은 "일에 대응하고 사물에 접촉하는[應事接物]"과정에서 경이 성립된다는 것이다. 이를 입증하기 위해서 『곡례』

---

38 『與猶堂全書』 2집 권2, 30면, 『心經密驗』, "敬之爲德, 束於內而施諸外. 義之爲德, 制於外而善其內. 表裏相須, 彼此胥發, 故曰德不孤. 敬之爲德, 必應事接物而後, 乃得施行. 故曲禮首言, 毋不敬三字, 其下毋字數十, 皆於應事接物上存戒. … 靜坐無事, 無所嚮往, 何以用敬."

편의 구절을 인용하고 있는데, "毋不敬(불경하지 말라)"의 '毋'자는 '하지 말라'는 뜻이므로 '毋'자를 사용한 것 자체가 이미 '행사' 곧 "응사접물(應事接物)"이 전제되어 있다는 말이다. 다산은, "사·물에 접촉한[接物] 후에 경(敬)이라는 명칭이 생기고 일에 대응한[應事] 후에 의(義)라는 명칭이 확립되는 것이니 접(接)하지 않고 응(應)하지 않으면 경과 의가 있을 까닭이 없다"[39]라고 말했다.

성리학의 수양론은 거경(居敬)함으로써 마음을 바르게[正心] 하자는 것인데 다산은, "옛사람들의 이른바 정심(正心)은 응사접물하는 데에 있는 것이지 주정응묵(主靜凝默)하는 데에 있는 것이 아니다"[40]라고 단호히 말했다. 여기서 말하는 '일[事]'은 인간이 사회생활을 해나가는 과정에서 수행하는 여러 가지 일이고, '사물[物]'은 객관적으로 존재하는 대상을 가리킨다. '사물'은 자연물일 수도 있고 당시의 사회제도일 수도 있다. 이렇게 응하고 접하는 행위 자체가 동적(動的)인 실천행위이며, 응하고 접해야 할 대상이 일이요 사물이란 점에서 사회적인 성격을 띠지 않을 수 없는 것이다. 여기에서 다산 경세론의 수양론적 기반이 마련된다. "벽을 마주보고 마음을 관찰하여 스스로 허령(虛靈)한 본체(本體)를 점검하여 텅 비고 밝게 하여 티끌만큼도 물들지 않게 하는"[41] 주정응묵의 수양을 중시하는 자세로는 겸제천하를 목표로 하는 경세론을 펼치기 어렵다는 것이다.

---

39 『與猶堂全書』 2집 권1, 9면, 『大學公議』, "接物而後, 敬之名生焉, 應事而後, 義之名立焉. 不接不應, 無以爲敬義也."
40 『與猶堂全書』 2집 권1, 9면, 『大學公議』, "古人所謂正心, 在於應事接物, 不在乎主靜凝默."
41 『與猶堂全書』 2집 권1, 9면, 『大學公議』, "向壁觀心, 自檢其虛靈之體, 使湛然空明, 一塵不染."

5. 다산 경세론의 실천적 근거

1) '행사(行事)'의 중시

다산이 이와 같이 성리학의 심성론(心性論)과 수양론(修養論)을 비판한 것은 경세론의 이론적 근거를 마련하기 위함이었다. 다산의 종국적인 관심과 목표는 경세에 있었다. 그는 무엇보다 경세의 중요성을 강조했다. 유자(儒者)가 마땅히 세워야 할 궁극적인 목표는 경세라고 그는 생각했다.

> 『서경(書經)』「열명(說命)」편에 이르기를, 배움은 학(學)의 반(半)이라고 하였으니 그것은 수기(修己)가 오도(吾道) 전체에 있어서 반공(半功)이 된다는 것이다. 『서전(書傳)』에 이르기를, 가르침은 학의 반이라고 하였으니 그것은 사람을 가르치는 것이 오도 전체에 있어서 실로 반공에 해당한다는 것이다. 두 가지 해석이 서로 저촉되지 않으니 이 뜻을 안다면 마땅히 경세(經世)의 학문에 뜻을 두어야 할 것이다.
> 공자께서 자로(子路), 염구(冉求) 등에게 늘 정치적인 일을 가지고 인품을 논하였고, 안자(顏子)가 도를 물음에도 반드시 나라 다스리는 것으로 대답하였으며, 각자의 뜻을 이야기하라고 할 때에도 역시 정사(政事)를 하는 것에서 대답을 구하였다. 따라서 공자의 도는 그 용(用)이 경세라는 것을 알 수 있다.[42]

---

42 『與猶堂全書』1집 권17, 40면, 「爲盤山丁修七贈言」, "說命曰, 唯學學半, 謂修己於吾道全體, 只是半功也. 今書傳曰, 唯教學半, 謂教人於吾道全體, 實當半功. 兩解不相妨也, 知此意則便當留意於經世之學. 孔子於子路冉求之等 每從政事上論品, 顏子問道 必以爲邦, 各令言志, 亦從政事上求對. 可見孔子之道, 其用經世也"

"공자의 도는 그 용(用)이 경세이다"라 말하며 거듭 경세의 중요성을 강조하고 있다. 그러면 경세에 뜻을 둔 선비는 어떻게 해야 하는가? 어떠해야 경세지사(經世之士)라 할 수 있는가? 다시 다산의 말을 들어본다.

> 그러므로 옛날의 이른바 학자(學者)는 집에 들어가서는 부형(父兄)을 섬기고, 밖에 나가서는 어른과 윗사람을 섬기며, 천승(千乘)의 나라에서는 재화(財貨)와 공부(貢賦)를 다스리고, 법관이 되어서는 한마디 말로 옥사를 판결하며, 종묘의 제사와 제후의 회동 시에는 현단복(玄端服)과 장보관(章甫冠)으로 임금을 도우며, 군사의 일에는 창과 방패를 휘둘러 적을 궤멸시키는 것이다.
> 오늘날의 이른바 학자는 깨끗하고 평화로운 세상에 산속으로 숨어들어, 은인(隱人)의 복장을 하고 묵좌정존(默坐靜存)의 공부로, 임금이 불러도 나아가지 않고 백성이 곤궁해도 구휼하지 않는다. 관직을 받아 직무를 맡김에 있어 군대, 빈객 접대, 재부(財富), 옥송(獄訟)의 직책에 제수되면 대신은 그것이 예(禮)가 아니라고 탄핵하고, 언관(言官)은 어진 사람을 업신여긴다고 공격한다. 오직 경연(經筵)에서 시강(侍講)하는 직책에 대해서만 마땅한 자리라고 지적한다. 조정에서는 그를 도사(道士)로 우대하고 도성의 백성은 그를 선망하여 이인(異人)이라 생각하며, 지위가 공경과 재상에 이르러도 오히려 산림(山林)이라 칭한다.
> 그 까닭을 궁구해 보니 대체로 학술이 옛날과 크게 다르기 때문이다. 옛날의 학문[古學]은 힘쓰는 것이 행사(行事)에 있어 행사로써 마음을 다스렸는데[治心] 오늘날의 학문[今學]은 힘쓰는 것이 마음을 기르는 데[養心]에 있어 마음을 기르다가 일을 폐하는 지경에 이르렀기 때문이다. 독선기신(獨善其身)하려는 자는 오늘날의 학문도 좋지만 겸제천하(兼濟天下)하려는 자는 옛날의 학문이라야 가능하다. 이 점을 몰라서는 안 된다.[43]

다산은 고학(古學)과 금학(今學)을 대비시켜 말하고 있다. 고학은 행사(行事)에 힘쓰고 금학은 양심(養心)에 힘쓴다고 했다. 양심에 힘쓰는 오늘날의 학자들은 "산속에 숨어들어 은인의 복장을 하고 묵좌정존(黙坐靜存)의 공부로, 임금이 불러도 나아가지 않고 백성이 곤궁해도 구원하지 않는다"고 했다. 이들의 관심사는 오로지 "양심(養心)"에 있기 때문이다. 이들은 양심하는 일에만 몰두한 나머지 선비가 마땅히 해야 할 "행사(行事)"를 외면한다고 말했다. 그리고 양심에 힘쓰는 학자는 독선기신(獨善其身)을 할 수는 있지만 겸제천하(兼濟天下)를 할 수는 없다고 했다. 궁극적으로 행사를 통한 겸제천하를 해야 진정한 경세지사(經世之士)가 될 수 있다는 것이 다산의 생각이다. 여기서 다산이 말하는 "행사"란 치국안민(治國安民)을 위하여 헌신하는 것을 이른다. 치국안민의 일은 여러 가지가 있을 수 있으나 다산이 가장 중요하게 생각한 것은 "재화(財貨)와 공부(貢賦)를 다스리는 일"이었다. 그는 이 재부(財賦)의 중요성을 거듭 강조하고 있다. 다산 경세론의 핵심이 재부에 있다고 해도 과언이 아니다.

선비가 글 읽은 것이 정밀하지 못하고 도(道)를 배운 것에 치우침이 있어서 그 유폐(流弊)는, 무릇 산림(山林)과 경악(經幄)의 신하가 책을 끼고 연석(筵席)에 오르면 오직 이기심성(理氣心性)의 설만 논해 아뢸 뿐이고,

---

43 『與猶堂全書』2집 권6, 27면,『孟子要義』,「告子 第六」, "故古之所謂學者, 入而事其父兄, 出而事其長上. 千乘之國, 治其財賦, 大理之司, 片言折獄. 宗廟會同, 端章甫以爲相, 軍旅之事, 揮戈矛以潰師. 今之謂學者, 淸平之世, 遯入山林, 山巾野服, 黙坐靜存, 君召不赴, 民困不救. 其注官而任職也, 授之以軍旅賓客財賦訟獄之任, 則大廷彈之以非禮, 言官擊之以慢賢, 惟經筵侍講之職, 指爲當窠. 朝廷待之以道士, 都民望之爲異人, 位至卿相, 猶稱山林. 苟究其故, 蓋其學術, 大與古異. 古學用力在行事, 而以行事爲治心. 今學用力在養心, 而以養心至廢事故也. 欲獨善其身者, 今學亦好, 欲兼濟天下者, 古學乃可. 此又不可以不知也."

한 글자 반 구절이라도 재부(財賦)에 대해서는 언급하지 않는다. 그 사람도 본래 조리가 정연하여, 천하 국가를 다스리는 자가 재부에 유념하지 않을 수 없다는 것을 모르지 않을 터이니, 이런 아룀이 한 번 나오면 무리지어 조롱하고 거듭해서 비웃어 명성이 크게 떨어진다. 차라리 식자(識者)의 남모르는 비웃음을 받을지언정 망령된 사람들의 드러난 배척을 감당하기 어렵기 때문에 관례에 따라 아뢰고 물러난다. … 재부를 전적으로 더러운 물건이라 해서 감히 입에 올리지 않는 것은 천하 국가를 다스리는 방책이 아니다.[44]

다산이 여기서 논하는 것은 경연석상에서 임금에게 아뢰는 내용에 관한 것이지만, 임금에게 재부에 관해서 아뢸 수 있어야 할 뿐만 아니라 실제로 재부에 적극적인 관심을 가지고 현실정치에서 이를 실행해야 한다는 것이 다산의 생각이다. 현실정치에서 실행하는 것이 곧 그가 말하는 "행사(行事)"이다. 임금 앞에서는 "이기심성의 설"만 아뢰고 실제 생활에서는 산속에서 "정좌묵존"만 일삼는 선비는 참다운 선비가 아니라는 것이다. 그는 "참다운 선비의 학문은 본래 치국안민(治國安民)하려는 것으로 오랑캐를 물리치고 재용(財用)을 넉넉하게 하여 문식(文識)과 무략(武略)에 있어서 감당하지 못함이 없는 것이다"[45]라 말했다. 여기서도 오랑캐를 물리치는 일과 함께 재용을 넉넉하게 하는 일이 "참다운 선비"의

---

44 『與猶堂全書』 5집 권7, 32면, 『經世遺表』 卷7, 「地官修制 田制 九」〈井田議 一〉, "儒者, 讀書未精, 學道有偏. 其流之弊, 凡山林經幄之臣, 挾ател登筵, 惟理氣心性之說, 是論是奏, 一字半句, 未敢或及於財賦. 其人本自疏通, 非不知爲天下國家者, 不能不留心財賦, 而此奏一出, 羣嘲衆嗤. 名聲大落. 寧受識者之暗笑, 難當妄人之顯斥, 故依例敷奏而出也.… 專以財賦, 爲汚穢之物, 不敢以登諸口吻, 非所以爲天下國家也."
45 『與猶堂全書』 1집 권12, 8면, 「俗儒論」, "眞儒之學, 本欲治國安民, 攘夷狄裕財用, 能文能武, 無所不當."

할 일이라 했다.

이와 같은 다산의 현실인식에는 언제나 "행사"가 전제되어 있는데 이 행사가 갖는 의미는 전술(前述)한 바와 같다. 그는 "행사"의 개념을 도입함으로써 경전을 새롭게 해석했다. 그리고 새로운 경전 해석을 토대로 해서 다산의 경세론이 전개된다고 해도 과언이 아니다. 여기에 다산 경세론의 실천적 근거가 있는 것이다.

2) 명철보신(明哲保身)의 참뜻

지금까지 살펴본 바와 같이 참된 선비는 겸제천하(兼濟天下)하려는 의지를 가지고 모름지기 경세(經世)에 뜻을 두어야 한다. 다산은 1802년 강진에서 두 아들에게 보낸 편지에서 "항상 만백성에게 혜택을 베풀고 만물을 육성시키겠다는 생각에 마음을 둔 연후에라야 바야흐로 독서한 군자가 될 수 있다"[46]라 했는데, "만백성에게 혜택을 베풀고 만물을 육성시키는 것"이 바로 경세의 행위이다. 그런데 당시의 선비들은 산속으로 숨어들어 묵좌정존(默坐靜存)의 공부만 일삼아서 임금이 불러도 나아가지 않고 백성이 곤궁해도 구원하지 않으며 행정의 실무를 맡기면 예(禮)가 아니라 하고 오직 경연에서 시강(侍講)하는 직책만 선호하지만 세상에서는 이들을 산림(山林)이라 하여 존숭한다고 다산은 개탄했다.[47] 이렇게 현실을 외면하고 경세제민의 실천에 소극적인 선비들의 그릇된 자세는 기본적으로 성리학적 세계관에 그 뿌리를 두고 있는 것이지만, 성리학의 이론을 떠나서도 이것은 참선비의 자세가 아니라는 것이 다산의 생각이다. 이른바 '명철보신(明哲保身)'의 해석에 이러한 다산의 견해가

---

46 『與猶堂全書』1집 권21, 4면, 「寄二兒」, "此心常存澤萬民育萬物底意思, 然後方做得讀書君子."

47 주 43 참조.

잘 드러나 있다.

　명철보신이란 말은 『시경』 「대아(大雅)」 〈증민(烝民)〉 장에 나오는 "旣明且哲 以保其身"에서 따온 말인데, 이 시는 주선왕(周宣王)의 신하였던 중산보(仲山甫)의 덕행을 기린 내용으로 되어있다. 그런데도 세속에서는, 현실을 도피하여 일신의 안일을 도모하는 명분으로 이 구절을 내세우고 있다는 것이다. 〈증민〉 장의 관련된 구절은 다음과 같다.

엄하신 왕명(王命)을 중산보(仲山甫)가 관장하고	肅肅王命 仲山甫將之
국가의 좋고 나쁨을 중산보가 밝히네	邦國若否 仲山甫明之
밝고도 어질게 그 몸을 보전하여	旣明且哲 以保其身
이른 아침 늦은 저녁, 부지런히 임금을 섬기도다	夙夜匪解 以事一人

　이 구절의 본뜻을 묻어버리고 아전인수(我田引水) 격으로 해석하여 현실도피의 구실로 삼았다는 것이 다산의 생각이다. 그는 만년에 김매순(金邁淳)에게 보낸 한 편지에서 다음과 같이 말했다.

　　명철보신(明哲保身) 네 글자는 지금 세상을 투패하게 하는 부적이 되었습니다. … 지금 세속에서는 이 시를 해석하기를, 이해(利害)를 구별하는 것을 명(明)이라 하고, 어묵(語黙)을 아는 것을 철(哲)이라 하고, 몸을 온전히 하여 화를 면하는 것을 보(保)라 하고 있습니다. 정전(鄭箋)이나 주전(朱傳)에는 이런 말이 그림자도 비치지 않았는데 사람들이 부화뇌동(附和雷同)하여 깨뜨릴 수 없이 굳어졌습니다. 이렇게 해서 일신을 온전히 하고 일가를 보전하는 것이 진실로 지극한 비결이기는 하지만 이러한 뜻이 확립되고 나면 임금은 장차 누구와 더불어 나라를 다스리겠습니까?[48]

그러면 다산은 명철보신을 어떻게 해석했는가?

    선악(善惡)을 변별하는 것을 명(明)이라 하고, 시비(是非)를 변별하는 것을 철(哲)이라 하고, 어리고 약한 자를 부지하는 것을 보(保)라 합니다. … 대신(大臣)의 의리는 사람으로서 임금을 섬기는 것이므로 선악을 밝게 분별하여 현명한 선비를 천거하고 시비를 밝게 변별하여 뛰어난 인재를 발탁하여 이에 현명한 선비와 뛰어난 인재로서 내 몸을 부지하고 내 몸을 부지함으로써 임금을 섬기는 것이니 이것이 대신의 직분입니다.[49]

    다산은 공영달(孔穎達)과 정현(鄭玄)의 주소(注疏) 그리고 『설문해자(說文解字)』를 원용하여 명철보신의 뜻을 이렇게 해석해 놓았다. 이렇게 해석하는 것이 또한 〈증민〉 장의 본뜻이기도 하다. 다산이 이렇게 명철보신을 '새롭게' 해석한 것은, 이른바 산림학자(山林學者)들의 현실도피를 못마땅하게 여겼던 때문이었다. 현실 속에서 현실과 부딪치면서 현실의 문제를 해결해 나가야 하는 것이 선비의 올바른 자세이지, 어떤 이유로든 현실을 떠나서는 안 된다는 것이 다산의 생각이다. 또한 현실을 추하다고 여겨 현실로부터 멀찍이 물러나 있는 자들을 높이 받드는 풍조도 다산은 매우 못마땅하게 여겼다. 현실을 외면하고서는 경세제민을 할 방도가 없는 것이다. 다산은 이를 시로 표현하기도 했다.

---

48 『與猶堂全書』 1집 권20, 32면, 「答金德叟」, "明哲保身四字, 於今爲敗世之元符. … 今俗解此詩, 別於利害曰明, 知所語默曰哲, 全軀免禍曰保. 鄭箋朱傳, 無此影響, 而萬口和附, 牢不可破. 以之全一軀保一門, 誠爲至訣, 而此義旣立, 人主將誰與爲國也."

49 『與猶堂全書』 1집 권20, 32면, 「答金德叟」, 辨別善惡曰明, 辨別是非曰哲, 扶持幼弱曰保. … 大臣之義, 以人事君. 故明辨善惡, 以進賢士, 明別是非, 以拔俊乂. 於是以此賢俊, 扶持我身, 扶持我身, 以事一人.

| 인삼(人蔘)이 원래는 산속 풀인데 | 人蔘本山草 |
| 지금은 사람들이 밭에 기르니 | 今人種園圃 |

| 사람 힘에 의지하여 자라나지만 | 生成雖藉人 |
| 본 성질은 사람 몸을 보양하는 것 | 天性亦滋補 |

| 닭과 오리 귀천(貴賤)이 서로 다른데 | 雞鶩異貴賤 |
| 사람과 가까워 업신여김 같이 받네 | 狎暱蓋受侮 |

| 하늘을 찌를 듯이 높은 산속이라도 | 崇山摩穹蒼 |
| 산삼(山蔘)을 기르는 건 한 줌 흙일 뿐 | 所養一拳土 |

| 대지의 정기(精氣)가 땅속에 가득한데 | 大塊蒸精液 |
| 어찌 유독 시골 밭만 정기가 없으리요 | 詎獨遺村塢 |

| 오곡도 백초(百草) 속에 섞여 있다가 | 五穀混百草 |
| 세월이 흘러서 사람이 재배한 것 | 世降爲人樹 |

| 대성(臺省)에선 어진 인재 돌보지 않고 | 臺省遺材賢 |
| 산림(山林) 속에 노둔(魯鈍)한 자 찾고만 있네 | 山林訪愚魯[50] |

인삼이나 산삼이나 사람의 몸을 보양하기는 마찬가지인데, 깊은 산속에서 자라는 산삼이 밭에서 재배하는 인삼보다 더 좋다고 생각하는 것

---

50 『與猶堂全書』1집 권2, 25면, 「古詩二十四首」중 제16수.

과 같이, 산림 속에서 고고한 체하는 선비를 더 훌륭하게 여기는 세태를 풍자한 시이다.

3) '무위이치(無爲而治)'에 대한 해석

학자가 현실에 적극적으로 개입해서 치국안민의 방략을 강구해야 한다는 다산의 견해는, 『논어』 「위령공(衛靈公)」편에 나오는 "子曰 無爲而治 其舜也與 夫何爲哉 恭己正南面而已矣(공자는 말하기를 "무위로 다스린 이는 순임금이다. 무릇 무엇을 하였겠는가? 몸을 공손히 하고 바르게 남면하고 있었을 뿐이다"라 하였다)"의 구절을 해석하는 데에서도 분명히 드러난다. 주자는 집주에서 이 구절을 "성인의 덕이 융성하매 백성들이 저절로 교화되어 작위(作爲)가 있기를 기다리지 않은 것이다"[51]라 해석했다. 그리고 집주의 소주(小注)에 또 다음과 같은 말이 있다.

어떤 이가 묻기를 "순(舜)은 조근(朝覲)하고 순수(巡狩)하며, 산을 봉(封)하고 내를 깊이 파며, 원개(元凱)를 기용하고 사흉(四凶)을 토벌하였으니 일이 없었던 것이 아닙니다"라 하니 주자가 말하기를 "순의 치적은 모두 섭정 28년 사이에 있었고, 천자의 지위에 오르고는 불과 9관(官)과 12목(牧)을 임명하였을 뿐이다"라 하였다.[52]

다산은 이러한 주자의 해석을 다음과 같이 반박했다.

'청정무위(淸淨無爲)'란 노자(老子)의 설이다. 한(漢)나라 이전의 『서전(書

---

51 『論語集註』, 「衛靈公」, "聖人盛德而民化 不待其有所作爲也."
52 "或問 舜朝覲巡狩 封山濬川 擧元凱誅四凶 非無事也 朱子曰 舜之治跡 皆在攝政二十八載之間 及踐天子之位 不過命九官十二牧而已."

다산 경세론의 인문학적 기반   49

傳)』에는 이러한 설이 없다. … 순임금이 섭정할 대는 분발하여 일을 한 것이 모두 서책에 기록되어 있으며, 그가 (제왕이 되어) 관리를 임명한 이후부터의 일에 대해서는 『서경(書經)』에 언급된 바가 없는 것은 다스림이 이루어지고 제도가 확립되어, 법에 비추어 시행하였기 때문에 이를 다시 기재하지 않았던 것이다. 어떻게 무위(無爲)로 그렇게 된 것이겠는가? … 공자가 '무위'라고 말한 것은 (순임금이) 인재를 얻은 효력으로 편안해질 수 있었던 것을 극구 감탄하고 찬양하여 나온 말이다. 그 의기가 양양하게 넘쳤으니 이는 성인의 말의 취지가 격앙된 곳이므로 반드시 말로써 그 뜻을 해쳐서는 안 된다.[53]

다산은 또 『논어』「위정(爲政)」편의 "爲政以德 譬如北辰 居其所 而衆星共之(정치는 덕으로써 하는 것이니, 비유하건대 북극성이 그 자리에 있고 여러 별들이 그것을 향하여 도는 것과 같다)"를 해석하는 중에서도 "어찌 일찍이 우리 유가의 대성(大聖)이 무위(無爲)로써 법을 삼았다고 말할 수 있겠는가? 무릇 무위란 정치를 하지 않는 것이다. 공자는 분명히 '위정(爲政)'이라고 말하였는데 유자(儒者)들이 무위라 말한다면 되겠는가, 안 되겠는가?"[54]라 하여 순임금이 결코 '무위이치(無爲而治)' 하지 않았음을 변론했다. 그는 "무릇 '무위이치'라 말한 것은 모두가 이단사설(異端邪說)이지 우리 유가의 말이 아니다"[55]라고 단호히 말했다. 그리고 순임금의

---

53 「與猶堂全書』 2집 권14 1면, 『論語古今註』,「衛靈公」,"淸靜無爲者, 老氏之說也, 自漢以前, 書傳無此說. … 舜攝政之年, 奮發事功, 具載典冊. 其自命官以後, 書無所言者, 治成制定, 按法而行之, 故不復記載, 豈遂無爲而然哉. … 孔子言無爲者, 甚言得人之效, 可以寧謐, 贊歎揄揚, 意氣洋溢, 此聖人辭旨激昂處, 正不必以辭害意也."
54 『與猶堂全書』 2집 권7, 20면, 『論語古今註』,「爲政」,"曾謂吾家大聖, 亦以無爲爲法乎. 夫無爲則無政, 夫子明云爲政, 儒者乃云無爲, 可乎不可乎?"
55 『與猶堂全書』 2집 권7, 20면, 『論語古今註』,「爲政」,"凡言無爲而治者, 皆異端邪說, 非

'유위(有爲)'의 실상을 일일이 적시했다.

> 3년에 한 번 고과(考課)하고 세 번 고과하면 한 번 내치며, 5년에 한 번 순수(巡狩)하고, 여러 제후들은 4년 사이에 내조(來朝)하며, 직책에 따라 행한 정사를 묻고 말한 것을 살피고 널리 의견을 받아들이고 밝게 공적을 시험하는데, 이를 해마다 언제나 법에 비추어 시행하였으니, 이는 분분하게 일이 많았던 것이 아니겠는가? 뭇 신하와 백공(百工)은 분주하게 자기의 직책을 받들지 아니함이 없었는데 순임금만 어찌 홀로 무위(無爲)일 수 있겠는가? 고적(考績)을 반드시 몸소 하고 순수를 반드시 몸소 하며 형옥(刑獄)을 반드시 직접 듣고 교훈을 반드시 먼저 행하였으니 순임금이 어찌 무위일 수 있겠는가?[56]

중국 역사상 황금시기로 일컬어지는 요순시대는 결코 통치자의 덕화에 의하여 저절로 다스려진 시대가 아니고 통치자가 부지런히 노력하여 법과 제도를 정비함으로써 태평성대를 이루었다는 것이다. 다산은 "오히려 요순시대야말로 공리주의적이고 법치주의적인 원리에 의해서 통치되었고, 요순은 온갖 어려움을 무릅쓰고 작위적 개혁의 프로젝트를 실행하여 성공시킨 개혁의 화신으로 인식했다"[57]는 느낌마저 주고 있다. 그런데 후세의 유자들은 '무위이치(無爲而治)'를 잘못 해석하여 임금을 오도하고 정사를 그르쳤다는 것이 다산의 생각이다.

吾家之言也."
56 『與猶堂全書』 2집 권14, 1면, 『論語古今註』, 「衛靈公」, "三載一考, 三考一黜, 五載一巡, 羣后四朝, 詢事考言, 敷奏試功, 年年歲歲, 按法而行, 不旣紛紛然多事乎. 羣臣百工, 莫不奔走率職, 舜顧獨無爲乎. 考績必親, 巡守必親, 刑獄必聞, 敎訓必先, 舜何得無爲乎."
57 장승구, 『정약용과 실천의 철학』, 서광사, 2001, 138면.

오늘날 치도(治道)를 논하는 자들은 도두 군주를 단정히 팔짱끼고 말 없이 고요히 앉아 아무런 계책을 세우지 말도록 유도하니 온갖 법도가 무너져 정리되지 않고 만기(萬機)가 번잡해져 다스려지지 못하게 되어 10년도 되지 않아 천하는 부패할 것이다. 화난(禍難)이 서로 이어지고 피폐하여 떨치지 못하는 지경인데도 끝내 깨닫지 못하는 것은 모두 무위(無爲)의 설이 이를 잘못되게 한 것이다.[58]

여기서 다산 경세론이 지향해야 할 바가 분명혜진다. 위정자들은 청정무위만 내세울 것이 아니라 요순처럼 법과 제도를 정비하는 등 적극적인 유위(有爲), 작위(作爲)의 정치를 해야 한다는 것이다. 이 유위, 작위의 구체적 내용이야말로 다산이 그토록 강조하는 '행사' 즉 윤리적 실천이다. 윤리적 실천이 가족의 범위를 넘어 사회적 실천으로 확대될 때 경세론이 성립된다.

5. 다산 경세론의 대요(大要) - 지인(知人)과 안민(安民)

지금까지 수기(修己)를 바탕으로 치인(治人)을 지향하고, 독선기신(獨善其身)을 넘어 겸제천하(兼濟天下)를 지향하려는 다산 경세론의 인문학적 기반이 경학(經學)에 뿌리를 두고 있음을 살펴보았다. 다산은 경학 중에서도 그가 만년까지 수정을 거듭하며 연구했던 『상서(尙書)』에서 경세론의 최종적인 방향과 요점을 찾았다. 『상서』 중에서도 그가 그토록 흠망(欽望)해 마지않았던 요순의 지치(至治)를 모델로 삼았다. 그가 특히

---

[58] 『與猶堂全書』1집 권14 2면, 『論語古今註』, 「衛靈公」, "今人論治道者, 率皆導人主端拱玄默, 無所猷爲, 百度頹墮而莫之整理, 萬機叢脞而莫之搜發, 不十年而天下腐矣. 禍難相承, 凋獘不振, 而卒莫之開悟, 皆無爲之說, 有以誤之也."

중시한 것은 「고요모(皐陶謨)」의 다음과 같은 구절이다.

> 고요(皐陶)가 말하기를 "아아! 사람을 알아보는 데에[知人] 있으며 백성들을 평안케 하는 데에[安民] 있습니다"라 했다. 우(禹)가 말하기를 "모두 이렇게 하는 것은 임금도 어렵게 여기는 일입니다. 사람을 알아본다는 것은 명철함이니 사람들에게 적절한 벼슬을 내릴 수 있으며, 백성들을 평안케 한다는 것은 은혜로움이니 백성들이 그를 따르게 될 것입니다. 명철하고 은혜로울 수 있다면 환두(驩兜)가 무슨 근심이 되며, 무엇 때문에 묘(苗)나라 임금을 내치겠으며, 무엇 때문에 교언영색공임(巧言令色孔壬)을 두려워하겠습니까?"[59]라 했다.

다산이 여기서 발견한 것은 '지인(知人)'과 '안민(安民)'이었다. 지인과 안민 이 두 가지가 다산 경세론을 떠받치는 기둥인 셈이다. 그는 『서경』의 이 경문에 대하여 다음과 같은 해석을 가했다.

> 지인(知人)은, 어질고 현명한 사람을 보배로 여기는 것을 중요한 임무로 삼는 것이며 안민(安民)은, 세금 거두기를 가볍게 하는 것을 요지로 삼는 것이니, 그 발생한 근원이 이 경전(『상서』「고요모」-인용자)이 아니겠는가? … 사람들은 원래 욕구를 가지고 있는데 그중 큰 욕구에는 두 가지가 있으니 하나는 부(富)이고 또 하나는 귀(貴)이다. 무릇 군자의 족속으로 왕조에 벼슬하는 자는 바라는 바가 귀에 있고 소인의 족속으로 왕의 땅을 경작하는 자는 바라는 바가 부에 있다. 사람에게 벼슬

---

59 『尙書』,「皐陶謨」, "皐陶曰都 在知人 在安民 禹曰吁 咸若時 惟帝其難之 知人則哲 能官人 安民則惠 黎民懷之 能哲而惠 何憂乎驩兜 何遷乎有苗 何畏乎巧言令色孔壬."

을 주는 것에 마땅함을 잃으면 원망과 비방이 귀족들에게서 일어나고, 백성들에게 은혜를 베푸는 것이 고루 미치지 못하면 원망과 비방이 소민(小民)들에게서 일어나니, 이 두 가지는 모두 나라를 잃기에 족한 것이다. 한 나라의 치란흥망(治亂興亡)과 인심의 향배거취(向背去就)의 까닭을 가만히 생각해보니 이 두 가지에서 벗어나지 않는다. 진실로 성인의 말씀은 신중하게 생각하고 밝게 변별한 가운데에서 나온 것이어서 뭇사람들의 거친 마음으로 알 수 있는 것이 아니다. 선거를 공정히 하는 것[公選擧]과 세금을 가볍게 하는 것[薄賦斂]은 (나라가) 영원하기를 하늘에 비는 근본이 된다.[60]

다산이 파악하기로 "지인(知人)"의 핵심은 공선거(公選擧)이고 안민(安民)의 핵심은 박부렴(薄賦斂)이다.[61] 지인은 인재를 능력에 따라 적재적소에 기용하는 것이고, 안민은 백성의 생활을 넉넉하게 해주는 것이다. 다산은 다른 글에서도 이 점을 강조하고 있다.

나라를 다스리는 자의 큰 정사(政事)에는 두 가지가 있으니 하나는 용인(用人)이고 다른 하나는 이재(理財)이다. 무릇 사람이 이 세상에 태어나면 그들의 큰 욕심에는 두 가지가 있으니 하나는 귀(貴)요 다른 하나는 부(富)이다. 윗자리에 있는 자의 욕심은 귀에 있고 아래에 있는 자의 욕

---

60 『與猶堂全書』 2집 권23, 32면, 『尙書古訓』 卷2, "知人以寶仁賢爲要務, 安民以薄賦斂爲要旨, 其源頭所發, 非卽此經乎. … 原夫生民有欲, 其大欲有二. 一曰富二曰貴. 凡君子之族, 仕於王朝者, 其所欲在貴, 小人之族, 耕於王野者, 其所欲在富. 官人失其宜, 則怨詛興於貴族, 惠民有不周, 則怨詛興於小民, 二者皆足以失國. 默思人國之所以治亂興亡, 人心之所以向背去就, 不出此二者之外. 信乎聖人之言, 皆自愼思明辨中出來, 非衆人麤心者之所能知也. 公選擧薄賦斂, 爲祈天永命之本."

61 金文植 敎授는 일찍이 知人의 범주를 敎育, 科擧, 考績으로, 安民의 범주를 田制, 財政, 軍制로 설정한 바 있다. 『朝鮮後期 經學思想硏究』, 一潮閣, 1996, 220면 참조.

심은 부에 있다.[62]

윗자리에 있는 군자의 관심사는 용인(用人) 곧 지인(知人)이고 아래에 있는 소인의 관심사는 이재(理財) 곧 안민(安民)인데 이 두 가지가 "나라를 다스리는 자의 큰 정사"라는 것이다. 말하자면 이 두 가지를 실천하면 경세의 요무(要務)가 완성된다고 말할 수 있다. 이 지인과 안민의 이상을 실현하려는 다산의 의지가 이른바 '일표이서(一表二書)'로 구체화된 것이고 그중에서도 『경세유표』는 지인과 안민의 실현을 위한 구체적인 내용이 대부분을 차지하고 있다.

다산이 말하는 지인의 요체는 고적법(考績法)이다. 고적법은 관리들로 하여금 자기의 업적을 직접 왕의 면전에서 진술케 하고 그 진술 내용의 사실 여부를 확인하여 상벌을 내리는 제도이다. 다산은 이렇게 말했다.

신(臣)은 생각하기를, 이 법(고적법-인용자)을 시행한다면 태평한 정치를 아침저녁으로 기다릴 수 있을 것입니다. 요순(堯舜)이 요순이 된 바의 치적은 고적이란 한 가지 일에서 벗어나지 않습니다. 신은 감히 헛된 말을 하지 않습니다.[63]

다산은 고적법의 중요성을 거듭 강조하고 있다. 그는 강진에서 형 약전(若銓)에게 보낸 한 편지에서도 "요순의 치법정모(治法政謨)는 고적을

---

62 『與猶堂全書』 2집 권1, 41~42면, 『大學公議』 卷1, "爲國者其大政有二, 一曰用人, 二曰理財. 大凡人生斯世, 其大欲有二, 一曰貴, 二曰富, 在上者其所欲在貴, 在下者其所欲在富."

63 『與猶堂全書』 5집 권4, 28면, 『經世遺表』 卷4, 「天官修制」〈考績之法〉, "臣愚以爲此法若行, 太平之治, 可朝暮俟也. 堯舜之所以爲堯舜之治, 不外乎考績一事, 臣不敢爲妄言也."

제외하고 무엇이 있겠습니까?"라 하고, 고적법이 제대로 시행된다면 백성이 도탄에 빠지는 것이 이 정도로까지 심하지는 않을 것이라 말한 바 있다.[64] 요순이 시행했던 고적법을 바탕으로 관리의 출척(黜陟)을 엄격하고 공정하게 실시하면 그에 따라 백성들의 생활도 나아질 것이라는 말이다.

고적(考績)을 통한 지인(知人)과 함께 다산이 가장 역점을 둔 것이 안민(安民)인데 안민의 요체는 정전제(井田制)이다. 정전제는 중국 고대에 있었다는 토지제도로 그 실체가 분명하지 않다. 다산은 경전에 나타난 정전 관련 기록을 면밀하게 검토하고 후대의 주석을 비판적으로 검토하여 당시 조선에서 실시할 수 있는 이상적인 토지제도의 모형을 제시했다. 여기에는 1/9의 세법(稅法)과 병농일치(兵農一致)의 군사제도까지 포함되어 있다. 말하자면 정전제는 다산이 구상한 경세론의 최종안이라 할 만하다. 이 정전제를 통하여 다산은 안민의 실효(實效)를 달성하려고 했다.

맹자 일생의 경세가 민이 전지(田地)의 경계(經界)에 있었다. 대체로 정전법은 왕정(王政)에 달려 있는바, 이것은 규구(規矩)의 방원(方圓)에 대한 관계와 같고, 육률(六律)의 궁상(宮商)에 대한 관계와 같다. 전정(田政)이 먼저 바르게 된 다음에라야 예악(禮樂), 병형(兵刑)의 만 가지 천 가지 일이 모두 조리가 있게 된다. 유반계(柳磻溪)의 경국지서(經國之書)가 반드시 전정으로부터 시작했으니 근본을 아는 학문이라 할 만하다.[65]

---

64 『與猶堂全書』 1집 권20, 15면, 「上仲氏」 참조.
65 『與猶堂全書』 2집 권5, 49면, 『孟子要義』 「離婁第四」, "孟子一生經濟, 在於經界. 大抵井田之法在王政, 如規矩之於方員, 六律之於宮商. 田政先正, 然後禮樂兵刑, 萬緒千頭, 俱有條理. 柳磻溪經國之書, 必從田政始, 可謂知本之學也."

규구(規矩)가 있어야 방형(方形)과 원형(圓形)을 그릴 수 있고, 육률(六律)이 있어야 궁상각치우(宮商角徵羽)의 오음(五音)을 바르게 할 수 있는 것과 같이 정전법(井田法)이 있어야 왕정을 실시할 수 있다는 말이다. 그러므로 정전은 왕정 실현의 필수적인 조건인 셈이다. 그만큼 중요하다는 말이다. 다산은 말하기를 "맹자는 매양 정전(井田)을 인정(仁政)으로 여겼으니 인정이란 정전인 것이다. 맹자는, 요순이라도 정전을 시행하지 않았다면 천하를 다스릴 방도가 없었을 것이라고 말했다"라 했다.[66]

6. 맺는말

유학의 정도(正道)는 수기(修己)·치인(治人)이기 때문에 수기를 통하여 치인에 이르러야 유자(儒者)의 임무가 완성된다고 말할 수 있다. 수기는 독선기신(獨善其身)을 위한 것이고 치인은 겸제천하(兼濟天下)를 위한 것이다. 다산은 경학(經學) 연구를 바탕으로 해서 수기의 학(學)을 익히고 이어서 치인의 이론을 전개했다. 다산의 경세론은 겸제천하를 이루기 위한 치인의 이론이다. 그는 수기와 치인을 "정기(正己)·정물(正物)"로 표현하기도 했는데 이것이야말로 평천하(平天下)의 요법(要法)이라고 했다.[67] 그러므로 정기와 정물 즉 수기와 치인을 함께 아울러야 유자로서의 본분을 완수한다는 것이 다산의 생각이다. 다산의 경세론은 치인의 영역에 속하는데 자신이 구상한 치인의 논리를 세우기 위해서 그는 경전(經典)에 대한 기존의 성리학적 해석에 비판을 가했다.

그가 생각하기에 종래의 성리학적 우주론, 심성론, 수양론은 수기에

---

66 『與猶堂全書』 5집 권7, 27면, 『經世遺表』 卷7, 「地官修制」 〈田制九 井田議一〉, "孟子每以井田爲仁政, 仁政者井田也. 孟子謂雖堯舜不行井田, 則無以治天下."

67 『與猶堂全書』 2집 권1, 41면, 『大學公議』, "正己正物, 此平天下之要法也."

만 치중한 나머지 유학이 궁극적으로 추구하는 겸제천하를 위한 실천의지가 거세되었다고 판단했다. 임·병(壬丙) 양란을 겪은 후 무너진 국가를 재건하기 위해서는 사회성이 결여된 수기 위주의 학문 풍토가 개선되어야 한다고 생각했다. 그래서 그는 그 나름으로 경전을 새롭게 해석하여 공맹(孔孟)의 사상 자체에서 경세론의 이론적 기반을 찾으려 했다. 그는 성리학의 기본 명제들을 독특하게 해석함으로써, 개인의 윤리적 수양에 기초한 '덕치(德治)'보다는, 외적이고 제도적인 도구에 의한 '법치(法治)'에 가까운 이론을 제시했다. 다산 경세론의 결정판이라 할 수 있는 『경세유표』에서 정전제(井田制)와 고적법(考績法)을 중시한 것이 그 결과물이다.

다산의
사언시에 대하여

1.

다산(茶山) 정약용(丁若鏞)은 강진에서 유배생활을 하던 중 두 아들에게 보낸 편지에서 다음과 같이 말한 바 있다.

> 내가 요사이 생각해 보니 뜻을 표현하고 품은 생각을 읊는 데에는 사언(四言)만한 것이 없다. 후대의 시가(詩家)들이 모방하여 본뜬다는 허물이 있음을 혐의하여 드디어 사언을 폐해버렸다. 그러나 지금 나와 같은 처지에서는 사언시(四言詩)를 짓는 것이 정말 좋다. 너희들도 풍아(風雅)의 근본을 깊이 연구하고 아래로 도연명(陶淵明)과 사영운(謝靈運)의 정화를 채집하여 모름지기 사언시를 짓도록 하여라.[1]

여기서 "뜻을 표현하고 품은 생각을 읊는다"는 것은 일반적인 시작행위(詩作行爲)를 지칭하는데, 이렇게 일반적으로 시를 쓰는 데에 "사언(四言)"만한 것이 없다는 말이다. 그래서 아들들에게도 모름지기 사언시를 짓도록 당부하고 있다.

---

1 『與猶堂全書』, 景仁文化社 影印本, 1969, 1권 447면, 「示兩兒」. "余近思之 寫志詠懷 莫如四言 後來詩家 嫌有模擬之累 遂廢四言 然如吾今日處地 正好作四言 汝亦深究風雅之本 下採陶謝之英 須作四言也" 이하에서 『與猶堂全書』는 『與全』으로 표기한다.

이 편지에서 다산이 말한 사언시는 물론 시경체(詩經體)의 시를 가리킨다. 경전(經典)으로서의 『시경』에 관해서는 당시 사대부라면 누구나 관심을 가졌겠지만, 다산은 『시경』과 특별한 인연이 있었다. 그는 30세 때(1791) 정조가 내린 『시경』 조문(條問) 800여 조에 대하여 백가(百家)의 설을 인용하고 자신의 견해를 첨부하여 조대(條對)를 했는데 정조로부터 훌륭하다는 비답(批答)을 받은 바 있다. 유배 기간에도 다산은 『시경』에 대하여 지속적인 관심을 가졌다. 정조에게 올린 조대를 정리하여 『시경강의(詩經講義)』 12권을 편집하고 빠진 부분을 보충하여 『시경강의보(詩經講義補)』 3권을 별도로 저술했다. 그는 아들들에게 보낸 편지에서도 『시경』의 정신을 본받아 시를 쓰라고 거듭 당부하고 있으며 다산 자신도 활발하게 사언시를 창작했다.

이렇게 다산이 시경체의 사언시를 중시하게 된 이론적인 근거가 무엇이며 사언시 창작의 동기와 배경 및 그 의의가 무엇인지 살펴보고, 다산이 쓴 사언시를 분석함으로써 그의 이론이 실제 시에 어떻게 구현되었는가를 구명하려는 것이 본고의 목적이다.

2.

다산의 시경론(詩經論)에 관해서는 이미 김흥규(金興圭) 교수와 심경호(沈慶昊) 교수의 선구적인 업적에 의해서 그 성격이 자세히 밝혀졌다.[2] 그리고 최근에는 한 석사 논문에서 좀 더 깊이 있는 연구가 이루어졌다.[3] 그러므로 본고에서는 다산의 시경론에 대한 상론(詳論)은 피하기로 한

---

2 김흥규, 『朝鮮後期의 詩經論과 詩意識』, 고려대학교 민족문화연구소, 1982.
   심경호, 『조선시대 漢文學과 詩經論』, 一志社, 1999.

3 金秀炅, 『茶山 詩經論에 있어서의 興에 대한 硏究』, 고려대학교 석사학위논문, 2003.

다. 다만 논의 과정에서 기존의 연구업적과 견해를 달리하는 부분에 대해서만 필자의 생각을 조심스럽게 개진하고자 한다.

다산의 문학관과 그것의 연장선상에 있는 사언시와 관련해서 볼 때 다산 시경론에서 가장 특징적인 것은 '풍(風)'과 '사무사(思無邪)'의 해석 두 가지라 생각된다. 먼저 풍의 개념에 대하여 살펴본다.

> 풍(風)에는 두 가지의 뜻이 있고 또한 두 가지의 음이 있으니 그 가리키는 의미가 아주 달라서 서로 통할 수가 없다. 윗사람이 풍으로써 아랫사람을 교화하는 것은 풍교(風敎), 풍화(風化), 풍속(風俗)이니 그 음이 평성(平聲)이다. 아랫사람이 풍으로써 윗사람을 찌르는 것은 풍간(風諫), 풍자(風刺), 풍유(風喩)이니 그 음이 거성(去聲)이 된다. 어떻게 하나의 풍(風) 자가 거듭 두 가지의 뜻을 포함하고 두 가지의 뜻을 지녔는가? … 「시서(詩序)」에는 두 가지의 뜻을 겸비하고자 했는데 그것이 가능한가? 주자(朱子)의 『시집전(詩集傳)』에는 풍자는 제거하고 풍화만을 남겨 놓았다. 비록 그렇지만 이를 바탕으로 풍자의 뜻도 강론해 볼 수 있다.[4]

비록 조심스럽게 말하고 있지만 '풍'을 풍화의 의미보다는 풍자의 의미로 해석하려는 다산의 의도를 읽을 수 있다. 같은 글에서 그는 이 '풍'의 의미를 좀 더 분명히 하고 있다.

> 풍(風)이란 풍(諷)이다. 더러 선사(善事)를 서술하여 스스로 깨닫게 하

---

4 『詩經講義補遺』,「國風」(『與全』2권, 461면). "風有二義 亦有二音 指趣逈別 不能相通 上以風化下者 風敎也風化也風俗也 其音爲平聲 下以風刺上者 風諫也風刺也風喩也 其音爲去聲 安得以一風字 雙含二義 跨據二音乎 … 序說欲兼通二義而可得乎 朱子集傳 削去風刺 孤存風化 雖然風刺之義 因可講也"

고 더러 악사(惡事)를 서술하여 스스로 깨우치게 하며, 기뻐하고 비분하며 부끄러워하고 두려워하고 슬퍼하고 후회하며 느끼고 움직이게 하되, 잡아끌지 아니하고 스스로 깨닫게 하며 몰아붙이지 아니하고 스스로 깨닫게 한다. 이것이 풍시(風詩)가 만들어진 까닭이고 『시경』이 천하에 가르침이 되는 까닭이다.[5]

다산은 여기서 풍(風)을 풍(諷)이라 단정적으로 말하고 있다. 풍(諷)이란 "직설적으로 말하지 않고 넌지시 말하여 스스로 깨우치게 한다"는 뜻이다. 그렇다면 누구를 깨우치기 위하여 국풍(國風)의 시들이 쓰였는가? 깨우치려는 대상이 누구인가? 다산은 일차적으로 임금을 깨우치기 위한 것으로 보았다.

    이로 볼 것 같으면 풍시(風詩)는 임금을 풍간(諷諫)한 것이 아니겠는가?[6]

    국풍의 여러 시도 또한 한 번 임금을 바로잡는 데에 힘쓴 것이다.[7]

이런 말들을 종합해 보면 다산이 풍간의 대상을 임금으로 생각한 것은 분명한 듯하다. 나아가 그는 『맹자』의 "王者之迹熄而詩亡 詩亡然後春秋作(왕자의 자취가 사라지자 시가 없어졌고 시가 없어지자 춘추가 지어졌다)"을 해석하는 가운데, "시가 없어졌다[詩亡]"는 말을 조기(趙岐)나 주자와는 달리 "풍송주포지법(諷誦誅褒之法)"이 사라진 것으로 파악하여

---

5 앞의 책, 같은 곳. "風也者 諷也 或述善事 使自喩之 或述惡事 使自喩之 悅之憤之 愧之懼之 哀之悔之 感之動之 不提不挈 使自喩之 不掊不擊 俾自喩之 此風詩之所以作 而詩之所以爲教於天下也"

6 『詩經講義補遺』,「國風」(『與全』2권, 426면). "由是觀之 風詩非所以諷人主乎"

7 앞의 책, 463면, 『詩經講義補遺』,「周南 二」. "國風諸詩 亦唯以一正君爲務"

옳은 것을 기리고 그른 것을 꾸짖는 것이 『시경』의 기능이라고 말했다. 왕도정치가 쇠퇴하여 시가 이런 구실을 하지 못하게 되자 공자가 『춘추(春秋)』를 지어 이러한 시의 기능을 대신하게 되었다는 것이다. 이렇게 볼 때 『시경』은 국가의 제반 현실 문제에 대한 강력한 비판의 수단이 된다. 따라서 시의 사회적 기능이 매우 중요시된다.

그러나 다산이 풍(風)을 풍(諷)이라 하여 "스스로 깨우치게 하려는 것"이 풍(風)의 기능이라 했을 때, 깨우치려는 대상이 꼭 임금만이라 할 수는 없다. 앞서 인용한 두 아들에게 보낸 편지에서 "모름지기 사언시를 짓도록 하여라"고 당부한 다음 다산은 이어서 이렇게 말했다.

> 무릇 시의 근본은 부자(父子)·군신(君臣)·부부(夫婦)가 지켜야 할 도리에 있으니, 더러는 그 즐거운 뜻을 선양하기도 하고 더러는 그 원망하면서도 사모하는 마음을 넌지시 알려 주기도 한다. 그 다음으로는 세상을 걱정하고 백성을 불쌍히 여겨 항상 힘없는 사람을 구제하고 재물이 없는 사람을 구휼하고자 하여 방황하고 슬퍼하며 차마 그들을 버릴 수 없는 마음을 가진 후에야 바야흐로 시가 된다. 만약 자기의 이해만 챙긴다면 이는 시가 아니다.[8]

"시의 근본이 부자·군신·부부가 지켜야 할 도리에 있다"고 했다. 여기서 말하는 "시"는 『시경』의 시 또는 『시경』의 정신을 구현한 시 일반을 가리킨다. 부자·군신·부부가 지켜야 할 도리를 표현하는 것이 시의 본질이라는 말인데, 군신 간의 도리에 있어서는 신하된 자가 마땅히 시정

---

8 주 1과 같은 곳. "凡詩之本 在於父子君臣夫婦之倫 或宣揚其樂意 或導達其怨慕 其次 憂世恤民 常有欲拯無力 欲賙無財 彷徨惻傷 不忍遽捨之意 然後方是詩也 若只管自己利害 便不是詩"

(時政)의 잘잘못을 지적하여 임금을 깨우치는 것이 중요하다. 그러나 이에 못지않게 부자·부부 간의 도리도 중요하다. 부자·부부 간의 윤기(倫紀)를 바로잡기 위하여 아비와 자식, 남편과 아내가 서로를 깨우치는 것도 시의 중요한 기능이라는 말이다.

 후세의 시율(詩律)은 마땅히 두공부(杜工部)를 공자로 여겨야 한다. 대개 그의 시가 백가(百家)의 으뜸이 된 까닭은 삼백 편의 유의(遺意)를 터득했기 때문이다. 삼백 편은 모두 충신, 효자, 열부(烈婦), 양우(良友)의 측달충후(惻怛忠厚)한 마음의 발로이다. 임금을 사랑하고 나라를 근심하지 않는 것은 시가 아니고, 시대를 아파하고 세속을 개탄하지 않는 것은 시가 아니며, 선(善)을 찬미하여 권하고 악(惡)을 풍자하여 징계하려는 뜻이 없는 것은 시가 아니다. 그러므로 뜻이 확립되지 않고 학문이 도탑지 않으며 대도(大道)를 듣지 못하여 임금을 바르게 인도하여 백성에게 혜택을 베풀려는 마음을 가질 수 없는 자는 시를 지을 수 없다.[9]

다산이 강진에 유배된 지 8년째 되는 1808년에 큰아들에게 보낸 편지인데, 여기서도 시의 정치, 사회적 비판기능을 중시하고 있다. 그러나 "삼백 편은 모두 충신, 효자, 열부, 양우의 측달충후한 마음의 발로이다"라 말했을 때, 이 충신, 효자, 열부, 양우들이 한결같이 "임금을 바르게 인도하여 백성에게 혜택을 베풀려는 마음"을 가지고 시를 썼다고 보기는 어렵다. 이들의 "측달충후"한 마음을 크게 보면 "임금을 바르게 인도

---

9 「寄淵兒」(『與全』 1권, 443면). "後世詩律 當杜工部爲孔子 蓋其詩之所以冠冕百家者 以得三百篇遺意也 三百篇者 皆忠臣孝子烈婦良友 惻怛忠厚之發 不愛君憂國 非詩也 不傷時憤俗 非詩也 非有美刺勸懲之義 非詩也 故志不立 學不醇 不聞大道 不能有致君澤民之心者 不能作詩"

하여 백성에게 혜택을 베풀려는 마음"이라 말할 수 있겠지만 범위를 좁혀 임금과 신하, 아비와 자식, 남편과 아내, 친구와 친구 사이에서 우러나는 성실하고 순후(醇厚)한 마음의 발로라 보아도 좋을 것이다.

이렇게 볼 때 다산이 『시경』을 중시한 것은 『시경』이 지닌 정치, 사회적 비판기능 때문이기도 하지만, 그에 못지않게 부자, 군신, 부부, 붕우로 대표되는 인간관계의 올바른 도리를 『시경』이 노래하고 있기 때문이 아닌가 한다. 다산은 "우리 도(道)는 인륜(人倫) 외에 다른 것이 아니다"라고 했다.[10] 그리고 이 인륜의 최고 덕목을 효(孝)·제(弟)·자(慈)로 요약했다. 다산은 『시경』이 이러한 효·제·자를 구현한 것으로 보았던 것이다. 기존의 연구에서는 다산의 시경관(詩經觀)을 지나치게 정치, 사회적 비판의 측면으로만 이해한 감이 있다.

다산 시경론의 또 한 가지 특이한 점은 '사무사(思無邪)'에 관한 해석이다. 주지하는 바와 같이 주자는 채시관풍설(採詩觀風說)에 의거하여 『시경』의 풍시(風詩)를 민속가요라 규정했다. 그러나 다산은 단호하게 『시경』 전체를 "현인군자지작(賢人君子之作)"으로 단정했다. 그는 이른바 음시(淫詩)로 일컬어지는 『시경』 정풍(鄭風)의 「숙우전(叔于田)」을 논하는 가운데 다음과 같이 말했다.

> 정풍(鄭風)에는 음시(淫詩)가 없습니다. 남녀가 즐거워하는 시(詩)는 모두 음란함을 풍자하는 시입니다. 시 삼백(詩三百)은 한마디로 말하여 사무사(思無邪)라 했으니 시 삼백은 한마디로 말하여 현인군자지작(賢人君子之作)입니다. … 시의 찬미하고 풍자한 것은 『춘추(春秋)』의 포폄(褒貶)입니다. 그러므로 시가 없어지자 춘추가 지어졌다는 것입니다.[11]

---

10 『論語古今注』 卷2(『與全』 2권, 189면), "吾道不外乎人倫"

다산은 주자와 달리 '사무사(思無邪)'를 작시자의 마음으로 보았다. 삼백 편을 지은 사람이 현인 군자이기 때문에 마음에 사악함이 있을 수 없다는 것이고, 또한 현인 군자가 지은 시에 음시가 있을 수 없다는 것이다. 그러므로 정풍(鄭風)의 시는 '음시'가 아니라 '음란함을 풍자한 시'라는 논리이다. 이렇게 현인 군자가 사무사의 마음을 가지고 지었기에 『시경』은 『춘추』에서의 포폄의 기능을 수행할 수 있다고 다산은 생각했다.

그렇다면 다산이 말하는 '현인 군자'는 누구를 가리키는가? 다산의 말을 빌린다면 "측달충후(惻怛忠厚)"한 마음을 가진 "충신, 효자, 열부, 양우"를 지칭한다. 결국 충신, 효자, 열부, 양우가 사무사의 마음으로 효(孝), 제(弟), 자(慈)를 노래한 것이 다산이 생각하는 『시경』의 시인 셈이다. 충신의 시에는 임금을 풍간하여 사회를 바로잡으려는 충정(衷情)이 담겨 있을 것이고 효자, 열부, 양우의 시에는 인륜의 떳떳함이 표현되어 있을 것이다. 이렇게 볼 때 다산이 『시경』을 격렬한 사회적 비판이나 정치적 풍자로만 이해하지 않았음을 알 수 있다. 다산이 창작한 사언시도 이러한 『시경』의 정신을 충실히 계승한 것으로 보인다.

3.

『여유당전서(與猶堂全書)』에는 총 15편 39장의 사언시가 수록되어 있다. 이 중 분장(分章)하지 않은 것이 5편이다. 이를 시기별로 보면 유배 이전의 시가 2편 4장이고 유배시절의 시가 11편 30장이고 해배 이후의 시가 3편 5장이다.

---

11 『詩經講義』 권1, 「叔于田」(『與全』 2권, 404면), "鄭風無淫詩 其有男女之說者 皆刺淫之詩也 詩三百 一言以蔽之曰 思無邪 則詩三百一言以蔽之曰 賢人君子之作也 … 詩之美刺 春秋之褒貶也 故曰 詩亡而春秋作"

猗蘭三章章六句

곧고 고운 난초가	蘭兮猗兮
산비탈에 자라네	生彼中陂
아름다운 벗님네	友兮洵美
덕을 지켜 반듯하네	秉德不頗
좋은 딴 벗 없으랴만	豈無他好
그대 생각 많고 많네	念子實多

곧고 고운 난초가	蘭兮猗兮
저 언덕에 자라네	生彼中丘
지금 세상 보통 사람	凡今之人
빨리도 변하기에	不其疾渝
그대 생각 잊지 못해	念子不忘
속마음 안절부절	中心是猶

곧고 고운 난초가	蘭兮猗兮
쑥대밭에 자라네	生彼蓬蒿
가라지 우거져도	莠兮藃兮
그 누가 김매주리	誰其薅兮
그대 생각 잊지 못해	念子不忘
속마음 애가 타네	中心是勞[12]

『여유당전서』에 보이는 최초의 사언시로 1796년(35세)의 작품이다.

---

12 「猗蘭 美友人也」(『與全』 1권, 41면).

분장복구(分章復句)의 형태를 취하여 『시경』의 체제를 그대로 답습하고 있다. 시의 주제는 제목에 나와 있는 대로 벗을 찬기하는 내용인데 다산이 찬미하는 벗이 누구인지 알 수가 없다. 1794년 말, 중국인 신부 주문모(周文謨)의 밀입국으로 많은 남인 학자들이 반대파의 모함을 받아 수난을 겪었는데 다산도 1795년 7월에 금정찰방(金井察訪)으로 좌천되었다. 이 시는 이때 죄 없이 수난을 겪은 친구들을 위하여 쓴 시로 추정된다. 더 구체적으로는 1795년 충주목사로 좌천된 이가환(李家煥)이나 다산의 외6촌인 윤지범(尹持範)으로 추정된다.

벗을 "곧고 고운" 난초에 비유하고 있다. 1장에서는 난초처럼 곧고 고운 벗이 덕(德)을 지켜 반듯하다고 했다. 그래서 다른 좋은 벗이 많지만 그대를 특히 생각한다는 것이다. 1장에서 난초가 "산비탈[陂]"에서 자란다고 했는데 2장에서는 "언덕[丘]"에서 자란다고 했다. 언덕은 산비탈보다 더 높은 곳이다. 이것은 아름다운 자질을 가진 벗이 성장하여 사회로 진출했음을 뜻한다. 그러나 여기에는 아름답지 못하고 곧지 못한 범인(凡人)들이 함께 살고 있다. 그들은 덕을 지키지 못하고 쉽게 변하는 사람들이다. 그래서 벗이 이들로부터 해를 입지 않을까 "속마음이 안절부절"못하다. 1장에서 "그대 생각 많고 많네[念子實多]"라 하여 다른 벗보다 그대를 더 그리워함을 나타냈는데 2장에서는 "그대 생각 잊지 못한다[念子不忘]"라 하여 벗이 해를 입지나 않을까 염려하는 마음을 나타내고 있다. 그래서 "속마음이 안절부절"못하다고 했다. 3장에서는 난초가 쑥대밭에서 자란다고 했다. 벗이 더 험한 환경에 처한 것이다. 가라지가 우거져 난초를 해치는데도 김매줄 사람이 없다. 그래서 "속마음 애가 탄다."

이 시를 쓸 당시의 구체적인 상황과 그 대상인 벗이 누구인지 확인할 수는 없지만 벗에 대한 다산의 깊은 우정을 읽을 수 있다. 이 시야말로 그가 아들들에게 준 편지에서 말한 바 "시 삼백은 모두 충신, 효자, 열부, 양우(良友)의 측달충후(惻怛忠厚)한 마음의 발로이다"라는 언술(言述)에 걸맞은 작품임에 틀림없다. 이 시의 경우에는 "양우"의 사무사(思無邪)한 측달충후한 마음이 발로된 것으로 볼 수 있다.

다산이 벗에 대한 측달충후한 심경을 표현하기 위해서 사언시의 형식을 택한 것은 매우 적절하다고 생각된다. 우선 사언시는 그 속성상 화려한 기교나 수식을 요하지 않는다. 자신의 충후한 마음을 분식(粉飾)없이 그대로 드러내는 데에는 사언시만한 것이 없다고 여긴 것이다. 또한 "난혜의혜(蘭兮猗兮)"를 반복하여 벗의 아름다움을 강조하고, 분장(分章) 형식을 통하여 시상(詩想)을 점층적으로 발전시킬 수 있다. 뿐만 아니라 "란[蘭]", "쑥대풀[蓬蒿]", "가라지[莠]" 등의 비유를 동원함으로써 자신의 정서를 직서(直敍)하지 않고도 큰 울림을 주는 시를 쓸 수 있었던 것이다. 이러한 것들이 시경체의 사언시가 갖는 두드러진 특징이다.

다산의 사언시 16편 39장 중 11편 30장이 유배시절에 쓰인 것이다. 강진에서 "내가 요사이 생각해보니 뜻을 표현하고 품은 생각을 읊는 데에는 사언(四言)만한 것이 없다"고 한 말에서도 유배생활과 사언시의 상관관계를 짐작할 수 있다. 그는 1808년 두 아들에게 준 가계(家誡)에서 이렇게 말한 바 있다.

> 『시경』 삼백 편은 모두 성현들이 뜻을 잃고 시대를 근심한 작품이다. 그러므로 시에는 감개(感慨)함이 있어야 한다. 그러나 반드시 은미하고 완곡하게 표현해야지 얄팍하게 드러나게 해서는 안 된다.[13]

---

13 「又示二子家誡」(『與全』 1권, 378면). "詩三百 皆賢聖失意憂時之作 故詩要有感慨 然極須微婉 不可淺露"

여기서 "성현(聖賢)"이란 꼭 공자, 맹자와 같은 성현을 가리킨다기보다 앞에서 말한 현인 군자, 즉 충신, 효자, 열부, 양우(良友)의 부류를 지칭하는 것으로 이해해야 할 것이다. 이 현인 군자가 뜻을 펴지 못하고 시대를 근심하는 상황이 강진에서 유배생활을 하고 있는 자신의 처지와 비슷하다고 생각했을 것이다. 그래서 『시경』의 정신을 본받아 사언시를 집중적으로 쓴 것으로 보인다.

그런데 다산은 여기서 사언시를 쓸 때 "반드시 은미하고 완곡하게 표현해야지 얄팍하게 드러나게 해서는 안 된다"고 했다. 그는 다른 글에서도 "풍(風)이란 풍(諷)이다. 은미한 말에 뜻을 붙여 선(善)을 개진하고 간사함을 막음이 풍(風)의 묘리이다"[14]라고 말하고 있다. 다산이 이렇게 '은미함'을 강조한 것은 『시경』의 '흥(興)'을 염두에 둔 것으로 보인다. 공영달(孔穎達)이 말한 바와 같이 "부(賦)는 직설적이고 흥(興)은 은미하며 비(比)는 드러나고 흥은 숨어 있다."[15] 그러므로 흥체(興體)의 시에서는 '은미하게 숨어 있는' 시의 본뜻을 파악하는 일이 중요하다. 다산은 그의 사언시에서 『모시(毛詩)』의 체제를 따라 흥체의 시에만 스스로 "흥야(興也)"라 표기해 놓고 있다. 나머지는 부(賦)이거나 비(比)라고 볼 수 있다.

采葛四章章六句

칡을 캐네	我采葛兮
산기슭에서	于山之麓
그 잎사귀 무성하여	其葉沃兮
숙부님을 바라보네	瞻望叔兮

---

14 『시경강의보유』, 「국풍」(『與全』 2권, 461면). "風也者諷也 陳善閉邪 風之妙也"
15 『毛詩正義』 권2. "賦直而興微 比顯而興隱"

칡 캐는 게 아니라	匪采葛也
숙부님을 바라보네	瞻望叔兮
칡을 캐네	我采葛兮
산등성이에서	于山之岡
그 마디 굵어서	其節荒兮
형님을 바라보네	瞻望兄兮
칡 캐는 게 아니라	匪采葛也
형님을 바라보네	瞻望兄兮
칡을 캐네	我采葛兮
시냇가에서	于澗之涘
그 덩굴 무성하여	有蕃其藟
자식들을 바라보네	瞻望子兮
칡 캐는 게 아니라	匪采葛也
자식들을 바라보네	瞻望子兮
애타는 이 마음	心之癙矣
풀 길이 없네	不可紓兮
바라봐도 안 보이니	瞻望不見
오래 서있지 못 하겠네	不可佇兮
맛있는 술 있어도	雖有旨酒
거를 수 없네	不可醑兮[16]

---

16 「采葛〈遷人自傷也 父子兄弟離析焉〉」(『與全』1권, 69면).

1801년 장기(長鬐)에 유배되어 있을 때의 작품이다. 시의 제목이 「채갈(采葛)」인데, 제목 뒤에 "채갈은 귀양 온 사람이 스스로를 슬퍼한 것이다. 부자, 형제와 헤어졌기 때문이다"라고 하여 소서(小序)에 해당하는 말을 붙여놓아서 시의 이해를 돕고 있다. 그리고 시의 본문에도 자세한 자주(自注)가 달려 있다. 그렇기 때문에 다산 자신이 "흥(興)"으로 분류한 시임에도 불구하고 흥 특유의 은미한 뜻을 파악하기가 어렵지 않다.

1장은 산기슭에서 칡 잎사귀를 보며 숙부님을 생각하고, 2장은 산등성이에서 칡 마디를 보며 형님을 생각하고, 3장은 다시 산을 내려와서 칡덩굴을 보고 자식들을 생각하며, 4장은 귀양살이하는 자신의 심회를 노래하는 구조로 짜여 있다.

이 시는 칡을 보고 흥을 일으킨 것인데, 칡으로부터 숙부, 형님, 자식들로의 상상력의 흐름이 매우 치밀하다. 다산의 자주(自注)를 통해서 이를 살펴보기로 한다. 1장에는 "잎이 나니 이른 시기이다. 숙(叔)은 숙부이다. 잎이 뿌리를 덮고 있는 것이 마치 아비가 자식을 감싸고 있는 것과 같다"[17]라는 주가 있고, 2장에는 "황(荒)은 크다는 뜻이다. 때는 늦은 계절이다. 같은 뿌리에서 다른 마디이니 형제이다"[18]라는 주가 있고, 3장에는 "류(藟)는 덩굴이다. 덩굴이 뻗은 것이 마치 자손과 같다"[19]라는 주가 달려 있다.

이렇게 칡의 잎과 마디와 덩굴을 보고 숙부와 형과 자식들을 생각하고 그리워한다는 다산의 주(注)는 그대로 이 시를 해설하는 글이다. 마치 『시경집전(詩經集傳)』을 읽는 듯한 느낌이 든다 위에서 인용한 주 이외에도 이 시에는 많은 주가 더 달려있는데, 그가 왜 이렇게 많은 주를

---

17 "葉生則時早也 叔叔父也 葉之庇根 如父之陰子"
18 "荒大也 時已晚矣 同根異節 兄弟也"
19 "藟蔓也 蔓延如子姓"

달았는지 알 수가 없다. 아마 그가 『시경』 흥체(興體)의 시들을 주석하면서 경험한 시 해독(解讀)의 부담을 자기 시를 읽는 독자들에게 지우지 않게 하려는 배려인지도 모르겠다. 즉 칡 잎사귀에서 숙부로, 칡 마디에서 형님으로, 칡덩굴에서 자식들로의 연상이 다소 엉뚱하고 비약적이라 여겨 독자의 이해를 돕기 위해서 주를 달았다고 생각할 수도 있다. 그러나 다산 자신의 말과 같이 "은미하고 완곡하게 표현하여 얄팍하게 드러나지 않게 하는" 흥시(興詩) 본래의 맛이 번다한 주로 인하여 반감되고 있는 것은 사실이다.

그리고 이 시도 『시경』의 흥체를 본뜬 전형적인 사언시지만 격렬한 사회 비판적인 내용을 담고 있지 않다. 부모, 형제, 자식들에 대한 애틋한 그리움을 노래한 시이다. 이것을 보아도 다산의 시경관(詩經觀)이 정치, 사회적인 비판과 풍자에만 모여 있지 않다는 사실을 알 수 있다.

靈山三章章六句

저 영산에 올라가	陟彼靈山
가시나무 베리라	言伐其榛
힘들여 농사해도	稼穡卒勞
나의 가난 모르다니	莫知我貧
진실로 저 군자는	展矣君子
나라의 신하련만	邦之臣兮
저 영산에 올라가	陟彼靈山
바윗돌 파내리라	言鑿其石
힘들여 농사해도	稼穡卒勞
내 슬픔 모르다니	莫知我戚

진실로 저 군자는	展矣君子
나라의 장(長)이련만	邦之伯兮
저 영산에 올라가	陟彼靈山
샘물을 트리라	言疏其泉
깃발을 휘날리며	旟旐央央
무리들 많고 많네	烝徒詵詵
진실로 저 군자는	展矣君子
왕명 두루 펴야지	矣旬侯宣[20]

이 시에도 제목 다음에 "영산(靈山)은 직무 수행의 잘못을 풍자한 것이다. 안찰(按察)의 임무를 맡은 신하가 절도 없이 놀기만 일삼아 고단한 백성들이 쉬지를 못 한다"는 소서(小序)가 붙어 있다. 1806년의 작품으로 "임금을 사랑하고 나라를 근심하지 않는 것은 시가 아니다. 시대를 아파하고 세속을 통분해 하지 않는 것은 시가 아니다"[21]라는 그의 말을 시로 실천한 것이다. 이 시에서는 시적화자(詩的話者)인 농민의 말을 빌려 다산 자신의 감개(感慨)를 나타내고 있다.

이 시는 다산 자신이 '흥'으로 분류해 놓았기 때문에 "은미하게 숨어 있는" 작시자의 본뜻을 파악해야 한다. 시적 화자인 "나[我]"는 3장에 걸쳐 "영산"에 올라가 세 가지 행동을 한다. 1장에서는 가시나무를 베고, 2장에서는 바윗돌을 파내고, 3장에서는 샘물을 튼다. 그러므로 이 영산이 무엇을 의미하는지 그리고 "나"의 세 가지 행동이 무엇을 상징하는지

---

20 「靈山〈刺失職也 按察之臣 游豫匪度 勞者弗息焉〉」(『與全』1권, 86면).
21 「寄淵兒」(『與全』1권, 443면), "不愛君憂國 非詩也 不傷時憤俗 非詩也"

를 밝히는 것이 이 시 이해의 관건이 된다.

　우선 영산을 실재하는 산으로 볼 수도 있다. 이 경우 영산이라는 이름으로 실재하는 산일 수도 있고, 아니면 강진 근처의 영암(靈巖) 월출산(月出山)을 영산으로 표기했을 수도 있다. 그러나 실재하지 않는 '신령스러운 산' 쯤으로 이해하는 것이 타당할 듯하다. 신령스러운 산은 백성들이 올라가서 기원을 하면 응답을 하는 산이다. 그래서 "나"가 이 산에 올라가는 것이다. 1장에서는 산에 올라가서 가시나무[榛]를 벤다. 아니 가시나무를 베어버리겠다고 다짐한다. 아니 가시나무를 베어달라고 산신령에게 기원을 한다. 가시나무는 거친 땅에 난생(亂生)하는 쓸모없는 나무다. 바로 "힘들여 농사해도 나의 가난을 모르는" 탐관오리를 가리킨다. 2장에서는 바윗돌[石]을 파낸다. 이 바윗돌은 백성들이 살아가는 데에 걸림돌이 되는 장애물을 가리키는 것으로 보인다. 아마 『시경』소아(小雅)의 「참참지석(漸漸之石)」을 염두에 둔 듯하다. 이 역시 탐관오리를 가리킨다. 3장에서는 샘물을 터버리는데 이것이 무슨 의미인지 분명하지 않다. '샘물을 터서, 깃발을 휘날리며 가는 안찰사와 그 추종자들이 물결에 휩쓸려 떠내려가게 하겠다'로 보는 것이 가능한 한 가지 해석이다.

　이 시를 이와는 달리 해석할 수도 있다. 1장의 "가시나무 베리라"를 "가시나무 벤다네"로, 2장의 "바윗돌 파내리라"를 "바윗돌 파낸다네"로, 3장의 "샘물을 트리라"를 "샘물을 튼다네"로 해석하여 백성들이 실제로 가시나무를 베고 바윗돌을 파내고 샘물을 트는 노역을 한다고 보는 것이다. 이 경우에는 세 가지 행위가 모두 안찰사의 유람을 돕기 위한 것이 된다. 즉 안찰사가 유람을 즐기도록 하기 위해서 산의 가시나무를 말끔히 베고 바위도 치워버리고 물길을 끌어 샘을 만든다고 해석하는 것이다. 이렇게 해석하면 3장의 뜻은 분명해지지만, 다산 자신이 '흥(興)'으로 분류한 이 시가 '부(賦)'의 성격을 띠게 된다. 흥과 부에 대해서 다산은 이렇게 말한 바 있다.

> 풍(風)이란 풍(諷)이다. 더러 의미를 펴고 진술하여 스스로 깨우치게 하고, 더러 사물의 비슷한 것에 견주어서 스스로 깨우치게 하고, 더러 깊고 먼 뜻을 의탁하여 스스로 깨우치게 하는 것이니 이는 모두 풍시(風詩)의 체제이다. 그러므로 풍·부··비·흥은 본래 육의(六義)의 네 부분이다.[22]

이 글에 따르면 "의미를 펴고 진술하여 스스로 깨우치게 하는 것"이 부(賦)이고, "깊고 먼 뜻을 의탁하여 스스로 깨우치게 하는 것"이 흥(興)이다. 이것은 『모시정의(毛詩正義)』에서 말한 바 "부는 직설적이고 흥은 은미하고 숨어 있다"는 말과 맥락을 같이 한다. 그러므로 위의 시에서 "가시나무를 벤다"는 구절을 직설적인 진술로 보면 이 시는 부가 된다. 그러나 다산 자신의 규정에 따라 흥으로 보는 것이 타당하다고 생각된다. 다산은 흥 특유의 비유법을 적절하게 구사하여 탐관오리에 대한 참을 수 없는 분노를 비고적 "은미하고 완곡하게" 표현하고 있다. 이렇게 하는 것이 『시경』 본래의 정신이라 생각한 것이다. 말하자면 온유돈후(溫柔敦厚)의 시교(詩教)를 실천하려는 의지를 보여 주고 있다. 그리고 이 시는 「채갈(采葛)」과는 달리 번다한 주를 생략하여 훨씬 정제된 형태를 보여 주고 있다.

采蘄二章章六句
왜당귀를 캐네 왜당귀를 캐네　　　　　　　　　　　　采蘄采蘄

22　『詩經講義補遺』,「六義」,(『與全』 2권, 463면). "風者諷也 或鋪陳義理 俾自喩之 或比物連類 使自喩之 或託寓深遠 使自喩之 此皆風詩之體也 故風賦比興 本爲六詩之四"

저 산기슭에서	于彼山樊
쌓인 것은 돌무더기요	砢訶者石
납가새도 무성하니	蒺藜蕃兮
왜 힘들지 안으랴만	豈不病也
왜당귀가 있으니까	唯蘄之存

왜당귀를 캐네 왜당귀를 캐네	采蘄采蘄
저 산꼭대기에서	于彼山椒
호랑이 새끼치며	有虎穀子
날뛰고 으릉대니	跫且虓兮
왜 힘들지 안으랴만	豈不病也
왜당귀 싹이 보이니까	視彼蘄苗[23]

　이 시도 흥(興)인데 역시 제목 옆에 "채근(采蘄)은 도(道)를 구하는 것이다. 구도자(求道者)는 어려움을 마다해서는 안 된다"라는 소서에 해당하는 구절이 붙어 있다. 여기서 구도자가 추구하는 도는 "왜당귀[蘄]"로 설정되어 있다. 왜당귀는 귀한 약재(藥材)이다. 이 왜당귀를 캐는 일은 쉽지 않다. 돌무더기가 쌓여있고 억센 가시가 나있는 납가새가 널려있어 접근이 용이하지 않다. 또한 새끼를 기르는 호랑이가 으르렁대기 때문에 왜당귀 캐기가 더욱 어렵다. 이런 어려움을 무릅쓰고 왜당귀를 캐는 것은 "왜당귀가 있기" 때문이고 "왜당귀의 싹이 보이기" 때문이다. 왜당귀가 없거나 왜당귀가 있어도 눈에 보이지 않으면 모르지만, 왜당귀가 엄연히 존재하고 또 눈에 보이는 이상 어떤 어려움이 있더라도 캐지

---

23 「采蘄求道也 求道者 不可辭難焉」(『與全』1권, 86면).

않을 수 없다. 추구해야 할 도(道)가 존재하는 이상 어려움이 따르더라도 구도의 행의를 멈출 수 없다는 것이 이 시의 주제이다.

이 시야말로 『시경』의 흥체(興體)를 가장 성공적으로 계승한 사언시라 할 만하다. 다산이 말한 대로 "현인 군자의 측달충후한 마음"을 나타내었을 뿐만 아니라, "은미하고 완곡하게 표현해야지 얄팍하게 드러나게 해서는 안 된다"는 자신의 이론을 실천했다고 말할 수 있겠다.

그러나 1810년에 쓰인 「전간기사(田間紀事)」에 오면 사정이 달라진다. 이 작품은 기사년(己巳年, 1809)의 대흉년에 관리들의 침탈까지 겹쳐 극도로 피폐해 있는 백성들의 참상을 그린 6편의 연작 사언시이다. 이 중에서 3장으로 구성되어 있는 「시랑(豺狼)」의 마지막 장을 살펴본다.

승냥이여, 호랑이여!	豺兮虎兮
말한들 무엇하리	不可以語
금수(禽獸) 같은 것들이야	禽兮獸兮
나무란들 무엇하리	不可以詬
부모가 있다지만	亦有父母
믿을 수 없어	不可以恃
달려가 호소해도	薄言往愬
들은 체도 하지 않네	褎如充耳
우리의 논밭을 바라브아라	視我田疇
얼마나 크나큰 참상이더냐	亦孔之慘
이리저리 유랑타가	流兮轉兮
시궁창 메우는데	塡于坑坎
아비라 어미는	父兮母兮
고량진미 즐기면서	粱肉是啖

사랑방에 기생 두어	房有妓女
연꽃 같은 얼굴이네	顏如菡萏[24]

"금수 같은 것들"은 백성들을 토색질하는 아전을 가리키고 "부모"는 사또 또는 그 이상의 관리를 가리킨다. 이 시는 흥체(興體)가 아니다. 부체(賦體)에 가깝다. 또한 "은미하고 완곡하게 표현해서" "얄팍하게 드러나게 해서는 안 된다"고 한 자신의 말을 따르지도 않았다. 다산의 분노가 표면에 드러나 있다. 사또를 비록 "부모"라 부르고 있지만, 백성의 부모노릇을 해야 할 사또가 백성의 굶주림을 외면하고 호의호식(好衣好食)하고 있는 것을 신랄하게 비꼬는 표현이다. 「전간기사」 6편의 사언시가 모두 흉년의 참상과 관리들의 횡포를 직설적으로 토로한 것이어서 결코 온유돈후하다고 할 수 없다. 아마 "은미하고 완곡하게" 표현하기에는 현실의 상황이 너무 급박하다고 생각했는지 모르겠다. 다산은 "은미하고 완곡하게" 표현하는 하나의 방법으로 사언시 대신에 오·칠언의 우화시(寓話詩)를 많이 창작한 것으로 보인다.

4.

다산이 남긴 16편의 사언시는 2,500여 수에 달하는 그의 전체 시 작품에 비추어 볼 때 결코 많은 양이라 할 수 없다. "뜻을 표현하고 품은 생각을 읊는 데에는 사언만한 것이 없다"고 말하며 아들들에게 "모름지기 사언시를 짓도록 하여라"고 당부했던 그가 왜 지속적으로 사언시를 짓지 않았는가?

---

[24] 『與全』 1권, 97면.

"사언만한 것이 없다[莫如四言]"라고 한 다산의 말을 일종의 선언적 진술로 보아야 할 것이다. 2언→ 4언→ 5언→ 7언으로 변화한 중국시의 사적(史的) 전개 과정은 그 자체가 시 형식의 발전이다. 사회의 발전에 따라 어휘가 증가하고 어법(語法)이 복잡해지면서 시의 형식도 이언(二言)에서 사언(四言)으로, 사언에서 오·칠언(五七言)으로 변화하지 않을 수 없었던 것이다. 그리하여 한 대(漢代) 이후에는 사언시가 거의 창작되지 않고, 명문(銘文)이나 찬(贊)·송(頌)에만 주로 사용되었을 뿐이다.

다산의 경우, 19세기에 살면서 기원전 11~6세기에 창작된 시 형식을 그대로 답습한다는 것은 무리한 일이다. 이렇게 2천여 년 전의 형식을 그대로 답습하여 많은 양의 시를 지을 수도 없으려니와 또 그럴 필요도 없다. 다산도 이 점을 잘 알고 있었을 것이다. 그럼에도 불구하고 사언시 지을 것을 강조한 것은, "충신, 효자, 열부, 양우의 측달충후(惻怛忠厚)한 마음"에서 우러나오는 것과 같은 그런 시를 써야 한다는 선언적 천명(闡明)이다. 실제로 그는 사언이 아닌 오언, 칠언으로 측달충후한 마음을 표현하는 시를 많이 썼던 것이다.

다산이 사언시를 많이 짓지 않았으면서도 사언시를 강조한 또 하나의 이유는, 오·칠언 근체시의 지나친 형식주의를 경계하려는 의도가 있었기 때문이다. 사언시는 오·칠언시에 비하여 글자 수가 적은 만큼 수식과 조탁(彫琢)의 여지 또한 적다. 그리고 까다로운 성율(聲律)이나 구법(句法)으로부터 비교적 자유롭게 시인의 사상과 정서를 표현할 수 있다. 이렇게 해서 씌어진 시가 건강한 시라 생각한 것이다.

결국 다산은 사언시를 통하여 자신이 생각하는 시의 본질과 효용을 『시경』의 권위를 빌려 선언적으로 표명한 것이라 할 수 있다.

다산학단 연구
서설(序說)

1. 다산학단의 형성

'다산학단(茶山學團)'이란, 다산(茶山) 정약용(丁若鏞)과 직접 또는 간접적으로 인연을 맺었거나 다산으로부터 직접 가르침을 받은 인사들로서 다산학의 형성과 계승, 발전에 기여한 일군의 학자를 지칭한다. 다산학단이란 명칭은 임형택(林熒澤) 교수에 의하여 처음 사용되어 지금은 일반화된 용어이다. 주지하는 바와 같이 500여 권에 달하는 방대한 다산의 저작들은 대부분 18년간의 강진 유배시절에 집필되었거나 초고가 이루어진 것이다. 다산이 이렇게 많은 양의 저술을 할 수 있었던 데에는 제자들의 도움이 컸던 것으로 보인다. 다산의 현손 정규영(丁奎英)이 쓴 『사암선생연보(俟菴先生年譜)』에는 강진 유배시절 다산의 저술 상황을 이렇게 말하고 있다.

공이 20년 동안 유폐되어 다산에 있으면서 열심히 연구와 편찬에 전념하여 여름 더위에도 멈추지 않았고 겨울밤에는 닭 우는 소리를 들었다. 그 제자들 가운데서, 경서(經書)와 사서(史書)를 부지런히 살피는 사람이 두어 명이요, 입으로 부르는 것을 받아 적어 붓 달리기를 나는 것같이 하는 사람이 서너 명이요, 항상 번갈아가며 원고를 바꾸어 정서(正書)하는 사람이 서너 명이요, 옆에서 줄을 치거나 잘못 불러준 것을 고치고 종이를 눌러 편편하게 하여 책을 장정하는 사람이 서너 명이었다. 무릇 책 한 권을 저술할 때에는 먼저 저술할 책의 자료를 수집하여 서로 비교하고 서로 참고하고 정리하여 정밀하게 따졌다.[1]

실로 "그의 저작들은 고도로 숙련된 전문 인력들의 도움을 받아서 이루어진 사실을 여실히 전하고 있다. 그야말로 집체저술이라고 부를 만한 조직을 갖춘 형태이다."[2] 이 전문 인력들이 다산학단의 주 구성원이었다. 이들은 단순 조력자에 그치지 않고 다산의 저술에 깊이 참여한 것으로 보인다. 문헌에 보이는 몇 가지 예를 들어본다.

『사암선생연보』1813년 조에 "겨울에 『논어고금주(論語古今注)』가 이루어졌다. 살피건대 이 책은 여러 해 동안 자료를 수집하여 이해 겨울에 완성했는데 40권이었다. 이강회(李綱會), 윤동(尹峒)이 함께 도왔다"라 기록되어 있다.[3] "함께 도왔다"라는 말이 어느 정도까지 깊이 관여한 것인지 알 수는 없지만, 여러 정황으로 보아 저술 과정에서 이강회의 역할이 적지 않았음을 짐작할 수 있다. 또한 『춘추고징(春秋考徵)』의 첫머리에도 "이 책의 초본은 학포(學圃: 다산의 둘째 아들 學游-인용자)가 받았던 것이고(무진년 겨울에 기초한 것이다-원주) 재고본(再稿本)은 이굉보(李紘父: 李綱會-인용자)가 도운 것이다"[4]라 명기할 정도로 이강회의 도움이 컸던 것임을 알 수 있다. 다산은 『주역사전(周易四箋)』의 저술 과정에 대해서도 자세하게 기술해 놓고 있다.

---

1 丁奎英, 宋載卲 譯, 『다산의 한평생(俟菴先生年譜)』, 창비, 2014, 266면.
2 林熒澤, 『실사구시의 한국학』, 창작과비평사, 2000, 400면.
3 丁奎英, 宋載卲 譯, 앞의 책, 206면.
4 丁奎英, 宋載卲 譯, 위의 책, 203면.

내가 갑자년 동짓날 강진 유배 중에 『주역』을 읽기 시작했다. 이해 여름에 처음으로 차록(箚錄)해 놓은 공부가 있어 겨울이 되어 완성하였는데 이것이 갑자본(甲子本)이다. 갑자본은 사의(四義)가 비록 갖추어졌지만 거칠고 소략하여 완전하지 못하기에 마침내 없애버렸다. 그다음 해에 고쳐서 만들었는데 이것이 을축본(乙丑本)이다. 을축년 겨울에 학가(學稼: 다산의 큰아들 學淵-인용자)가 와서 함께 보은산방(寶恩山房)에 거처하며, 전본(前本)에서 양호(兩互), 교역(交易)의 상(象)을 취하지 못하였기 때문에 모두 개정하여 봄이 되어 끝마쳤다. 이것이 병인본(丙寅本)이다. 병인본이 파성유동(播性留動)의 뜻에 있어 빠지고 잘못된 점이 많았기 때문에 학가(學稼)로 하여금 고치게 했는데 일을 끝마치기 전에 북쪽으로 돌아갔으므로 학래(鶴來: 李晴의 아명-인용자)로 하여금 완성케 했다. 이것이 정묘본(丁卯本)이다. 정묘본은 말의 이치가 정밀하지 못하고 상(象)의 뜻이 잘못된 점이 많아 무진년 가을 내가 학포(學圃: 다산의 둘째 아들 學游-인용자)와 함께 귤원(橘園)에 있을 때 그로 하여금 탈고(脫稿)하게 하였는데 이것이 이른바 무진본(戊辰本)이다.[5]

무진본 『주역사전』이 완성되기까지의 전 과정을 상세하게 기록해놓았는데 이 기록을 보면 『주역사전』은 다산의 단독저술이라기보다 다산, 정학연, 정학유, 이청 4인의 공동저작의 성격이 짙다. 또 하천을 중심으로 우리나라의 지형과 지세를 서술한 자연지리학 저서인 『대동수경(大

---

5 『與猶堂全書』제2집 권37, 1면, 『周易四箋』, 「題戊辰本」, "余於甲子陽復之日 在康津謫中 始讀易 是年夏 始有箚錄之工 至冬而畢 此甲子本也 甲子本 四義雖具 粗略不完 遂毁之 厥明年改撰之 此乙丑本也 乙丑冬學稼至 偕棲寶恩山房 以前本不取兩互及交易之象 悉改之 至春而畢 此丙寅本也 丙寅本 於播性留動之義 多有闕誤 故又令學稼易稿 未卒而北還 令李鶴來竣工 此丁卯本也 丁卯本 詞理未精 象義多誤 戊辰秋 余與學圃在橘園 令圃脫稿 此所謂戊辰本也"

東水經)』의 저술에도 이청이 깊이 관여했다. 이에 대하여 문중양 교수는 이렇게 말하고 있다.

> 『대동수경』을 보면 수많은 '청안(晴案)'이 보인다. 이는 정약용이 일차 저술하거나 구술한 내용에 이청이 자세한 주석을 달아 보충한 것들이었다. 그런데 '청안'에서 다루어진 내용을 보면 모두 고금의 문헌에서 증거 자료를 조사해 고증한 내용들이었다. 정약용이 기억에 의존해 큰 틀을 세워놓은 것에 이청이 자세한 문헌 자료를 제시하면서 고증을 한 것이다. 이청이 고증한 것 중에는 '선생운(先生云)'으로 시작하면서 정약용의 다른 저작들에서 인용하는 것도 많다. 사실 『대동수경』을 읽다보면 어느 기록이 정약용이 저술한 것이고, 이청이 저술한 것인지 잘 구분되지 않을 정도이다. 이와 같이 『대동수경』은 사실상 정약용과 이청의 공동저서였던 것이다.[6]

이밖에도 다산의 저술 중에는 제자들의 참여로 이루어진 것들이 많다. 물론 옛날에는 선생의 저술에 제자들이 참여하는 경우는 그리 드물지 않은 현상이다. 뛰어난 제자가 선생의 글을 대필(代筆)해 주는 아름다운 전통도 이어져 오고 있었다. 그러나 다산학단의 경우는 그 성격이 좀 다르다. 우리가 다산학이라 부르는 다산실학은 강진에서 형성되었다. 말하자면 강진은 다산학의 산실(産室)인 셈인데, 이 다산학이 형성되고 구체화되는 과정에서 그곳 제자들의 역할이 지대했던 것으로 짐작된다.

다산이 주도하고 제자들이 참여하여 이루어진 강진에서의 학술활동은 한국 학술사에서 매우 중요한 의미를 지닌다. 먼저 이 학술활동의 결

---

6 문중양, 「이청의 『정관편』과 천문학 이해」, 성균관대학교 대동문화연구원 동양학 학술회의 '다산학단의 형성과 다산학 계승양상 연구' 발표문, 57면.

과, 한국 실학의 큰 봉우리인 다산학이 형성되었다는 것에 가장 중요한 의미를 부여할 수 있다. 다음으로는 다산의 가르침을 받은 제자들이 다산 사후(死後) 각기 독자적인 저술을 통하여 나름대로 다산학을 계승, 발전시켰다는 점이다. 그러므로 다산과 그 제자들은 강진이라는 제한된 공간에서 우연히 맺은 개인적 인연에 그치지 않고 실학(實學)이라는 학문적 성향을 공유하는 학술집단을 형성했다. 당시 서울에서는 연암(燕巖) 박지원(朴趾源)과 학문적 취향을 같이하는 인사들이 실학의 또 다른 갈래인 이용후생학(利用厚生學)의 기치 아래 동지적 결속을 공고히 하고 있었다. 이들 집단을 '연암 그룹'으로 치칭할 만하거니와, 남쪽 바닷가 강진에서의 다산을 중심으로 한 이 학술집단을 '다산학단'으로 불러도 좋을 듯싶다.

2. 다산학단의 구성과 그 활동

이제 다산학단 구성원들의 면면과 저술을 간략하게 살펴본다. 다산은 18년간의 유배생활을 끝내고 고향으로 돌아가기 직전인 1818년 8월에 여러 제자들과 계(契)를 결성했는데 이름하여 '다신계(茶信契)'이다. 이어 계원(契員)의 명단, 규약 등을 담은 '다신계 절목(茶信契節目)'이 작성되었다. 이 '다신계 절목'에 다산은 직접 다음과 같이 기록해 놓았다.

나는 가경 신유년(1801) 겨울에 강진 유배지에 당도해서 동문 밖 주가(酒家)에 머무는 곳을 잡았다가 을축년(1805) 겨울에는 보은산방(寶恩山房)으로 옮겼고 병인년(1806) 가을에는 학래(鶴來: 李晴-인용자)의 집으로 옮겼으며, 무진년(1808) 봄부터 다산에 우거하였다. 통산하여 유배 기간 18년에 읍내에 머문 기간은 8년, 다산에 머문 기간은 11년이다.

내가 처음 도착하자 주민들이 너나없이 벌벌 떨며 문을 쳐닫고 받아주려 하지를 않았다. 이 지경에 당해서 나를 친근히 하였던 사람은 손(孫), 황(黃) 등 4인이다. 읍중의 제생(諸生)들은 우환을 같이한 사람들이라 하겠다. 다산의 여러 사람들은 그래도 다소 평안해진 뒤에 만난 이들이다. 읍중 제생들은 어찌 잊을 수 있겠는가. 이에 다신계 문건의 말미에 읍중 제자 6인을 기록하여 후세의 증빙자료를 삼도록 한다. 또한 이 여러 사람들도 다신계의 일에 호응해서 한마음으로 참여할 것이다. 내가 당부하는 말이니 어찌 소홀히 하랴.[7]

이 기록을 보면 다산의 강진시절은 다산초당으로 거처를 옮긴 1808년을 기준으로 전후 양 시기로 구분된다. 강진 읍내에서 머문 8년과 다산초당에 머문 11년이 그것이다. 다산은 특히 유배생활 초기에 자신을 돌봐주며 어려움을 함께했던 강진 읍중 제자들에게 각별한 애정을 표하고 있다. 본고에서도 읍중 제자(邑中弟子)와 초당 제자(草堂弟子)로 나누어 살펴 보기로 한다.

(1) 읍중 제자

다산이 말한 읍중 제자 6인은 손병조(孫秉藻), 황상(黃裳), 황취(黃褧), 황지초(黃之楚), 이청(李晴), 김재정(金載靖)이다. 이들 중 그 행적과 저술이 밝혀진 인물은 황상과 이청이다. 다산은 1811년 흑산도의 중씨에게 보낸 한 편지에서 이렇게 말했다.

읍내에 있을 때 아전 집 아이들로 배우러 온 자가 4, 5인 되었는데 거

---

7 林熒澤, 앞의 책, 402면에서 재인용.

의 모두가 몇 년 지나 그만두었습니다. 어떤 아이 하나는 용모가 단정하고 마음이 깨끗하며 필재(筆才)는 상급이고 문재(文才) 역시 중급이었는데 꿇어 앉아 이학(理學)을 공부했습니다. 만약 머리를 굽히고 힘써 배운다면 청(晴)과 겨룰 만했는데 어쩐 일인지 혈기가 매우 약하고 비위(脾胃)가 치우쳐 거친 밥이나 맛이 변한 장은 절대로 목으로 넘기지 못했습니다. 이 때문에 저를 따라 다산(茶山)으로 올 수 없었습니다. 이제 배움을 폐한 지 4년이나 되는데 서로 만날 때마다 탄식하고 애석해합니다.[8]

이 편지에서 말한 "용모가 단정하고 마음이 깨끗한" 아이는 황상인데 이청과 겨룰 만하다고 했다. 그러므로 다산은 읍중 제자들 가운데에서 황상과 이청을 가장 촉망한 것 같다.

• 황상(黃裳, 1788~1863경)

황상의 본관은 창원(昌原), 자는 자중(子中), 호는 치원(巵園)으로 다산이 강진에서 얻은 첫 제자이다. 1802년 15세의 나이에 다산을 만나 1808년 다산이 초당으로 거처를 옮길 때까지 다산의 가르침을 받은 것으로 보인다. 비록 초당의 제자들과 합류하지는 못했지만 그는 이후 다산 및 그 자제들과 지속적인 인연을 맺었다. 그는 1836년 2월 다산이 서거하기 직전 마재(馬峴)로 다산을 방문했고, 1845년 다산의 기일(忌日)에 다시 방문하여 다산 형제와 정황계(丁黃契)를 맺었다. 황상의 아들, 손자, 정학연, 정학유의 아들, 손자 12인의 명단이 기록된 정황계첩(丁黃契

---

8 『與猶堂全書』 제1집 권20, 21장, 「上仲氏」, "在邑中時 吏家兒來學者四五人 悉皆數年而廢 有一兒 貌端心潔 筆則上才 文亦中才 跪而爲理學 若能屈首力學 則與晴也 互有長短 其奈血氣甚弱 脾胃甚偏 卽糲飯敗醬 萬不能下咽 以此之故 不能從我於茶山 今已四年廢學 每一相見 嗟嗟惜惜"

帖)이 지금 전하고 있다. 그는 1849년에 다시 마재를 방문하여 정학연의 소개로 추사(秋史) 김정희(金正喜), 산천(山泉) 김명희(金命喜) 형제와 교유하게 되었고 또 추사의 소개로 이재(彛齋) 권돈인(權敦仁)과도 내왕했으며 소치(小癡) 허련(許鍊)과도 망년지교(忘年之交)를 맺는 등 서울의 문인 학자들과 활발하게 교류했다.[9]

황상의 시문집으로 필사본의 『치원유고(巵園遺稿)』 4권 2책이 전하는데 김정희, 김명희 형제가 나란히 서문을 쓴 것이 특이하다. 『치원유고』의 대부분이 시로 구성되어 있는 점에서도 알 수 있듯이 황상은 다산학 중에서 시문학을 계승한 제자이다. 김정희는 "지금 세상에 이만한 작품이 없다(今世無此作)"라 하여 그의 시를 높이 평가했다. 김명희는 그의 시를 이렇게 평가했다.

 (황상이) 50년 동안 오로지 사가(四家)에게만 마음을 쏟았다는 점에서 멀리서 구해보면 두보(杜甫)와 같고 한유(韓愈)와 같고 소식(蘇軾) 육유(陸游)와 같고, 가까이에서 구해보면 다산과 같으나 그들을 따라서 지은 것이 없으니 치원(巵園)의 시일 뿐이다.[10]

즉 황상이 다산의 시를 계승하면서도 다산에 거물지 않고 독자적인 시세계를 구축했음을 알 수 있다.[11] 그의 시에 대한 면밀한 연구가 요구된다.

---

9 황상의 행적에 관해서는 林熒澤, 앞의 논문과 陳在敎, 「茶山學의 形成과 巵園 黃裳」, 『大東文化硏究』 제41집, 2002에 자세하다.
10 金命喜, 「巵園遺稿序」, "卽其五十年 所專心於四家者 求其遠而似杜似韓 以蘇陸 近而似茶山 而並無有適成 其爲巵園詩已矣"
11 황상의 시에 대해서는 陳在敎, 앞의 논문과 李澈熙, 「茶山詩學의 계승자 黃裳에 대한 평가와 그 의미」, 『大東文化硏究』 제53집, 2006 참조

• 이청(李晴, 1792~1861)

이청의 본관은 경주, 자(字)는 금초(琴招), 호는 청전(靑田)으로 학래(鶴來)라는 별명이 있었던 듯하다. 다산이 읍중 제자들 중 가장 아끼던 사람으로 초당에서도 함께 강학하며 다산이 해배될 때까지 다산의 저술을 도왔던 제자이다. 다산이 『주역사전(周易四箋)』, 『대동수경(大東水經)』, 『시경강의보유(詩經講義補遺)』 등을 저술할 때 이청의 도움이 컸음을 분명히 밝혀 놓았다. 또한 다산이 1806년 가을부터 1808년 봄 다산초당으로 거처를 옮기기 전까지 이청의 집에 머문 적이 있었다. 이 밖의 그의 행적에 관해서는 알려진 사실이 없다. 다만 그가 이상적(李尙迪)과 교유한 사실이나[12] 서유구(徐有榘)의 서자인 서팔보(徐八輔)와 교류가 있었던 사실[13]로 미루어 보아 만년에 서울에서 생활했던 것으로 추정된다.

그의 저술은 사실상 다산과의 공동저작이라 할 수 있는 『대동수경』 이외에도 『정관편(井觀篇)』 8권 3책이 있다. 이청이 만년인 1860년경에 집필한 것으로 추정되는 『정관편』은 우리나라에서 드물게 보이는 전문적인 천문역산(天文曆算)에 관한 연구서이다. 그는 중국의 고전적 문헌에서부터 17세기 이후 중국에서 편찬된 방대한 천문역산서 그리고 한역(漢譯) 서양과학서까지 두루 섭렵하고 우리나라의 역대 천문역산서도 빠짐없이 인용하여 서술했다.[14] 이청은 이밖에도 방대한 양의 저술을 한 것으로 보이는데 지금은 전하지 않는다. 이청은 다산학에서 상대적으로 취약한 자연과학 분야, 그중에서도 천문역산 분야를 계승, 발전시켰다는 점에서 그 의의가 크다고 하겠다.

12　林熒澤, 앞의 논문 참조.
13　문중양, 앞의 논문 참조.
14　이청의 『정관편』에 대해서는 문중양, 앞의 논문에 자세하다.

(2) 다산초당 제자

1808년 봄 다산이 초당으로 거처를 옮긴 후 새로운 제자들이 다산을 도왔다. '다신계 절목'에 나와 있는 이들의 명단은 다음과 같다. 즉 이유회(李維會), 이강회(李綱會), 이기록(李基祿), 정학가(丁學稼), 정학포(丁學圃), 정수칠(丁修七), 윤종문(尹鍾文), 윤종영(尹鍾英), 윤종기(尹鍾箕), 윤종벽(尹鍾璧), 윤종삼(尹鍾參), 윤종진(尹鍾軫), 윤종심(尹鍾心), 윤종두(尹鍾斗), 윤자동(尹玆東), 윤아동(尹我東), 이택규(李宅逵), 이덕운(李德芸)이 이른바 초당의 18제자이다.

읍중 제자들이 대부분 아전 집안의 자제들인 데 반하여 초당의 제자들은 모두 양반집 자제들이다. 그 구성을 보면 초당의 주인인 윤단(尹慱)의 손자가 6인으로 가장 많고 나머지는 몇몇을 제외하고는 다산의 외가(外家)를 포함한 다산 집안의 사람들이다. 이들에 대하여 다산은 큰 만족감을 나타내지 않았다. 흑산도의 중씨에게 보낸 편지에서 다산은 이들을 이렇게 평했다.

귀족 자제에 이르러서는 모두 쇠약한 기운을 띤 열등한 자들입니다. 그 정신머리는 책만 덮으면 금방 잊어버리고, 지취(志趣)는 하류(下流)에 안주해 버립니다. 『시(詩)』, 『서(書)』, 『역(易)』, 『예(禮)』 가운데에서 오묘한 말과 교한 논지를 때때로 한 번 말해주어 그들의 향학열을 권장해 주면 그 형세가 마치 발을 묶어놓은 꿩과 같습니다. 쪼아 먹으라고 권해도 쪼지 않고 머리를 눌러 낱알에 가까이 닿게 하여 주둥이와 낱알이 서로 닿게 해주는데도 끝내 쪼지 못하는 자들이니 아! 어떻게 할 수 있겠습니까?[15]

---

15 『與猶堂全書』 제1집 권20, 21장, 「上仲氏」, "至於貴族子弟 皆帶衰氣 都是下劣 精神則掩卷輒忘 志趣則安於下流 如詩書易禮中 微言妙論 時一言之 勸其向學 則其形如縛足之

물론 초당 제자 18인이 다 그렇다는 말은 아닐 것이다. 그러나 이들이 양반이라는 신분적 우월감을 앞세워 고식적인 사고에 빠져있다는 것이 다산의 생각이었던 듯하다. 이들 18인 중 뚜렷한 업적을 남긴 사람은 이강회, 윤종벽과 다산의 아들인 정학연, 정학유 등이다. 저서는 없지만 다산의 저술을 도왔고 다산의 저서를 정서한 윤종심(일명 尹峒)도 다산학단의 중요한 구성원이었음에 틀림없다.

• 이강회(李綱會, 1789~?)

이강회의 본관은 광주(廣州), 자(字)는 굉보(紘甫), 호는 운곡(雲谷)으로 동고(東皐) 이준경(李浚慶)의 후손이다. 동고의 후손 이보만(李保晚)이란 분이 고산(孤山) 윤선도(尹善道)의 사위가 되어 강진 근처에 내려와 살았는데 그 후손인 이강회도 자연스럽게 유배중인 다산과 만나게 된 것으로 보인다. 그는 다산의 수제자라 할 만큼 다산의 저술 과정에 깊이 참여하여 결정적으로 다산을 보필했다. 그는 1818년 9월 다산이 해배되어 강진을 떠난 그해 겨울에 우이도(牛耳島)로 들어가 저술활동을 했는데 그 후의 행적에 관해서는 밝혀진 것이 없다. 우이도는 당시 흑산도의 부속 도서였다. 다만 『사암선생연보』에 다산이 운명하던 날 "문인 이강회가 서울에 있었는데 큰 집이 무너져 내려 누르는 꿈을 꾸었다"[16]라는 기록이 있는 것으로 보아 그가 상당 기간 서울에서도 생활했을 것으로 추정될 뿐이다.[17]

雉 勸啄不啄 抑首就粒 味與粒相觸 而終不啄之者 噫且奈何"
16 宋載邵, 앞의 책, 353면.
17 이강회의 행적에 대해서는 安大會, 「茶山 제자 李綱會의 利用厚生學」(『韓國實學研究』 제10호, 2005)과, 林熒澤, 「茶山學團에서 海洋으로 學知의 열림」(『大東文化研究』 제56집, 2006) 그리고 조성산, 「茶山門人 李綱會의 經世思想 硏究」(성균관대 대동문화연구원 동양학 학술회의 '다산학단의 형성과 다산학 계승양상 연구' 발

이강회의 저작으로 지금까지 파악된 것은 『운곡총서(雲谷叢書)』, 『유암총서(柳菴叢書)』, 『운곡잡저(雲谷雜著)』, 『물기당요찬(勿欺堂要纂)』, 『운곡만필(雲谷漫筆)』 등의 5종인데 이 중 『물기당요찬』은 전 10권 3책 중에서 7권에서 10권까지의 1책만 전하고 『운곡만필』은 아직 발견되지 않았다.[18]

『운곡총서』는 「탐라직방설(耽羅職方說)」과 「현주만록(玄洲漫錄)」으로 구성되어 있다. 「탐라직방설」은 제주도의 인문, 경제, 군사적 지리를 서술한 것인데, 마침 제주도에서 우이도로 유배 와 있던 김익강(金益剛)이란 인물로부터 들은 내용을 기술한 것인 듯하다. 또한 「탐라직방설」 뒤에 수록되어 있는 「상찬계시말(相贊契始末)」도 재미있는 글이다. 상찬계는 제주도 아전들의 사조직으로 행패가 심했는데, 양제해(梁濟海)와 그의 장인인 김익강이 상찬계의 폐해를 지적하자 아전들이 이들을 모함하여 김익강을 우이도로 유배시킨 사건의 전말을 기록한 것이다. 『목민심서』의 「속리(束吏)」조를 보는 듯하다. 「현주만록」에는 당시 흑산도 해안에 표류한 중국 선박에 올라 배의 구조를 관찰하고 선원과 주고받은 대화가 기록되어 있다.

『유암총서』는 「표해시말(漂海始末)」, 「운곡선설(雲谷船說)」, 「거설답객난(車說答客難)」, 「제거설(諸車說)」의 4편으로 구성되어 있는데 매우 중요한 저작으로 생각된다. 이중 「표해시말」은 우이도 주민인 문순득(文淳得)이 구술한 표류 경험담을 정약전이 기록한 것이고 나머지 3편은 수레와 선박의 통용을 주장한 글이다. 그는 수레와 배의 사용이 왜 필요하며 그것이 어떤 이점을 지니는가를 조목조목 개진하고 있다. 그는 표류 경

　　표집, 2006)에 자세하다.
18　林熒澤, 앞의 논문 참조. 이하 이강회에 대한 서술은 林熒澤, 安大會, 조선산의 앞의 논문에 의거한 것임.

험이 있는 문순득으로부터 외국 선박의 구조와 기능을 자세히 듣고 우리나라 선박의 개선할 점도 일일이 지적하고 있다. 이강회의 사상은 「운곡선설」의 발문에 잘 드러나 있다.

> 지난날 선왕조 때 연암 박공(朴公)이 지은 『열하일기』와 초정 박공(朴公)이 지은 『북학의』는 무릇 성의 축조, 벽돌 제조, 맷돌, 수레 등의 제도에 관해서 논한 바가 상당히 자세하여 실용의 문장이라 할 만하다. 저 두 분의 현자는 외이(外夷)에서 태어나 상국(上國)을 흠모하였다. 논하여 저술한 저서는 나라를 걱정하고 세상을 개탄하는 말 아닌 것이 없다. 두 분은 도(道)를 논한 분들이라 말해도 좋다. … 이 책은 문순득의 말에서 출발하여 내 손에서 완성되었다. 이 책의 내용이 비록 지극히 어리석고 졸렬하지만 『열하일기』와 『북학의』에서 듣지 못한 것과 『무비지(武備志)』, 형천(荊川)에서 보지 못하던 것이다. 따라서 이와 같이 마음을 기울이고, 정성을 들여 글을 완성하여 경제(經濟)에 관한 뜻을 붙인다.[19]

이 발문으로 미루어 보면 이강회는 이른바 이용후생파라 일컬어지는 연암과 초정의 이론에 깊이 공감하고 있다. 남쪽 바닷가 외진 곳에 살았던 그가 이와 같은 사고를 형성할 수 있었던 것은 아무래도 스승인 다산의 영향 때문이었을 것이다. 다산의 경세학(經世學)은 제도 개혁에 중점이 두어져 있지만, 다산은 이용후생의 이론도 일정하게 수용하고 있었다. 이강회는 다산사상의 이 부분을 계승, 발전시킨 것으로 평가된다.

---

19 「雲谷船說」跋文, "在昔先朝時 燕巖朴公撰熱河記 楚亭朴公制北學議 凡築城燒甓碾磨輪機之制 所論頗詳 可以爲實用之文矣 彼二賢生於外夷 欽慕上國 其所論纂 莫非憂國嘆世之言也 如二公者 亦可以論道矣 … 是書也 出之文言 成之吾筆 雖極愚拙 熱河北學之所未聞 武備荊川之所未睹 故潛心硏精 如是成篇 以寓經濟" 번역은 안대회 교수의 글을 따랐다.

『운곡잡저』는 2권 1책으로 되어 있는데 1권에는 흑산도의 민정(民政), 군역(軍役), 표류선의 조사 내용 등 상부 관아에 청원하거나 보고하는 공문서 39편과 정약전의 「송정사의(松政私議)」가 수록되어 있다. 2권에는 10여 편의 논설과 다산의 「백언시(百諺詩)」가 수록되어 있는데 이 책은 다산이 1820년에 완성한 『이담속찬(耳談續纂)』 초고본으로 추정된다. 또 「백언시」의 속편이라 할 수 있는 이강회 저작의 「방언보(方言補)」가 수록되어 있다.

이외 『물기당요찬』 또한 이강회의 사상을 이해하는 데에 중요한 저작으로 생각된다.

• **정학연**(丁學淵, 1783~1859)

다산의 장남으로 당대 시단에 명성을 떨쳤을 뿐만 아니라 부친의 실학정신을 이어받아 의학과 농학 등 실용적인 학문에 업적을 남겼다. 부친이 해배된 후에는 한강 양수리(兩水里) 인근의 노론, 소론 명가들과 활발한 교류를 하며 결성된 '두릉시사(杜陵詩社)'의 핵심 인물로 활동했다. 전언(傳言)에 의하면 그가 10,000여 수의 시를 남겼다고 하나 지금은 약 500여 수의 시만 여러 문헌에 전하고 있다. 그의 저서가 계속해서 발견되고 있는데 그중 중요한 저술은 다음과 같다.

『삼창관집(三倉館集)』은 정학연이 20세에서 26세까지 쓴 시 169제 245수의 시를 수록한 시집이고, 『선음(鮮音)』은 이명오(李明五), 김정희, 신위(申緯), 정학연의 4인 시집인데 총 281수의 시 중 정학연의 시 145수가 수록되어 있다. 주로 그의 중·만년의 시들이다. 『종축회통(種畜會通)』은 정학연의 농업, 축산에 관한 저술이다. 중국과 우리나라의 기존 농축산 서적들을 종합하여 정리한 저술이다. 이밖에도 『유두륜산기(遊頭輪山記)』, 『유산필기(酉山筆記)』 등의 저서가 전한다.

- 정학유(丁學游, 1786~1855)

정학연의 아우로, 저서에는 『시경』에 나오는 조수초목(鳥獸草木)의 명칭을 고증한 『시명다식(詩名多識)』 4권이 있다.

이밖에도 윤종벽(尹鍾璧, 1788~1837)이 『취록당유고(醉綠堂遺稿)』(1책)를 남겼으며, 초당 18인에는 속하지 않지만 1812년부터 1818년까지 초당에서 다산의 훈도를 받은 것으로 보이는 이시헌(李時憲, 1803~1860)이 『자이선생집(自怡先生集)』(2책)을 남기고 있다.

(3) 그 밖의 인물들

- 윤정기(尹廷琦, 1814~1879)

다산의 외손자로 본관은 해남(海南), 자(字)는 기옥(奇玉), 경림(景林), 호는 방산(舫山) 또는 새금(塞琴)이다. 그가 5세 때 다산이 해배되었는데 이후 그는 다산이 별세할 때까지 그 밑에서 공부한 것으로 보인다. 그는 아홉 번이나 초시(初試)에 합격했으나 끝내 급제하지 못하고 평생 전국을 유람하거나 저술에 몰두했다.[20] 그의 저술로는 3권 2책의 『방산유고(舫山遺稿)』, 11권 6책의 『시경강의속집(詩經講義續集)』, 4권 4책의 『동환록(東寰錄)』 등이 있다.

『시경강의속집』은 다산의 『시경강의』, 『시경강의보유』의 속편의 성격을 띤다. 치밀한 고증학적 연구방법이나 자의(字義) 중심의 자세를 견지하고 있어 대체로 다산의 견해와 일치하나 윤정기 나름의 독자성도 드

---

20 윤정기의 행적과 학문에 대해서는 박준호, 「방산 윤정기 문학연구」(계명대학교 석사학위논문, 1992), 진재교, 「舫山 尹廷琦의 詩經論의 豫備的 檢討」(『書誌學報』 제14호, 1994), 진재교, 「舫山 尹廷琦의 國風論」(『韓國漢文學硏究』 제17집, 1994)에 자세하다.

러난다.[21]

『동환록』은 우리나라 8도 주현(州縣)의 역사, 지리, 방언, 악부 등을 망라한 종합적인 역사지리서로 다산의 『아방강역고(我邦疆域考)』의 역사지리 고증과 지방지의 체제를 계승시킨 저술이다. 이외에도 『역전익(易傳翼)』, 『방산시집(舫山詩集)』 등의 저서가 전한다.

- 아암(兒庵) 혜장(惠藏)과 초의(草衣) 의순(意洵)

다산은 강진 시절 많은 승려들과 교유했다. 그래서 '다신계(茶信契)'와는 별도로 '전등계(傳燈契)'라는 모임을 결성했는데 이는 "방외(方外)로 학연을 맺은 자들"과의 계이다. 여기에는 주로 아암과 그의 제자들이 명단에 올라있다. 이들 중 중요한 인물은 아암과 그의 제자 초의이다. 다산은 이들과 공동으로 『만덕사지(萬德寺志)』, 『대둔사지(大屯寺志)』의 편찬에 참여한 것으로 보인다.

혜장의 저술로는 『아암집(兒庵集)』이 있고, 의순의 저술로는 『초의시고(草衣詩稿)』 4권과 『일지암문집(一枝庵文集)』 2권 그리고 『동다송(東茶頌)』 등이 있다.

3. 다산학단 연구의 의의

다산학단 구성원들의 저서는 계속해서 새롭게 발견되고 있다. 다산이라는 학자의 학문적 역량과 영향력으로 볼 때 다산학단 구성원의 외연(外延)도 확장될 여지가 있고 이들의 저서 또한 단만치 않을 것이라 생각된다. 그러나 지금까지 발견된 자료만으로도 하나의 '학단' 또는 '학

---

21   진재교, 앞의 두 논문 참조.

파'를 이루기에 손색이 없다고 본다.

다산학단 구성원들은 각기 소장(所長)에 따라 다산학의 다양한 분야를 나름대로 계승하고 발전시켰다. 이들은 다산이 의도했건 아니건 간에 다산이라는 기치 아래 공통의 학문적 성과를 이루었다. 이들은 연암(燕巖)을 중심으로 한 동지적 결속체인 '연암 그룹'과 대칭되는 또 하나의 학문 집단을 형성한 것이다. 연암 그룹이, 사승(師承)관계에 의한 집단이라기보다 뜻을 같이하는 동지적 모임의 성격이 짙은 반면에 다산학단은 다산이라는 선생을 정점으로 그의 영향력하에 형성된 학파라는 점에서 변별적 특성을 지닌다.

실학은 경세치용학파, 이용후생학파, 실사구시학파로 나누어지는데 다산은 학맥(學脈)으로는 경세치용학파에 속하지만 이 3개 유파를 통섭하는 실학의 집대성자라 일컬어졌다. 앞으로 다산학단에 대한 연구가 심화되면 '실학의 집대성자'로서의 다산의 면모가 더욱 구체적으로 드러날 것이라 생각한다.

다산학 연구의
제 문제

1.

1938년 신조선사에서 『여유당전서(與猶堂全書)』가 완간된 이래 본격적이고 체계적인 다산 연구가 시작되어 그 동안 2,000편이 넘는 학술논문과 300여 편의 석·박사 논문 그리고 100여 권의 연구저서가 출간되어 이제는 '다산학(茶山學)'이 새로운 학문 영역으로 자리 잡았다. 그럼에도 불구하고 실학(實學)의 개념과 다산의 학문적 위상에 대하여 아직도 논란이 분분하다. 우선 실학의 개념이 재검토되고 있다. 실학을, 전통적 유학의 최후를 장식한 사상, 혹은 봉건제도를 유지, 강화하기 위한 사상으로 본다거나, 실학이라는 용어가 조선 후기의 새로운 사상 경향을 정확하게 서술할 수 없다면 폐기되어야 한다는 주장 등이 제기되었다. 또한 홍대용(洪大容), 박지원(朴趾源), 박제가(朴齊家) 등 이른바 '북학파(北學派)'의 학문만 실학이라 불러야 한다는 견해, 숙종 이후 정조시대까지 주로 18세기에 조선사회의 주도층으로 대두한 경화사족(京華士族)이 제기한 새로운 학풍을 실학이라 불러야 한다는 견해, 임진왜란 후에 발흥한 '육경고학파(六經古學派)'와 그 후계자들이야말로 진정한 실학자라는 견해 등 다양한 논의가 있어 왔다.

다산의 학문적 위상에 관해서는 주로 성리학과 대비하여 거론되었다. 최근에는 성리학에 내포된 민본사상(民本思想), 도덕성, 자주성, 과학성

등의 요소들이 그동안 실학자로 추앙되었던 인물들의 사상과 별다른 차이가 없다고 하여 다산을 포함한 실학자들의 사상을 성리학의 연장선상에서 파악하려는 시도도 있었다. 더 직접적으로는, 다산이 근본적으로 주자(朱子)의 틀 속에 머물러 있었기 때문에 다산이 수행한 일은 주자의 체계에 대한 수정과 조정이었다고 하여 다산의 견해들이 주자의 견해와 크게 다른 점은 거의 없었다는 주장도 제기된 바 있다.

이러한 견해들은 실학과 다산을 심층 연구한 결과 나름대로 학계에 일정한 기여를 한 것이 사실이다. 그러나 다산 탄신 250주년을 맞은 현 시점에서는 실학과 다산에 대하여 어느 정도 통일된 공분모(公分母)가 필요하다고 생각된다. 또한 이와 관련해서 지금까지 축적된 연구를 바탕으로 다산 연구를 한 단계 높이기 위한 방안도 모색되어야 하리라고 생각된다. 이 보고에서는 이러한 문제에 대하여 필자가 느낀 평소의 생각을 단편적으로 개진해 보고자 한다.

2.

우선 성리학(性理學)과 다산사상의 관계가 정립되어야 한다. 다산은 유학자(儒學者)이다. 성리학도 유학이다. 그런 면에서 성리학과 다산사상은 유학이라는 큰 테두리 안에서 동질성을 공유하고 있다. 성리학자건 다산이건 그들은 다 같이 요(堯), 순(舜), 우(禹), 탕(湯), 문(文), 무(武), 주공(周公), 공자(孔子), 맹자(孟子)의 가르침을 따르는 유학자이며 따라서 유학의 경전인 사서(四書), 삼경(三經)을 통하여 그들의 사유체계를 형성해 나갔다. 또한 다산은 어렸을 때부터 성리학적 교육 풍토 속에서 수학기(修學期)를 보냈기 때문에 다산의 사상에는 성리학적 요소가 짙게 남아있을 수밖에 없다. 그러나 그렇다고 해서 다산의 사상을 성리학의 범주로 해명하려는 것이 과연 옳을까? 다산의 학문적 기반은 많은 부분이 성리학에 의거하고 있는 것이 사실이지만 이러한 동질성 못지않게 '많지 않은 부분'의 변별성(辨別性) 또한 중요하다. 왜냐하면 이 변별성이 성리학과 다산사상의 근본적인 차이를 제시할 수도 있기 때문이다.

그 한 예로 다산사상의 특징 중의 하나인 상제론(上帝論)을 들 수 있다. 다산의 상제론은 그의 우주론, 세계관, 인간관을 성리학의 그것과 구별시켜 주기 때문에 중요하다. 주지하는 바와 같이 성리학의 우주론은 유기체적(有機體的) 자연관(自然觀)에 기초하고 있다. 성리학적 자연관에 의하면 자연의 이법(理法)과 인간사회의 이법은 하나의 일관된 원리에 의하여 통일되어 있다. 이 원리가 천리(天理) 또는 리(理)이다. 그러므로 리는 자연현상의 법칙일 뿐만 아니라 인간사회의 질서이기도 하다. 그리고 인간사회의 도덕률은 선험적(先驗的) 절대자인 천리에 순응해야 한다. 이렇게 인간이 우주적인 섭리 속에서 자연과의 조화를 추구해서 천인합일(天人合一)의 경지에 도달하는 것이 성리학이 목표로 하는 최고의 경지이다.

그런데 다산은 이 리(理)의 실재성을 부정하고 리를 상제로 대체시켰다. 이것은 중요한 의미를 갖는다. 다산에 의하면 인간은 선행(善行)을 하려는 기호(嗜好)도, 악행(惡行)을 하려는 기호도 가지고 있다. 이 중에서 인간의 자주적 권능(權能)에 따라 선행을 택하는 것이 도덕이다. 그러면 인간은 왜 선행을 하게 되는가? 위에서 상제(上帝)가 내려다보고 있기 때문이다. 이 상제는 "령(靈)"을 가진 인격적 존재이다. "군자는 어두운 방에 있더라도 두려워 떨며 감히 악(惡)을 범하지 않는다. 상제가 자신에게 임해 있음을 알기 때문이다"(『中庸自箴』)라는 말은 상제가 위에서 감시하고 있기 때문에 두려워서 악을 행하지 않는다는 것이다. 선을 행하고 악을 행하지 않는 것은 어디까지나 인간의 자주적 권능에 의한 행동이지, 인간과 자연을 통일적으로 지배하는 선험적 섭리인 리에 따른 행동이 아니라는 것이다. 이렇게 다산은 인간과 자연의 동질성을 부정하고 이른바 '도리(道理)'와 '물리(物理)'를 구분함으로써 유기체적 자연관을 해체했다. 이것은 성리학적 사유체계와 분명히 다르다고 말 할 수 있다.

다산학 연구의 앞으로의 과제는 다산의 경학 관련 저술들을 면밀하게 분석하여 그 속에서 성리학적 요소와 탈성리학적(脫性理學的) 요소 또는 반성리학적(反性理學的) 요소를 가려내는 일이다. 이러한 작업은 단순히 성리학자들과 다산의 경전 해석상의 차이에 머물지 않고 양자의 사유체계의 차이를 밝히는 단서가 된다. 그리고 이 사유체계의 차이에 따른 세계관, 인간관의 차이도 연역(演繹)해 낼 수 있다. 이를 바탕으로 해서 다산의 경세론(經世論)을 전면적으로 재검토할 필요가 있다. 다산과 같이 큰 학자의 모든 저술들은 사물을 인식하는 그 나름의 사유체계의 산물(産物)이기 때문에 이 사유체계를 밝히는 경학 연구와 경세론 연구는 긴밀하게 연관되어 진행되어야 한다. 그렇게 함으로써 다산사상의 근간을 이루는 국가 개조론과 실천 윤리학의 실체가 더욱 선명하게 드러날 것이다. 아울러 다산사상에 근대 지향적 요소가 있는지의 여부에도 조심스럽게 접근할 수 있을 것이다.

다산과 천주교와의 관계를 구명(究明)하는 일도 중요한 과제이다. 다산이 젊은 시절 천주교와 접했기 때문에 직·간접으로 천주교의 영향을 받았을 것임은 분명하다. 문제는 천주교의 교리가 다산의 사상 형성에 어떤 영향을 미쳤는가를 밝히는 일이다. 다산이 주자학의 세계관을 근본적으로 재검토하고 새로운 사유체계를 형성하는 데에 천주교가 과연 결정적인 역할을 수행했는가? 그의 상제론과 성기호설(性嗜好說)은 천주교 교리와 어떤 관계에 있는가? 자연과 인간의 연속성을 부정하고 자연과 인간을 이분법적(二分法的)으로 파악하려는 다산 자연학(自然學)의 이론적 근거가 서학(西學)에 있다고 말할 수 있는가? 이런 문제들이 면밀하게 검토되어야 할 것이다. 이와 함께 다산의 자연과학 관련 저술의 성격과 그 배경도 밝혀져야 한다. 그의 자연학이 동양의 전통적 과학사상을 계승, 발전시킨 것인가? 아니면 서학을 단순히 도입한 것인가? 어디까지가 다산의 독창적 견해인가? 이런 문제들에 대한 실증적 고증이 필요하다.

다산 예학(禮學)의 성격을 해석하는 것이 또 하나의 과제이다. 다산의 저술에서 예학이 차지하는 비중이 적지 않은 만큼, 실학자로서의 다산이 왜 그토록 예학에 많은 관심을 기울였는지를 해명해야 한다. 다산의 예학을 다산사상의 총체적 맥락에서 특히 경세론과의 관련하에서 검토할 때 그 본질이 드러날 것이라 생각한다.

다산의 문학에 대한 논의도 충분히 이루어졌다고 할 수 없다. 70년대 중반 이후 강렬한 비판의식을 담은 사회시에 관심이 집중되었다가 최근에는 다양한 방면으로 논의가 확산되고 있다. '문학이 자료로 취급되고 다산이 우상화되고 있다'는 문제의식에서 다산의 사회시가 80년대 이후에는 연구대상으로서의 시효를 상실했다고 보고 이제는 좀 더 문학적인 측면에서 접근해야 한다는 주장도 제기되었다. 문학 작품을 문학적 측면에서 접근하자는 주장은 너무나 당연하다. 그러나 다산사상을 이해하기 위한 한 축(軸)으로서의 사회시는 여전히 거론될 만한 가치가 있다고 생각한다. 왜냐하면 시(詩)는 다산사상의 또 다른 형태의 표현방법이기 때문이다. 다만 자료의 단순 나열식 논지 전개에서 벗어나 다산의 시를 그의 세계관, 인간관, 경세론과 관련하여 연구할 필요가 있다. 그럴 때 다산의 산문 저술에서 발견할 수 없었던 요체(要諦)를 시에서 읽어낼 수 있을 것이다. 그리고 다산시 전체에 대한 면밀한 분석도 요청된다. 특정한 시기에 느낀 다산의 인간적 고뇌나 미묘한 내면의식의 변화는 산문보다 시에 보다 정치(精緻)하게 내장(內藏)되어 있기 때문이다. 그리고 "我是朝鮮人 甘作朝鮮詩"라고 했을 때의 '朝鮮詩'가 지시하는 의미를 명확히 밝히는 일도 중요하다.

3.

다산학단(茶山學團)에 대한 연구는 최근에 시작되었다. 다산이 주도하고 제자들이 참여하여 이루어진 강진(康津)에서의 학술활동은 한국 학술사에서 매우 중요한 의미를 지닌다. 먼저 이 학술활동의 결과, 한국 실학의 큰 봉우리인 다산학이 형성되었다는 것에 가장 큰 의미를 부여할 수 있다. 다음으로는 다산의 가르침을 받은 제자들이 다산 사후 각기 독자적인 저술을 통하여 다산학의 다양한 분야를 나름대로 계승, 발전시켰다는 점이다. 그러므로 다산과 그 제자들은 강진이라는 제한된 공간에서 우연히 맺은 개인적 인연에 그치지 않고 실학이라는 학문적 성향을 공유한 학술집단이었다. 앞으로 다산학단에 대한 연구가 심화되면 '실학의 집대상자'로서의 다산의 면모가 더욱 구체적으로 드러날 것이라 생각한다.

다산학 연구의 심화 발전을 위해서는 『여유당전서』의 정본화(定本化) 사업이 반드시 이루어져야 한다. 현행 신조선사본 『여유당전서』는 그동안 학계에 지대한 공헌을 했음에도 불구하고 적지 않은 문제점을 지니고 있다. 식자(植字) 과정에서 생긴 것으로 생각되는 오·탈자(誤脫字)가 수없이 발견되었고 다산의 저작이 아닌 글이 잘못 수록되기도 했다. 또한 『민보의(民堡議)』와 같이 널리 알려진 다산의 저술이 누락된 경우도 있었다. 시집(詩集)의 경우에는 1819년부터 1836년까지 시의 저작연도가 갈피를 잡을 수 없을 만큼 착종(錯綜)되어 있다. 이러한 문제들은 종이로 출간된 책이 지닌 숙명적인 한계라 여겨지지만 이밖에도 신조선사본에는 크고 작은 여러 문제들이 지적되어 학계에서는 일찍부터 『여유당전서』 정본화 사업의 필요성이 대두되어 왔다.

뿐만 아니라 신조선사본 출간 당시에 미처 수습하지 못했던 다산의 저작들이 이후 꾸준히 발견되었다. 그래서 신조선사본 간행 이래 새로 발굴한 저술들을 모아 영인(影印)한 『여유당전서보유(與猶堂全書補遺)』 5책이 1975년에 간행되었다. 이 책은 다산연구를 심화(深化)시키는 데에 많은 도움을 주었지만 여기에도 문제점이 지적되었다. 다산의 저술로 판단하기에 의심스러운 글이 포함되어 있었던 것이다.

『여유당전서』의 정본화 사업에는 여러 가지 어려움이 따를 것이다. 우선 주지하는 바와 같이 신조선사본의 체제는 다산이 「자찬묘지명(自撰墓誌銘)」에서 스스로 밝힌 저술 목록의 체제와 다르다. 그래서 학계 일각에서는 「자찬묘지명」의 체제대로 재구성해야 한다는 논의도 있었다. 또한 신조선사본의 원대본(原臺本)을 발견할 수 없기 때문에 지금으로서는 국내외에 산재해 있는 각종 필사본을 널리 수집하여 대조해야 하는 어려움이 있다. 이런 어려움이 있음에도 불구하고 다산학술문화재단에서 8년여의 작업 끝에 금년 안으로 『정본 여유당전서』를 출간한다고 하니 기대해 볼 만하다. 『정본 여유당전서』의 출간을 계기로 다산학 연구가 더욱 내실 있게 이루어지기를 바라는 마음 간절하다.

다산학 연구의 진단과 과제

– 다시 다산학의 근대성에 대하여 –

1.

다산학을 포함한 실학의 개념 및 성격 규정에 대한 논의는 그동안 수없이 이루어져 왔다. 논의의 초점은 실학의 근대성 여부에 모아졌다. 실학을 중세사상의 연장으로 볼 것인가, 아니면 근대를 지향하는 사상으로 볼 것인가 하는 문제는 어느 땐가는 해결되어야 할 문제이지만 아직은 그 논쟁이 끝나지 않고 있다. 필자가 이런 해묵은 논쟁을 재론하려는 것은, 최근 실학의 성격 규명을 둘러싸고 참으로 다양한 이론이 새롭게 등장하고 있기 때문이다. 특히 2006년 7월 12일 한림대학교 한림과학원 한국학연구소에서 개최한 '실학의 재조명'이란 학술 심포지움에서 이 문제가 다시 거론된 사실에 자극을 받은 것이 직접적인 계기가 되었다. 그렇다고 해서 필자가 이 문제를 본격적으로 거론할 준비가 되어 있는 것은 아니다. 다만 실학의 근대성 문제에 대하여 평소 가지고 있던 극히 단편적인 생각을 다산(茶山)과 관련해서 조심스럽게 개진해 보고자 할 따름이다.

실학을 객관적인 학문적 대상으로 연구하기 시작한 것은 1930년대 중반부터였는데 이 실학 연구는 다산학 연구와 더불어 본격화되었다. 1935년 다산 서거 100주년을 맞아 『신조선(新朝鮮)』12호는 다산 선생

특집호를 마련했는데 여기에는 이건방(李建芳), 백남운(白南雲), 정인보(鄭寅普), 안재홍(安在鴻), 백락준(白樂濬), 조헌영(趙憲泳) 등의 글이 실려 있다. 안재홍은 이 책에 실린 논설에서 다산을 평하여 이렇게 말했다.

> 근세 자본주의적 국가사상 발흥기에 있어서의 정통파적 경제사상에 입각한 재정 경제 식산 흥업의 책(策)과 교육발전과 강병자위(强兵自衛)의 정책임을 볼 것이니 이런 점에서는 선생이 뚜렷한 근세국민주의의 선구자임을 인식할 것이다.

다산사상을 민족의식, 근대지향의식의 측면에서 파악한 것이다. 이러한 경향은 그 후로도 지속되어, 실학 연구가 본격화된 1950년대에 전성기를 맞이한 감이 있다. 1953년 천관우(千寬宇)의 「반계(磻溪) 유형원 연구(柳馨遠研究)」를 필두로 홍이섭(洪以燮), 한우근(韓㳓劤), 김용덕(金容德), 이우성(李佑成) 등이 실학의 근대적 성격을 더욱 심화 확장시켰다. 가령,

> 한 시대가 보다 더 높은 단계의 시대로 옮아가는 것은 일조일석에 되는 것이 아니며 근대를 가져오기 위해서는 중세의 내(內)에서 중세의 극복이 집요하게 노력되지 않으면 안 되는 것이다. 실학이 중세에 있어서의 중세에의 극복의 한 작용이라면 실학자의 문학인 연암(燕巖) 문학도 이러한 의미에서 그 역사적 가치가 평좌되어야 할 것이다.[1]

라는 이우성의 진단은 비록 연암문학에 국한된 연구이긴 하지만, 실학

---

1 「實學派의 文學」, 1957

의 근대성을 확립하려는 1950년대 실학 연구의 한 전형이라 할 만하다.

1970년대에는 특히 경제사적 측면에서 실학의 근대성을 규명하려는 시도가 있었다. 김용섭(金容燮)과 강만길(姜萬吉)은 각각 이조 후기 농업사와 상업사 연구를 통하여 실학이 중세를 극복하려 한 구체적인 계기와 사례를 실증적으로 탐구했으며, 나아가 실학사상에서 근대적 여러 요소의 싹을 찾으려 했다. 이른바 '자본주의 맹아론'이다.

주로 사회경제사적 측면에서 접근된 자본주의 맹아론은 제국주의 사학, 식민사관에 대한 본격적인 비판의 성격을 지닌다. 자본주의 맹아론을 주장한 연구자들은, 제국주의 사학에서 주장하는 한국사의 타율성론(他律性論), 정체성론(停滯性論)을 부정할 근거를 실학에서 찾으려 한 것이다. 한국사는 정체됨이 없이 완만하나마 지속적으로, 내재적 논리에 의하여 발전되어 왔다는 것이 이들의 주장인데 이 역시 실학의 근대지향성을 찾으려는 노력의 일환이다. 1970년대의 연구자들은 그 나름의 상당한 성과를 내었지만 그들이 기대한 만큼의 만족할 만한 결과를 얻지는 못한 것으로 보인다. 이후 주로 사회경제사적 측면에서 실학의 근대적 요소를 밝히려던 연구자들은 실학 연구에서 한 걸음 물러났다. 그들은 더 이상 실학 연구에 흥미를 잃은 듯이 보였다. 이렇게 된 이유에 대해서 정창열(鄭昌烈)은 다음과 같이 지적한 바 있다.

조선후기 사회경제사 연구에 있어서 자본주의 맹아의 추적이 조선왕조 봉건사회 구조의 확실한 해명과의 명확한 대비에서 이루어지지 않고, 근대 서유럽사회의 자본주의의 발생, 발전 과정과의 외면적 유비(類比)에서 이루어졌던 것과 마찬가지로, 실학사상의 근대지향적 성격도 서유럽 근대시민사상과의 외면적 유비에서 추적되었다는 인상이 짙고 조선왕조 봉건 이데올로기의 확실한 구조 해명과의 명확한 대비에서 추적되

지 않았다는 약점이 있다.²

이 지적과 마찬가지로 자본주의 맹아론자들의 실학 연구는 "근대 서유럽사회의 자본주의의 발생, 발전 과정과의 외견적 유비(類比)에서 이루어졌던" 것이다. 말하자면 역사 발전 단계의 세계사적 보편성이 한국사에도 그대로 적용된다는 전제하에서 성급하게 접근한 것이다. 최근에 제시된 한영우의 견해도 마찬가지이다.

여기서 가장 문제되는 것은 '중세'와 '근대'의 이분법적 접근방법이 과연 타당한 것인가이다. '중세'와 '근대'라는 용어를 사용하려면 이에 대한 개념정의가 먼저 있어야 할 것이다. 그러나 누구도 이에 대한 명확한 정의가 없다. 개념정의가 없다는 것은 중세를 '봉건사회'로, 근대를 '자본주의사회'로 본다는 것을 암묵적으로 인정하고 있다고 해석할 수밖에 없다. 그러면, 우리의 봉건과 우리의 자본주의는 서구적 봉건이나 자본주의와 같다는 것인지 다르다는 것인지를 또 따져야 할 것이다.³

전적으로 옳은 말이다. 1950년대에서 1970년대의 연구자들이 중세와 근대의 서구식 이분법을 세계사적 보편성으로 일반화시킨 가운데 실학의 실체를 구명하려던 시도가 적절치 않았던 것이 사실이다. 그러나 그렇다고 해서 한국 사상사에서 차지하는 실학의 의미가 축소되거나 지금까지의 실학 연구가 평가절하되어서는 안 된다고 본다. 한영우 교수는 같은 논문에서 "근대 이후의 학자들은 … 근대를 여는 데 가장 가까

---

2 「實學思想 硏究의 爭點과 과제」, 『월간조선』 1981년 11월호.
3 한영우, 「'실학' 연구의 어제와 오늘」, 한림대학교 학술 심포지움 발표 논문집, 2006.

운 성격을 가진 학문을 실학으로 불렀고, 구체적으로 다산(茶山) 정약용(丁若鏞)에게서 그 해답을 얻었던 것이다"라 말한 바 있는데 말한 그대로 "근대를 여는 데 가장 가까운 성격을 가진 학문"을 실학으로 보면 된다. 근대를 여는 데 가장 가까운 성격을 가진 학문이 비단 다산에 국한되지는 않을 것이다. 실학의 범위를 어디까지로 잡아야 할 것인지는 별문제로 치고 다산을 포함한 당대의 진보적인 학자들을 실학자라 불러도 좋을 것이다.

실학을, 전통적 유학의 최후를 장식한 사상, 혹은 봉건제도를 유지, 강화하기 위한 사상으로 본다거나, 실학이라는 용어가 조선 후기의 새로운 사상 경향을 정확하게 서술할 수 없다면 폐기되어야 한다는 등의 주장이 이제는 지양되어야 하리라고 생각한다. 홍대용(洪大容), 박지원(朴趾源), 박제가(朴齊家) 등 이른바 '북학파(北學派)'의 학문만 실학이라 불러야 한다는 견해(지두환), "숙종 이후 정조시대까지 주로 18세기에 조선사회의 주도층으로 대두한 경화사족이 제기한 새로운 학풍"을 실학이라 불러야 한다는 견해(유봉학), 임진왜란 후에 발흥한 '육경고학파(六經古學派)'와 그 후계자들이야말로 진정한 실학자라는 견해(한영우) 등은 실학을 심층 연구한 결과로 나름대로 학계에 일정한 기여를 했다고 생각한다. 다만 18세기를 전후하여 새로운 방법으로 당면한 현실의 문제를 해결하려 한 신학풍에 구태여 실학이라는 명칭을 부여하기를 거부하는 일부 연구자들의 자세는 이해하기 어렵다.

2.

'실학과 주자학(朱子學)과의 상호관계를 어떻게 볼 것인가' 하는 것이 실학논쟁의 핵심이라 할 수 있다. 1970년대 자본주의 맹아론자들이 퇴장한 후에는 철학자들이 실학 연구의 주류를 이루었는데 이들의 주요한 관심사는 실학과 주자학과의 상호관계였다. 조선왕조의 지배적인 이데올로기가 주자학이었기 때문에, 실학에서 근대적인 요소의 조그마한 싹이라도 찾으려면 실학이 전 시대의 주류사상이었던 주자학을 어느 정도로 계승하고 극복했는가를 밝히지 않으면 안 되었던 것이다

우선 '주자학'이라는 용어에 대하여 문제를 제기하는 연구자도 있다. 즉 "실제로 조선시대 유학자들은 자신의 학문을 주자학이니 정주학으로 표현하기보다는 성리학(性理學)이라는 용어를 보편적으로 사용했다"(한영우)고 하여 주자학이란 용어 사용의 부적절함을 지적하고 있다. 같은 연구자가 "사실 우리나라의 어느 시대를 막론하고 주자학이 교조적으로 받아들여진 시대는 거의 없다고 보아야 하며, 그런 점에서 어느 시대이든 조선 성리학으로 보는 것이 옳다. 역사 발전 단계가 송나라와 다른데 어떻게 주자 성리학이 통째로 받아들여질 수가 있는가"라 말한 점으로 미루어, 우리나라에 미친 주자학의 영향을 희석시켜 보려는 의도가 숨어있는 듯하다. 그러나 성리학 체계를 주자가 집대성했고 또 이조 후기에는 주자를 '무류(無謬)의 성인'으로까지 추앙했던 사실도 있었던 점을 보아 성리학을 주자학이라 불러도 큰 무리가 없다고 생각한다.

1950대 이후 이른바 실학의 근대성을 밝히려는 연구자들이 실학의 근대성의 계기와 단초를 주자학과의 관계에서 설정했다. 반주자학은 아니라도 실학자들이 주자학을 어느 정도로 비판적인 시각에서 보았느냐가 논의의 초점이 되었다. 그래서 실학자들은 주자학에 매몰되지 않고 적어도 주자학으로부터 한 걸음 물러나 비판적으로 보았다는 것이 일반적 통설이다. 그러나 이 문제도 끊임없는 논란의 와중에 있다.

성리학에 관한 연구가 깊어지면서 성리학에 내포된 민본사상, 도덕성,

자주성, 과학성, 등 긍정적 요소들이 밝혀지게 되고, 이런 요소들이 서구적 근대와는 다소간의 차이가 있다 하더라도 매우 근접한 사상이라는 것이 알려지게 되었다. 또 이런 요소들은 그동안 실학자로 추앙되었던 인물들의 사상과 별다른 차이가 없다는 것도 주목되었다.[4]

이러한 논지대로 주자학의 여러 요소들이 실학자들의 사상과 별 차이가 없다면 실학의 정체성이 흔들린다. 실학을 주자학의 연장선상에서 파악하려는 일련의 논의는 급기야 "실학은 주자학의 다른 이름이다"라는 주장으로까지 이른다.

이 문제를 온전히 정리하려면 성리학의 우주론과 실학의 그것을 비교 분석해야 하는데 필자에게는 그런 능력이 없다. 다만 이 자리에서는 다산의 다음과 같은 진술을 단서로 삼아 단견(短見)을 말해보고자 한다.

> 하늘의 주재자는 상제(上帝)가 된다. 그것을 천(天)이라고 하는 것은 국군(國君)을 단지 국(國)이라 칭하는 것과 같으니, 이것은 감히 손가락질하여 말하지 않는다는 뜻이다. 저 푸른 유형의 하늘은 우리 인간에게 있어 지붕처럼 덮고 있는 것에 불과하고, 그 등급도 땅, 물, 불과 똑같은 등급이 되는 데 지나지 않으니, 어찌 우리 인간의 성(性)과 도(道)의 근본이겠는가? 태극도(太極圖)의 한 둥근 동그라미는 육경(六經)에 보이지 않는다. 이는 영(靈)이 있는 물건인가, 아니면 아무런 지각도 없는 물건인가, 텅 비어있는 불가사의한 것인가? 무릇 천하에 영이 없는 물건은 주재자가 될 수 없다. 그러므로 한 집안의 어른이 혼매하고 지혜롭지 못하면 집안의 만사가 다스려지지 않고, 한 고을의 어른이 혼매하고 지혜롭

---

4 한영우, 「'실학' 연구의 어제와 오늘」, 한림대학교 학술 심포지움 발표 논문집, 2006.

지 못하면 그 고을의 만사가 다스려지지 않는다. 그런데 하물며 텅 비어 있는 태허(太虛)의 한 리(理)로써 천지 만물을 주재하는 근본으로 삼는다면 천지 사이의 일이 이루어질 수 있겠는가?[5]

다산사상의 특징 중의 하나인 상제론(上帝論)이 개진된 부분이다. 그리고 다산사상이 성리학으로부터 한 걸음 비켜나 있다는 것을 가장 잘 보여주는 대목이기도 하다. 성리학의 우주론은 유기체적 자연관에 기초하고 있다. 성리학적 자연관에 의하면 자연의 이법(理法)과 인간사회의 이법은 하나의 일관된 원칙에 의하여 통일되어 있다. 그것이 천리(天理) 또는 리(理)이다. 그러므로 리는 자연현상의 법칙일 뿐만 아니라 인간사회의 질서이기도 하다. 솔개가 하늘에서만 날고 물고기가 연못에서만 뛰노는 것이 자연의 이법이요 곧 천리이다. 마찬가지로 인간사회에서도 자식은 부모에게 효도해야 하고 신하는 임금에게 충성해야 한다는 것이다. 만일 자식이 부모에게 효도하지 않고 신하가 임금에게 충성하지 않으면 이것은 마치 솔개가 연못에서 뛰놀고 물고기가 하늘을 나는 격이어서 천리에 어긋나는 것이다. 말하자면 인간의 도덕률은 선험적으로 주어진 천리에 순응해야 한다. 인간이 우주적인 섭리 속에서 자연과의 조화를 추구해서 천인합일(天人合一)의 경지에 도달하는 것이 성리학이 목표로 하는 최고의 경지이다.

그런데 다산은 이 리의 실제성을 부정하고 리를 상제(上帝)로 대체시

---

[5] 『與猶堂全書』 제2집 권6, 38면, 『孟子要義』, 「盡心 第七」, "天之主宰爲上帝 其謂之天者 猶國君之稱國 不敢斥言之意也 彼蒼蒼有形之天 在吾人不過爲屋宇帡幪 其品級不過與土地水火 平爲一等 豈吾人性道之本乎 太極圖上一圓圈 不見六經 是有靈之物乎 抑無知之物乎 將空空蕩蕩 不可思議乎 凡天下無形之物 不能爲主宰 故一家之長 昏愚不慧 則家中萬事不理 一縣之長 昏愚不慧 則縣中萬事不理 況以空蕩蕩之太虛一理 爲天地萬物主宰根本 天地間事 其有濟乎"

켰다. 이것은 중요한 의미를 갖는다. 다산에 의하면 인간은 선행을 하려는 기호(嗜好)도, 악행을 하려는 기호도 함께 가지고 있다. 이 중에서 인간의 자주적 권능에 따라 선행을 택하는 것이 도덕이다. 그러면 인간은 왜 선행을 하게 되는가? 위에서 상제가 내려다보고 있기 때문이다. 이 상제는 "영(靈)"을 가진 인격적 존재이다. "군자는 어두운 방에 있더라도 두려워 떨며 감히 악을 범하지 않는다. 상제가 자신에게 임해 있음을 알기 때문이다"(『中庸自箴』)라는 말은 상제가 위에서 감시하고 있기 때문에 두려워서 악을 행하지 않는다는 것이다. 선을 행하고 악을 행하지 않는 것은 어디까지나 인간의 자주적 권능에 의한 행동이지, 인간과 자연을 통일적으로 지배하는 선험적 섭리인 리(理)에 따른 행동이 아니라는 것이다.

여기서 다산은 인간과 자연의 동질성을 부인한다. "천지만물의 리(理)는 각기 만물 그 자체에 있는 것인데 어찌 다 나에게 갖추어져 있을 수 있겠는가? 개[犬]에게는 개의 리가 있고 소[牛]에게는 소의 리가 있는 것이다"[6]라는 진술이 이를 말해준다. 다산은 도리(道理)와 물리(物理)의 분리, 도리와 물리의 가치론적 동등화(同等化)를 통해서 유기체적 자연관을 해체하는 단서를 열었다고 말할 수 있다.[7] 다산은 자연과의 합일의식보다 자연과의 이분의식(二分意識)을 가지고 있었다. 즉 자연이 이법과 인간의 이법을 연속된 것으로 보지 않으려는 시도이다. 이런 바탕 위에서 물리탐구(物理探究)의 기초가 마련될 수 있는 것이고 나아가 세계관의 변화와 인식론의 전환을 기할 수 있는 것이 아닐까?

리의 실제성을 부정함으로써 결과적으로 유기체적 자연관을 해체하

---

6   『與猶堂全書』 제2집 권6, 39면, 『孟子要義』, 「盡心 第七」, 90면, "天地萬物之理 各在萬物身上 安得皆備於我 犬有犬之理 牛有牛之理"

7   具萬玉, 『朝鮮後期 朱子學的 宇宙論의 變動』, 연세대학교 박사학위논문.

려 했던 다산의 사고는 기존의 성리학적 사유체계와는 분명히 다른 것이다. 분명히 다를 뿐만 아니라 성리학적 사유체계를 넘어서 한 단계 발전된 것이라 말할 수 있다. 이러한 사상을, 서구즉 근대가 아니라고 하더라도 한국 사상사의 맥락에서 근대성을 지녔다고 말할 수는 없을까? 구만옥(具萬玉)의 다음과 같은 진술로 결론을 대신하고자 한다.

> 주자학이 고려 후기의 수용과정을 거쳐 16세기 '조선 성리학'으로 완성되고, 이후에도 독자적인 발전을 거듭했듯이, 양란 이후 '실학'이라는 새로운 학문경향이 대두하였고 19세기에 이르기까지 지속적으로 발전했다고 볼 수는 없는 것일까? … 기존의 논의에서 집중적인 비판의 대상이 되었던 실학의 근대성에 대해서도 다시 생각해 볼 필요가 있다. 실학의 학문적 지향이 반드시 서양적인 근대일 필요는 없다. 따라서 실학에서 과도하게 자본주의적인 요소를 찾으려고 노력할 필요도 없으며, 그런 요소가 없다고 해서 주자학과 근본적인 차별성이 없다고 예단할 필요도 없다. 실학이 추구한 새로운 세계상을 있는 그대로 드러내고 재구성하는 작업이 필요하다.[8]

---

8 구만옥, 「조선후기 '自然' 인식의 변화와 '實學'」, 한림대학교 학술 심포지움 발표 논문집, 2006.

『성호사설』「시문문」을 통해서 본 이익의 문학관

1. 문학의 전범으로서의 『시경』

고금의 문장을 수목(樹木)에 비유한다면, 당·우(唐虞), 삼대(三代)의 문은 마치 여름철에 꽃과 잎이 아주 무성하여 마른 가지가 하나도 없어 찬란하여 볼 만한 것과 같고, 진한(秦漢)의 문은 마치 가을과 겨울 이후에 꽃과 열매가 떨어지고 진형(眞形)이 그대로 있는 것과 같으며, 후세의 문은 단청(丹靑)과 회화(繪畵)로 형상을 본뜬 것이 비록 근사하긴 하지만 생의(生意)가 소삽(蕭颯)한 것과 같다. 우리나라의 문은, 마치 시골의 화가가 실지 물건은 보지 못하고, 단지 모사(模寫)한 것에만 의지하여 어렴풋이 복숭아나무에다 버드나무 가지, 살구나무 잎, 아가위나무 꽃을 비슷하게 그려서 둥글고 길쭉함이 실지와 틀리고 붉은 색 푸른 색이 기준이 없어 그것이 무슨 물건인지 알 수 없는 것과 같다.[1]

이 글은 문학에 대한 성호(星湖) 이익(李瀷, 1681~1763)의 견해를 선언

---

1 『星湖全集』6, 驪江出版社, 1984, 1139면, 『星湖先生僿說』권30, 「詩文門」〈古今文章〉, "古今文章 以樹木取比 唐虞三代之文 如方夏花葉極盛 無一條枯蘗 而燦然可觀也 秦漢之文 如秋冬以後 華實摧落 而眞形自在也 後世之文 如丹靑繪畵 摸狀雖逼 而生意 颯爾也 我東之文 如鄕社畵師 不見其物 但憑傳摸 依俙彷彿 桃身柳枝 杏葉棠花 圓楕違 眞 丹碧無準 不審其何物也"

적으로 밝힌 것이다. 이 짧은 글에서 성호의 문학관을 연역하는 실마리를 찾아보고자 한다. 여기서 '문(文)'이 꼭 산문만을 지칭하는 것은 아니라고 생각된다. 순암(順菴)이 편집한『성호사설유선(星湖僿說類選)』에 이 글이 「논시문(論詩門)」이 아닌 「논문문(論文門)」으로 분류되어 있기는 하지만 순암 자신도 시와 문을 엄격히 구분한 것은 아니다. 예를 들어 「논문문」에도『시경』과 두보, 이백의 시가 언급되어 있다. 그러므로 「고금문장(古今文章)」에서의 '문'은, 시와 문을 포함한 문학 일반을 포괄적으로 지칭하는 것으로 보인다.

성호는 중국의 고금문장을 3단계로 구분하고 있다. 그중에서 당·우(唐虞), 삼대(三代)의 문을 최고로 꼽고 있다. 이 시대를 대표하는 문은 육경(六經)·사서(四書)인데, 좁은 의미의 문학에 한정한다면『시경』이 그 대표가 될 것이다. 유학에서 차지하는『시경』의 비중과 권위는 비단 성호뿐만 아니라 우리나라의 모든 선비들이 한결같이 인정하는 바이다.『시경』은 유학의 조전일 뿐만 아니라 모든 문학의 전범으로 인식되었다. 성호는 "문이란 도(道)가 우거(寓居)하는 곳이다"[2], "문이란 도의 그림이다"[3]라 하여 기본적으로 '문이재도(文以載道)'의 문학관을 지니고 있었는데, 그가 보기에『시경』은 도가 우거하고 있는 가장 이상적인 글이고, 완벽한 도(道)의 그림이었다. 그래서 그는『시경』,『초사』를 포함한 이 시대의 문을, 말라 죽은 가지가 하나도 없고 꽃과 잎이 무성한 한여름의 수목에 비유한 것이다.

그런데 시대가 내려올수록 문이 그 건강성을 잃어갔다고 성호는 생각했다. 진·한(秦漢) 시대의 문은 비록 꽃과 잎은 떨어졌지만 "진형(眞形)"

---

2 『全集』 6, 766면, 『僿說』 21, 「經史門」 〈不恥下問〉, "文者 道之所寓也"

3 『全集』 6, 767면, 『僿說』 21, 「經史門」 〈不恥下問〉, "文者 道之畵也"

은 그대로 있는 수목과 같아서 그래도 볼 만한 것이 있었는데 그 이후의 문은 아주 볼품이 없다는 것이다. 이러한 성호의 견해는, 삼대의 지치(至治)를 정점으로 하여 후대로 내려올수록 하강한다는 전통적인 중국의 역사인식과 일정한 관련이 없지 않다. 그러나 문학에 한정하여 본다면, "도가 우거하는 곳"으로서의 문, "도의 그림"으로서의 문에 대한 의식이 엷어졌다는 데에 그 원인이 있다고 여겼다. 문은 도가 붙어사는 집이어서 도가 주인인데도 도보다는 집을 꾸미는 데에 정력을 쏟고, 도를 모델로 하여 그린 그림이 문인데도 그림을 지나치게 색칠하여 도의 본 모습과는 다른 그림을 그린다는 것이다. 그가 "후세의 문은 단청과 회화로 형상을 본 뜬 것이 비록 근사하긴 하지만 생의(生意)가 소삽하다"라 말한 것이 그것이다. 성호는 이렇게 된 원인 중의 하나를 시경체(詩經體)의 쇠퇴에서 찾고 있다.

> 시란 뜻이 발로된 것이다. 말이 있고 뜻이 있는데, 뜻은 깊고 말은 옅으므로 말은 끝낼 수 있지만 뜻은 다할 수 없는 것이다. 삼백 편은 대개 다 4언이므로 읽으면 그 말이 쉽게 이해되는데, 사람들은 그 말이 국촉(局促)하다고 하여 글자를 보태어 5언을 만들었으며 … 후인들은 또 더 보태어 7언을 만들었으니 옛것과는 더욱 배치되었고, 성률이니 배려(配儷)니 하는 것이 나옴에 이르러서는 시도(詩道)가 깎여졌다.[4]

성호는 4언시를 시의 전범으로 생각했다. 그는 "내 생각에는 시는 본래 네 글자로 한 구(句)를 만들었는데 삼백 편이 이것이다"[5]라 하여 『시

---

4 『全書』6, 1081면, 『僿說』29, 「詩文門」〈詩家藻繪〉, "詩者 志之發也 有語有意 意深而語淺 故語可了 而意不可窮 三百篇 大抵皆四言 讀之 其語易解 人嫌其語局 增字爲五言 … 後人 又增爲七言 則益與古背馳 至聲律配儷之出 詩之道斲"

경』의 4언체를 시의 표준으로 여겼다. 그러나 네 글자만으로 뜻을 펴기 어려울 때는 다섯 글자, 일곱 글자로 될 수 있다는 것을 인정했다. 실제로 『시경』에도 그런 경우가 있음을 예시하기도 했다.[6] 그런데 후세의 시들은 맹목적으로 글자를 증가했다는 것이다.

　　4언을 변하여 7언으로 만든 것은 본래 넉넉하게 펴기 위해서 마음을 쓴 것인데, 지금 사람들은 단지 네 글자에 한 글자를 더해 5언을 만들고, 5언에 두 글자를 더해 7언을 만들었을 뿐이니 매양 격이 낮아진다.[7]

본래 뜻을 넉넉히 펴기 위해서 글자를 늘인 것인데 이런 본래의 목적과는 상관없이 글자만 늘어났다는 것이다. 그러나 글자가 늘어난 것보다 더 심각한 문제는 5언, 7언이 등장하고 율시·절구가 지어지면서 시의 형식적인 아름다움만 중시하게 된 것이다.

　　율시의 5언은 육조에서 생겼고 7언은 심전기(沈佺期)·송지문(宋之問)에서 생겼다. 이로부터 시도(詩道)가 크게 변했다. 그 수식하고 다듬는 것이 중간 두 연에만 있기 때문에 반드시 여기에 전심하게 되고, 수련(首聯)과 미련(尾聯)은 구차하게 메워서 편을 이루는 것을 면치 못할 뿐이다. 오직 대를 맞추고 평측을 고르는 데에 힘을 다하다 보니 지취는 없어지고 만다.[8]

5　『全書』5, 594면, 『僿說』17, 「人事門」〈禁五七言〉, "愚意 詩本四字爲句 三百篇是也"
6　『全書』6, 1080면, 『僿說』29, 〈律詩路程〉 참조.
7　『全書』6, 1080면, 『僿說』29, 〈律詩路程〉, "變四爲七 本爲寬展用意 而今人 只就四字 加一爲五 就五字 可二爲七 則又每下矣"
8　『全書』6, 1080면, 『僿說』29, 〈律詩路程〉, "律詩 五言生於六朝 七言生於沈宋 自此詩道大變 其文彩雕鏤 莫有如中二聯 故必專心於此 而起尾二聯 則不免苟賠成篇而已 惟其

특히 율시에서의 함련(頷聯)과 경련(頸聯)의 쌍대(双對)의 폐단을 지적한 것이다. 율시에서 가장 중요시하는 것이 중간 두 연의 쌍대인데, 여기에 골몰하다 보면 막상 시가 담아야 할 도를 놓치게 된다. 성호는 같은 글에서, 이 쌍대는 변통의 여지없이 엄격하기 때문에 다만 색태만을 힘쓰게 된다고 했다. 또 "이것은 마치 연지와 분을 발라서 기혈(氣血)이 병들고 꺼칠한 것과 같다"[9]고 말하기도 했다. 연지 찍고 분을 발라 색태에 힘쓰게 되면 겉으로는 비록 화려하게 보이지만 피부는 더욱 꺼칠해지고 병들게 된다는 것이다. 「고금문장」에서 성호가 "후세의 문은 생의가 소삽하다"고 말한 것이 이것이다. 그래서 그는 다음과 같이 극단적인 주장까지 하게 된다. 그는 5·7언 시의 성률·배려(配儷) 등의 폐단을 지적한 다음 이렇게 말했다.

동중서(董仲舒)는 말하기를 "모든 것이 육예(六藝)의 과정과 공자의 도술(道術)에 있지 않은 것은 모두 그 길을 끊어버린 후에라야 통기(統紀)가 하나로 되고 법도가 밝아져 백성들이 좇을 바를 알 것이다"라 했다. 나는 말한다. "왕도정치"를 할 분이 나오면 반드시 소무(蘇武)·이릉(李陵) 이하의 글은 (모두 거두어 불태워 버려야 하고) 엄한 법으로 금하고 억제한 후에라야 (수장하고 있는 자에게 죄를 준 후에라야) 사람들의 풍습이 조금 변할 것이다"[10]

盡力於抽配平仄之間 而旨趣則汨喪矣"
9 『全書』 6, 1080면, 『僿說』 29, 〈律詩路程〉, "此如朱粉錯施 而氣血扤濇也"
10 『全書』 6, 1081면, 『僿說』 29, 〈詩家藻繪〉, "董仲舒日 諸不在六藝之科 孔子之術者 皆絶其道 然後統紀於一 法度可明 民知所從矣 余謂 有王者作 必自蘇李以下(悉收以焚滅之) 嚴法禁抑 (收藏者抵罪) 然後人風少變矣"

성호는 5·7언 근체시와 사륙문의 폐해를 천재(天災)나 지재(地災)보다 더 무서운 인재(人災)라고까지 말했다.[11]

2. 사실성

소무·이릉 이하의 글을 모두 불태워 버려야 한다고 말했다 해서 성호가 후세의 글을 모두 가치 없는 것으로 본 것은 아니다. 다만 내용 없이 색태에만 힘써 수식과 기교에만 매달리는 풍조를 경계한 것이다. "연지와 분을 발라 기혈이 병들고 꺼칠한" 시를 쓸 것이 아니라, 연지와 분을 바르지 않아도 건강하고 윤기 있는 시를 써야 한다는 말이다. 연지와 분을 바르지 않고도, 즉 화려한 기교를 동원하지 않고도, 꽃과 잎이 무성한 한여름의 수목과 같은 싱싱한 시를 써야 하는데 그러한 시의 전범이 곧 『시경』, 『초사』이다 그러면 어떻게 해야 건강하고 싱싱한 시를 쓸 수 있는가?

옛날에 한퇴지(韓退之)가 번소술(樊紹述)의 묘경(墓銘)을 짓고 사마천(司馬遷)이 사마장경(司馬長卿)의 전(傳)을 지었는데 모두 그 사람과 꼭 같다. 옛 사람은 시나 문을 지을 때, 반드시 마음으로 표준을 세우고 뜻으로 상상하여 정신이 우회(遇會)한 후에라야 붓을 들고 글을 썼으니, 마치 그 사람을 그림으로 그리자면 그 사람과 같아야 한다는 것과 같다. 시나 문의 모사도 이와 무엇이 다르겠는가.[12]

---

11 주 5와 같음.
12 『全書』 6, 1122면, 「僿說」 30, 「詩文門」 〈退溪先生詩〉, "昔退之銘樊紹述 子長傳司馬長卿 皆似其人 古人作詩文 必心準意想 精神遇會 然後方下筆 如畵其人 則必似其人也 詩文之模寫 亦何異哉"

묘명이나 전을 지을 때는 그 대상이 되는 인물과 "같게" 묘사해야 한다는 말이다. "같게" 묘사한다는 것은 그 인물의 평소 행적과 덕행과 인품을 사실 그대로 묘사한다는 말이다. 묘명이나 전에서 인물을 사실 그대로 묘사하는 데에는 여러 가지 방법이 있겠지만, 일차적으로는 인물의 초상화를 그리듯 사실적으로 묘사해야 한다는 것이다. 이것은 비단 묘명이나 전에 국한되지 않고 시의 경우에도 마찬가지이다. 성호는 시문에 있어서의 사실성을 매우 중시했다. 또 다른 예를 보자.

소동파(蘇東坡)의 시에 "형사(形似)로써 그림을 논하면 / 소견이 어린 아이와 같고 / 눈앞 사물만 읊는다면 / 단정코 시를 아는 사람 아니라네"라 했다. 후세의 화가들이 이 시를 종지로 삼아 묽은 먹물로 거친 그림을 그리니 실물[眞]과 배치되고 만다. 지금 만일 "그림을 그리되 형체와 같지 않아도 되고, 시를 짓되 눈앞의 사물을 읊지 않아도 된다"라 한다면 말이 되겠는가? 우리 집에 동파가 그린 묵죽(墨竹) 한 폭이 있는데, 가지 하나 잎 하나가 모두 실물과 꼭 같으니 이른바 사진(寫眞)이란 것이다. 정신은 형체 안에 있는데 형체가 이미 같지 않으면 정신을 전할 수 있겠는가?[13]

그림에서 특히 문인화에서 궁극적으로 추구하는 것은 신사(神似)일 것이다. 그러나 이 신사도 형사(形似)를 통해서만 나타낼 수 있다는 것이 성호의 생각이다. 그가 「고금문장」에서 말한 바의 "복숭아 나무에다 버

---

13 『全書』 5, 148면, 『僿說』 5, 「萬物門」 〈論畫形似〉, "東坡詩云 論畫以形似 見與兒童隣 賦詩必此物 定非知詩人 後世畫家 得以爲宗旨 淡墨麤畫 與眞背馳 今若曰 論畫形不似 賦詩非此物 其成說乎 余有家藏東坡墨竹一 幅 一枝一葉 百分肯似 乃所謂寫眞也 神在形中 形已不似 神可得以傳耶"

드나무 가지, 살구나무 잎, 아가위나무 꽃"을 그린 그림으로는 결코 정신을 나타낼 수 없다는 것이다. 실제로 성호가 소장하고 있다는 동파의 묵죽도는 필시 신사(神似)의 작품일 터인데 그것이 실물과 꼭 같은 "사진"이라는 것이다. 그러므로 동파의 묵죽도는 실물과 꼭 같이 그림으로써 정신을 나타낼 수 있었다고 생각한 것이다.

시도 이와 다찬가지이다. 사실성을 바탕으로 하여 시를 쓰면 굳이 연지와 분을 바를 필요가 없다. 발라도 필요한 만큼 발라서 피부의 건강을 잃지 않게 한다. 이 경우에는 연지와 분이 주가 아니고 바탕을 돋보이게 하기 위한 보조물에 불과한 것이다. 그래야만 삼대의 문과 같은 건강한 글을 쓸 수 있다.

3. 독창성

사실성과 함께 성호가 강조한 것 중의 하나가 시의 독창성이다.

고인의 시는 거친 시골의 야인(野人)과 같아서, 관(冠)도 자기가 만든 것이고, 띠도 자기가 만든 것이고, 옷과 신발도 자기가 만든 것이며 기물도 자기가 만든 것이어서 참 마음이 드러나기 때문에 공졸(工拙)을 분별할 수 있다. 지금 사람의 시는 경읍(京邑)의 선비와 같아서 관도 빌린 물건이고, 띠도 빌린 물건이고, 옷과 신발도 빌린 물건이며 기물도 빌린 물건이어서 비록 아름답고 우아하여 볼 만하지만 다 자기가 이 물건들을 소유한 것이 아니요, 동쪽 이웃에서 빌리고 서쪽 이웃에서 빌린 것이니 어찌 족히 칭할 수 있으랴! 내가 『정절집(靖節集)』을 보니 곧 스스로 지어낸 것이라, 그래서 바꾸기 어려운 것이다. 요즈음 거론되는 시들은 물건을 빌려서 빈틈없이 잘 배열해 놓은 것에 불과하다. 또 어떤 것은 물건을

빌려서 거꾸로 뒤섞어 놓은 것도 있으니 더욱 가소롭다.[14]

옛 사람들의 시에서는 시인 자신의 목소리를 들을 수 있는데, 요즘 사람들의 시에서는 자기 목소리를 들을 수 없다는 것이다. 모든 것을 다 빌려서 쓰기 때문에 그 겉모습만으로는 그 사람의 진심을 알 수 없다. 더욱 심각한 문제는, 옛 사람들의 시는 그 공졸(工拙)을 분별할 수 있는데, 요즘 사람들의 시는 남의 것을 빌려서 "빈틈없이 잘 배열해 놓기 때문에" 공졸을 분별할 수 없는 지경에 이르렀다는 점이다. 워낙 교묘하게 포장하기 때문에 다 그럴 듯하게 보인다는 것이다. 자신의 성정을 가식 없이 진솔하게 표현하여 시를 써야 하는데 요즘 사람들의 시는 남의 것을 빌려와서 꾸미기에만 급급하다는 말이다. 남의 것을 빌려서 꾸민다는 것은 타인의 시구를 표절한다는 말이다. 시골 야인의 옷차림과 같이 비록 소박하고 거칠더라도 자기의 목소리를 내는 시가 좋은 시라는 것이다. 자기의 목소리를 내는 시는 남의 것을 모방하지 않고 독창적으로 만드는 시이다. 이렇게 해야 건강하고 싱싱한 당·우, 삼대의 시에 근접할 수 있는데, 도연명의 시가 바로 그렇다는 것이다.

그러나 성호는 점화(点化), 탈태(奪胎), 환골(換骨) 등의 수법은 시를 씀에 있어서 불가피한 현상으로 인정했고, 이런 수법을 잘만 이용하면 오히려 더 좋은 시를 쓸 수 있다고 말하기도 했다. 관과 띠와 옷과 신발과 기물을 깡그리 빌려 쓰면서도 자기 것인 양 하는 것이 표절이라면, 점화,

---

14 『全書』 6, 1087면, 『僿說』 29, 「詩文門」 〈陶詩自做〉, "古人之詩 如荒郡野人 冠是自做 帶是自做 衣履是自做 器物是自做 眞心見而工拙可別也 今人之詩 如京邑之士 冠是借物 帶是借物 衣履是借物 器物是借物 雖都雅可觀 皆非己有此物 東隣借用 西隣借用 何足稱也 余視靖節集 卽自做出來 所以難學 今之論詩 不過借物 而善鋪排無罅漏也 又或有借物顚倒錯亂之者 益可笑矣"

탈태, 환골은 예컨대 남의 것을 한두 가지만 빌려와서 자기 몸에 맞게 고쳐서 사용하는 것이라 할 수 있다.

4. 온유돈후(溫柔敦厚)의 시교(詩敎)

당·우, 삼대의 시에 근접해지려면 또 갖추어야 할 것이 있다. 성호는 『시경』에 대하여 "『시경』의 가르침은, 형벌로써 금하지 않고 읽는 자로 하여금 넌지시 깨달아 스스로 터득케 하고자 한 까닭에 온유돈후(溫柔敦厚)를 주로 삼았다(詩之爲敎 不以刑禁 欲使之諷曉自得 故以溫柔敦厚爲主)"(卷24, 經史文, 〈經解〉)라 말했다. 『시경』이 시의 전범이기 때문에 시는 모름지기 온유돈후해야 한다는 것이 성호의 생각이다.

옛날의 전쟁터를 조상(弔喪)하는 시와 문이 많은데, 아무리 애상(哀傷)과 참달(慘怛)이 지극할지라도 역시 성정의 본을 해치지 않아야 잘 썼다 할 것이다. 만일 (그 글이) 음험하고 괴삽(怪澁)하다면 그 사람됨을 또한 알 수 있다. 나의 족자(族子) 아무개가 시에 능했는데 그의 절구 한 수에

피가 엉겨 푸르게 풀잎에 스며들고	血凝碧入草
문드러진 뼈는 하얗게 모래가 되었구나	骨爛白爲沙
음산하게 내리는 가을비 속에	陰陰秋雨裏
밤중의 불빛은 뉘 집에서 나오는가	夜火是誰家

라 하였는데, 읽으면 사람의 기상을 아름답게 하지 못하더니 그 사람은 마침내 오래 살지 못하였다.[15]

고전장(古戰場)을 조상하는 뜻이 아무리 훌륭하더라도 지나치게 "음험하고 괴삽하여" "사람의 기상을 아름답게 하지 못하는" 시는 "성정지본(性情之本)"을 해친다는 말이다. 즉 온유돈후하지 못하다는 것이다. 반면에

가련토다, 무정한 강변의 뼈들은	可憐無定河邊骨
아직도 아낙네들 꿈속의 사람이라오	猶是春閨夢裏人

같은 시는 다 같은 조고전장시(弔古戰場詩)인데도 성정지본을 잃지 않아서 "이것을 채록하여 삼백 편의 끝에 붙여도 좋을 것이다"[16]라 했다. 성호는 주자(朱子)의 시에 대해서도

주자의 무이시(武夷詩)에

이곡이라, 옥녀봉 우뚝 솟아 있는데	二曲亭亭玉女峰
물가에서 꽃 꽂고 누굴 위해 단장했나	挿花臨水爲誰容

도인(道人)은 양대(陽臺)의 꿈 다시 꾸지 않고서	道人不復陽臺夢
흥에 겨워 산에 드니 푸르름이 몇겹이냐	興入前山翠幾重

라 하였으니, 이는 비록 산 이름에 따라서 이른 것이지만 실상은 아니다.

---

15 『全書』 6, 1057면, 『僿說』 28, 「詩文門」 〈弔古戰場詩〉, "古戰場詩文多 亦雖哀傷慘怛之極 而亦不害於性情之本方得 若陰險怪澁 則其人又可知矣 余族子某 能于詩 其一絶云 … 讀之 令人氣像便不佳 其人竟夭年"

16 『全書』 6, 1129면, 『僿說』 30, 「詩文門」 〈弔古戰場文〉 참조.

그런 실상이 있었다 하더라도 산령의 존엄으로 보아 마땅히 희롱하거나 경홀히 해서는 안될 것 같으니 양대의 요망한 꿈은 의당 인용할 바가 아니다.[17]

라 하여 못마땅하게 여겼다. 이 시는 주자의 「무이도가(武夷櫂歌)」 중 제2곡에 있는 옥녀봉(玉女峰)을 노래한 것인데, 제 3구의 "양대몽(陽臺夢)" 운운이 불경하다는 뜻이다. 주자의 시인데도 이렇게 말하는 것을 보면 온유돈후의 시교(詩敎)에 대한 성호의 생각은 철저한 듯하다.

5. 실증적 비평안

『성호사설』「시문문」의 가장 두드러진 특징은 성호의 실증적인 비평안이다. 실증적인 학문 자세는 성호사상 전반의 특징이기도 한데 시문에 있어서도 예외가 아니다. 실증적 자세는 고증을 통한 객관성과 합리성이 그 바탕을 이루고 있다. 예를 들어보자.

> 유자산(庚子産: 庚信의 字-인용자)의 「애강남부(哀江南賦)」에 "채위공(蔡威公)의 눈물이 다하자 이어서 피가 나왔다"라 하였는데, 차오산(車五山)의 주(註)에, 채(蔡)나라에는 위공(威公)이 없고 애후(哀侯)가 있다 해서 '威'는 '哀'의 잘못이라고 말했다. 살피건대 유향(劉向)의 「설원(說苑)」에 하채(下蔡) 위공(威公)의 사실이 실려 있으니 위공은 채나라의 신하로서 하채에 사는 사람이요 채나라의 임금이 아니다. 오산(五山)의 박식으로

---

17 『全書』 6, 1140면, 『僿說』 30, 「詩文門」〈朱子詩〉, "朱子武夷詩 … 此雖因山名云爾 非實也 縱使有之 山靈之尊 而恐不宜戲褻之也 陽臺妖夢 非所當引"

도 여기에는 미치지 못했던 것이다.[18]

이와 같이 성호는 조금이라도 의심나는 곳이 있으면 고증을 통해서 꼭 사실을 밝혀내었다. 유명한 유영(劉伶)의 「주덕송(酒德頌)」에 대해서도 첫머리의 "대인선생(大人先生)"을 완적(阮籍)이라 고증했고, 마지막 "이호시측언(二豪侍側焉)"의 "이호(二豪)"를 완적의 아들인 완혼(阮渾)과 조카인 완함(阮咸)이라 고증했다. "대인선생"은 유영 자신을 가리키고, "이호"는 귀개공자(貴介公子)와 진신처사(縉紳處士)를 가리킨다는 것이 일반적인 견해였는데, 성호는 완적의 생애 사실과 여러 문헌을 통하여 이렇게 고증한 것이다.[19] 그는 이런 고증 작업의 동기를 다음과 같이 말했다.

고금의 서사(書史)의 전주(箋註)는 사실과 어긋나는 것이 많다. 성경(聖經)도 오히려 이러하거늘 하물며 잡가 사장의 등속에 있어서랴. 유영의 「주덕송」 같은 것도 「문선육신주(文選六臣註)」에 의해 본다면 어세가 혼란하여 귀착되는 바가 없어 자못 읽을 수가 없다. 요즘 사람들이 장단을 치면서 외우고 익히면서 아름다운 작품으로 여기는 이유가 어디 있는가? 그 "大人先生이 있다"는 말은 반드시 지목한 사람이 있는 것이니 완적이 바로 그 사람이다.[20]

---

18 『全書』6, 1104면, 『僿說』29, 「詩文門」〈蔡威公〉, "庚子産 哀江南賦云 蔡威公之淚盡 繼之以血 車五山註 以蔡無威公 而有哀侯 故謂哀字之誤 按劉向說苑 載下蔡威公之事 威公是蔡之群臣 居下蔡者 而非蔡君也 以五山之博 而不及此"
19 『全書』6, 1061면, 『僿說』28, 「詩文門」〈酒德頌〉참조.
20 『全書』6, 1061면, 『僿說』28, 「詩文門」〈酒德頌〉, "古人書史箋註 失實多矣 聖經尙然 況雜家詞章之屬耶 如劉伶酒德頌 以文選六臣註觀之 語勢泪亂 無所著落 殆不可讀矣 今人擊節誦習 以爲佳作 何居乎 其曰有大人先生者 必有所目之人 卽阮籍是也"

성호가 이렇게 시문의 고증을 중시한 것은 물론 모든 것을 과학적인 합리성을 기초로 하여 이해하려는 그의 학문 자세에 기인한 것이지만, 문학 작품에 있어서도 일차적으로 철저한 고증을 통하여 분명한 뜻을 파악한 후에 작품을 평가하려는 기본 인식에서 나온 것이다.

이백(李白)의「추포가(秋浦歌)」제15수이 나오는 "白髮三千丈"에 대해서도 그것이 과장법이라는 일반적인 견해를 받아들이지 않는다. 그는 "사람이 늙으면 머리털이 짧아지는 법이니 여덟 자, 열 자라 해도 과한 것인데 어찌하여 3천 장으로 비유하는 데에 이르렀을까?"라는 의문을 제기한 후「추포가」 17수를 면밀히 검토하여 제 8수의 눈 덮인 수거령(水車嶺)이 물에 비친 모습을 형용한 것이라 단정했다. 그래야 합리적으로 설명이 되는 것이다. 그는 "그런데도 고금인이 이 뜻을 깨닫지 못하고 정말로 이와 같이 긴 머리털이 있다고 생각하여 억지로 그것을 모사하니 사람의 이빨을 시리게 한다"라 하여 자신의 주장이 옳음을 확신했다.[21] 이밖에도 고금의 시문 중 의문이 있거나 합리적으로 설명되지 않은 부분을 분석하여 명쾌하게 해석함으로써 작품의 이해에 많은 도움을 주고 있다. 예를 하나 더 들어본다.

두보의「두견행(杜鵑行)」에

업공(業工)이 깊은 숲 속에 엎드려 있다   業工竄伏深樹裏

고 하였는데, 지금『사문유취(事文類聚)』를 상고해 보니, '業工'은 '業業'으로 되어있다. 대개 한 글자를 거듭 쓸 때에는 두 점만을 찍으니 '工' 자

---

21 『全書』 6, 1084면,『僿說』 29,「詩文門」〈白髮三千丈〉 참조.

의 모양과 비슷하므로 이것이 와전된 것이리라. 업업(業業)은 곧 공구(恐懼)의 뜻이다. 차천로(車天輅)의 「오산설림(五山說林)」에 "업공(業工)은 두견새의 새끼다. 내가 젊었을 적에 어떤 책에서 보았는데, 무슨 책인지 지금 기억이 나지 않는다"라 하였다.[22]

시의 제목인 「두견행(杜鵑行)」과 연관시켜 무리하게 해석하려고 시도한 차천로와, 고증과 실증을 중시하는 성호는 시를 보는 안목에서 뿐만 아니라 학문을 하는 자세에서도 좋은 대조가 된다고 하겠다.

그러나 이러한 합리적 분석이 좀 지나친 경우도 있다. "白髮三千丈"의 경우에도 그것을 심한 과장법으로 보아도 무리가 없을 듯한데 굳이 고증을 해놓은 것이 그 한 예이다. 문학적 상상력과 과학적 진실이 때로는 어긋날 수도 있는 것이다. 한 가지 예를 더 들어보자. 두보(杜甫)의 「봉화가지사인조조대명궁(奉和賈至舍人早朝大明宮)」 시의

오경의 물시계 소리 새벽을 재촉하고	五夜漏聲催曉箭
구중궁궐 봄빛에 복숭아가 취했네	九重春色醉仙桃

라는 시구에 대하여 우집(虞集)이 "복숭아가 익어서 매우 붉다는 비유이다"라고 주를 낸 것에 대하여 성호는 이의를 제기한다. 그는 "聞說先皇醉碧桃", "猶自吹笙醉碧桃" 등의 예를 들어 '醉' 자는 원래 사람이 취한 것을 가리킨다고 했다. 그런데 우집은 복숭아가 익어서 붉다는 비유라고 했으니 이것은 복숭아가 취했다는 말이어서 '醉' 자의 쓰임과 어긋난다

---

22 『全書』 6, 1056면, 『僿說』 28, 「詩文門」 〈業工〉, "杜甫杜鵑行云 業工竄伏深樹裏 今考事文類聚 以業工作業業 盖一字疊書者 只加兩點 如工字樣 此所以傳訛也 業業卽恐懼之義也 車天輅五山說林 業工杜鵑雛也 余少時 曾見一書 今不記何書也"

는 것이다.[23] 성호의 이러한 주장에 따른다면, '구중춘색(九重春色) 속에서 천자에게 조회하러 가는 사람이 복숭아에 취했다'로 해석해야 하는데, '복숭아가 술에 취한 듯 붉다'로 해석해서 안 될 이유가 없다고 생각한다.

---

23 『全書』 6, 1054면, 『僿說』 28, 「詩文門」 〈醉碧桃〉 참조.

18세기 동아시아 문명의
새로운 전환

1.

 18세기는 세계사적으로 문명의 큰 물줄기를 바꾸어놓은 중요한 시기였다. 영국에서 시작된 산업혁명은 농업 중심의 경제구조를 공업 중심으로 전환시켰다. 왓트의 증기기관의 발명에서 비롯된 이른바 '동력혁명(動力革命)'은 여러 가지 기술의 혁신을 가능케 했고 이로 인하여 엄청난 정치, 사회, 경제적인 파급효과를 초래했다. 1776년에 나온 아담 스미스의 『국부론(國富論)』은 산업혁명 초기 영국 산업자본의 성격을 대표하는 이론이다.

 유럽의 18세기는 몽테스키외, 볼테르, 디드로, 루소 등이 활약한 계몽사상(啓蒙思想)으로 특징지어지는 시대이기도 하다. 이들은 반형이상학적(反形而上學的)이고 반종교적(反宗敎的) 사상으로 무장하여 과학적 자연주의를 확립시켰다. 이들의 사상을 확장하고 보급시키기 위하여 기념비적인 『백과전서』를 출간한 것도 18세기의 일이었다. 18세기 후반에는 칸트가 『순수이성비판』과 『실천이성비판』을 저술했고, 맬더스는 1798년 『인구론(人口論)』을 세상에 내놓았다. 예술 방면에서는 이 시기에 하이든과 모차르트가 그들의 대표작을 작곡했으며 괴테와 쉴러가 의욕적인 창작활동을 하고 있었다.

 이렇게 18세기 유럽에서는 산업혁명이 진행되는 한편으로 이른바 '이

성(理性)의 시대' '계몽의 시대'가 펼쳐지고 있었던 반면, 동아시아의 중심 국가인 중국의 사정은 이와 달랐다. 17세기 중반에 중국대륙을 장악한 만주족의 청(淸)나라는 18세기에 이르러 강희(康熙), 건륭(乾隆) 치하의 전성기를 맞이한다. 이 시기에 청나라는 주변국들을 차례로 복속시켜 중국 역사상 최대의 영토를 확보했다. 이러한 정치, 군사적 안정을 바탕으로 학술 면에서도 획기적인 업적을 이루었다. 1711년에 『패문운부(佩文韻府)』를 간행했고 1716년에는 『강희자전(康熙字典)』을 편찬했으며 1782년에는 역사적인 『사고전서(四庫全書)』가 완간되었다.

그러나 '건륭성세(乾隆盛世)'라 일컬어지는 18세기 초에 이미 청나라는 쇠퇴의 기미를 보이기 시작했다. 이 시기의 시대상은 오경재(吳敬梓)의 『유림외사(儒林外史)』에 잘 나타나 있다. 1749년에 나온 이 소설은 18세기 중국의 거대한 풍속화라 할 만하다. 부패한 과거제도를 중심으로 전개되는 이 작품은, 봉건 예교제도(禮敎制度)의 부패상과 봉건 사대부들의 허위의식과 가면을 신랄하게 풍자하고 있다. 말하자면 봉건사회 붕괴의 전야(前夜)를 암시하고 있다. 1762년에 조설근(曹雪芹)이 집필하던 중 사망한 『홍루몽(紅樓夢)』에는 작자의 반봉건적 지향이 더욱 뚜렷이 드러나 있다. 1954년경부터 시작된 '홍루몽 논쟁'에서 이 작품의 성격에 대한 다양한 논의가 있었지만 한 가지 분명한 사실은 이 작품의 반봉건적 성격이다.

학술 면에서도 대진(戴震)과 같은 학자가 나타나 고증학적 엄밀성을 바탕으로 정주이학(程朱理學)을 심도 있게 비판했다. 그의 사상은 봉건귀족이 아닌 일반 서민의 평등에의 욕구를 일정한 정도로 반영했으며 어떤 의미에서는 계몽적 요소도 지니고 있었다. 그는 중국 근대의 반봉건운동의 길을 열었다고 말할 수 있다. 이상 오경재, 조설근의 소설과 대진의 철학은 그들이 의식했든 의식하지 않았든 노대국(老大國) 청의 몰락을 간접적으로 암시한 것이고, 아울러 봉건사회의 붕괴 과정을 보여주는 것이다.

드디어 건륭 말년에는 주변의 신강(新疆), 감숙(甘肅), 대만(臺灣) 등지의 소수민족 반란이 연이어 일어났고, 중앙귀족들의 토지 집중이 심해져서 사치와 부패가 만연했다. 가장 심각한 현상은 청(淸)의 통치를 뒷받침해 주었던 팔기군(八旗軍)의 기강이 해이해졌다는 사실이다. 당시 군기대신(軍機大臣) 화신(和坤)의 경우가 이를 단적으로 말해준다. 1799년 사형당하기 전 그의 재산은 건륭연간 군비(軍費)의 8배였으며 당시 정부의 11년 간 재정수입에 상당했다고 한다. 이렇게 해서 청나라는 서서히 종말을 향해 나아가고 있었다.

2.

이렇게 볼 때 18세기는 유럽에서나 중국에서나 커다란 변혁의 시대였음에 틀림없다. 이런 세계사적인 흐름 속에서 우리나라의 상황은 어떠했는가? 한국의 18세기를 여러 각도에서 이야기할 수 있겠지만 적어도 사상적으로는 '실학(實學)의 시대'라 불러도 좋을 듯싶다. 성호(星湖) 이익(李瀷, 1681~1763), 농암(聾菴) 유수원(柳壽垣, 1694~1755), 순암(順庵) 안정복(安鼎福, 1712~1791), 담헌(湛軒) 홍대용(洪大容, 1731~1783), 연암(燕巖) 박지원(朴趾源, 1737~1805), 초정(楚亭) 박제가(朴齊家, 1750~1805), 다산(茶山) 정약용(丁若鏞, 1762~1836) 등의 실학자들이 저마다의 경륜을 펼치며 활동하던 시대이기 때문이다.

18세기의 실학은 일정한 역사적 조건하에서 발생한 새로운 학풍이다. 18세기의 이조(李朝)사회는 봉건적 사회체제가 동요하고 있었던 시기이다. 특히 임진왜란과 병자호란이라는 미증유의 전란을 겪은 이조사회는 전란으로 고갈된 국가재정을 메우기 위하여 백성들로부터 과도한 세금을 징수해야만 했고 이 과정에서 관리들은 온갖 협잡을 자행하며 백성들을 괴롭혔다. 이른바 '삼정(三政)의 문란'과 이를 둘러싼 지방관들의 부정부패가 그것이다.

그뿐 아니라 집권층 내부의 권력투쟁이 격화되면서 자체 분열을 하여 그 결과 살아남은 소수의 특권층이 국가의 요직을 독점하게 된다. 이들을 벌열(閥閱)이라 부르는데, 이들은 자신들의 특권을 이용해 광대한 토지를 사유화하게 되고 이에 따라 대부분의 백성들은 무전농민(無田農民)으로 전락하고 만다.

이씨조선의 건국과 함께 국가의 지도이념으로 채택된 성리학도 17세기 이래 지나치게 사변적(思辨的)인 경향으로 흘러 비생산적인 공리공론(空理空論)만 일삼게 되었다. 뿐만 아니라 성리학은 집권층의 자기방어를 위한 도구로 이용되어 주자(朱子)의 이름으로 정적을 탄압하는 사태에까지 이르렀다. 이제 성리학은 그 역사적 기능을 상실하고 중세적 권위주의로 화하게 된 것이다. 이 시기에 오면 성리학은 하나의 교조적(敎條的) 이데올로기가 되어 그 자체가 지닌 강한 보수성과 체계유지적 성향으로 인하여 봉건적 생산관계를 유지, 강화하는 데에 이론적 근거를 제공하기도 했다.

이러한 상황에서 조국과 민족이 처한 위기를 타개하기 위하여 심각하게 고민하고 진지하게 노력한 일군의 학자들이 있었으니 이들에 의하여 실학이 발흥된 것이다. 실학은 대체로 경세치용학파(經世致用學派), 이용후생학파(利用厚生學派), 실사구시학파(實事求是學派)의 세 유파로 나누어진다.[1] 경세치용학파는 주로 제도 개혁과 농민 문제에 관심을 기울인

---

1 李佑成,「實學硏究序說」,『韓國의 歷史像』, 創作과批評社, 1982 참조.

이익, 안정복, 정약용 등이 대표적인 학자이다. 이용후생학파는 기술 개혁을 주창하여 도시의 상인 수공업자와 맥이 닿아 있었으며 홍대용, 박지원, 박제가 등이 이 학파에 속한다. 실사구시학파는 청대(淸代) 고증학의 영향을 받아 학문을 근대과학으로 발전시키는 데에 기여를 했다. 추사(秋史) 김정희(金正喜)가 그 대표자이다. 이 중에서 연암 박지원과 초정 박제가의 실학사상에 주목하고자 한다. 금년이 이 두 걸출한 실학자의 서거 200주년이 되는 해이기 때문이다.

3.

연암과 초정은 북학파(北學派)로 일컬어진다. '북학'이란 북쪽을 배우자는 것인데, 당시의 북쪽은 청(淸)이었다. 그러므로 북쪽 청나라의 발달한 문물을 배워서 우리도 부강한 나라가 되자는 것이 북학파의 기본 논리이다. 이러한 논리는 일견 당연하고 평범한 이론인 것 같지만 사실은 사고의 혁명적인 전환을 필요로 하는 이론이다. 만주족이 세운 청나라가 중국에 엄연히 실제하고 있고 청나라를 세운 만주족이 중국대륙의 주인 노릇을 하고 있음에도 불구하고 우리나라 사대부들은 관념적으로 청의 실체를 인정하려 하지 않았다. 오랑캐인 만주족이 세운 나라이기 때문이었다. 연암은 박제가가 지은 『북학의(北學議)』의 서(序)에서 이렇게 말했다.

장차 학문을 하려고 하면 중국을 배우지 않고 어떻게 할 것인가? 그러나 사람들은 말하기를 "지금 중국을 지배하는 자들은 오랑캐이니 그것을 배우기가 부끄럽다"라 하면서 중국의 옛 제도까지 아울러 더럽게 여긴다. … 법이 좋고 제도가 아름다우면 아무리 오랑캐라 할지라도 떳떳하게 스승으로 삼아야 한다. 하물며 그 규모의 크고 넓음과 마음가짐의 정하고 치밀함과 모든 제작의 크고 원대한 것과 문장의 빛남이 아직도 삼대 이래로 한·당·송·명의 옛 법이 남아 있음이랴!²

"지금 중국을 지배하는 자들은 오랑캐이니 그것을 배우기가 부끄럽다"는 것이 당시 사대부들의 일반적인 대청(對淸) 인식이었다. 초정도 『북학의』의 「북학변(北學辨)」에서 "지금 사람들은 정히 '胡(오랑캐)'라는 한 글자로써 천하를 뭉개버린다"³고 말하고 있다. 더구나 1637년 삼전도(三田渡)에서 청 태종에게 치욕적인 항복을 한 후에는 청에 대한 적개심이 더욱 고조되었다. 급기야는 무력으로 청을 정벌하여 치욕을 씻자는 북벌론(北伐論)을 버젓이 국책으로 내걸었다. 이러한 상황에서 "법이 좋고 제도가 아름다우면 아무리 오랑캐라 할지라도 떳떳하게 스승으로 삼아야 한다"는 말은 어지간한 신념과 용기가 없고서는 할 수 없는 것이다.

'북벌론'이 대세를 이루고 있던 상황에서 '북학론'을 주장한 연암과 초정의 사고의 저변에는 이른바 '존주대의(尊周大義)'의 명분론에 대한 비판의식이 자리 잡고 있었다. 존주론은 『춘추(春秋)』의 유법(遺法)을 가장 충실히 계승했다고 하는 주자(朱子)의 『자치통감강목(資治通鑑綱目)』에서 내세운 존화양이(尊華攘夷)의 명분론이다. 이 존화양이의 명분론이 우리나라 성리학자들의 사고를 전적으로 지배하고 있었다. 효종(孝宗) 대의 북벌론도 이러한 화이관(華夷觀)에 바탕을 둔 명분론이었다.

연암과 초정이 북학을 주장했다는 것은 이러한 화이관으로부터 벗어

---

2 "如將學問 舍中國而何 然而其言曰 今之主中國者 夷狄也 恥學焉 幷與中國之故常而鄙夷之 … 苟使法良而制美 則固將進夷狄而師之 況其規模之廣大 心術之精微 制作之宏遠 文章之煥爛 猶存三代以來漢唐宋明 固有之故常哉"

3 『北學議』, 「北學辨」, "今人正以一胡字 抹殺天下"

났다는 것을 말해준다. 그래서 연암은 북벌론에 대해서도 비판적이었다. 「허생전(許生傳)」에서 허생의 입을 통해 북벌계획의 총책임자인 이완(李浣) 대장을 준엄하게 꾸짖는 대목이 이를 말해준다.

 화이관에 대한 비판은 확실히 18세기 실학이 이룩한 커다란 업적이 아닐 수 없다. 그리고 이 업적은 실학자들의 새로운 세계관과 관련된 사고양식의 변혁을 반영하고 있다. 왜냐하면 그들이 표면적으로 내세운 명분에도 불구하고 실질적으로 주자식의 화이론을 부정한 이면에는 주자에 의하여 집대성된 성리학 자체에 대한 짙은 회의(懷疑)가 내재되어 있었기 때문이었다. 성리학의 이론 체계는 다산 정약용에 의하여 정교하게 비판되고 있지만 연암과 초정도 분명히 성리학으로부터 한 걸음 물러나 있었다. 연암과 초정의 경우, 다산과는 달리 성리학에 대한 이론적인 저술을 많이 남기지 않았다. 그러나 단편적인 기록들에서 그들의 탈성리학적 사고의 일단을 엿볼 수 있다.

 아아! 이 세상의 사물은 티끌같이 작은 것이라도 하늘이 내지 않은 것이 없다고 하지만, 하늘이 어찌 일일이 그렇게 했겠는가! 하늘을 형체로 말하면 천(天)이라 하고, 성정(性情)으로 말하면 건(乾)이라 하고, 주재(主宰)로 말하면 제(帝)라 하며 묘용(妙用)으로 말하면 신(神)이라 말하여 부르는 명칭이 여러 가지이고 일컫는 말도 너무 번거로운데, 이에 이기(理氣)를 화로와 풀무로 삼고 널리 만물을 펴는 것을 조물(造物)이라 하니, 이것은 하늘을 교묘한 기술자로 보고서, 망치·끌·도끼 등으로 쉬지 않고 일을 한다고 하는 것이다.[4]

---

4 『燕巖集』(影印本), 경인문화사, 1974, 271면, 『熱河日記』, 「象記」, "噫 世間事物之微 僅若毫末 莫非稱天 天何嘗一一命之哉 以形体謂之天 以性情謂之乾, 以主宰謂之帝 以妙用謂之神 號名多方 稱謂太褻 而乃以理氣爲爐鞴 播賦爲造物 是視天爲巧工 而椎鑿斧斤

이 글은 연암이 연경의 선무문(宣武門) 안에 있는 상방(象房)에서 코끼리를 구경하다가 떠오른 생각을 기록한 것이다. 여기서 그는 성리학적 세계관의 근간이 되는 천관(天觀)을 부정하고 있다. 우주 삼라만상을 천리(天理)의 묘용(妙用)으로 설명하는 종래의 이론을 비판한 것이다. 이와 같이 형이상학적 세계질서에 도전하는 것은 유럽이나 중국의 경우처럼 문명의 새로운 전환을 위한 신호임에 틀림없다. 이 새로운 전환이 18세기 조선에서는 실학으로 나타난 것이다.

4.

연암과 초정은 성리학적 천관(天觀)을 비판하고 이 천관에 바탕을 둔 화이론을 극복한 위에서 북학(北學)을 주장할 수 있었다. 그들이 직접 보고 들은 청나라는 결코 오랑캐가 다스리는 미개한 나라가 아니었다. 건륭성세의 찬탄한 문물이 그들 앞에 펼쳐졌던 것이다. 연암은 1780년 6월 24일에 압록강을 건너 27일에 중국 땅의 첫 고을인 책문(柵門)에 도착했는데 이곳은 중국 변방의 조그마한 마을이었다. 그런데도 가옥과 도로와 문물들이 조금도 시골 티가 나지 않았다.

물건들의 배치를 두루 살펴보니 모든 것이 단정하고 바르게 정돈되어 있어서 한 가지도 구차하게 미봉하는 법이 없고 한 물건도 난잡하게 버려둔 것이 없다. 비록 소 외양간, 돼지우리까지도 거칠지 않고 법도가 있으며 나무더미나 똥더미까지도 정갈하여 마치 그림과 같았다.[5]

不少間歇也.

5 『燕巖集』, 147면, 『熱河日記』, 「渡江錄」, "周視鋪置 皆整飭端方 無一事苟且彌縫之法 無一物委頓雜亂之形 雖牛欄豚柵 莫不疎直有度 柴堆糞庤 亦皆精麗如畵"

이것은 그가 책문의 한 작은 술집에 들어갔을 때의 느낌을 기록한 글인데, 청나라의 문물이 오랑캐의 문물이 아니라는 사실을 확인시켜 준 대목이다. 초정도 그가 본 청의 모습을 이렇게 묘사하고 있다.

> 말은 문자 그대로이며 집은 금빛이고 통행하는 것은 수레이고 냄새는 향기롭다. 그 도읍과 성곽과 음악의 번화함이며 무지개 다리와 푸른 숲 속에 은은하게 오가는 풍경은 완연히 그림과 같다. 부인네도 모두 옛날의 머리 모양과 긴 저고리를 입고 있어 바라보면 날아갈 듯한 것이, 우리나라 부인네의 짧은 저고리, 폭 넓은 치마가 아직도 몽고의 제도를 답습하고 있는 것과는 다르다.⁶

이렇게 그가 보고 느낀 것은 '오랑캐의 비린내'가 아니라 눈부신 아름다움이었다. 그의 표현을 빌리면 청나라는 "문명의 숲[文明之藪]"이었다. 그는 이러한 청의 선진문물을 배워서 수용하는 것만이 낙후한 우리나라를 부강하게 하는 길이라 판단했다. 여기서 그들의 이용후생학(利用厚生學)이 성립되는 것이다.

> 아! 이러한 연후에야 비로소 쓰임을 이롭게 한다[利用]고 말할 수 있겠다. 쓰임을 이롭게 한 연후에 삶을 넉넉하게 할 수 있고[厚生] 삶을 넉넉하게 한 후에야 덕을 바르게 할 수 있을[正德] 것이다. 쓰임을 이롭게 하지 못하고서 삶을 넉넉하게 하기는 어려운 것이니, 삶이 넉넉하지 못하고서야 어찌 덕(德)을 바르게 할 수 있겠는가!⁷

---

6 『北學議』,「北學辨」, "其語文字 其屋金碧 其行也車 其臭也香 其都邑城郭笙歌之繁華 虹橋綠樹股股匂匂之去來 宛如圖畵 其婦人皆古髻長衣 望之亭亭 不似今之短衣廣裳 猶襲蒙古也"

중국 동쪽 변방의 조그마한 마을인 책문에서 연암은 이렇게 자기 사상의 골간을 구축하고 있었다. 이용하고 후생하여 낙후한 조선을 문명화하자는 것이 연암사상의 골간인 것이다. 물론 정덕(正德)이 최종 목표이지만 이것은 이용, 후생 다음의 일이다. 이것은 연암만의 생각이 아니고 이른바 '연암 그룹' 학자들의 공통된 생각이었다. 그리고 그들은 이용, 후생의 모델을 청나라에서 찾았다.

연암과 초정은 청나라를 여행하면서 그곳의 문물을 빠짐없이 관찰하고 우리가 배워야 할 점을 일일이 적시하고 있다. 선박이나 수레의 구조를 세밀하게 관찰했고, 벽돌을 만들어서 짓는 건물의 장점을 간파했으며, 각종 농기구가 어떻게 인력을 줄이면서 생산성을 높일 수 있는가를 연구했다. 또한 대규모 시장에서 각종 물화가 어떻게 거래되고 유통되는가를 견학했다.

그중에서 그들이 가장 관심을 가진 것은 생산도구의 개선과 유통구조의 혁신이었다. 이용하고 후생하려면 그곳의 발달한 선진기술을 도입하여 생산도구를 개선하는 일이 급선무라 판단했다. 당시 우리나라의 원시적이고 비효율적인 생산도구로는 더 이상의 생산성을 기대할 수 없다고 생각한 것이다.

생산도구의 개선과 함께 그들이 가장 역점을 두어 강조한 것은 유통구조의 혁신이었다. 당시 우리나라에서는 그나마 생산되는 산물도 지역 간에 유통이 원활하게 되지 않기 때문에 산물이 한 지방에만 편재(偏在)하게 된다고 생각했다. 산물이 한 지방에 편재하게 되면 더 이상의 수요가 없고 따라서 더 이상의 생산도 이루어지지 않는다. 필요한 것보다 더

---

7   주 5와 같은 곳, "嗟乎 如此然後 始可謂之利用矣 利用然後 可以厚生 厚生然後 正其德矣 不能利其用 而能厚其生鮮矣 生旣不足以自厚 則亦惡能正其德乎"

많은 생산을 할 필요가 없기 때문에 생산성을 높일 기술의 발달도 이루어지지 않는다. 이 문제를 해결하기 위하여 그들은 수레의 통용을 강조했다. 초정은 『북학의』에서 "연경에는 대낮에도 수레바퀴 구르는 소리가 쿵쿵거리는데 이 소리는 항상 천둥소리가 나는 것 같다"[8]라 하며 중국 수레의 종류와 효능, 구조 등을 세밀하게 관찰하여 기록하고 있다.

>   (우리나라의) 두메산골에서는 품명자 열매나 배를 담가서 그 신 맛을 메주 대용으로 쓰는 자가 있으며, 또 새우젓이나 조개젓을 보고는 이상한 물건이라 한다. 그 가난함이 이와 같은 것은 어째서인가? 그것은 수레가 없는 까닭이라고 단언할 수 있다.[9]

>   영남의 아이들은 새우젓을 모르고, 관동의 백성들은 품명자 열매를 담가서 장(醬) 대신으로 쓰고, 서북 사람들은 감과 귤을 구별하지 못하고, 바닷가에서는 메기나 미꾸라지를 밭의 거름으로 쓰는데 그것이 혹 서울에 오면 한 웅큼에 1문(文)이나 나가니 어찌하여 그토록 비싼 것인가?[10]

초정이나 연암이 다 같이 지적하고 있는 것은 각 지방의 산물이 유통되지 못하고 있는 상황이다. 유통되지 못하는 것은 운송수단인 수레가 없기 때문이다. 유통이 되지 않기 때문에 잉여재화가 생산되지 않고 따라서 백성들이 가난하게 산다는 것이 이들의 논리이다. 연암은 "사방 수

---

8   『北學議』,「車」, "燕京 白晝車轂匐匐 常若有雷霆之聲"
9   『北學議』,「車」, "峽人有沈樝梨取酸 以代鹽豉者 見蝦蛤醢 而爲異物焉 其寠如此者何哉 斷之曰 無車之故也"
10 『燕巖集』, 174면,「車制」, "嶺南之兒 不識蝦鹽 關東之民 沈樝代醬 西北之人 不辨柿柑 沿海之地 以鮧鰌糞田 一或至京 一掬一文 又何其貴也"

천 리밖에 안 되는 나라의 백성들의 살림살이가 이처럼 가난한 것은 한마디로 말하여 나라에 수레가 다니지 않기 때문이다"[11]라 하여 수레의 사용을 거듭 강조하고 있다.

이와 같은 주장은 매우 중요한 의미를 지닌다. 수레의 통용은 폐쇄적인 자연경제의 구조에서 다음 단계로 나아가기 위한 결정적인 수단이 되기 때문이다. 그들은 수레가 경제 전반에 미치는 파급효과가 얼마나 큰 것인가를 알고 있었다. 다음과 같은 초정의 기록이 이를 말해준다.

> 유금(柳琴)이 말하기를 "우리나라에는 수레가 없기 때문에 백성들의 집이 모두 조그마하다"라 했는데, 이것은, (집 짓는 데 쓰이는) 나무가 말 한 마리 등으로 운반할 만한 것에 불과하다는 것이다. 나는 신발값이 뛰는 것도 수레가 없어서 생기는 폐해라 말하겠다. 담헌(湛軒) 홍대용(洪大容)이 말하기를 "수레가 다닐 만한 길을 닦자면 토지 몇 마지기는 없어지겠지만 (수레 사용의 이익은) 토지값을 넉넉히 보상할 것이다"라 했다.[12]

"신발값이 뛰는 것도 수레가 없어서 생기는 폐해"라고 말할 정도면, 수레와 경제 발전의 상관관계를 그가 얼마나 깊이 인식했는가를 알 수 있다. "우리나라는 산이 많아서 수레가 다닐 수 없다"는 반론에 대해서는 "수레가 통행하면 길은 저절로 이루어진다"고 맞받았다. 연암도 "나라에서 수레를 쓰지 않기 때문에 길을 닦지 않은 것이지 수레가 다니면 저절로 길을 닦게 될 것이다"라 말하고 있다.

수레를 사용하지 않음으로 인한 국가경제의 취약성은 연암의 『허생

---

11 『燕巖集』, 174면, 「車制」, "方數千里之國 民萌産業 若是其貧 一言以蔽之曰 車不行域中"
12 주 8과 같은 곳, "柳琴曰 我國無車 故民屋皆小 謂木不過一馬背之力也 余謂鞋履之踊 亦無車之害也 湛軒洪大容曰 如治車道 則當失田幾結 而利亦足以優償矣"

전』에도 잘 나타나 있다. 허생은 변씨(卞氏)로부터 빌린 돈 만 냥으로 나라 안의 물건들을 매점(買占)해서 되파는 장사로 거금을 모은다. 후일 "5년 동안에 어떻게 만 냥으로 백만 냥의 돈을 벌었느냐?"는 변씨의 물음에 허생은 이렇게 대답한다.

> 그야 가장 알기 쉬운 일이지요. 조선이란 나라는 배가 외국에 통하질 않고, 수레가 나라 안에 다니질 못해서 온갖 물화가 제자리에서 나서 제자리에서 사라지지요. … 대개 만 냥을 가지면 족히 한 가지 물종을 독점할 수 있는 고로 수레면 수레를 전부, 배면 배를 전부, 한 고을이면 한 고을을 전부 마치 총총한 그물로 훑어내듯 할 수 있지요. 뭍에서 나는 만 가지 중에 한 가지를 슬그머니 독점하고, 물에서 나는 만 가지 중에 슬그머니 하나를 독점하고, 의원의 만 가지 약재 중에 슬그머니 하나를 독점하면, 한 가지 물종이 한곳에 묶여있는 동안 모든 장사치들이 고갈됩니다.[13]

허생은 "배가 외국에 통하질 않고, 수레가 나라 안에 다니질 못해 온갖 물화가 제자리에 나서 제자리에서 사라지는" 유통구조의 취약성을 활용해서 큰 돈을 벌었다는 것인데 이러한 허생의 말은 곧 연암 자신의 말이다. 허생은 자신의 상술(商術)을 말하고 나서 "이것은 백성을 해치는 길이 될 것입니다. 후세에 당국자들이 만약 나의 이 방법을 쓴다면 반드시 나라를 병들게 만들 것이오"라는 당부를 덧붙이는데, 이것은 돈 만 냥으로 나라 경제를 마비시킬 만큼 허약한 유통구조를 시급히 개선해야

---

[13] 『燕巖集』, 299면, 「玉匣夜話」, "此易知耳 朝鮮 舟不通外國 車不行域中 故百物生于其中 消于其中 … 夫萬金足以盡物 故在車專車 在船專船 在邑專邑 如網之有罟 括物而數之 陸之産萬 潛停其一 水之族萬 潛停其一 醫之材萬 潛停其一 一貨潛藏 百賈皆涸"

한다는 경고이기도 하다.

  요컨대 연암과 초정을 비롯한 이용후생학파의 경제이론은, 물화를 유통시킴으로써 소비 수요를 창출하여 생산을 늘리자는 것이다.

땅을 파서 황금을 삼십만 근 얻어도	掘地得黃金
속절없이 굶어서 죽을 것이요	萬鈞空餓死
바다에서 구슬을 백 섬이나 캐어도	入海採明珠
그것을 개똥과 바꾸어야지	百斛換狗矢
개똥은 거름으로 쓸 수 있지만	狗矢尙可糞
구슬을 가지고 어이할건가	明珠其奈何
뭍의 물건 중국과 통하지 못하고	陸貨不通燕
바다 상인 일본을 넘지 못하니	海賈不踰倭
마치도 들판의 우물고 같아	譬如野中井
퍼 쓰지 않으면 말라버리네	不汲將自渴
백성을 편케함은 보호(寶貨)에 있지 않아	安民不在寶
살림살이 날마다 줄어들까 걱정이고	生理恐日拙
지나치게 검소함을 백성은 즐기잖아	太儉民不樂
너무나 가난하여 도둑이 많네	太寠民多竊

－「曉坐書懷 七首」중 제5수

이 시는 초정이 1778년 처음으로 중국을 여행하고 돌아온 직후에 쓴 작품인데, 이 한 편의 시에 초정의 사상이 집약되어 있다. 당시 우리나라 백성들은 "너무나 가난하여" 도둑이 많다고 했다. 이렇게 가난한 것을 "지나치게 검소한" 것으로 표현했다. 지나치게 검소하다는 것은 지나치게 아낀다는 것인데 여기서는 아낄 것도 없이 가난한 상황을 우회적으로 말한 것이다. 이 표현에는 또 다른 뜻이 내포되어 있다. 지나치게 검소하다는 것은 재화의 사용을 극도로 자제한다는 것인데, 재화를 사용하지 않으면 재화를 생산할 필요가 없어진다. 수요가 없기 때문이다. 재화를 생산하지 않으면 생산력이 떨어져 가난할 수밖에 없다는 것이다. 놀라운 것은 초정이 가난의 원인을 검소함과 연관시켰다는 사실이다. 검소의 미덕을 강조하던 당시의 윤리를 정면으로 비판한 것이다. 그는 "무릇 다른 나라는 진실로 사치 때문에 망했지만 우리나라는 틀림없이 검소함으로써 쇠퇴했습니다"[14]라 말한 바 있고 또 재물을 우물에 비유하기도 했다. 즉 "퍼 쓰면 가득 차고 내버려두면 말라버리는"[15] 우물과 같이 재물도 이용하고 소비해야 새로운 생산이 이루어진다는 것이다. 그는 "물건을 이용할 줄 모르면 그것을 생산할 줄 모르고 생산할 줄 모르면 백성들은 나날이 궁핍해진다"[16]고 말함으로써 물건을 이용하지 않고 소비하지 않는 검소함이야말로 궁핍의 원인이라 말한다.

이렇게 소비를 촉진하기 위해서 수레의 통용이 필수적임은 말할 나위가 없거니와 더 나아가 초정은 외국과의 통상의 필요성도 강조했다. 국내에서 생산되는 물화를 다른 나라에까지 유통시킴으로써 생산을 더욱

---

14 『楚亭全書』(栖碧外史 海外蒐佚本叢書), 亞細亞文化社, 1990, 163면, 「丙午正月 二十二日朝參時 典設別提朴齊家所懷」, "夫它國 固以奢而亡 吾邦也 必以儉而衰"
15 『北學議』, 「市井」, "夫財譬則井也 汲則滿 廢則竭"
16 주15)와 같은 곳, "不知所以用之 則不知所以生之 不知所以生之 則民日窮"

늘리자는 것이다. 위의 시에는 이러한 초정의 기본 사상이 그대로 드러나 있다.

5.

이상에서 살펴본 연암과 초정의 사상은 18세기 조선의 새로운 문명기획이라 할 만하다. 그리그 이 문명기획의 모델은 중국의 청나라였다. 18세기라는 세계사적 전환기에 그들은 중국을 통하여 새로운 국가건설을 설계했던 것이다. 왜냐하면 당시로서는 중국이 세계로 통하는 유일한 창구였기 때문이었다. 중국을 통하여 그들은 건륭성세의 발달한 문물을 적극적으로 받아들이려고 했다. 이들 중 초정은 주로 경제적인 측면에서 중국의 문물을 거의 일방적으로 수용하려 했다. 그가 주위 사람들로부터 '당벽(唐癖)'이 있다느니 '당괴(唐魁)'라는 비난을 받은 것도 이 때문이다.

반면에 연암은 보다 넓은 시야를 가지고 중국을 관찰했다. 물론 그곳의 선진 기술문명을 도입하여 우리나라를 부강하게 하려는 견해에는 초정과 한 치의 어긋남이 없었다. 그가 『북학의』를 읽고 "나의 『일록(日錄)』과 조금도 어긋남이 없어 마치 한 손에서 나온 것 같았다"[17]라 말한 것에서도 두 사람의 사상적 지향이 일치하고 있음을 알 수 있다. 『일록』은 『열하일기(熱河日記)』를 가리킨다. 그러나 그는 초정과 달리 청(淸)과 일정한 거리를 유지하고 있었다.

우선 그는 '중국 중심의 천하관'에 대하여 비판적이었다. 그는 화이론(華夷論)을 부정하여 북학의 명분을 찾은 것과 동일한 시각으로 중국과

---

17 『北學議』,「序」, "與余日錄 無所齟齬 如出一手"

우리나라의 관계를 설정하려 했다. 그는 그 나름의 일정한 자연과학적 지식에 힘입어 중국 중심의 우주관 자체를 회의했다. 그는 "중국이 세계 안에 존재하는 것이 검은 사마귀 하나가 얼굴에 점 찍혀 있는 것과 무엇이 다르겠는가"[18]라 하여 중화주의에 매몰되지 않았다. "중국 중심의 천하관-중국 본위적 세계주의는 동아시아 세계에 통일된 생활양식과 행동 규범 및 문화를 강요하고 있었다"[19]

그렇지만 연암은 "통일된 생활양식과 행동규범 및 문화"를 따를 것을 조심스럽게 거부했다. 특히 문학 작품에서 이 점이 두드러진다. 그 한 예로 그는 "만일 제왕이 사는 곳을 모조리 장안(長安)이라고 일컫고, 역대의 삼공(三公)을 모두 승상(丞相)이라 부른다면 명(名)과 실(實)이 뒤섞여 도리어 속되고 비루해진다"[20]고 하여 우리나라 사람이 글을 쓰면서 중국의 관호(官號)나 지명을 차용해서는 안 된다고 말했다. 이것은 마치 "나무를 지고 다니면서 소금을 사라고 외치는 것"[21]과 같아서 "비록 하루 종일 다녀도 나무 한 짐 팔지 못할 것"[22]이라 했다. 더 나아가 연암은

> 맹자가 말하기를 "사람의 성(姓)은 공통적인 것이나 이름은 독자적인 것이다"라 했습니다. 같은 방식으로 "글자는 공통적인 것이나 문장은 독자적인 것이다"라 말할 수 있겠습니다.[23]

---

18 『燕巖集』, 257면, 『熱河日記』, 「鵠汀筆談」, "今夫九州之在四海之內者 何異黑子點面"
19 林熒澤, 『韓國文學史의 視覺』, 創作과批評社, 1984, 151면.
20 『燕巖集』, 93면, 「答蒼厓」 1, "苟使皇居帝都 皆稱長安 歷代三公 盡號丞相 名實混淆 還爲俚穢"
21 『燕巖集』, 93면, 「答蒼厓」 1, "擔柴而唱鹽"
22 『燕巖集』, 93면, 「答蒼厓」 1, "雖終日行道 不販一薪"
23 『燕巖集』, 93면, 「答蒼厓」 1, "孟子曰 姓所同也 名所獨也 亦唯曰 字所同而文所獨也"

라고 하여, 중국인이나 조선인이나 다 같은 한자(漢子)로 글을 쓰지만 써놓은 글의 내용은 각각 다를 수 있고 또 달라야 한다는 점을 암시했다. 한자로 글을 쓴다고 해서 글의 내용이나 문체까지 중국식이어야 할 필요가 없다는 말이다. 같은 성(姓)을 가진 사람들이라도 이름이 다르듯이 그 성격과 취향이 다 같지는 않다는 논리와 다찬가지이다. 그는 또 조선의 속어(俗語)나 속담, 민요 등을 문장에 끌어 써야 한다고 주장했고 실제로 그렇게 했다. 연암은 "조선시(朝鮮詩)"를 쓰겠다고 선언한 다산과 함께 중국 중심의 세계관으로부터 한 걸음 비켜나 있었다. 그러므로 이덕무(李德懋)의 시를 "조선의 국풍(國風)"으로 불러도 좋을 것이라 말할 수 있었던 것이다. 이는 중국과 우리나라를 대등한 관계로 보려는 의식의 산물로서, 소박한 민족의식의 맹아로 볼 수 있다. 그는 중국을 여행하면서 중국의 장점을 배우되 결코 민족주체의식을 버리지 않았다.

그는 『열하일기』에서, 김부식(金富軾)이 『삼국사기(三國史記)』에서 당태종(唐太宗)의 고구려 침략 사실을 바르게 기술하지 못하였다고 비난하고 양만춘(楊萬春)의 화살이 태종의 눈을 쏘아 맞힌 사실을 누락시킨 것은 김부식이 중국측의 사서(史書)에만 의존했기 때문이라 했다.[24] 그는 또 기자(箕子)의 평양동래설(平壤東來說), 대동강패수설(大同江浿水說) 등을 비판하며 다음과 같이 말했다.

> 우리나라 선비들은 지금의 평양만 알뿐이어서, 기자(箕子)가 평양에 도읍했다고 말하면 이 말은 꼭 믿고, 평양에 정전(井田)이 있었다고 말하면 이 말도 꼭 믿으며, 평양에 기자묘(箕子墓)가 있었다고 말하면 또 이 말을 믿는다. 그러나 봉황성이 평양이라고 말하면 크게 놀라고, 요동(遼東)

---

24 『燕巖集』, 149면, 「熱河日記」〈渡江錄〉 참조.

에 또 평양이 있었다고 말하면 해괴한 말이라고 나무랄 것이다. 그들은 요동이 본래 조선의 옛 땅으로서 숙신(肅愼)·예맥(濊貊)·동이(東彛)의 여러 나라가 모두 위만조선(衛滿朝鮮)에 복속했던 것을 모르고, 또 오랄(烏剌)·영고탑(寧古塔)·후춘(後春) 등지가 본래 고구려의 강토였음을 모르는 것이다. 아! 후세 사람들이 경계를 자세히 모르게 됨에 따라 함부로 한사군(漢四郡)의 땅을 압록강 안쪽에 끌어넣어 억지로 구차하게 사실을 만들고, 그 속에서 패수(浿水)를 찾으려고 하여 혹은 압록강을 패수라 하고 혹은 청천강(淸川江)을 패수라 하고 혹은 대동강을 패수라 하기도 한다. 이리하여 조선의 옛 강토는 싸우지도 않고 저절로 축소되었다.[25]

우리나라의 역사 지리에 대한 연암의 이러한 관심은 민족 단위의 국가의식에 기초한 것이다. 그가 여행 중 청나라의 허(虛)와 실(實)을 간파하려고 노력한 것도 주체인 우리의 진로를 모색하기 위함이었다. 당시의 세계는 곧 중국이었고 중국의 동향이 우리의 진로와 밀접히 관련되어 있기 때문이다. 그러므로 청나라에서의 '천하대세의 전망'은 그에게 절실한 것이었다.[26]

그는 그곳 학자들과의 필담을 통해 청나라의 허실(虛實)을 예리하게 간파했다. 고증학이 한족(漢族) 학자들에 대한 사상 통제의 수단이 된 것을 알았으며, 이른바 '문자옥(文字獄)'의 실상도 파악할 수 있었다. 또

---

25 『燕巖集』, 149면, 「熱河日記」〈渡江錄〉, "吾東之士 只知今平壤 言箕子都平壤則信 言平壤有井田則信 言平壤有箕子墓則信 若復言鳳城爲平壤 則大驚 若曰 遼東復有平壤 則叱爲怪駭 獨不知 遼東本朝鮮故地 肅愼濊貊東彛諸國 盡服屬衛滿朝鮮 又不知 烏剌寧古塔後春等地 本高句麗疆 嗟乎 後世不詳地界 則妄把漢四郡地 盡局之於鴨綠江內 牽合事實 區區分排 乃復覓浿水於其中 或指鴨綠江爲浿水 或指淸川江爲浿水 或指大同江爲浿水 是朝鮮舊疆 不戰自蹙矣"

26 이 점에 관해서는 林熒澤, 「朴趾源의 주체의식과 세계인식」, 『실사구시의 한국학』, 창작과비평사, 2000에 자세하다.

한 청나라가 주변 민족들과 끊임없는 긴장관계에 있었고 그 때문에 청 황제가 얼마나 노심초사하는가를 알았다. 그는 『열하일기』의 「황교문답(黃教問答)」에서 30년이 지나지 않아 천하의 근심이 일어날 것이라 하여 청나라의 몰락을 예견하기도 했다. 말하자면 『열하일기』는 봉건 말기 청나라를 묘사한 거대한 화폭이라 할 만하다.

연암과 초정이 주로 관심을 쏟은 분야는 이용, 후생을 위한 기술과 통상이었지만 전환기의 새로운 문명을 기획하기 위한 그들의 노력은 다방면에 걸쳐서 펼쳐졌다. 그들은 과거제도와 봉건적 신분제도의 불합리한 점을 개혁하려 했고, 평등사상에 기초한 새로운 윤리관을 제시하기도 했다.

동아시아 실학 연구가 가야 할 길

– 한국의 실학 연구와 관련하여 –

1.

한국 실학에 대하여 깊이 있는 연구를 해온 소천청구(小川晴久) 교수는 그의 저서 『한국 실학과 일본』의 서장(序章)을 다음과 같은 질문으로 끝맺었다.

> 한국의 학자들에게 묻고 싶다. 당신들은 왜 그다지도 억척스럽게 실학 연구에 몰두하는가. 그 목적과 역사적 배경은 무엇인가라고.[1]

나는 소천 교수의 이 질문을 실마리로 하여 오늘의 논의를 시작하려고 한다. 소천 교수가 이렇게 질문을 던졌지만 그가 정말로 몰라서 묻는 질문은 아닌 듯하다. 왜냐하면 같은 글의 바로 앞부분에서 그 대답을 제시하고 있기 때문이다. 그 글을 그대로 인용해 본다.

> 여기에서 나는 다음의 가설을 일본인을 향해 제시하고자 한다. 이 풍부한 한국의 실학 개념은 일본이 한국을 36년 동안이나 지배하고, 그 한

---

[1] 小川晴久, 『한국실학과 일본』, 한울 아카데미, 1995, 33면.

없는 식민지 수탈에 의하여 한국의 근대적 산업과 경제의 성장을 철저하게 가로막은, 말하자면 한국의 근대적 실학의 가능성이 뿌리째 뽑혀진 아픔과 희생 속에서 발견되고, 싸워 얻어낸 것은 아니었는가라고. … 이웃 나라 한국은 일본에 의한 지배와 수탈에 의해 근대사에 있어서 경제·문화 등 각 분야에서 단절을 강요당하였다(해방 후에는 민족의 분단까지). 그것에 대한 저항과 단절 극복의 노력 가운데서 한국의 실학 연구가 태어났고, 그 실학 개념은 풍부한 결실을 맺었다.[2]

소천 교수의 이 같은 지적은 옳다고 본다. 실학을 객관적인 학적 대상으로 연구하기 시작한 것은 1930년대였는데, 안재홍(安在鴻), 최익한(崔益翰), 백남운(白南雲) 등에 의하여 주도된 이 시기 실학 연구의 기반은 민족사학이었다. 이들은 실학에서 민족의식, 근대지향의식을 찾으려했다. 이것은, 실학의 발생을 외부적 요인으로 돌리려는 등촌린(藤塚鄰), 고교형(高橋亨) 등의 제국주의 사학에 대한 반발의 성격을 지닌다. 즉 민족주의 진영에서는 실학의 발생을 외인론(外因論)으로 돌리지 않고, 조선왕조 자체의 내재적 발전론의 맥락에서 이해하려고 했다. 달하자면 억눌린 식민지 상황에서 민족의 정체성을 찾기 위한 노력의 일환이었던 것이다.

1945년 국권을 되찾은 이후 1950년대에는 실학 연구가 보다 본격화되었다. 1953년 천관우(千寬宇)의 「반계유형원연구(磻溪柳馨遠研究)」를 필두로 해서 홍이섭(洪以燮), 한우근(韓㳓劤), 이우성(李佑成) 등이 실학자들에 대한 개별 연구와 함께 실학의 개념, 실학의 성격 등의 문제를 활발하게 연구했다. 이 시기 연구의 쟁점은 실학의 근대적 성격 여부에 있었

---

2 小川晴久, 『한국실학과 일본』, 한울 아카데미, 1995, 33면.

다. 많은 논란이 있었지만 대체적으로 이우성의 다음과 같은 이론이 설득력을 갖는다.

한 시대가 보다 더 높은 단계의 시대로 옮아가는 것은 일조일석에 되는 것이 아니며 근대를 가져오기 위해서는 중세의 내(內)에서 중세의 극복이 집요하게 노력되지 않으면 안 되는 것이다. 실학이 중세에 있어서의 중세에의 극복의 일 작용이라면 실학자의 문학인 연암문학(燕巖文學)도 이러한 의미에서 그 역사적 가치가 평정되어야 할 것이다.[3]

1960년의 4월혁명을 거치며 1970년대에는 이우성이 제기한 "중세의 극복"의 이론이 보다 발전적으로 전개되어 한국 실학 연구의 전성기를 맞이했다. 김용섭(金容燮)과 강만길(姜萬吉)은 각각 조선 후기 농업사와 상업사 연구를 통하여 실학이 중세를 극복하려한 구체적인 계기와 사실(史實)을 실증적으로 탐구했으며, 나아가 실학사상에서 근대적 여러 요소의 싹을 찾으려 했다. 이른바 '자본주의 맹아론'이다.

주로 사회경제사적 측면에서 접근된 자본주의 맹아론은 제국주의 사학, 식민사관에 대한 본격적인 비판의 성격을 지닌다. 자본주의 맹아론을 주장한 연구자들은, 제국주의 사학에서 주장하는 한국사의 타율성론(他律性論), 정체성론(停滯性論)을 부정할 근거를 실학에서 찾으려 한 것이다. 한국사는 정체됨이 없이 완만하나마 지속적으로, 내재적 논리에 의하여 발전되어 왔다는 것이 이들의 주장이었다. 이렇게 볼 때 "(일본의 지배와 수탈에) 대한 저항과 단절 극복의 노력 가운데서 한국의 실학 연구가 태어났고, 그 실학 개념은 풍부한 결실을 맺었다"고 말한 소천 교

---

3 李佑成,「實學派의 文學」,『國語國文學』제16호, 1957, 99면.

수의 지적은 지극히 정당한 것이다. 그리고 "당신들은 왜 그다지도 억척스럽게 실학 연구에 몰두하는가"라는 소천 교수의 질문에 대한 답도 제시되었으리라 생각된다. 실로 1970년대의 연구자들은 타율성론, 정체성론을 비판하기 위하여 "그다지도 억척스럽게 실학 연구에 몰두"했던 것이다.

2.

1970년대의 연구자들은 그 나름의 상당한 성과를 내었지만 그들이 기대한 만큼의 만족할 만한 결과를 얻지는 못한 것으로 보인다. 이렇게 된 이유에 대해서 정창렬(鄭昌烈) 교수는 다음과 같이 지적한 바 있는데 타당한 견해라 생각한다.

> 조선후기 사회경제사 연구에 있어서 자본주의 맹아의 추적이 조선왕조 봉건사회 구조의 확실한 해명과의 명확한 대비에서 이루어지지 않고, 근대 서유럽사회의 자본주의의 발생, 발전 과정과의 외면적 유비(類比)에서 이루어졌던 것과 마찬가지로, 실학사상의 근대지향적 성격도 서유럽 근대시민사상과의 외견적 유비에서 추적되었다는 인상이 짙고 조선왕조 봉건 이데올로기의 확실한 구조 해명과의 명확한 대비에서 추적되지 않았다는 약점이 있다.[4]

이후 주로 사회경제사적 측면에서 실학의 근대적 요소를 밝히려던 1970대의 연구자들은 실학 연구에서 한 걸음 물러났다. 그들은 더 이상

---

4   鄭昌烈,「實學思想 研究의 爭點과 과제」,『月刊朝鮮』1931년 11월호, 54면.

실학 연구에 흥미를 잃은 듯이 보였다. 그리고 이들이 물러난 자리를 철학 연구자들이 채웠다. 정창렬 교수의 지적대로 실학의 실체를 제대로 파악하기 위해서는 "조선왕조 봉건 이데올로기의 확실한 구조 해명"이 선행되어야 하는데, 그러기 위해서는 조선왕조 봉건 이데올로기를 지탱하고 있는 기반인 철학적 사유를 구명해야만 하는 것이다.

1980년대 이후에 활발하게 진행된 철학 연구는 성리학과의 대비에서 이루어졌다. 왜냐하면 성리학이야말로 조선왕조의 지배적인 이데올로기였기 때문이다. 그러므로 실학에서 근대적 요소의 조그마한 싹이라도 찾으려면 실학이 전 시대의 주류사상이었던 성리학을 어느 정도로 극복했는가를 밝히지 않으면 안 되는 것이다. 이 과정에서 실학의 개념이 다시 문제가 되었다. 성리학자인 이황(李滉)과 정이(程頤)도 성리학을 실학이라 불렀다는 등의 근거를 내세워, 성리학과 실학의 변별성을 애써 무시하고 실학을 하나의 통시적 개념으로 파악하려는 주장이 있었다. 이러한 주장의 연장선상에서 「孔子의 실학사상」과 같은 논문이 발표되기도 했다. 나는 이우성 선생의 견해를 좇아 실학을 "우리나라 역사상의 일정한 시기에 있어서의 역사적 소산" 즉 18세기 영조, 정조 연간에 발흥한 새로운 학풍으로 보고자 한다.[5] 이 자리에서는 실학의 개념에 대하여 더 이상 재론하지 않겠다. 다만 "실학은 유학, 최소한 주자학의 다른 이름이다"라는 일부 유학 연구자들의 주장에 대해서만 몇 마디 덧붙이고자 한다.

"실학은 유학의 다른 이름이다"라는 것은 틀린 말이 아니다. 유학은 시대성을 지닌 특정시기의 학풍이라기보다 한자문화권 국가에 있어서는 하나의 보편적 규범이었다. 실학자들은 어려서부터 이 유학의 경전

5　李佑成,「實學硏究序說」,『韓國의 歷史像』, 創作과批評社, 1982, 13면.

인 사서삼경(四書三經)을 통하여 교육을 받았고 이를 바탕으로 그들의 사고를 형성해왔기 때문이 그들의 학문은 유학의 울타리를 벗어날 수 없었다. 실학자 자신들도 결코 유학을 부정하지 않았고 부정할 수도 없었다. 그러나 "실학은 주자학의 다른 이름이다"라는 진술은 옳지 않다. 주자학 즉 성리학은 공자 맹자의 가르침에 바탕을 둔 유학을 새롭게 해석한 일종의 학파이다. 그러므로 주자학도 유학이다. 그러나 '실학도 유학이고 주자학도 유학이기 때문에 실학도 주자학이다'라는 논리는 성립하지 않는다. 같은 유학의 범주에 속하는 양명학(陽明學)이 주자학과 같다고 할 수 없듯이 실학도 주자학과 같을 수 없다. 이것은 마치 서양의 신학(神學)이 다 같이 예수를 받들면서도 미국식 근본주의 신학과 남미식(南美式) 해방신학(解放神學)의 이론체계가 다른 것과 마찬가지이다.

철학적인 면에 국한해서 말한다면, 실학의 실학다운 점은 성리학과의 변별성에서 찾아야 할 것이다. 한국의 17세기에 이르면 성리학은 절대적 권위를 지닌 교조적 이데올로기로 고착되어 정치, 경제, 문화의 발전을 저해하는 요소로 작용하였기 때문에 이러한 성리학적 사유의 질곡으로부터 벗어나려는 움직임이 실학발생의 하나의 요인이 되었다고 생각한다. 실학이 성리학과 이론체계의 많은 부분을 공유하고 있어서 성리학을 극복하지는 못했지만, 완강한 성리학의 아성에 도전한다는 자체가 중요한 의미를 지닌다. 한국실학을 대표한다고 할 수 있는 정약용이 「오학론(五學論)」에서 성리학의 핵심 화두인 이기심성론(理氣心性論)을 그토록 신랄하게 비판한 것으로도 실학의 탈성리학적 성격을 읽을 수 있다.[6] 정약용은 이재의(李載毅)와 주고받은 한 논쟁적 편지에서 이렇게 말했다.

---

6   『與猶堂全書』제1집 제11권, 景仁文化社, 1969, 19면 참조.

이기(理氣)에 대한 학설은 동과 서, 흑과 백 어느 쪽으로도 될 수 있어서, 왼쪽으로 이끌면 왼쪽으로 기울고 오른쪽으로 끌어당기면 오른쪽으로 기우는 것이니, 죽을 때까지 서로 논쟁하다가 자손에게 넘겨주어도 또한 끝날 날이 없을 것이오. 인간 생활에 할 일도 많은데 그대와 내가 이렇게 할 겨를이 없지 않은가요?[7]

성리학의 핵심 명제들에 대한 논란이 비생산적이고 비실용적이라는 점을 단호하게 지적한 것이다. 이렇게 성리학을 넘어서고자 한 실학의 지향성 자체를 한국 사상사의 발전 과정으로 이해해야 할 것이다. 그리고 이러한 이해 역시 한국사의 타율성론과 정체성론에 대한 비판의 성격을 띤다. 조선왕조는 결코 정체된 사회가 아니었던 것이다.

3.

1980년대 이후의 철학 연구가 이룬 가장 두드러진 업적은, 실학에서 세계관의 변화를 감지했다는 점이다. 철학은 인간의 사고방식을 연구하는 학문이다. 실학자들의 사고방식 또는 사유체계가 성리학자들의 그것과 어떻게 다르며, 달라진 사유체계가 어떠한 세계관의 변화를 초래했는가를 밝히는 일이야말로 성리학과 실학의 변별성을 구명하는 중요한 과제가 아닐 수 없다. 정약용은 리(理)의 실재성(實在性) 자체를 부정하고 있다.

---

[7] 『다산과 문산의 인성논쟁』, 한길사, 1996, 43면에서 재인용, "理氣之說 可東可西 可白可黑 左牽則左斜 右挈則右斜 畢世相爭 傳之子孫 亦無究竟 人生多事 兄與我不暇爲是也"

대체로 천하에 형체가 없는 것은 주재자(主宰者)가 될 수 없다. 그러므로 한 집안의 어른이 우매하고 슬기롭지 못하면 집안 만사가 다스려지지 않고, 한 고을의 우두머리가 우매하고 슬기롭지 못하면 그 고을의 모든 일이 다스려지지 않는 법이다. 하물며 아득하게 텅 비어있는 태허(太虛)한 리(理)를 가지고 천지만물을 주재하는 근본으로 삼는다면 천지간의 일들이 옳게 다스려지겠는가?[8]

이것은 성리학적 세계관의 근간을 뒤흔드는 진술이다. 박지원(朴趾源)도 성리학의 천관(天觀)을 부정했다.

아아! 이 세상의 사물은 티끌같이 작은 것이라도 하늘이 내지 않은 것이 없다고 하지만, 하늘이 어찌 일일이 그렇게 했겠는가. 하늘을 형체로 말하면 천(天)이라 하고 성정(性情)으로 말하면 건(乾)이라 하고 주제(主宰)로 말하면 제(帝)라 말하며 묘용(妙用)으로 말하면 신(神)이라 말하여 부르는 명칭이 여러 가지이고 일컫는 말도 너무 번거로운데, 이에 이기(理氣)를 화로와 풀무로 삼고 널리 만물을 펴는 것을 조물(造物)이라 하니, 이것은 하늘을 고묘한 기술자로 보고서 망치, 끌, 도끼 등으로 쉬지 않고 일을 한다고 하는 것이다.[9]

8　『與猶堂全書』 제2집 권6, 38면, 『孟子要義』 권2, 「盡心 第七」, "凡天下無形之物 不能 爲主宰 故一家之長 昏愚不慧 則家中萬事不理 一縣之長 昏愚不慧 則 縣中萬事不理 況 以空蕩湯之太虛一理 爲天地萬物主宰根本 天地間事 其有濟乎"

9　『燕巖集』, 景仁文化社 1974, 271면, 『熱河日記』, 「象記」, "噫世間事物之微 僅若毫末 莫非稱天 天何嘗一日命之哉 以形體謂之天 以性情謂之乾 以主宰謂之帝 以妙用謂之神 號名多方 稱謂太褻 而乃以理氣爲爐鞴 播賦爲造物 是視天爲巧工 而椎 噫世間事物之微 僅若毫末 莫非稱天 天何嘗一日命之哉 以形體謂之天 以性情謂之乾 以主宰 謂之帝 以 妙用謂之神 號名多方 稱謂太褻 而乃以理氣爲爐鞴 播賦爲造物 是視天爲巧工 而椎 鑿 斧斤 不少間歇也 鑿斧斤 不少間歇也"

이 역시 천리(天理)의 묘용에 의하여 세계질서가 유지된다는 성리학적 세계관에 대한 정면 도전이라 볼 수 있다. 성리학적 세계관에 대한 짙은 회의에서 출발한 이들의 사유는 드디어 중국 중심의 천하관을 부정하게 된다. 박지원은 "중국이 세계 안에 존재하는 것이 검은 사마귀 하나가 얼굴에 점 찍혀 있는 것과 무엇이 다르겠는가"[10]라 하여 중화주의(中華主義)를 거부했다. 중화주의를 거부한다는 것은 중화주의에 바탕을 둔 화이론(華夷論)을 거부한다는 것을 의미하고 이것은 또한 존주대의(尊周大義)를 내세운 주희(朱熹)의 존화양이(尊華攘夷)의 명분론을 따르지 않겠다는 의지의 표명이다. 실학자들에게 중국은 더 이상 세계의 중심이 아니었다. 그리고 이런 논리의 기저에는 민족의식이 자리하고 있다.

하늘로부터 보면 어찌 내외의 구분이 있겠는가? 이런 까닭에 각기 자기 족속을 가까이하고 각기 자기 임금을 받들며, 각기 자기 나라를 지키고 각기 자기 풍속에 편안하니 화이(華夷)의 차등은 있을 수 없는 것이다.[11]

홍대용의 이 말 속에는 분명히 민족을 단위로 하는 국민의 개념이 내재되어 있다. 이러한 민족의식은 또한 동아시아 세계에 통일된 생활양식과 행동규범을 강요한 중국 중심의 천하관에서 벗어났다는 것을 의미한다. 이런 맥락에서 그가 "역외춘추(域外春秋)"라는 기발한 논리를 전개할 수 있었을 것이다.[12] 홍대용의 "역외춘추"는 정약용의 "조선시(朝鮮

---

10 『燕巖集』, 257면, 『熱河日記』, 「鵠汀筆談」, "今夫九州之在四海之內者 何異黑子點面"
11 洪大容, 『湛軒書』, 「毉山問答」(『韓國文集叢刊』 248, 99면), "自天視之 豈有內外之分哉 是以各親其人 各尊其君 各守其國 各安其俗 華夷一也"
12 洪大容, 『湛軒書』, 「毉山問答」(『韓國文集叢刊』 248, 100면), "雖然 使孔子浮于海 居九夷 用夏變夷 興周道於域外 則內外之分 尊攘之義 自當有域外春秋 此孔子之所以爲聖人也"

詩)", 박지원의 "조선풍(朝鮮風)"과 함께 실학자들의 민족의식을 극명하게 드러내고 있다.

이와 같은 세계관의 변화와 이에 따른 민족적 자아의 발견은 한국 사상사에서 획기적인 일이었다. 이러한 세계관의 변화가 있었기에 정약용의 제도 개혁, 박지원과 박제가의 유통 개혁(流通改革), 홍대용의 자연 철학이 산출될 수 있었던 것이다. 그리고 이렇게 풍부하고 충실한 실학사상이 있었기 때문에 한국의 학자들은 소천 교수의 말처럼 "그다지도 억척스럽게 실학 연구에 몰두"했던 것이다.

4.

실학은 분명히 과거의 학문이다. 그러면 현대 한국의 학자들은 "왜 그다지도 억척스럽게" 과거의 학문인 실학 연구에 몰두하는가? 소천 교수의 이 질문에 대한 답은 지금까지의 논의에서 어느 정도 밝혀졌으리라 생각된다. 그러나 이것으로 충분하다고 할 수 없다. 소천 교수가 던진 질문의 이면에는 '과거의 실학과 현재의 삶이 어떻게 연결되는가'라는 질문도 포함되어 있다고 생각되기 때문이다. 아마도 소천 교수는, 한국의 학자들이 이러한 연결고리를 고려하지 않고 과거의 학문에만 매달린다고 생각한 듯하다. 그의 질문에는 한국 학자들의 연구 자세를 질책하려는 의도가 숨겨져 있다. 그러면서 그는 '실학의 현대적 계승' 또는 '실학의 현대적 의의'라 할 만한 자신의 견해를 밝히고 있다.

소천 교수는 현대 산업사회의 공리주의와 이기주의가 초래한 환경 문제 등의 여러 가지 폐해를 치유할 수 있는 열쇠를 실학에서 찾고자 했다. 그리하여 그가 고심 끝에 찾아낸 개념이 '실심실학(實心實學)'이었다. 그는 실학도 결국 유학 일반과 마찬가지로 수기(修己), 치인(治人)의 학이란 전제하에서 이 수기, 치인을 『서경』「대우모(大禹謨)」에 나오는 정덕(正德), 이용(利用), 후생(厚生)의 "삼사(三事)"와 연관시켜 논하고 있다. 소천 교수의 글을 인용해 본다.

> 정덕(正德, 덕을 바르게 함)은 수기의 학에 해당하고, 이용(利用, 여러 발명)과 후생(厚生, 백성의 삶을 풍요롭게 하는 농공업 및 산업)의 학은 치인의 학을 실천하는 것이며, 수(水)·화(火)·금(金)·목(木)·토(土)·곡(穀)의 육부(六府)는 그것을 위한 자원이다. 따라서 수기 치인의 학문이란, 정덕과 이용후생의 학이다. 정덕이 학문하는 주체의 덕을 닦는 것이고[실심(實心)의 함양], 이용후생이 구체적인 실용의 학문이라는 의미에 있어서, 양자 모두 실(實)과 관련되는 실학(實學)이다.[13]

소천 교수는 실학을 편의상 '실심(實心)의 학'과 '실용(實用)의 학'으로 구분하고 한국의 학자들은 실심보다 실용 쪽에 무게중심을 두고 연구를 진행해 왔다고 말했다. 물론 이 양자는 소천 교수의 지적대로 "분리되어 있는 듯하나 실제로는 분리되어 있지 않다."[14] 어디까지나 편의상의 구분일 뿐이다. 그는 실용 쪽에 치우친 실학 연구로부터 실심과 실용을 통합한 실학 연구로 나아가야 한다고 생각했다. 그러면서도 실학 정신을 오늘에 되살리기 위해서는 실용보다 실심을 좀 더 강조한 듯하다(내가 잘못 이해한 것이라면 시정해 주시기 바랍니다). 『한국 실학과 일본』의 저술 후기에서 "앞으로 실학을 입에 올릴 때 항상 실심실학이란 네 글자로 바꿔 말해주시길 독자에게 바란다"[15]고 말한 것으로 보아서도 그가

---

13 小川晴久, 앞의 책, 25면.
14 小川晴久, 앞의 책, 26면.

실심을 매우 중시했음을 알 수 있다.

당연히 여기서 '실심(實心)'의 개념이 문제가 된다. 실심이란 용어는 그가 홍대용의 글에서 발견한 것인데 그는 실심을 다음과 같이 정의하고 있다.

> 홍대용은 '마음을 바르게 하고, 뜻을 성실하게 한' 결과의 마음을 '실심'으로 파악하였다. 이것은 성실의 마음이며 진실의 마음이다. 그것은 거짓[虛]이 아닌 마음이다.[16]

그는 또 "실심이란 진실을 발견하는 눈이며 마음이다"[17]라 했고, "실심이란 성(誠)의 마음일 것이다"[18]라고 말했다. 그리고 앞의 인용문에서 "학문하는 주체의 덕을 닦는 것"을 "실심의 함양"이라고 말했다. 일견 대단히 평범한 말인 것 같지만, 나는 여기서 "실심이란 성(誠)의 마음일 것이다"라는 진술에 주목하고 싶다. 그는 "誠者天之道也 誠之者人之道也"라는 『중용』의 구절에 근거하여 성(誠)을 대단히 넓은 개념으로 사용하고 있다. 그는 "성이란 자연계의 모든 것을 관통하는 법칙성(개개의 법칙을 포함한)이라고도 할 수 있다. 인간의 속에도 이 성은 일관되어 있어서 인간이 이 성에 대해 싸워 이긴다는 것은 불가능하다. 이 성에 등을 돌렸을 때 인간은 괴멸하는 것이다"[19]라고 말하고 있다. 이 "성의 마음"이 바로 "실심"이라는 것이다. 그리고 "성의 마음"을 지니고 하는 실심실학이

---

15 小川晴久, 앞의 책, 203면.
16 小川晴久, 앞의 책, 117면.
17 주 16과 같음.
18 小川晴久, 앞의 책, 110면.
19 小川晴久, 앞의 책, 179면.

"뿌리 깊은 공리주의와 이기주의를 도태시키기" 위한 중요한 무기가 된다는 점을 역설했다.[20] 이렇게 해야만 실학이 과거의 죽은 학문이 아닌, 살아있는 오늘의 학문으로 계승된다고 그는 생각한 듯하다.

소천 교수가 제기한 실심실학은 대단히 야심적인 이론이다. 위기에 처한 현대 산업사회를 건강한 사회로 되돌리려는 단서를 이 실심실학에서 찾고자 했기 때문이다. 그러나 그 구도가 워낙 야심적이기 때문에 약간의 문제점이 없는 것은 아니다. 『중용』에서 "성자천지도야(誠者天之道也)"라고 규정한 이래로 소천 교수의 말처럼 "성(誠)은 자연계의 모든 것을 관통하는 법칙성"으로 받아들여졌다. 이것은 비단 실학자들뿐만 아니라 유학을 신봉하는 사람이라면 아무도 부정하지 못하는 절대 명제로 자리 잡았다. 그러므로 '실심(實心)'이 '성(誠)의 마음'이 아닌 것은 아니지만 실학자들만 '성의 마음'으로 학문을 한 것은 아니었다. 물론 "실심이 성의 마음"이라고 했을 때의 성과 『중용』에서의 성이 그 내포와 외연에 있어서 꼭 같지는 않을 것이다. 홍대용을 비롯한 실학자들이 『중용』 시대에 살았던 사람들이 아닌 만큼 양자의 성(誠)이 꼭 같을 수는 없었을 것이다. 만약 양자의 성이 같은 것이라면, 극단적으로 말해서 '『중용』의 사상도 실심실학이다'라는 논리가 성립될 수 있다. 이 문제와 관련하여 실학 발생의 시대적 요인도 함께 고려되어야 하리라고 본다. 그러나 이러한 조그마한 문제점에도 불구하고 소천 교수의 시도는 매우 값진 성과라 생각된다. 한·중·일 3국의 실학 연구자들이 동아시아 실학의 현재성을 모색하는 데에 중요한 발판을 마련해 준 것으로 생각된다.

---

20 小川晴久, 앞의 책, 187면.

제2부

선비 정신의 명맥

선비정신의 본질

1. 선비의 개념

 선비정신이 무엇인지 규명하기 위해서는 먼저 선비의 개념 규정이 선행되어야 한다. 선비라는 용어 자체는 우리말이지만 이 용어의 시원(始源)은 유교 경전에서 찾아야 하리라고 본다. 우리나라는 한자문화권의 일원으로 수천 년 동안 중국문화의 영향을 받아왔는데 중국문화 중에서도 유교사상이 우리의 정신세계에 결정적인 영향을 끼쳤다. 그리고 그러한 토양 속에서 선비문화가 형성되었기 때문이다.

 유교 경전에서 우리말의 선비에 가까운 명칭으로는 군자(君子), 사(士), 유(儒) 등을 들 수 있다. 이 말들은 쓰임에 따라 약간의 차이는 있지만 대체로 '재주와 덕(德)이 높은 사람', '지혜롭고 현명한 사람'의 뜻을 지니고 있다. 그리고 독서하는 지식계층이라는 공통점도 가지고 있다. 이렇게 본다면 선비는, 인간으로서 지녀야 할 최고의 덕성(德性)을 갖춘 사람이라고 말할 수 있다. 『논어(論語)』에는 이러한 선비의 모습이 여러 각도에서 묘사되어 있다.

 증자(曾子)가 말하기를 "선비는 뜻이 광대하고 강인하지 않으면 안 된다. 그 임무가 무겁고 길이 멀기 때문이다. 인(仁)으로 자기의 임무를 삼으니 무겁지 아니한가. 죽은 뒤에야 그칠 것이니 또한 멀지 아니한

가"라 했다.¹

선비는 인(仁)을 자기의 임무로 삼고 죽을 때까지 그 임무를 수행하기 위하여 노력하는 사람이다. 그렇기 때문에 선비는 뜻이 넓고 강인하지 않으면 안되는 것이다.

자로(子路)가 묻기를 "어떻게 하여야 선비라 할 수 있습니까?" 라 하니 공자가 말하기를 "간곡하게 선(善)을 권면(勸勉)하고 화평한 모습을 가져야 선비라 할 만하다. 친구에게는 간곡하게 선을 권면하고 형제에게는 화평한 모습을 갖는 것이니라"고 하였다.²

공자의 이 말은 자로(子路)에게 부족한 점을 지적한 것이지만, 선비가 되기 위해서는 대인관계에 있어서도 매우 조심스럽고 까다로운 자세가 요구되는 것이다. 뿐만 아니라 선비는 "먹는 데 배부르기를 구하지 않고 거처하는 데 편안하기를 구하지 않는다"³ 또한 선비는 "충(忠)과 신(信)을 주로 하고, 자기보다 못한 사람을 벗하지 않으며, 허물 있으면 고치는 것을 꺼려하지 않는"⁴ 사람이다. 이밖에도 선비가 갖추어야 할 덕목은 무수히 많은데 이 모든 것을 종합해보면 참다운 선비가 되려면 도덕적으로 완벽한 인품을 가져야 함을 알 수 있다. 『맹자(孟子)』에서도 "항산(恒産)이 없어도 항심(恒心)을 갖는 것은 오직 선비만이 그렇게 할 수

---

1 「泰伯」, "曾子曰 士不可以不弘毅 任重而道遠 仁以爲己任 不亦重乎 死而後已 不亦遠乎"
2 「子路」, "子路問曰 如何斯可謂之士矣 子曰 切切偲偲 怡怡如也 可謂之士矣 朋友切切偲偲 兄弟怡怡"
3 「學而」, "君子 食無求飽 居無求安"
4 「學而」, "主忠信 毋友不如己者 過則勿憚改"

있다."⁵라 하여 선비의 존재가 어떠한 것인가를 밝혀 놓고 있다.

우리나라의 경우에도 선비는 지극히 존귀한 존재로 여겨졌다. 연암(燕巖) 박지원(朴趾源)은 다음과 같이 말했다.

> 무릇 선비란 아래로는 농(農)·공(工)의 대열에 끼이고 위로는 왕공(王公)과 벗한다. 지위로 보면 등급이 없고 덕(德)으로 보면 올바른 일을 한다. 한 선비가 독서를 하면 그 은택이 사해(四海)에 미치고 그 공이 만세에 드리워진다.⁶

"은택이 사해(四海)에 미치고 공이 만세에 드리워진다"고 말한 데에서 선비의 기능과 역할을 짐작할 수 있다. 여기서 우리의 주목을 끄는 것은, 선비가 농(農)·공(工)의 대열에 끼일 수도 있고 왕공과 벗할 수도 있다고 말한 점이다. 이것은 선비가 신분적인 계층을 나타내는 명칭이 아니라는 점이다. 말하자면 선비는 초계급적인 존재이다. 연암은 같은 글에서 천자(天子)도 본래 선비라고 말했다.

> 그 벼슬은 천자(天子)이지만 그 몸은 선비이다. 그러므로 벼슬에는 높고 낮음이 있지만 몸은 변하는 것이 아니며, 지위에는 귀천(貴賤)이 있지만 선비가 옮겨지는 것이 아니다. 그러므로 벼슬과 지위가 선비에게 더해지는 것이지, 선비가 벼슬과 지위에 나아가는 것이 아니다.⁷

---

5 「梁惠王·上」, "無恒産而有恒心者 惟士爲能"
6 『燕巖集』,「原士」, "夫士下列農工 上友王公 以位則無等也 以德則雅事也 一士讀書 澤及四海 功垂萬世"
7 『燕巖集』,「原士」, "爵則天子也 其身則士也 故爵有高下 身非變化也 位有貴賤 士非轉徙也 故爵位加於士 非士遷而爵位也"

선비는 선비이다. 선비가 벼슬에 나아간다고 해서 선비의 본분을 벗어나는 것이 아니며, 벼슬을 하지 않는다고 해도 선비의 신분을 벗어나지 않는다는 것이다. 연암은 여기서 선비의 본원적 우월성과 항존적(恒存的) 가치를 강조하고 있다. 선비의 존재가 이러하기 때문에 "천하의 공변된 말을 사론(士論)이라 하고, 당대의 제일류를 사류(士流)라 말하며, 천하에 의로운 목소리를 외치는 것을 사기(士氣)라 하고, 군자가 죄없이 죽는 것을 사화(士禍)라 하며, 학문을 강론하고 도(道)를 논하는 곳을 사림(士林)이라 말한다"[8] 이처럼 모든 사람들의 도덕적 표준이 되는 사람이 선비이다.

2. 선비정신의 본질

그러면 선비는 어떠한 덕성을 지녀야 하는가? 어떠한 덕성을 지니고 어떻게 생활해야 참다운 선비가 될 수 있는가? 이것이 선비정신의 본질이 될 것이다. 다시 연암의 말에서 실마리를 풀어보고자 한다.

> 내가 말하는 선비란, 그 뜻은 어린아이와 같으며 그 모습은 처녀와 같이 하여 평생 문을 닫아걸고 독서하는 자이다. 어린아이는 비록 연약해도 그 사모하는 것이 전일(專一)하고, 처녀는 비록 졸박(拙樸)해도 그 지키는 것이 확고하다.[9]

---

8 『燕巖集』,「原士」, "天下之公論曰士論 當世之第一流曰士流 鼓四海之義聲曰士氣 君子無罪而死曰士禍 講學論道曰士林"

9 『燕巖集』,「原士」, "吾所謂雅士者 志如嬰兒 貌若處子 終年閉其戶而讀書也 嬰兒雖弱 其慕專也 處子守拙 其守確也"

바른 선비는 어린아이와 같고 처녀와 같다고 했다. 그 이유로, 어린아이는 사모하는 것이 전일(專一)하고 처녀는 지키는 것이 확고하기 때문이라고 했다. 어린아이가 사모하는 것은 어머니의 품일 것이다. 어린아이는 어떠한 경우에도 어머니의 품만을 오로지 그리워한다. 처녀가 지키는 것은 순결일 것이다. 순결을 잃으면 처녀가 아니기 때문에 처녀는 목숨을 걸고 순결을 지킨다. 선비가 어린아이와 같고 처녀와 같아야 한다는 말은, 어린아이나 처녀와 같이 전일(專一)하게 사모하는 것이 있고 확고히 지키는 것이 있어야 한다는 말이다.

그러면 선비가 사모하고 지키는 것은 무엇이어야 하는가? 그것은 다름아닌 도(道)와 의(義)이다. 도(道)는 다소 추상적인 개념으로 일반적인 진리를 지시하거니와, 선비의 덕목으로 중시되는 것은 의(義)이다. 선비가 의를 행동의 준거로 삼아야 한다는 점은 『논어』에서 이미 강조되고 있다.

> 공자가 말하기를 "선비(君子)는 천하 일에 대하여 오로지 주장하지도 않고 부정하여 반대하지도 않는다. 의(義)를 좇을 따름이다"라 했다.[10]

> 자로(子路)가 묻기를 "군자도 용맹을 숭상합니까?"라 하니 공자가 말하기를 "군자는 의(義)를 으뜸으로 삼는다. 군자가 용맹만 있고 의가 없으면 난(亂)을 일으키고, 소인이 용맹만 있고 의가 없으면 도둑이 된다"라 했다.[11]

---

10 『論語』,「里仁」, "子曰 君子之於天下也 無適也 無莫也 義之與比"
11 『論語』,「陽貨」, "子路曰 君子尙勇乎 子曰 君子義以爲上 君子有勇而無義 爲亂 小人有勇而無義 爲盜"

여기서의 '군자(君子)'는 우리가 말하는 선비의 범주에 들 수 있는 인간형인데 이런 인간형의 필수적인 덕목으로 한결같이 의를 앞세우고 있다. 공자 자신도 "의롭지 못한 부(富)와 귀(貴)는 나에게 뜬구름과 같다"[12]고 하여 의에 따라 살아가겠다고 말한 바 있다.

이 의는 『맹자』에서 좀더 확대, 부연된다. 맹자는 "인(仁)은 사람이 편안히 쉴 수 있는 집이요, 의(義)는 사람이 걸어가는 올바른 길이다"[13]라고 말했다. 선비란 모름지기 정로(正路)를 걸어야 하는데 정로를 걷는 것이 바로 의를 구현하는 것이다. 맹자는 의를 구현한 인물로 이윤(伊尹)을 들고 있다.

> 이윤(伊尹)은 … 의(義)가 아니고 도(道)가 아니면 천하를 녹(祿)으로 주더라도 돌아보지 않았고, 말 4천 마리를 매어 놓아도 쳐다보지 않았다. 의가 아니고 도가 아니면 풀잎 하나도 남에게 주지 않으며, 풀잎 하나도 남에게서 취하지 않았다.[14]

이렇게 의에 합당하지 않은 행동을 하지 않는 것이 선비정신의 본질이다. 의의 개념을 좀더 분명히 하기 위하여 흔히 의(義)를 리(利)와 대비하여 논하기도 한다. 이 의와 리의 관계는 『논어』에 이미 드러나 있다. 즉 "군자는 의(義)에 밝고 소인은 리(利)에 밝다"[15]는 구절이 그것이다. 의는 공적(公的)인 것이고 리는 사적(私的)인 것이다. 무릇 의는 인간

---

12 『論語』, 「述而」, "不義而富且貴 於我如浮雲"
13 『孟子』, 「離婁·上」, "仁人之安宅也 義人之正路也"
14 『孟子』, 「萬章·上」, "伊尹 … 非其義也 非其道也 祿之以天下 弗顧也 繫馬千駟 弗視也 非其義也 非其道也 一介不以與人 一介不以取諸人"
15 『論語』, 「里仁」, "君子喩於仁 小仁喩於利"

이 행해야 할 떳떳한 도리요 모든 행위의 규범이 되기 때문에 공의(公義)의 성격을 지니며, 리는 개인의 물질적 욕망 추구에서 생기므로 사리(私利)의 성격을 지닌다. 정자(程子)도 말하기를 "무릇 의(義)에서 벗어나면 리(利)로 들어가고 리에서 벗어나면 의로 들어가는 것이니 천하의 일은 오직 의와 리일 따름이다"라고 하여 리를 버리는 것이 곧 의임을 밝히고 있다. 선비가 할 일은 바로 리를 버리고 의에 따르는 것이다. 그런데 인간에게는 사리(私利)의 유혹이 너무나 크기 때문에 이른바 '사리취의(舍利取義)'의 문제가 역대 학자들에게 매우 중요한 과제가 되었다. "의리(義利)의 설은 선비의 가장 중요한 의무이다"라는 주자(朱子)의 말도 이래서 나온 것이다.

선비에게 제일 중요한 일은 '중의경리(重義輕利)'의 정신으로 살아가는 것이다. 그러므로 맹자는 말하기를 "생(生)도 내가 바라는 것이고 의(義)도 내가 바라는 것인데 이 두 가지를 함께 얻을 수 없으면 생을 버리고 의를 취할 것이다"[16]라 한 것이다. 이렇게 생을 버리고라도 의를 취하려는 자세가 선비정신이라 말할 수 있다.

학봉(鶴峰) 김성일(金誠一)의 「언행록」에 다음과 같은 기록이 있다.

> 어느날 자제들에게 검(劍)을 나누어 주면서 말씀하시기를 "너희들은 내가 검을 나누어주는 뜻을 알겠느냐? 모름지기 이 검으로 의(義)와 리(利)의 관계를 베어 끊어서 (의를) 취하고 (리를) 버릴 것을 분별케 함이니라"고 하셨다.[17]

---

16 『孟子』,「告子·上」, "生亦我所欲也 義亦我所欲也 二者不可兼得 舍生而取義者也"

17 『鶴峰全集』,「言行錄」, "一日 以劍分贈子弟曰 汝等知所以贈劍之意乎 須以此 斬斷義利之關 以別其取舍也"

학봉의 선비정신을 단적으로 나타내는 일화라 하겠다. 「언행록」에는 이 의와 리를 더 구체적으로 언급한 대목이 있다. 그의 제자인 최현(崔晛)이 "어떻게 하면 선과 악을 실제로 보고 알 수 있겠습니까?"라 물으니 학봉이 "의와 리, 공(公)과 사(私)의 구분을 엄하게 해야 한다. 털끝만큼 미세한 것도 나중에는 천리나 차이가 나게 되니 이것은 배워서 밝히는 데 있을 뿐이다"라고 대답했다는 것이다. 선과 악을 알 수 있는 방법을 묻는 질문에 의와 리, 공과 사의 구분을 엄하게 하라고 한 말은, 선의 실천이 곧 의이고 리의 추구가 곧 악이라는 말과 같다. 여기에는, 의는 공적인 것이고 리는 사적인 것이라는 뜻도 함께 포함되어 있다. 그러므로 학봉이 자제들에게 검을 나누어준 것은, 그것으로 사리(私利)를 베어서 끊어 버리고 공의(公義)를 취하여 '위선거악(爲善去惡)'하라는 의도에서였다. 여기서 우리는 이조(李朝) 선비정신의 한 전형을 볼 수 있다.

조선 전기
사림·도학파의
문학 사상

1. 머리말

  고려가 멸망하고 이씨조선이 건국되자 고려 후기부터 새로운 집단으로 등장하여 꾸준히 세력을 확장해 온 신흥사대부들은 두 가지 유형으로 나뉘어졌다. 신왕조의 창업에 적극 참여하여 문물·예악의 정비에 힘쓴 부류와, 전 왕조에의 충절을 지켜 벼슬하지 않고 재야에서 학문에 몰두한 부류가 그것이다. 전자는 주로 개국에 참여한 공신(功臣) 계열인데 이들은 개국공신(開國功臣), 정사공신(定社功臣), 좌명공신(佐命功臣) 등에 책봉되어 관직과 토지 분배에서 특혜를 누리게 되었고, 이후 이들의 후손들도 왕위계승을 둘러싼 다양한 공신에 책봉됨으로써 그 권력과 부(富)는 더욱 증대되고 공고해졌다. 그리하여 이들은 "성종 대 중반까지는 실제로 도전받지 않은 독점적 집권세력으로 존재하였다."[1] 이들이 이른바 훈구파이다.

  한편 향촌에 재지적(在地的) 기반을 둔 사림들은 훈구파의 독점적 권력을 견제하는 세력으로 성장하다가 성종 15년을 전후하여 결속력을 강화하면서 중앙정계에 진출하기 시작했다. 김종직(金宗直), 김굉필(金宏

---

1 李秉烋,『朝鮮前期 士林派의 現實認識과 對應』, 一潮閣, 1999, 55면.

弼), 정여창(鄭汝昌) 등을 주축으로 결집하기 시작한 이들 집단이 곧 사림파이다.[2]

훈구파와 사림파는 현실인식과 지향하는 이념의 차이로 인하여 불가피하게 충돌하게 되는데 이러한 충돌이 네 차례의 사화로 나타난 것이다. 네 차례의 사화는 모두 사림파의 패배로 끝났다. 그러나 패배로 인하여 오히려 그들의 결속력은 더욱 공고해졌고, 성리학으로 무장한 그들의 학문적 기반이 훈구파를 압도하여 선조의 즉위와 더불어 사림파가 전면적으로 등장하게 된다. 이제 사림의 정치가 시작된 것이다.

이들 사림파는 성리학 또는 도학적 가치의 구현을 최고의 덕목으로 삼았다. 그러나 선조조에 사림파가 지배세력으로 등장하기 전의 초기 사림들은 성리학의 심·성·이·기(心性理氣)의 이론보다 충·효·열(忠孝烈) 등의 실천윤리에 더 관심을 가졌다. 김종직의 문도들이『소학(小學)』과『가례(家禮)』를 매우 중요시한 사실이 이를 말해준다. 그리고 사실상 김종직으로부터 조광조에 이르기까지의 사림파 학자들은 성리학의 주요 명제인 심성론이나 이기론에 대해서 체계적인 저술을 남기지 않았다. 또한 선조조 이전 훈구파와 사림파의 대립·갈등이 문학적인 측면에서는 사장(詞章) 옹호론과 도학 우위론의 형태로 표출되었고 때로는 양 진영간의 격렬한 논쟁을 유발하기도 했다.

그러나 사림파가 정국을 주도하면서 이러한 사장과 도학의 대립은 자연히 해소되었다. 즉 '도본문말(道本文末)'의 문학관이 확립된 것이다. 어디까지나 도가 근본이고 문은 단지 도를 싣는 그릇에 불과하다는 이른바 '재도지기(載道之器)'의 이론을 아무도 부정하지 않았다. 이러한 현상은 성리학에 대한 이론적 심화의 필연적인 결과였다.

---

2 사림파의 형성에 관해서는 李秉烋, 앞의 책 참조.

이렇게 성리학 이론이 본격적으로 탐구되고 그 이해가 심화되면서 서서히 학파가 형성되기 시작했다. 학맥과 인맥, 그리고 지역적 특성과 이론상의 미묘한 차이에서 비롯된 이들 학파를 대표하는 것으로 화담학파(花潭學派), 퇴계학파(退溪學派), 남명학파(南冥學派), 율곡학파(栗谷學派)를 들 수 있다.[3] 실제로 화담, 퇴계, 남명, 율곡은 이 시대 사상계를 이론적으로 주도한 대표적인 학자들이다. 그리고 이들에 의해서 도학파의 문학이 본격적으로 펼쳐지게 되었다.

이들의 문학세계를 살피려는 것이 본고의 목적이다. 다만 화담의 경우, 타 학파와의 이론적 변별성이 뚜렷함에도 불구하고 문학적으로 이렇다 할 만한 업적을 남기지 않았기 때문에 본고의 연구대상에서 제외하고 대신 회재(晦齋) 이언적(李彦迪, 1491~1553)을 다루기로 한다. 왜냐하면 회재는 성리학의 정착과정에서 중요한 역할을 했고, 이른바 '도학적 자연시'의 개창자(開創者)로서 문학적으로도 중요한 위치를 점하고 있기 때문이다.

2. 회재 이언적의 문학

회재 이언적은 김굉필, 정여창, 조광조, 이황과 더불어 사림의 오현(五賢)으로 일컬어지는 학자이다. 그는 사림파와 훈구파의 대결, 갈등에서 비롯된 네 차례의 사화를 모두 겪었다. 그가 8세 때 무오사화가 일어났고 14세 때 갑자사화가 일어났으며 29세 때는 을묘사화를 겪었고 55세에는 을사사화에 연루되어 강계(江界)로 유배되어 그곳에서 생을 마쳤다.

---

3 장원목,「16세기 전반, 이론 성리학의 본격적 시작」,『韓國儒學思想大系』2, 2005 참조.

이렇게 네 차례의 사화를 겪으면서 사림파가 집권하는 과정에서 회재는 매우 중요한 역할을 수행했다. 회재 이전의 사림파가 도학에 대한 이론적 탐구보다 도학의 실천윤리를 더 중요시한 반면 그는 사림파의 이데올로기인 도학을 이론적으로 체계화시킨 인물이다. 성리학 또는 도학은 회재를 거쳐 16세기 후반 퇴계에 이르러 학문적으로 완성된다. 그러므로 회재는 초기 사림파의 이념을 이론적으로 체계화시켜 후기 사림파의 학문적 토대를 마련해 준 연결고리라 할 수 있다. 퇴계가 누구보다 회재를 존경하고 추앙한 것도 이 때문이다.

도(道)보다 사장에 더 비중을 둔 훈구파와는 달리 도학자들은 문학을 중요하게 여기지 않았다. 그럼에도 불구하고 이들은 도학의 높은 경지를 성공적으로 형상화한 수준 높은 작품을 생산했다. 퇴계의 시가 이를 말해준다. 회재 역시 우리의 관심에 값할 만한 시 작품을 다수 남기고 있다. 그가 남긴 390여 수의 시는 퇴계의 시와 더불어 도학적 철리시(哲理詩)의 한 전형이라 할 만하다.

회재의 시에는 자연을 소재로 한 것이 많다. 이것은 그가 추구하고자 하는 도학의 세계가 자연과 밀접한 관련을 맺고 있기 때문이다.

들새들은 맑은 새벽, 흥에 겨워 지저귀고	野鳥弄淸晨
바위의 꽃들은 늦은 봄에 활짝 폈네	巖花殿晩春
술 한 동이 지니고 푸른 시냇가에 앉노라니	一樽臨碧澗
그윽한 흥취가 한인(閑人) 곁에 맴도네	幽興屬閑人[4]

---

4 『韓國文集叢刊』 24, 364면, 『晦齋集』 권2, 「次殷佐韻」. 이하에서 『韓國文集叢刊』은 『叢刊』으로 표기한다.

늦은 봄날의 평범한 풍경이다. 봄날의 풍경을 대표하는 경물(景物)이 새와 꽃이라는 설정도 지극히 평범하다. 그런데 새의 지저귐은 봄날 새벽 방안에서 듣는 새 소리가 아니고 "들새"들이 지저귀는 소리이다. 꽃도 정원에 피어있는 꽃이 아니고 "바위에 피어있는 꽃"이다. 그러므로 시인은 어느 봄날 새벽, 산 속에서 새소리를 듣고 꽃을 구경하고 있다. 시인이 집안에 있지 않고 산 속에 있다는 사실이 3구에서 드러난다. 즉 시인은 술 한 동이를 들고 산 속 시냇가를 찾은 것이다. 이곳은 인간사회가 아닌 자연의 세계이다.

늦은 봄날 '새벽에' 술을 들고 산 속의 시내를 찾는다는 발상이 다소 엉뚱하긴 하지만, 평범하기 짝이 없는 봄 경치를 즐기면서 "그윽한 흥취(幽興)"가 시인 주위에 맴돈다고 했다. "한인(閑人)' 즉 한가한 사람은 시인 자신을 가리킨다. 물론 봄날 새벽의 청신한 경치가 시인으로 하여금 "그윽한 흥취"를 불러일으킬 수 있으리라는 것은 충분히 납득이 가는 일이다. 그러나 회재의 시에 빈번하게 등장하는 "흥(興)", "유흥(幽興)", "청흥(淸興)"이란 시어는 단순히 자연의 아름다움으로부터 촉발된 심미적인 감흥 이상의 의미를 지니고 있다.

구름 숲에 봄이 드니 경물(景物)도 새로워	春入雲林景物新
시냇가 복사꽃·살구꽃, 정신을 잡아매네	澗邊桃杏摠精神
죽장에 짚신 신고 봄놀이는 지금부터	芒鞋竹杖從今始
물 찾고 산 오르니 흥 더욱 참답네	臨水登山興更眞[5]

5　『叢刊』 24, 365면, 『晦齋集』 권2, 「林居十五詠, 早春」.

이 시 역시 봄 경치를 그리고 있다. 앞의 시가 늦봄의 경치라면 이 시는 초봄의 경치이다. 여기서 그리는 봄 경치도 특별한 것이 아니다. 봄이 와서 경물이 새로운데 이 새로운 경물을 복사꽃과 살구꽃으로 대표시키고 있다. 그리고 복사꽃과 살구꽃이 회재의 "정신을 잡아맨다"고 했다. 봄날 화사하게 피어있는 복사꽃과 살구꽃은 그 아름다움으로 인하여 누구나 정신을 빼앗길 법하지만, 회재에게 있어서 봄날 피어나는 복사꽃과 살구꽃은 특별한 의미를 지닌다. 이 꽃들이 그에게 "흥(興)"을 불러일으키기 때문이다. 그러나 이 "흥"은 꽃의 아름다움이 촉발시킨 흥도 아니고, "죽장에 짚신 신고 봄놀이"하는 가운데 일어난 흥도 아니다. 그래서 흥이 더욱 "참답다"고 한 것이다. 이 "흥"이 왜 "참다우며" 이 "참다운 흥"은 도대체 무엇에 연유한 것일까? 이 "흥"의 정체를 밝히는 것이 회재의 시를 이해하는 관건(關鍵)이 된다.

비 온 뒤 안개 걷혀 산 빛은 푸르른데	霧捲山靑晚雨餘
굽어보고 올려보며 연어(鳶魚)를 즐기도다	逍遙俯仰弄鳶魚
숲 속에 맑은 흥취 적다고 하지 마라	莫言林下孤淸興
깊은 새, 뜬구름과 함께 살자 하였노라	幽鳥閑雲約共棲[6]

여기서야 회재의 "흥"이 분명한 모습을 드러낸다. 그는 숲 속에 살면서 "맑은 흥취(淸興)"를 느낀다고 했는데, 이 "흥"은 "굽어보고 올려보며 연어(鳶魚)를 즐기는" 데에서 얻어지는 흥이다. 솔개와 물고기를 뜻하는 "연어(鳶魚)"는 주지하는 바와 같이 『시경』「한록(旱麓)」장의 "鳶飛戾天

---

6 『叢刊』24, 356면, 『晦齋集』권1, 「次曹容叟韻」.

魚躍于淵(솔개는 날아 하늘에 이르고 / 고기는 연못에서 뛰노네)"라는 구절에 나오는 솔개와 물고기다. 『시경』의 이 구절이 『중용』에 인용되어 주자(朱子)의 해석을 거친 이래, 솔개가 날고 물고기가 뛰노는 것은 천지자연의 이치를 상징하는 구호가 되었다. 솔개는 연못에서 뛰놀 수 없고 물고기는 하늘을 날 수 없는 법인데, 솔개가 하늘에서만 날고 물고기가 연못에서만 뛰놀 수 있게끔 한 것이 바로 천리(天理)이다. 도학자들이 추구하는 최대의 목표가 이 천리를 체득하는 것이다.

천리는 자연계와 인간사회를 일관되게 지배하는 최고의 원리이다. 그런데 자연계에서는 천리가 정확하게 구현되지만 인간사회에서는 천리에 반(反)하는 일들이 종종 벌어진다. 자식이 부모에게 효도하고 신하가 임금에게 충성하는 것이 천리인데 가끔 그렇지 않은 일이 일어나는 것이 인간사회이다. 반면 자연계의 현상은 엄격히 천리에 따라 운행된다. 물고기가 하늘을 난다든가 솔개가 물에서 뛰노는 일은 절대 일어나지 않는다. 그렇기 때문에 자연 속에서 자연현상을 보면서 천리를 배우려는 것이 도학자들의 수양(修養) 방법이다.

솔개가 날고 물고기 뛰노는 것은 수많은 자연현상 중의 하나에 불과하지만 그 적절한 비유법에 힘입어 천리의 묘용(妙用)을 대표하는 말이 되었다. 위의 시에서 "굽어보고 올려보며 연어를 즐긴다"라 한 것은, 아래로 물고기를 굽어보고 위로 솔개를 올려보며 천리의 묘용을 체득한다는 말이다. "청흥(淸興)"은 이렇게 천리의 묘용을 체득했을 때 맛볼 수 있는 희열이다. 회재 시에 나오는 "흥"은 대부분 이러한 종류의 희열을 나타낸다. 그리고 물고기를 굽어보고 솔개를 올려본다는 뜻의 "부앙(俯仰)"이라는 용어도 그의 시에 자주 사용되는 표현의 하나이다.

장마 끝에 맑게 개니 구름 안개 걷히고   積雨新晴雲霧收

물 위에 바람 일어 조각배 불어주네	風生波面送輕舟
푸른 산은 아득히 석양빛에 밝았고	青山曖曖明殘照
백로는 쌍쌍이 물에서 멱을 감네	白鷺雙雙沒遠洲
아득히 넓은 물은 하늘 함께 멀고먼데	浩渺一望天共遠
으스름달밤에 달도 같이 흘러가네	朦朧半夜月同流
연어(鳶魚)를 부앙(俯仰)하니 가없는 흥이 일어	鳶魚俯仰無邊興
누가 알리, 큰 물결 쉬지 않고 흐르는 줄	誰識洪流逝不留[7]

장마가 끝나고 맑게 개인 어느 날 저녁 무렵, 그는 석양빛에 젖어있는 푸른 산과 쌍쌍이 멱감는 백로를 바라보며 배를 타고 내려간다. 이윽고 하늘에 달이 올라 물에 비친다. 여기서 그가 "연어를 부앙했다"는 표현은 실제로 솔개를 올려다보고 물고기를 굽어보았다는 말이 아니다. 지금 그는 밤에 배를 타고 내려가는 중이다. 그 시간에 솔개가 날 리 없고 물고기가 보일 리 없다. 연어(鳶魚)는 상징적인 대표물일 뿐이다. "연어를 부앙했다"는 말은 천리의 유행(流行)을 감지했다는 뜻인데 그로 하여금 천리의 유행을 감지하도록 촉발시킨 것은 배 안에서 바라본 주위의 자연 풍경이었다. 자연의 질서는 어김이 없고 간단(間斷)이 없다. 그러므로 어떤 자연현상에서나 천리의 유행을 볼 수 있는 것이다. 그렇기 때문에 이 시에서처럼 별로 대수롭지 않은 평범한 자연을 보고도 연어를 부앙한 데에서 오는 "가없는 흥[無邊興]"에 젖게 된다. 자연의 이법(理法)을 궁구하려는 적극적인 의지를 가지고 자연 속에 사는 도학자에게는 자연

---

7 『叢刊』 24, 361면, 『晦齋集』 권1, 「舟中謾興」.

의 모든 것이 새롭고 의기가 있는 것이다.

대(臺)위의 손들은 돌아가길 잊었는데	臺上客忘返
바위 가 저 달은 몇 번이나 둥글었나	巖邊月幾圓
깊은 시내 고기들 거울 속에 노니는 듯	澗深魚戲鏡
저문 산, 안개 속에 새들은 희미하네	山暝鳥迷煙
물(物)·아(我)가 흔연히 한 몸이 되었으니	物我渾同體
나아가나 물러나나 하늘을 즐길 뿐	行藏只樂天
거니는 가운데 유흥(幽興)을 부치니	逍遙寄幽興
내 마음 저절로 유연해지네	心境自悠然[8]

2연의 "고기들"과 "새들" 역시 연어(鳶魚)를 가리킨다. 새가 날고 고기가 뛰는 것을 보며 "물(物)·아(我)가 흔연히 한 몸이 되었다"고 했다. 물과 아가 한 몸이 되었다는 것은 그가 자연과 일체가 되었음을 뜻한다. 자연의 질서에서 천리의 유행을 보고 천리의 묘리를 깊이 깨달아 그 천리에 순응하는 것이 도(道)의 완성이라 할 수 있는데 이러한 경지는 자연과 일체가 됨으로써만 가능하다. 이것이 성리학 또는 도학의 궁극적 목표인 '천인합일(天人合一)'의 경지이다. 천인합일에 도달한 사람을 유학에서는 성인(聖人)이라 부른다. "나아가나 물러나나 하늘을 즐길 뿐"이라 한 것도 천리에 순응하겠다는 마음의 자세를 표현한 것이다.

---

8 『叢刊』24, 362면, 『晦齋集』권2, 「澄心臺卽景」.

| 깊은 숲 속 새소리 듣기도 즐거운데 | 喜聞幽鳥傍林啼 |
| 시냇가에 새로이 띠 집을 엮었다오 | 新構茅簷壓小溪 |

| 홀로 술잔 기울이며 달을 불러 짝하고 | 獨酌只邀明月伴 |
| 한 간 집에 흰 구름과 함께 깃드네 | 一間聊共白雲棲[9] |

온통 자연과 어우러진 모습인데 이 시의 제2연에 주목할 필요가 있다. 3구는 '혼자 술을 마시면서 단지 밝은 달만을 초청하여 짝한다'는 말인데, 원문의 "只(단지)"와 "邀(초청한다)"는 두 글자에 의미가 있다. 그는 혼자 술을 마시면서 단지 밝은 달만 짝을 삼는다. 물론 그때 마침 함께 대작할 친구가 없어서 달을 벗 삼아 술을 마셨을 것이다. 달을 벗 삼아 술을 마시는 것은 한시에서 흔하게 볼 수 있는 표현이다. 그러나 이 구절이 '혼자 쓸쓸히 술을 마시는데 대작할 벗이 없이 밝은 달만 짝이 된다'는 상투적인 표현과 사뭇 어조가 다른 것은, 그가 달을 "초청했다"고 했기 때문이다. 즉 그는 능동적으로 그리고 적극적으로 달을 불러 맞아들인 것이다. 회재는 물아일체(物我一體)의 경지에 들어서고 있었다.

4구의 "흰 구름과 함께 깃든다"는 표현도 마찬가지이다. 흰 구름은 바라보는 대상이 아니고 함께 깃들어 사는 동거물(同居物)이다. 그와 구름 사이의 거리가 없어졌다. 그가 구름이고 구름이 그다. 이렇게 달을 초청하여 함께 술을 마시고 흰 구름과 한집에서 같이 살아가는 데에서 누리는 즐거움이 "흥(興)"이다.

| 들판엔 시냇물 끝없이 흘러가고 | 野水潺湲流不盡 |

---

9 『叢刊』24, 366면, 『晦齋集』권2, 「林居十五詠, 溪亭」.

| 깊은 새 사람 향해 다정하게 지저귀네 | 幽禽款曲向人啼 |

| 한가히 읊으며 한가히 거닐다가 한가히 앉노라니 | 閑吟閑步仍閑坐 |
| 십리 길 강 머리에 해가 기우네 | 十里江郊日欲西[10] |

    결코 특별한 자연이 아니다. 시냇물이 흐르고 새들이 지저귀는 들판일 뿐이다. 그런데 새들은 '깊숙한 곳에 사는 새[幽鳥]'이고 사람을 향하여 "다정하게" 지저귄다. 이 속에서 그는 "한가롭기" 읊조리고 거닐며 또 "한가롭게" 앉아보기도 한다. 그러는 사이에 어느덧 해가 지려하고 있다. "한가롭게 읊고 한가롭게 거닐며 한가롭게 앉는다"라고 하여 한 구(句)에 '한(閑)' 자(字)를 세 번이나 사용한 것은, 그의 행동이 유위(有爲)·유욕(有欲)에서 벗어나 자연의 질서에 맡겨져 있음을 암시한다. 즉 자연 속의 그의 행위는 들판에 시냇물이 흐르고 해가 져서 지는 자연현상과 같은 것이다. 그러므로 이 시에 그려진 사람은 자연을 배경으로 하여 움직이는 등장인물이 아니다. 시냇물과 새와 사람과 해가 꼭 같은 비중을 지닌 등장인물이다. 자연과 사람이 한 덩어리로 어우러진 것이다. 이렇게 되어야만 천리를 체득할 수 있다. 왜냐하면 천리는 자연의 이법과 인간사회의 윤리를 일관되게 지배하는 원리이기 때문이다.

| 만물은 변하여 일정한 형태 없고 | 萬物變遷無定態 |
| 이 한 몸 한가하니 저절로 때 따르네 | 一身閑適自隨時 |

| 요사이 경영력(經營力)이 점점 줄어서 | 年來漸省經營力 |

---

10   『叢刊』 24, 365면, 『晦齋集』 권2, 「初夏野興」.

| 푸른 산만 마주하고 시 짓지 않는다오 | 長對靑山不賦詩[11] |

도학(道學)의 매우 높은 경지를 노래한 시이다. "경영력(經營力)"이 줄었다는 것은, 인간의 이해득실 때문에 일어나는 인위적인 욕망 추구의 미련을 버렸다는 말이다. 그렇기 때문에 일상의 모든 일이 "저절로 때를 따르게" 된다. 저절로 때를 따른다는 것은 자연과 일체가 되어 자연의 순환 질서에 순응한다는 말이다. 이렇게 되면 시 짓는 일조차 큰 의미를 지닐 수 없다. 시 짓는 것 자체도 "경영"의 하나이기 때문이다. "언제나 푸른 산만 마주하고 시를 짓지 않는다"는 이 말이야말로, 인욕(人欲)의 사(私)를 물리치고 천리(天理)를 보존하는 성리학적 수양의 높은 단계에 이르렀음을 암시하는 것이다. 그래서 이수광(李晬光)은 『지봉유설(芝峰類說)』에서 이 시를 평하여 "말과 뜻이 매우 높아서 잗단 시 짓는 자들이 미칠 바가 아니다"라 말했던 것이다.

| 봄 깊어 푸른 풀, 들 언덕에 가득한데 | 春深碧草遍郊原 |
| 애오라지 부앙(俯仰)하며 만화(萬化)의 근원 찾노매라 | 俯仰聊探萬化源 |

| 꽃들 모두 떨어져도 시 한 줄 없음이여 | 謝盡千紅無一句 |
| 누가 알리, 진락(眞樂)은 무언(無言)에 있는 줄을 | 誰知眞樂在無言[12] |

어느 봄날, 정자에 올라 천지자연을 부앙하며 만화(萬化)의 근원을 탐구한다. "만화의 근원"이란 천리에 다름 아니다. 그리고 이 천리를 체득

---

11 『叢刊』 24, 366면, 『晦齋集』 권2, 「林居十五詠, 無爲」.
12 『叢刊』 24, 373면, 『晦齋集』 권3, 「春日登亭」.

(體得)했을 때의 즐거움이 "진락(眞樂)"이다. 그런데 "진락은 무언(無言)에 있다"고 했다. 늦은 봄, 땅에 가득 떨어진 꽃잎을 보면서 시 한 수 가 나올만 한데도 "시 한 줄 없다"고 한 것은 이 때문이다. 천리를 깨달아 천인합일(天人合一)에 이르른 경지는 언어를 초월한 절대의 경지이다.

3. 퇴계 이황의 문학

퇴계(退溪) 이황(李滉, 1501~1570)은 주자학(朱子學)의 이론체계를 집대성한 이씨조선 최대의 성리학자(性理學者)이다. 그는 성리학자였기 때문에 상대적으로 문학보다 도학(道學)을 더 우위에 놓았다. "시(詩)가 학자에게 가장 긴절(緊切)한 것은 아니다"[13]라는 말이나, "문예(文藝)에 공교하면 선비가 아니다"[14]라는 언술(言述)에서 그의 도학자다운 면모를 분명히 읽을 수 있다. 문학에 대한 이러한 의식은 성리학파 문학의 공통된 견해인데, 이것이 이른바 '문(文)으로써 도(道)를 싣는다'는 문이재도(文以載道)의 이론이다. 즉 그들은 '문은 도를 싣는 그릇'에 불과하다는 재도지기(載道之器)로서의 문학의 역할만을 인정한 셈이다. 그들에게 중요한 것은 '도'이지 '문'이 아니었다. 이러한 도본문말(道本文末)적 사고가 성리학파 문학의 기본 관점이다.

이렇게 도본문말적 사고에 철저하여 문학 작품을 거의 남기지 않은 분들도 있다. 그들이 궁극적으로 추구하는 것은 도(道)이지 문(文)이 아니라고 생각했기 때문이었다. 그에 비하면 퇴계는 철저한 도학자임에도 불구하고 많은 양의 시를 남겼다. 그는 2,000여 수가 넘는 시를 남겼

---

13 『增補退溪全書』4권, 103면, 「退溪先生言行通錄」 권5, "詩於學者最非緊切"

14 『增補退溪全書』4권, 35면, 「退溪先生言行通錄」 권2, "工文藝非儒也"

는데 성리학자로서는 상당히 많은 창작을 한 경우에 속한다. 그는 "시가 학자에게 가장 긴절한 것은 아니다"라 말하면서도 "그러나 경치를 만나고 흥이 일면 시가 없을 수 없다"[15]라 하여 시 짓는 일을 결코 소홀히 하지 않았다. 그는 「음시(吟詩)」라는 시에서 "시가 사람을 그르치는 것이 아니라 사람이 스스로 그르치는 것이니 / 흥이 일고 뜻 맞으면 이미 금하기 어렵다네(詩不誤人人自誤 興來情適已難禁)"[16]라고 말했다. 시를 짓는다고 해서 그 때문에 사람이 잘못되는 것이 아니라는 말이다. 그러므로 "흥이 일고 뜻에 맞으면" 시를 짓고 싶은 충동을 금하기 어렵다는 것이다. 이렇게 해서 쓴 시가 2,000여 수나 된다.

회재의 경우와 같이 퇴계는 특히 자연을 노래한 시를 많이 남겼는데 그의 자연시는 일반적인 자연시와 다른 점이 있다. 결론적으로 말하여 퇴계의 자연시는 '도학적 자연시(道學的 自然詩)'라 할 수 있다. 이 '도학적 자연시'를 이해하기 위해서는 퇴계 일생의 행적과 그의 학문적 지향을 간단히 살펴볼 필요가 있다.

퇴계는 34세(1534)의 나이에 문과(文科)에 급제한 후 여러 관직을 거쳐 43세에 성균관 사성(成均館司成)에 임명되었는데 이때 휴가를 얻어 고향으로 돌아간 일이 있었다. 이 무렵에 그는 서울생활을 청산하고 귀향할 마음을 품고 있었다. 46세에는 장인 권질(權礩)의 장례를 치르기 위하여 다시 휴가를 얻어 고향으로 돌아갔다가 병으로 조정에 복귀하지 못하여 관직에서 해임되었다. 이해에 그는 고향 마을의 토계(兎溪)라는 시냇가에 조그마한 암자를 짓고 양진암(養眞庵)이라 이름했다. 은거를 위한 준비를 시작한 것이다. 이때부터 그는 자신의 아호를 '퇴계(退溪)'

---

15 『增補退溪全書』 4권, 103면, 「退溪先生言行通錄」 권5, "然遇景值興 不可無詩矣"
16 『叢刊』 29, 110면, 『退溪集』 권3.

라 쓰기 시작했는데 이는 '토계로 물러났다'는 뜻이다.

이후 그는 왕의 부름을 받고 마지못해 조정에 나아갔으나 일단 서울을 벗어나자는 의도에서 48세에는 외직(外職)을 요청하여 단양군수(丹陽郡守)로 나아갔다. 같은 해 10월에는 풍기군수(豊基郡守)로 옮겨 재직하면서 감사(監司)에게 세 번이나 사직을 요청했으나 받아들여지지 않자 답을 기다리지 않고 고향으로 돌아갔다. 이 일로 인하여 그는 고신(告身) 2등을 삭탈당했는데 이후 2년간은 벼슬하지 않고 고향에서 지냈다. 이 기간 중 51세에 토계의 서쪽에 한서암(寒栖庵)을 지었고 52세에는 한서암을 아들에게 살림집으로 내어주고 토계 북쪽에 계상서당(溪上書堂)을 다시 짓는 등 본격적인 은거생활의 터전을 마련했다. 한서암을 완성한 직후 제자인 조목(趙穆)에게 보낸 편지에서 "시냇가에 몇 칸 집을 얽었으니 지금부터 죽을 때까지를 기약하여 묵묵히 앉아 고요히 살피면서 남은 생애를 보내려오"[17]라고 말한 것으로 보아 그는 이때 영구히 은퇴하기로 뜻을 굳힌 듯하다. 이후 55세 까지는 조정의 중책을 맡아 서울에서 생활하다가 55세에 세 번 사직소(辭職疎)를 올려 허락을 받고 귀향했는데 이것이 사실상의 은퇴였다. 드디어 57세 경에는 도산(陶山)의 남쪽에 새로운 거처를 야심적으로 마련하기 시작하여 착공한지 5년만인 61세에 완성했는데 이것이 도산서당(陶山書堂)이다.

그가 이렇게 끊임없이 고향의 자연으로 돌아가려고 한 의도는 무엇일까? 여러 가지 복합적인 이유가 있었겠지만 자연 속에서 심성을 수양하는 것이 도학자의 본령이라 생각했기 때문이었을 것이다. 그는 51세에 한서암으로 거처를 옮긴 직후 다음과 같은 시를 썼다.

---

17 『叢刊』 30, 42면, 『退溪集』 권23, 「答趙士敬」, "溪邊縛得數間屋 自今以往 直以蓋棺爲期 嘿坐靜玩 過了殘生"

밝은 해 동북에서 솟아오르니	皎日出東北
산 속 거처에 안개 이슬 걷히고	巖居霧露開
내와 들판 넓어서 눈 닿는 곳 끝이 없어	川原曠延矚
숨은 사람 회포가 맑고도 상쾌하네	爽朗幽人懷
만물이 제각기 제 구실 얻었으니	萬物各自得
현묘한 조화는 어긋남 없네	玄化妙無乖
날고 나는 저 한 쌍의 제비는	飛飛雙燕子
긴긴 여름에 스스로 와 깃드는데	長夏自來棲
입 있어도 곡식은 쪼지를 않고	有口不啄粟
진흙 물어 나르느라 지쳐버렸네	卒瘏銜其泥
둥지를 얽은 뒤에 새끼 쳐 가버리니	巢成養雛去
하늘이 물성(物性)을 조화롭게 해놓았네	物性天所諧
"기심(機心)이 없으면 홀로서 지혜롭고	無機似獨智
교(巧)를 쓰면 도리어 헤매게 된다오"	用巧還群迷
맑게 갠 처마에서 지저귀는 그 소리에	晴簷語呢喃
주인이 이제 막 꿈에서 깨어났네	主人夢初回[18]

---

18 『叢刊』29, 73면, 『退溪集』권1, 「和陶集飲酒二十首」 중 제9수.

이 시에 그려진 자연은 아름답기 그지없다. 아침에 해가 솟으니 안개가 걷히고 맑고 깨끗한 자연의 모습이 눈에 들어온다. 너무나 맑아서 시내와 들판을 바라보는 시야에 끝이 없다. 그래서 한서암에 깊이 "숨은 사람의 회포가 맑고도 상쾌하다"고 했다. 이 자연은 그 자체로도 아름다운 풍경이지만 퇴계는 이 속에서 천리(天理)의 묘용(妙用)을 보고 있다. "만물이 제각기 제 구실 얻었다"는 것은, 꽃은 꽃대로 나무는 나무대로 새는 새대로 물고기는 물고기대로 각각 제 직분을 다하며 자족하게 살아간다는 말이다. 봄이면 꽃이 피고 여름이면 녹음이 우거지고 새는 하늘에서만 날고 물고기는 물에서만 뛰노는데 이것이 곧 "현묘한 조화"이고 천리의 묘용이다. 그리고 이 "현묘한 조화는 어긋남이 없다." 퇴계는 자연 속에서 이 현묘한 조화의 이치를 체득하고 있는 것이다. 자연현상을 통하여 현묘하게 펼쳐지는 조화의 이법을 보고 인간이 왜 반드시 도덕적 가치를 실천해야 하는가를 깊이 생각하게 되는 것이다. 이것이 퇴계가 자연을 찾은 이유이다.

"만물이 제각기 제 구실을 얻어" 자연물 어느 하나도 천리의 구현이 아닌 것이 없지만 퇴계는 그중에서도 제비를 등장시키고 있다. 여름 내내 입이 부르트도록 진흙을 물어 날라 둥지를 만들고 새끼를 길러서 가을이면 가버리는 제비에게서 천리의 묘용을 본 것이고 이것이 특히 인상 깊었던 것이다. 제비가 그렇게 하지 않을 수 없는 그것이 바로 소이연지고(所以然之故)이다. 그런 제비가 퇴계에게 "기심(機心)"을 버리고 "교(巧)"를 쓰지 말라고 지저귀는데 이 지저귀는 소리를 듣고 어느 여름날 아침 퇴계는 잠에서 깬 것이다. 자연의 모든 것이 퇴계를 가르치는 스승인 셈이다.

일천 가지 버들을 푸르게 물들이고 　　　　　　　　　　　　綠染千條柳

| 일만 개 꽃송이를 붉게 태우네 | 紅燃萬朶花 |

| 씩씩하고 굳세도다, 산 꿩의 성질 | 雄豪山雉性 |
| 사치하고 화려하네, 들사람 사는 집 | 奢麗野人家[19] |

  봄이 되어 일천 개의 버들가지가 푸르게 물들고, 일만 개의 꽃송이가 붉게 타는 것은 거역할 수 없는 자연의 이법이다. 산꿩이 굳세게 날개 치는 것도 마찬가지이다. 어느 봄날 퇴계는 버들가지가 푸르게 물들고 꽃송이가 붉게 타는 것을 보고, 인간도 자칫 기질지성(氣質之性)에 의하여 악(惡)으로 흐를 수도 있는 선한 본성을 회복하여 도덕적 가치를 실현하자는 다짐을 새롭게 했을 것이다. "사치하고 화려하네, 들사람 사는 집"이라는 구절에서 "들사람 사는 집"은 퇴계 자신의 집일 것이다. 자신의 집이 결코 화려하지는 않을 것이지만 "사치하고 화려하다"고 표현한 것은, 자신의 집이 푸른 버들과 붉은 꽃송이에 둘러싸여 있기 때문이기도 하겠지만, 이익과 명예를 다투며 "교(巧)를 쓰는" 서울이 아닌 고향의 자연 속에서 천리의 묘용을 깨닫는 데에서 오는 희열과 충만감의 표현이기도 하다.

  퇴계는 양진암과 한서암과 계당을 거쳐 드디어 도산의 자연에 정착한다. 5년여의 역사 끝에 도산서당을 완성하고 그는 이렇게 말했다.

  아! 나는 불행하게도 늦게 먼 지방에서 태어나 순박하고 고루한 나머지 들은 것이 없지만 산과 숲 사이에 즐길 만한 것이 있음을 일찍이 알았다. 그런데 중년에 망령되이 세상에 나아가 풍진에 시달리고 객관(客館)

---

19 『叢刊』29, 79면, 『退溪集』권2, 「春日閑居 次老杜六絶句」중 제6수.

을 전전하다가 하마터면 미처 돌아오지 못하고 죽을 뻔 하였다. 그 후 나이 들어 늙을수록 병은 더욱 깊어지고 행동 또한 차질이 생겨, 세상은 나를 버리지 않았어도 나는 세상을 버리지 않을 수 없었다. 이에 마침내 울타리와 새장을 벗어나 농사터에 몸을 던지니 지난날에 말한 산림지락(山林之樂)이 기약하지 않고도 내 앞에 당해왔다. 그러니 내 이제 묵은 병을 없애고 깊은 근심을 풀고 늘그막에 편안히 쉴 곳으로 이곳을 버린다면 장차 어디에서 구하겠는가?[20]

퇴계가 도산에서 발견한 것은 "산림지락"이었다. 산림지락은 산림 곧 자연에서 얻어지는 즐거움일 터인데 이 즐거움은 자연 속에서 천리의 묘용을 체득함으로써 누릴 수 있는 즐거움이다. 그리고 이것이 도학자로서의 퇴계가 바라는 가장 큰 즐거움일 것이다. 퇴계의 자연시는 이 산림지락을 노래한 것이다.

| 새 날고 고기 뜀은 누가 시켜 그런건가 | 縱翼揚鱗孰使然 |
| 천리 유행 활발하니 천연 이치 오묘하네 | 流行活潑妙天淵 |

| 강대(江臺)에서 종일토록 마음의 눈이 열려 | 江臺盡日開心眼 |
| 거작의 명성(明誠) 편을 세 번이나 외운다오 | 三復明誠一巨編[21] |

---

20 『叢刊』 29, 104면, 『退溪集』 권3, 「陶山雜詠, 記」, "嗚呼 余之不幸晩生遐裔 樸陋無聞 而顧於山林之間 夙知有可樂也 中年妄出世路 風埃顚到 逆旅推遷 幾不及自返而死也 其 後年益老 病益深 行益躓 則世不我棄 而我不得不棄於世 乃始脫身樊籠 投分農畝 而向 之所謂山林之樂者 不期而當我之前矣 然則 余乃今所以消積病豁幽憂 而晏然於窮老之 域者 舍是將何求矣"

21 『叢刊』 29권, 106면, 『退溪集』 권3, 「天淵臺」.

퇴계는 도산서당 주위에 대(臺)를 만들어 천연대(天淵臺)라 명명했는데, 대의 명칭은 『시경』에 나오는 "鳶飛戾天 魚躍于淵"에서 '天'과 '淵'을 취하여 붙인 이름이다. 회재의 시에서 보았듯이 『시경』의 이 구절은 유행불식(流行不息)하는 천리의 묘용을 상징하는 구호로 인용되어 왔다. 회재는 이 구절에서 "鳶魚"를 취한 반면 퇴계는 "天淵"을 애용하고 있다. 퇴계는 도산의 자연 속에서 "새가 날고 고기가 뛰는" "오묘한 천연의 이치"를 궁구하고 있는 것이다. 그러므로 회재의 시에서 "연어를 부앙한다"는 말이나 퇴계의 시에서 "천연의 이치가 오묘하다"는 말은 같은 뜻을 지닌 표현이다. 퇴계의 경우는 이를 좀더 심화, 발전시키고 있다. 『퇴계선생언행록』에 이런 기록이 있다.

일찍이 말씀하시기를 "자사(子思)가 말한 '솔개는 날고 물고기는 뛰논다'는 말의 뜻을, 명도(明道)가 말하기를 '반드시 일삼는 것이 있되 미리 기대하지 말라는 말과 같은 뜻이다'라 하였다. 이것을 안 연후에라야 천연의 묘리를 알 수 있다"라 하셨다.[22]

여기서 "반드시 일삼는 것이 있되 미리 기대하지 말라"는 말로 대표되는 '물정(勿正), 물망(勿忘), 물조장(勿助長)'은 경공부(敬工夫)의 핵심적인 항목이다. 퇴계는 제자들에게 보낸 편지에서, 학문을 하거나 일상의 몸가짐에서 이러한 자세를 지니라고 중언부언 강조했다. 성리학의 요체는 치심(治心)하는 것인데 치심의 가장 중요한 방법이 경(敬)이라고 퇴계는 생각했다. 왜냐하면 "심(心)은 일신(一身)의 주재이고 경(敬)은 또 일심

---

22 『增補退溪全書』 4권, 217면, 『退溪先生言行錄』 권4, "嘗曰 子思鳶飛魚躍之旨 明道以爲 與必有事焉 而勿正之意同 知此然後 可知天淵之妙"

(一心)의 주재이기"[23] 때문이다. 말하자면 경은 심의 자기규제력이라 할 수 있다. 그만큼 경은 퇴계 수양론의 핵심인데, 솔개가 날고 물고기가 뛰는 천연의 묘리와 거경(居敬)이 같은 말이라고 했다. 퇴계는 솔개가 날고 물고기가 뛰는 자연 속에서 거경, 궁리하며 천리의 묘용을 체득하려는 것이다. 이렇게 하면서 느끼는 즐거움이 산림지락이다.

좁디좁은 사립문에 낮디낮은 울타리	窄窄柴門短短籬
뜰의 풀, 섬돌 이끼 새 비에 자랐는데	草庭苔砌雨新滋
깊숙이 사는 이 맛 함께 즐길 사람 없어	幽居一味無人共
단정히 앉아서 다만 홀로 즐긴다오	端坐翛然只自怡[24]

울타리가 낮고 사립문이 좁은 집에서 깊숙이 숨어 살지만 그 속에 "맛"이 있다고 했다. 이 맛은 물론 자연에 묻혀 삶으로써 맛볼 수 있는 즐거움이다. 그런데 자연이 이 시에서는 솔개와 물고기가 아닌 "뜰의 풀과 섬돌의 이끼"로 제시되어 있다. 솔개, 물고기, 풀, 이끼가 모두 자연이 아닌 것은 아니지만, 도학파의 학자들이 관용적으로 써오던 솔개와 물고기 대신 풀과 이끼를 등장시킨 데에는 그만한 이유가 있다. 솔개와 물고기가 자연물을 대표하듯이 풀 또한 특별한 함의를 지니고 있기 때문이다.

중국 송(宋)나라 때 성리학자인 정호(程顥)·정이(程頤) 형제가 그 스승인 주돈이(周敦頤)에 대하여 "주돈이는 창 앞의 풀을 뽑아 없애지 않았다. 그 까닭을 물었더니 이르기를 '나의 의사와 같기 때문이다'라 하였

---

23 『叢刊』29, 210면, 『退溪集』권7, 『進聖學十圖箚』「第八心學圖」, "心者一身之主宰 而敬又一心之主宰也"

24 『叢刊』29, 102면, 『退溪集』권3, 「夏日林居卽事二絶」중 제1수.

다"라고 말한 바 있다. 주돈이는 창 앞의 풀 한 포기에서도 자연의 이법(理法)을 보았던 것이다. "풀의 의사가 나의 의사와 같다"는 말은, 자연의 이법과 인간의 도덕이 하나의 원리로 일관되어 있다는 성리학적 세계관을 나타낸 것이다. 이렇게 새와 고기와 풀로 대표되는 자연은 천리가 현현(顯現)되는 이상적인 공간이다. 왜냐하면 자연은 리(理) 또는 태극의 자기실현의 장이기 때문이다. 그러므로 자연은 퇴계에 있어서 가장 이상적인 수양의 공간이다. 그는 정지운(鄭之雲)에게 보낸 한 편지에서

> 만일 숲과 샘에서 노닐고 물고기와 새를 보는 즐거움이 없었더라면 세월을 보내기 어려웠을 것입니다. 그래서 당신 같은 사람들은 늘 도성 안에 살면서 이런 즐거움을 모르고서 어떻게 울적한 마음을 달래는가 매양 생각한답니다.[25]

라 하여 산림지락이 자신의 삶을 지탱해 주는 활력소가 된다고 말했다. 나아가 서울에서 벼슬하는 사람들은 이런 즐거움을 모르고 어떻게 살아가는지 궁금하다고 했다. 퇴계는 자연 속에서 실로 무한한 즐거움을 누리고 있었다. 이 즐거움은 자연 속에서 누리는 단순한 심미적 즐거움이 아니고 "물고기와 새를 보는 즐거움" 즉 도학적 즐거움이다. 그는 도산에서의 일상생활을 이렇게 말하고 있다.

> 이렇게 마음 내키는 대로 가서 이리저리 거닐다보면 눈길 닿는 대로 흥이 일고 경치를 만나면 흥취가 생기는데 흥이 다해 돌아오면 온 집이

---

25 『叢刊』 29, 348면, 『退溪集』 권13, 「答鄭靜而」, "若非林泉魚鳥之樂 殆難度日 每思如公輩 長在城中 不知有此樂 其何以消遣耶"

고요하고 도서는 벽에 가득하다. 책상 앞에 묵묵히 앉아 공경하고 존양(存養)하고 연구하고 사색하여 왕왕 마음에 깨달음이 있으면 문득 기뻐서 밥 먹는 것도 잊었다. 이해되지 않는 것이 있으면 친구들에게 도움을 받고 그래도 터득하지 못하면 분비(憤悱)하면서도 오히려 감히 억지로 통하려 하지 않고 잠시 한쪽에 두었다가 때때로 다시 끄집어내어 마음을 비우고 생각하고 풀어보면서 스스로 이해되기를 기다린다. 오늘도 이렇게 하고 내일도 또 이렇게 할 것이다.[26]

이 글을 읽으면 퇴계가 도산의 주인이 아니고 도산의 자연물의 일부인 듯한 느낌을 받는다. 그는 자연에 융화되어 자연처럼 살아가고 있었다. 이것은 "미리 기대하지도 말고 잊지도 말고 조장하지도 말라"는 지경(持敬)의 자세 그 자체이다. "마음 내키는 대로 가서 이리저리 거니는" 행동이 그렇고 사색하다가 "그래도 터득하지 못하면 … 감히 억지로 통하려 하지 않는" 자세가 그렇다.

늦도록 낚싯대 한들거리고	弄晚竿仍嫋
자주 오니 돌 또한 따뜻하여라	來多石亦溫
푸른 버들 실에다 고기를 꿰니	魚穿青柳線
도롱이엔 푸른 안개 자국 띠었네	蓑帶綠烟痕[27]

---

26 『叢刊』29, 103면, 『退溪集』권3, 「陶山雜詠, 記」, "隨意所適 逍遙徜徉 觸目發興 遇景成趣 至興極而返 則一室岑寂 圖書滿壁 對案嘿坐 兢存研索 往往有會于心 輒復欣然忘食 其有不合者 資於麗澤 又不得則發於憤悱 猶不敢强而通之 且置一邊 時復拈出 虛心思繹 以俟其自解 今日如是 明日又如是"

27 『叢刊』29, 107면, 『退溪集』권3, 「釣磯」.

"자주 오니 돌 또한 따뜻하여라"와 같은 구절에서 퇴계와 자연과의 교감의 깊이를 읽을 수 있다. 그리고 버들가지에 고기를 꿰고 돌아가는 퇴계의 도롱이에 "푸른 안개 자국"이 묻어 있다. 자주 와서 낚시돌이 따뜻할 정도이고 입고 있는 도롱이에 안개가 묻어 있다는 표현이야말로 퇴계의 도산생활의 극치라 할 만하다.

이렇게 생활함으로써 그가 도달하고자 한 궁극점은 천인합일(天人合一)의 경지이다. 천인합일은 자연의 이법을 체득하여 성인(聖人)의 영역에 들어가는 것이다. 퇴계 만년의 시편들은 그가 이러한 천인합일의 경지에 도달한 듯한 모습을 보여준다.

벼랑에 꽃이 피어 봄날은 고요하고	花發巖崖春寂寂
시내 숲에 새 울어라 냇물은 잔잔한데	鳥鳴澗樹水潺潺
우연히 산 뒤에서 관자(冠子), 동자(童子) 이끌고	偶從山後携童冠
한가로이 산 앞에 와 고반(考槃)을 물어보네	閒到山前問考槃[28]

어느 봄날 산 뒤로부터 제자들을 거느리고 산을 넘어 산 앞에 이르렀는데, 도중에 벼랑의 꽃도 보고 나무에서 우는 새 소리도 듣고 졸졸 흐르는 시냇물도 보았다는 내용의 시로 얼른 보면 극히 평범한 작품이다. 그러나 이 시의 요점은 "偶(우연히)"와 "閒(한가로이)"이라는 두 낱말에 있다. "우연히"와 "한가로이"는 무작위적(無作爲的)인 의미를 가진 말들이다. 벼랑에 꽃이 피고 나무에 새가 울고 시냇물이 흐르는 것은 자연의 이법이다. 이것은 마치 솔개가 날고 물고기가 뛰노는 것과 같이 천리가

---

28 『叢刊』29, 114면, 『退溪集』 권3, 「步自溪上踰山至書堂」.

유행함을 나타내고 있다. 이렇게 천리가 유행하는 자연 속에서 전혀 무작위적으로 "으연히" 산 뒤로부터 "한가로이" 산 앞에 이르는 것은 자연에 자신을 맡김으로써 자연과 혼연일체(渾然一體)가 된다는 뜻이다. 산 뒤로부터 산 앞으로 넘어오는 동작은 꽃이 피고 새가 울고 시냇물이 흐르는 현상과 같이 자연스럽다. 이것은 퇴계의 자세가 자연과 합일되는 지점에 근접했다는 말이고 그렇게 함으로써 천리에 순응하고 있다는 말이다. 이러한 경지가 성리학적 수양의 최고의 경지이다.

퇴계가 산을 넘어올 때 동행했던 제자들 중의 한 사람인 이덕홍(李德弘)은 이 시를 두고 "위 아래에 조화(造化)가 같이 유행하여 각기 제자리를 얻는 묘(妙)가 있다"[29]고 말한 바 있는데, 과연 이 시는 '도학적 자연시'의 극치라 할 만하다. 그리고 퇴계 시에서 빼놓을 수 없는 시가 한 수 있다.

누런 탁류 넘실댈 땐 형체를 숨기더니	黃流滔滔便隱形
물결이 가라앉자 분명히 나타나네	安流帖帖始分明
아름답다! 치고받는 물살 속에도	何憐如許奔衝裏
천고의 반타석은 구르지 않네	千古盤陀不轉傾[30]

반타석은 도산서당 근처의 탁영담(濯纓潭) 가운데에 있는 넓고 편편한 바위이다. 퇴계는 「도산잡영」의 기(記)에서 "반타석은 탁영담 가운데에 있는데 그 형상이 편편하여 배를 매어놓고 술잔을 돌릴 만하다. 매양

---

29 『增補退溪全書』 4권, 201면, 『退溪先生言行錄』 권3, "上下司流 各得其所之妙也"
30 『叢刊』 29, 106면, 『退溪集』 권3, 「盤陀石」.

큰비가 내려 물이 불으면 소용돌이와 함께 물밑으로 들어갔다가 물이 빠지고 맑아진 뒤에야 비로소 모습을 드러낸다"[31]라 했다. 탁영담 속의 반타석이 물에 잠기는 것은 큰비가 내려 "누런 탁류"가 흐를 때이다. 그리고 물이 줄고 맑아지면 다시 모습을 드러낸다.

이 시는 여러 가지 해석의 가능성을 열어놓고 있다. 우선 "누런 탁류"는 인욕(人欲)을 상징하고 반타석은 천리(天理)를 상징한다고 볼 수 있다. 천리는 일시적으로 인욕에 의해 가리어질 수는 있지만 그 실제성이 부정될 수 없다는 뜻이다. 또한 이 시는 퇴계 자신을 포함한 선비의 처신을 나타낸 것으로도 보인다. "누런 탁류"처럼 정쟁(政爭)이 소용돌이칠 때는 몸을 숨겼다가 그것이 지나가고 맑아지면 다시 나타난다는 것이다. 한편 이 시는, 세상이 아무리 혼탁하더라도 흔들리지 않고 꿋꿋이 지킬 바를 지키겠다는 퇴계 자신의 의지를 나타낸다고 볼 수도 있다. 그래서 반타석을 보고 "아름답다"고 한 것이다.

이렇게 자연은 퇴계에 있어서 자족적인 수양의 공간이고 도(道)가 펼쳐지는 이상적인 공간이었다. 왜냐하면 자연은 리(理) 또는 태극의 자기실현의 장이기 때문이다. 이 자연 공간에서 퇴계의 수준 높은 도학적 자연시가 나올 수 있었던 것이다.

4. 남명 조식의 문학

남명(南冥) 조식(曺植, 1501~1572)은 퇴계와 같은 해에 태어나 70여 년을 같은 경상도 땅에 살면서 경상도의 학풍을 좌·우로 양분했던 큰 학

---

31 『叢刊』 29, 102면, 『退溪集』 권3, 「陶山雜詠, 記」, "盤陀石在濯纓潭中 其狀盤陀 可以繫舟傳觴 每遇潦漲 則與齊俱入 至水落波淸 然後始呈露也"

자였다. 흥미로운 점은, 두 사람이 같은 경상도 땅에 살았으면서도 평생 한 번도 만난 적이 없었을 뿐 아니라 학문적 성향이나 개인적 기질이 사뭇 달랐다는 사실이다. 성호(星湖) 이익(李瀷)은 두 사람의 차이를 이렇게 말했다.

퇴계는 태백산과 소백산 밑에서 출생하여 우리나라 유학의 우두머리가 되었다. 그 계통을 받은 인물들이 깊이가 있으며 빛을 발하여 예의가 있고 겸손하며 문학이 수사(洙泗)의 유풍을 방불케 하였다. 남명은 지리산 밑에서 출생하여 우리나라에서 기개와 절조로써 가장 높은 위치를 차지하였다. 그 후계자들은 정신이 강하고 실천에 용감하며 정의를 사랑하고 생명을 가볍게 여기어 이익을 위해 뜻을 굽히지 아니하였으며 위험이 닥쳐온다 해도 지조를 변치 않고 독립적 지조를 가졌다. 이것이 영남 북부와 남부의 다른 점이다.[32]

성호의 이 언술로 두 사람의 차이가 드러났으리라 생각된다. 성호는 다른 글에서도 "북도에서는 인(仁)을 숭상하였고 남도에서는 의(義)를 앞세웠다"고 했는데 북도는 퇴계학파를, 남도는 남명학파를 지칭한다. 임진왜란이 일어났을 때 정인홍(鄭仁弘), 곽재우(郭再祐), 조종도(趙宗道) 등 수많은 남명의 제자들이 의병활동에 앞장선 것은 의(義)를 중시하는 남명학파의 학풍과 무관하지 않을 것이다. 손병욱은 남명의 학문방법론을 "주경행의(主敬行義)"로 규정하고 이를 "형이상학적이고 추상적인 이론 탐구에 치중하는 궁리를 지양하고 궁리의 목표를 반드시 행의에 두

---

32 『星湖全書』 5권, 16면, 『僿說』 권1, 「天地門」 〈白頭正幹〉, "退溪生於大小白之下 爲東方之儒宗 其流深涵濃郁 揖遜退讓 文彩彪映 有洙泗之風焉 南冥生於頭流之下 爲東方氣節之最 其流苦心力行 樂義輕生 利不能屈 害不能移 有特立之操焉 此嶺南上下道之有別也"

자는 것"이라 파악했다. 그리고 "이렇게 하여 남명은 이론 위주의 성리학을 실천 위주의 유학으로 변화시키고자 했다"라 결론지었다.[33] 다음과 같은 남명의 말에서도 이를 확인할 수 있다.

> 시속에서 숭상하는 바를 자세히 들여다 보면, 당나귀 가죽에 기린의 모형을 뒤집어씌운 같은 고질(痼疾)이 있습니다. 온 세상이 모두 그러해 혹세무민(惑世誣民) 하는 데 급급하고 있으니 크게 어진 이가 있더라도 구제할 수 없을 것입니다. 이는 실로 사문(斯文)의 종장(宗匠)인 사람이 오로지 상달(上達)만 주로 하고 하학(下學)을 궁구하지 않아 구제하기 어려운 습속을 이루었기 때문입니다.[34]

> 그대는 요즘의 선비들을 살펴보지 않았습니까? 손으로 물 뿌리고 비질하는 절도도 모르면서 입으로 천상(天上)의 이치를 말하는데, 그들의 행실을 공평히 살펴보면 도리어 무지한 사람만도 못합니다.[35]

이 말은 당시의 어느 특정인을 겨냥한 비판으로 보이는데, 상달보다 하학을 우선시하고 천상의 이치보다 물 뿌리고 비질하는 절도를 먼저 해야 한다는 말에서 남명의 학문적 지향을 읽을 수 있다. 이렇게 실천을 강조하는 그의 눈에 비친 현실은 모두가 개혁의 대상이었다. 실로 그는 당시의 현실에 대하여 강한 비판의식을 가지고 있었다. 그가 명종(明宗)

---

33 한국사상사연구회, 『조선유학의 개념들』, 예문서원, 2002, 344~345면.
34 『叢刊』31, 488면, 『南冥集』권2, 「與吳子强書」, "熟看時尙 痼成麟楦驢鞠 渾世皆然 已急於惑世誣民 雖有大賢 已不可救矣. 此實斯文宗匠者 專主上達 不究下學 以成難救之習"
35 『叢刊』31, 484면, 『南冥集』권2, 「與吳御史書」, "君不察時士耶 手不知洒掃之節 而口談天上之理 夷考其行 則反不如無知之人"

을 가리켜 "전하께서는 어리시어 다만 선왕의 한 외로운 아드님이실 뿐"이라 하고, 문정왕후(文定王后)를 두고 "자전(慈殿)께서는 생각이 깊으시기는 하나 깊숙한 궁중의 한 과부에 지나지 않다"고 한 발언은 너무나 유명하다.[36] 아마 당시의 임금과 대비(大妃)를 이렇게까지 노골적으로 야유한 상소문은 일찍이 없었을 것이다. 이렇게 그는 당시의 학문 풍토와 정치 현실에 대하여 매우 비판적이었다.

노(魯)나라 기린은 헛되이 늙어가고	魯野麟空老
기산(岐山)엔 봉황새 오지를 않네	岐山鳳不儀
빛나던 문물도 이제 끝장났으니	文章今已矣
우리 도(道)는 끝내 누굴 의지하리오	吾道竟誰依[37]

이것이 당시 현실에 대한 남명의 총체적 인식이다. 기린과 봉황새를 빌려 현실을 묘사하는 것은 사대부들이 애용하는 수법이어서 남명의 이 시가 새로울 것은 없다. 다만 남명이 인식한 불만의 현실을 개괄적으로 표현한 것일 뿐이다. "빛나던 문물" 즉 찬란한 문물전장(文物典章)이 끝장났다고 함으로써 남명은 당시의 현실을 매우 부정적인 것으로 말하고 있다. 그러나 이 불만스러운 현실의 구체적 양상을 그의 시에서 찾기는 어렵다. 현실이 왜 불만스러운지, 이 불만은 어디에서 기인한 것인지를 남명은 시로 쓰지 않았다. 다만 불만스러운 현실을 뛰어넘으려는 초월적 의지가 보일 뿐이다. 그러므로 적어도 시에 관한 한 그는 사실주의적

36　『叢刊』 31, 520면, 『南冥集』 권2, 「乙卯辭職疏」 참조.
37　『叢刊』 31, 464면, 『南冥集』 권1, 「無題」.

시인은 아니었다.

하늘 바람 큰 사막을 흔들어 놓고	天風振大漠
닫는 구름 어지러이 가렸다 흩어지네	疾雲紛蔽虧
솔개가 날아오름 당연한 일이지만	鳶騰固其宜
까마귀는 치솟아 무얼하려나	烏戾而何爲[38]

이 시의 제1구와 제2구는 어둡고 답답한 현실을 가리킨다. 하늘의 바람이 휘몰아치는 큰 사막에 구름이 어지러이 치닫고 있다. 이 음산한 현실은 "깊숙한 궁중의 한 과부에 지나지 않는" 문정왕후와 "선왕의 한 외로운 아드님이실 뿐인" 명종이 다스리는 나라의 현실이다. 이 암담한 현실을 초월하여 하늘 높이 솟아오르는 솔개의 기상이 남명의 정신구도이다. 세찬 바람에 휩쓸려 날다가 떨어질 것이 뻔한 까마귀의 몸부림이 아니라 힘차게 날아오르는 솔개의 비상을 남명은 꿈꾸고 있는 것이다. 초월에의 의지이다.

이렇게 볼 때 남명의 정신 구도는 분명히 이상주의 쪽에 가깝다. 어두운 현실을 제시하면서도 현실이 왜 어두운지를 사실적으로 묘사하지 않고, 솔개처럼 하늘 높이 솟아오르려 하면서도 솟아올라서 무엇을 어떻게 하겠다는 구체적 묘사가 없는 것은, 남명의 시가 현실주의와는 일정한 거리를 두고 있음을 말해주는 것이다. 그는 어두운 현실을 사실적으로 묘사하는 대신 현실을 초월하려는 웅대한 이상을 시로 노래하고 있다.

---

38 『叢刊』 31, 463면, 『南冥集』 권1, 「漫成」.

| 불 속에서 하얀 칼날 뽑아내니 | 离宮抽太白 |
| 서릿발 칼빛이 달을 치고 흐르네 | 霜拍廣寒流 |

| 견우성·북두성 넓디넓은 하늘에 | 牛斗恢恢地 |
| 정신은 놀아도 칼날은 놀지 않네 | 神游刃不游[39] |

    이 시는 조원(趙瑗)의 칼자루에 새기려고 써준 것인데, 주지하는 바와 같이 『장자』, 「양생주」에 나오는 유명한 포정해우(庖丁解牛) 이야기에서 모티프를 취한 것이다. 포정(庖丁)은 신기(神技)에 가까운 칼질로 소의 살점을 도려내는 요리사다. 포정은 자신의 칼놀림이 단순한 '기술'이 아니고 이보다 더 나아간 '도(道)'라고 했다. 그래서 자신이 칼질할 소를 '눈으로 보는 것[目視]'이 아니라 '정신으로 만난다[神遇]'고 했다. 그러므로 『장자』에서의 포정의 칼은 단순히 소를 잡는 칼이 아니다.
    남명은 이 시에서 조원의 칼을 매개로 하여 자신의 드높은 정신세계를 말하고 있다. 장원급제하여 벼슬길에 나서는 조원에게 웅대한 기상을 가지라는 것이 표면적인 메시지이지만 남명의 상상력은 범상치 않다. 서릿발 같은 칼빛이 달을 치고 흘러 견우성과 북두성까지의 넓은 하늘에 뻗친다고 함으로써 광활한 우주공간을 설정하고 있다. 그리고 이 "넓디넓은" 우주공간에 칼날이 놀지 않고 정신이 논다고 했다. 이것은 마치 소의 뼈마디 사이의 넓디넓은 공간에 포정의 칼날이 놀지 않고 정신이 노는 것과 같다. 광활한 우주공간에서 자유롭게 노니는 정신이 곧 남명의 기상이고 이 기상이 여기서 "신유(神游)"로 표현된 것이다.
    남명은 왜 신유를 시도하는 것일까? 그는 현실을 좁게 여겼다. 이 좁

---

39 『叢刊』 31, 『南冥集』 권1, 463면, 「書劒柄」.

고 답답한 현실을 벗어나기 위하여 넓은 우주공간에 그의 정신을 노닐게 하는 것이다. 일종의 초월에의 의지이다. 남명이 항상 차고 다녔다는 칼은 이 초월적 절대자유의 정신을 상징한다고 볼 수 있다. 남명의 칼은 우리에게 또 다른 모습을 보여주기도 한다.

사십 년 동안 쌓인 온 몸의 허물을	全身四十年前累
맑은 못의 천 섬 물로 다 씻어 버리리	千斛淸淵洗盡休
만일에 티끌이 오장에 생긴다면	塵土倘能生五內
지금 당장 배를 갈라 물에 흘러 보내리라	直今刳腹付歸流[40]

　섬뜩한 시이다. 이 시에는 "기유년 팔월 초에 우연히 감악산(紺岳山) 아래서 놀았다. 함양의 문사인 임희무(林希茂)와 박승원(朴承元)이 듣고서 달려와 함께 목욕하였다"라는 주(註)가 달려있다. 감악산 밑 냇물에서 친구들과 함께 목욕을 하면서 남명은 사십 년 묵은 허물과 때를 "천 섬 물로" 씻어내겠다고 했다. 실로 대담한 발상이다. 이보다 더 대담한 발상은, 배를 갈라서 오장 속의 티끌을 물에 흘려보내겠다고 한 의지다. 이것이 남명의 기상이다. 그리고 이 기상은 그가 늘 차고 다녔다는 칼과 무관하지 않다. 칼로 배를 갈라 티끌을 물에 흘려보내겠다고 했기 때문이다. 이 시는 결코 온유돈후(溫柔敦厚)하다고 할 수 없다. 시는 모름지기 온유돈후해야 한다는 것이 『시경』 이래 한시의 고전적 규율인데 남명의 시는 이 규율을 파괴하고 있다. 그것은 아마 그의 높은 이상과 넘쳐흐르는 상상력 때문일 것이다. 남명의 시에는 지극히 난해한 작품이 많

40　『叢刊』 31, 『南冥集』 권1, 471면, 「浴川」.

은데 이것도 자유분방한 상상력의 지나친 비약에 기인한 경우가 많다.

　남명의 글은 시와 문을 통틀어 대체로 난삽하다. 이를 두고 선인들은 남명의 글이 '기(奇)'하다고 했다. 남명과 가장 가까이 지냈던 성운(成運)은 남명의 글이 "기초(崎峭)하여 기력이 있다"[41]고 말했다. 제자인 정인홍도 남명의 "기이한 말과 깊은 뜻은 비록 능숙한 선비라도 혹 그 뜻을 알 수 없는 경우가 있다"[42]라 했으며, 남명이 "기고(奇高)한 것을 좋아하여 세체(世體)를 달갑게 여기지 않았다"[43]고 말했다. 남명의 학문과 문장을 가장 잘 이해한다고 할 수 있는 성운과 정인홍의 견해가 대체로 일치하고 있다. 퇴계는 남명을 "진실로 예사롭지 않은 사람"[44]이라 평한바 있는데, 이렇게 예사롭지 않은 남명이 예사롭지 않은 상상력을 구사하여 썼기 때문에 예사로운 사람들의 눈에는 그의 작품이 기(奇)하게 보이는 것이다.

높은 산이 거대한 기둥과 같이	高山如大柱
하늘 한 쪽을 버티고 섰는데	撑却一邊天
잠시도 내려앉은 적이 없기에	須刻未嘗下
자연스럽지 않음이 없다네	亦非不自然[45]

　여기서 "높은 산"은 아마도 지리산일 터인데, 산이 높다는 것을 강조

41　『叢刊』31, 460면, 『南冥集』「墓碑文」, "爲文崎峭有氣力"
42　『叢刊』31, 453면, 『南冥集』「南冥先生集序」, "奇辭奧意 雖宿儒 或不能看透"
43　『叢刊』31, 455면, 『南冥集』「行狀」, "製作好奇高 不屑爲世體"
44　『叢刊』29, 497면, 『退溪集』권20, 「答黃仲擧」, "其人固非尋常"
45　『叢刊』31, 463면, 『南冥集』권1, 「偶吟」.

하기 위해서 하늘 한쪽을 버티고 서 있는 거대한 기둥에 비유했다. 일종의 과장법인데 이러한 과장을 통하여 말하려는 것은 높은 산의 의연한 기상이고 이것은 곧 남명 자신의 기상이다. 지리산은 그렇게 오랜 세월 동안 그토록 크고 무거운 하늘을 떠받치고 있는데도 조금도 찌그러지지 않고 잠시도 내려앉은 적이 없이 자연 그대로의 모습을 지니고 있다고 했다. 자신의 이상과 의지를 지리산에 투영한 것이다.

남명은 실로 지리산의 시인이었다. 아마 남명만큼 지리산을 사랑한 시인은 없을 것이다. 그리고 남명만큼 지리산을 닮은 시인도 없을 것이다. 그는 10여 차례나 지리산을 올랐고 「유두류록(遊頭流錄)」이란 불후의 지리산 유람기를 남기기도 했다. 61세 때에는 아예 지리산 천왕봉(天王峰)이 바라보이는 덕산(德山)의 사륜동(絲綸洞)에 거처를 정하고 여기에서 일생을 마쳤다.

봄 산 어딘들 방초(芳草)가 없으리오만	春山底處無芳草
천왕봉이 제궁(帝宮)과 가까움을 사랑할 뿐	只愛天王近帝宮
맨손으로 돌아와 무엇을 먹을건가	白手歸來何物食
십 리 길 은하(銀河)를 먹고도 남겠네	銀河十里喫有餘[46]

남명이 61세 때 덕산으로 거처를 옮기면서 쓴 시이다. 그는 30세 때 김해로 이사하여 그곳 신어산(神魚山) 아래에 산해정(山海亭)을 짓고 거처하다가 48세에는 외가가 있는 삼가현(三嘉縣) 토동(兎洞)으로 돌아와 계부당(鷄伏堂)과 뇌룡사(雷龍舍)를 세워 제자들을 강학했다. 그러다가

---

46 『叢刊』 31, 471면, 『南冥集』 권1, 「德山卜居」.

61세 때 덕산으로 옮겨 산천재(山天齋)를 짓고 이곳을 만년의 장수처(藏修處)로 삼았다.

그는 덕산으로 돌아온 것이 그곳에 방초가 있기 때문이 아니라고 했다. 방초야 다른 곳에도 있다. 즉 아름다운 자연을 찾아서 온 것이 아니라는 말이다. 덕산에서 바라보이는 천왕봉이 제궁(帝宮)과 가까운 것을 사랑해서 옮겼다고 했다. 제궁은 천제(天帝)가 사는 곳이다. 이곳은 답답한 현실을 초월해 있는 밝고 깨끗한 세계의 상징일 것이다. 남명의 상상 속의 정신적 이상향이다. 또한 이곳은 세속의 더러움을 씻어줄 수 있는 힘을 가진 곳이기도 하다.

이 제궁에 가까운 천왕봉 밑에 만년의 거처를 마련한 남명의 의지를 알 만하다. 이렇게 밝고 깨끗한 세계로 초월하려는 의지는 일종의 낭만주의적 상상력에 기인한 것으로 보인다. 이 시의 제3구와 제4구도 낭만주의적 상상력의 소산이라 볼 수 있다. 천왕봉 밑에 "맨손으로 돌아와" 먹을 것 없이 가난하지만 그의 정신은 결코 가난하지 않다. 왜냐하면 "십 리 길 은하(銀河)"가 먹고도 남을 만큼 많이 있기 때문이다. 은하는 덕산 밑을 흐르는 은빛 시냇물을 가리키기도 하고 천왕봉 위 제궁에 있는 은하수를 지시하기도 한다. 어느 경우든 실제로 먹고사는 것과 관련된 것이 아니다. 그런데도 남명의 정신은 넉넉하다. 은하가 그의 마음과 정신을 살찌우기 때문이다. 바로 낭만주의적 정신 자세이다. 그리고 더 넓고 더 높은 세계로 초월하려는 이러한 낭만주의적 상상력은 그의 시 작품에서 지리산이라는 객관상관물(客觀相關物)을 빌려 형상화되는 경우가 많다.

청컨대 천 석들이 종을 보게나	請看千石鍾
크게 치지 않으면 소리가 없다네	非大扣無聲

어떡하면 저 두류산처럼	爭似頭流山
하늘이 울려도 울지 않을 수 있을까	天鳴猶不鳴[47]

    가장 널리 알려진 남명의 대표작 중의 하나이다. 남명은 평소 제자들에게 '벽립만인(壁立萬仞)'의 기상을 가지도록 당부했다. 즉 일만 길이나 되는 높은 절벽처럼 우뚝한 기상을 가지라는 말이다. 남명 자신도 이러한 기상을 가졌음은 물론이다. 후세에 남명을 평하는 사람들이 한결같이 '태산벽립(泰山壁立)' '악립만인(岳立萬仞)' 등의 말로써 그의 인품을 묘사하는 것으로도 이를 알 수 있다. 이 시는 남명의 '태산벽립'과 같은 높은 기상을 잘 보여주고 있다. "천 석들이 종"은 무게가 12만 근이다. 그러므로 크게 치지 않으면 소리를 내지 않는다. 남명은 자신을 이 커다란 종에 비유했다. 아니 천 석들이 종과 같이 의연하겠다는 자신의 이상을 말하고 있다고 보는 것이 더 정확할 것이다. 무게가 12만 근이나 나가는 종은 이 세상에 없을 것이다. 이렇게 현실로 존재하지 않는 사물에 자신의 이상을 투영시키고 있는 남명은 확실히 이상주의자이다. 그리고 이 이상주의는 그의 낭만주의 정신과 일정한 관계가 있다.

    이 시에서도 지리산이 등장한다. 지리산은 앞의 시에서 보았듯이 "하늘 한 쪽을 버티고 서 있는" "거대한 기둥"이며 "제궁(帝宮)에 가까운" 산이다. 지리산은 남명의 이상과 초월의지를 상징하는 산이다. 이 시에서도 지리산은 "하늘이 울려도 울지 않는" 산이다. 하늘이 울려도 울지 않는 산 역시 이 세상에 없을 것이다. 남명의 상상력이 지리산을, 하늘이 울려도 울지 않는 산으로 이상화시켜 놓은 것이다. 그리고 자신이 그 산과 같게 되기를 염원하고 있다. 실로 '태산벽립'의 기상이다. 그는 또 다

---

47 『叢刊』31, 464면, 『南冥集』 권1, 「題德山溪亭柱」.

른 시에서도

천 척(尺) 높은 생각, 걷기 어려워	高懷千尺掛之難
방장산(方丈山) 상상봉에 걸어나 볼까	方丈于頭上上竿[48]

라 한 것을 보건 지리산이 남명에게 어떤 의미를 가지는가를 짐작할 수 있다. 방장산은 지리산의 별칭이다. 자신의 생각이 높아서 일천 자나 되기 때문에 걸어놓을 데가 없는데 오직 지리산 상상봉에나 걸 수 있겠다는 말이다. 그러므로 지리산은 남명의 이상이나 기상과 등가물(等價物)이다.

일만 겹 푸른 산이 이내로 가득 차	萬疊靑山萬市嵐
한 하늘 감싸안은 이곳만 사랑하네	一身全愛一天函

잗달다, 제갈량은 끝내 무얼 했던가	區區諸葛終何事
손권(孫權)에 무릎 굽혀 겨우 삼국 만들었지	膝就孫郞僅得三[49]

남명은 평소에 제갈량의 출처(出處)에 대하여 호의적으로 생각하지 않았다. 그 이유는, 유비가 삼고초려했을 때는 제갈량이 출사할 때가 아니었다는 것이다. 출사할 때가 아닌 때에 출사했기 때문에 결국은 천하 통일을 이루지 못했다는 것이 남명의 평가이다. 그래서 유비를 돕는 일에 나서지 않고 묻혀 살았더라도 좋았을 것이라 말한 바 있다. 이 문제

---

48 『叢刊』 31, 473면, 『南冥集』 권1, 「頭流作」.
49 『叢刊』 31, 471면, 『南冥集』 권1, 「寄西舍翁」.

에 대하여는 남명의 출처관과 관련하여 별도의 연구를 요하는 일이긴 하지만 적어도 이 시만 두고 볼 때, 제갈량이 손권과 협상하여 삼국을 정립시킨 것을 남명은 매우 하찮은 일로 치부하고 있다. 남명은 제갈량의 업적을 "잗달다"고 했다. 그렇게 잗단 일을 할 바에는 차라리 "이내로 가득 찬" "일만 겹 푸른 산"에 사는 것이 낫다는 것이 이 시의 뜻이다. 아마 제갈량이라는 거인의 공적을 "잗달다"고 말할 수 있는 사람은 남명밖에 없을 것이다. 그렇다고 해서 남명 자신이 제갈량을 능가하는 공적을 실제로 이룰 수 있다고 말하는 것은 아니다. 다만 남명의 이상일 뿐이다. "하늘이 울려도 울지 않는" 지리산을 닮으려는 남명의 이상이 제갈량을 작게 본 것이다.

같은 성리학자이면서도 퇴계의 시와 남명의 시가 이처럼 다른 것은, 두 사람의 학풍의 차이 때문이기도 하겠지만 개인적 기질의 차이에 기인한 바가 더 큰 것으로 생각된다.

5. 율곡 이이의 문학

퇴계, 남명보다 한 세대 아래인 율곡(栗谷) 이이(李珥, 1536~1584)는 기호학파(畿湖學派)의 터전을 일구어 퇴계와 함께 '퇴율(退栗)'로 병칭될 만큼 조선 성리학의 정상에 서있는 학자이다. 그는 퇴계처럼 필사적으로 은거하려 하지도 않았고 남명처럼 평생을 처사로 일관하지도 않았다. 그는 때가 되면 나아가 벼슬했고 여의치 않으면 강호로 물러나 학문에 전념했다. 말하자면 율곡은 도학자이자 경세가였다. 그의 도학사상은 『성학집요(聖學輯要)』에 집약되어 있고, 「동호문답(東湖問答)」, 「만언봉사(萬言封事)」, 「진시폐소(陳時弊疎)」 등의 글에는 경세가로서의 면모가 잘 드러나 있다.

문학적인 견해에 있어서 율곡은 다른 도학자들과 같이 기본적으로는 도본문말(道本文末)의 입장에 서있다.

> 가만히 생각건대 도(道)가 드러난 것을 문(文)이라 말합니다. 도는 문의 근본이고 문은 도의 말단입니다. 근본을 얻어서 말단이 그 가운데 있는 것이 성현의 문이고, 말단을 일삼고 근본에 힘쓰지 않는 것은 속유(俗儒)의 문입니다.[50]

도가 본이고 문이 말이라는 전형적인 성리학적 문학관이다. 이런 전제하에서 성리학자들은 문의 역할을 소극적으로 인정한다. 즉 도는 형체가 없기 때문에 문이 도를 드러내는 도구가 된다는 이른바 문이재도(文以載道)의 이론이다. 어디까지나 도가 근본이고 문은 도를 싣는 도구에 불과하다는 것이다. 율곡도 이런 관점을 공유하지만 그 표현방법이 약간 다르다.

> 신은 생각건대, 도는 오묘하고 형체가 없기 때문에 문으로써 도를 형상(形象)하는 것입니다. 사서와 육경이 이미 밝고 또 구비되었으니 문으로써 도를 구하면 이치가 드러나지 않음이 없을 것입니다.[51]

도본문말의 기본 관점에는 변함이 없지만 "문으로써 도를 형상한다"는 '문이형도(文以形道)'라는 용어는 '문이재도(文以載道)'보다 상대적으

---

50 『叢刊』 45, 577면, 『栗谷全書』 拾遺, 권6, 「文策」, "竊謂道之顯者 謂之文 道者文之本也 文者道之末也 得其本而末在其中者 聖賢之文也 事其末而不業乎本者 俗儒之文也"

51 『叢刊』 44, 422면, 『栗谷全書』 권19, 「聖學輯要」 序, "臣按 道妙無形 文以形道 四書六經 旣明且備 因文求道 理無不現"

로 문의 역할을 좀더 적극적으로 인정하는 듯이 보인다. 물론 여기서 말하는 문은 문예적 성격의 글을 가리키는 것이 아니고 사서와 육경의 문을 지칭한다. 그러나 도와 대립되는 개념으로서의 문의 역할에 대한 관심은 율곡의 문학을 이해하는 데에 적지 않은 도움을 준다. 그는 퇴계, 남명보다 시(詩)를 더 중요시했다.

> 말이란 소리의 정수요, 문사(文辭)란 말의 정수이며 시(詩)는 문사의 빼어난 것이니 시가 세상에서 중시되는 까닭을 여기에서 볼 수 있다. … 또 두자미(杜子美)의 시는 능히 학질을 물리쳤고 위소주(韋蘇州)의 절구가 능히 파도를 그치게 했으니 시가 귀신을 감동시킬 수 있다는 것을 알 수 있다. 이렇게 문사에서 빼어나 사람과 귀신을 감동시킨다면 시를 쉽게 말할 수 있겠는가.[52]

그는 "시가 세상에서 중시되는" 사실을 인정했으며, 두보(杜甫)와 위응물(韋應物)의 시가 능히 "사람과 귀신을 감동시키기" 때문에 시를 쉽게 말할 수 없다고 말했다. 그는 시를 단순히 여기(餘技)로만 여기지는 않았던 것 같다. 시에 대한 그의 관심은 38세 때 『정언묘선(精言妙選)』이란 방대한 시선집을 편찬한 사실에서도 드러난다. 이 책의 서문에서 그는 이렇게 말하고 있다.

> 시가 비록 학자의 능사는 아니지만 또한 성정을 읊조리고 청화(淸和)를 널리 폄으로써 가슴속 더러운 찌꺼기를 씻어내니 존양(存養)하고 성

---

52 『叢刊』 45, 520면, 『栗谷全書』 拾遺, 권3, 「仁物世藁序」, "言者聲之精者也 文辭者言之精者也 詩者文辭之秀者也 則詩之重於世者 斯可見矣 … 且子美之句 能去瘧疾 蘇州之絶 能止江波 則詩之可以感乎鬼神者 亦可知也 秀乎文辭 而感乎人鬼 則詩可易言哉"

찰(省察)하는 데 하나의 도움이 된다. 어찌 교묘하게 다듬고 아름답게 꾸며서 사람의 감정을 바꾸고 마음을 방탕하게 하기 위하여 만들어진 것이겠는가.[53]

시가 학자의 능사가 아니라고 하면서도 시의 가치와 효능을 충분히 인정하고 있다. 무엇보다 시가 존양·성찰하는 도학 공부에 도움이 된다는 말은 그가 시를 결코 가볍게 여기지 않았다는 것을 보여준다. 사실상 최소한 520수가 넘는 방대한 양의 시를 풍격에 따라 분류하고 권점(圈點)을 찍고 주를 달아서 한 권의 책으로 만들었다는 것은 시에 대한 그의 관심의 폭과 깊이를 나타내는 것이다.

율곡은 500여 수의 시를 남겼는데, 높은 도학적 성취를 이룩한 학자답지 않게 막상 설리시(說理詩)라고 부를 수 있는 작품은 그리 많지 않다.

바위의 모습이 무엇과 비슷한가	有石形何似
푸른 숲 속, 반쯤 드러난 배 모양이네	青林露半船
벗과 가면 붙어 앉아 다정하구요	携朋憐坐密
낚싯대 드리우면 고기 달려 올라오네	垂釣見魚懸
장마 지면 비록 자취 감출지라도	汪潦雖藏迹
굳건한 본래 모습 숨기지 못하네	孤堅不隱賢

---

53 『叢刊』44권, 271면, 『栗谷全書』권13, 「精言妙選序」, "詩雖非學者之能事 亦所以吟詠性情 宣暢清和 以滌胸中之滓穢 則存省之一助 豈爲雕繪繡藻 移情蕩心而設哉"

천 년이 지난들 노를 저어 옮기리오   千年肯移棹
온종일 바람, 안개 싣고 있다네   終日載風煙[54]

시내 가운데 있는 배처럼 생긴 바위를 읊은 시이다. 시의 자주(自註)에 "바위 위에 네 사람이 앉을 수 있다"고 말한 것으로 보아서 시인 묵객들이 종종 이 바위 위에서 술도 마시고 시도 짓고 낚싯대를 드리우기도 했음을 알 수 있다. 그래서 이 바위를 두고 많은 사람들이 시를 지었을 터인데, 율곡은 그중 안전(安琠)이 지은 시에 차운한 것이다.

그런데 사람들에게 풍류를 즐기는 장소로서의 바위를 그리는 데에 율곡의 의도가 있는 것이 아니다. 큰비가 내려 물속에 잠겼다가도 물이 빠지면 다시 의연한 모습을 드러내는 바위의 굳건한 품성을 기리려 한 것으로, 그의 '이통기국설(理通氣局說)'을 형상화한 것으로 보인다. 장마가 져서 자취를 감추는 것은 '기국'의 현상이고, 물이 빠지면 변함없이 본래의 모습으로 돌아오는 것은 '이통'의 원리이다. 마치 퇴계의 「반타석(盤陀石)」 시를 연상케 하는 일종의 설리시로 볼 수 있다.

깊은 철학적 함의를 지닌 작품임에도 불구하고 시의 예술적 장치 또한 엄밀하다. 특히 제4연의 묘사가 빼어나다. 이 바위가 '배 바위[船巖]'이기 때문에 "노(棹)"를 등장시켰고, 또한 바람과 안개를 "싣는다[載]"고 했다. 노를 저어 이동하는 것이 배의 속성인데 노를 젓지 않는다고 함으로써 리(理)의 불변성을 나타내고 있다. 이렇게 생경한 개념어를 사용하지 않고도 도학의 높은 경지를 노래할 수 있는 것은 율곡의 시적 재능 때문이 아닌가 한다.

그러나 율곡시의 대부분을 차지하는 것은 이와 같은 '명도운어(明道

---

54   『叢刊』 44, 36면, 『栗谷全書』 권2, 「次安丹城琠船巖韻」.

韻語)'류의 시가 아니다. 혼자서 내면에 침잠하여 수양을 하는 과정에서 얻어진 시보다, 벗들과 어울리며 주고받은 차운시(次韻詩)나 증답시(贈答詩), 등이 많은 양을 차지하고 있다. 이것은 그의 대인관계의 폭이 그만큼 넓었다는 사실을 말해준다. 그리고 대인관계의 폭이 넓었다는 것은 그가 현실지향적인 삶을 살았다는 하나의 반증이 되기도 한다.

| 골짝 안 선경에 별천지 있는데 | 峽裏仙區別有天 |
| 그림 같은 봉우리, 맑은 내에 잠겼으라 | 危峯如畵蘸晴川 |

| 인간 세상 갈림길은 물결소리 바깥이요 | 人間岐路波聲外 |
| 숲 아래 오두막은 고은 산 빛 가이로세 | 林下衡門秀色邊 |

| 냇가 바위 평평하여 침상으로 쓸 만하고 | 枕水巖平當臥榻 |
| 처마 구름 가늘어 차 연기와 섞여있네 | 宿簷雲細雜茶煙 |

| 손이 와서 맑은 밤, 얘기가 길고 긴데 | 客來剩作淸宵話 |
| 푸른 산에 달뜨기를 앉아서 기다리네 | 坐待寒蟾上翠巓[55] |

20대 초반에 지은 시인데, 토정(土亭) 이지함(李之菡)의 형인 이지번(李之蕃)의 은거지를 찾아가 두으면서 쓴 작품이다. 그렇게 율곡의 시에는 일상적인 교유의 현장에서 쓴 시가 많다. 이지번이 살고 있는 곳을, 인간 세상과는 단절된 별천지로 그리고 있다. 이지번이 살고 있는 골짜기와 집 주위의 풍경을 있는 그대로 묘사하는 가운데 집주인의 탈속한 면모

---

55 『叢刊』44, 17면, 『栗谷全書』권1, 「龜峯下訪李司評之蕃」.

를 여실히 드러내고 있다. 특히 제3연의 표현이 절묘하다. 시냇가의 평평한 바위가 "침상으로 쓸 만하다"고 말함으로써 집주인이 자연 속에서 자연과 동화되어 살아가는 사람임을 나타내고 있다. 또한 처마에 깃든 옅은 구름이 차 연기와 섞여있다는 표현은, 구름인지 차 연기인지 구분이 안 될 정도로 자연과 어우러진 풍경임을 암시하고 있다. 수식이나 기교를 동원하지 않은 평담한 묘사 속에 이지번의 품성을 잘 그리고 있다.

율곡은 이지번과 같이 현실권 밖에서 유유히 살아가는 사람들의 은자적 풍모를 기리는 시를 많이 썼지만 그 자신은 결코 현실을 외면하지 않았고, 현실을 등지고 은거하려는 적극적인 의지도 없었다. 다만 크고 작은 정치적 격랑 속에서 벼슬을 버리고 전원으로 물러났거나 건강상의 이유로 사직한 경우는 있었다.

잔달고 잔단 비방, 달게 여길 수밖에	屑屑之譏我所甘
본래 마음 산 속에서 늙고 싶지 않았으니	素心非欲老雲巖
멀어지는 남산을 차마 볼 수 없기에	舟行不忍南山遠
돛 올리지 말라고 사공더러 일렀네	爲報篙師莫擧帆[56]

이 시의 제목은 「배 안에서 남산을 돌아보고 슬퍼서 짓다」인데, 『연보』에 의하면 율곡 43세 되던 해 4월에 쓴 시이다. 그는 41세 때 이미 해주(海州)의 석담(石潭)으로 물러나서 주자의 무이정사(武夷精舍)를 본떠 은병정사(隱屛精舍)를 짓고 후진들을 강학하고 있었다. 그러던 중 같은 해에 대사간에 임명되자 서울로 가서 사은(謝恩)하고 귀향하는 배 안에

---

56 『叢刊』 44, 36면, 『栗谷全書』 권2, 「舟中回望南山恨然有作」.

서 이 시를 쓴 것이다. 당시 조정에서 동인과 서인의 대립이 표면화되자 많은 사람들이 그에게 조정(調整) 역할을 요청했지만 모든 일을 정철(鄭澈)에게 맡기고 서울을 떠난 것이다.

그가 비록 대사간의 벼슬을 수락하지 않고 귀향했지만 그것이 그의 본의가 아니었음을 이 시가 말해준다. "산 속에서 늙고 싶지 않은" 것이 그의 본래 마음이라 토로하고 있다. 그러기에 사실은 서울을 떠나고 싶지 않았다. 배가 떠나면 남산이 멀어질 터인데, 멀어지는 남산을 차마 볼 수 없어서 사공에게 돛을 올리지 말라고 일렀다는 것이다. 실제로 돛을 올리지 않고 떠나지 않은 것은 아니지만, 퇴계나 남명과는 또 다른 경세가로서의 율곡의 모습을 읽을 수 있다.

텅 빈 정자, 달빛 아래 술을 마시다	空亭酌月光
돌을 베고 나비꿈에 빠져버렸네	枕石迷胡蝶
바람과 이슬에 밤 얼마나 깊었는지	風露夜如何
깨어보니 옷이 온통 젖어있었네	醒來衣盡濕[57]

다소 근엄한 인상을 주기 마련인 도학자의 시라고 믿어지지 않을 정도로 정감이 배어있는 작품이다. "텅 빈 정자"라는 표현으로 보아 혼자서 술을 마신 것 같다. "酌月光"을 직역하면 '달빛을 따르다' 또는 '달빛을 마시다'가 된다. 이렇게 보면 그는 텅 빈 정자에서 혼자 달빛에 취하여 잠이 들었다가 깨어보니 이슬에 옷이 온통 젖어있었다는 뜻으로 해석된다. 제4구의 "醒" 자는 술에서 깬다는 뜻과 잠에서 깬다는 뜻을 동

---

57 『叢刊』 44, 38면, 『栗谷全書』 권2, 「露坐酌月」.

시에 지니고 있다. 술에서 깬다는 뜻으로 보면 제1구는, 술잔 속에 비친 달을 술과 함께 마신 것으로 해석된다. 어느 쪽으로 보아도 상관없다. 『정언묘선』이라는 시선집을 편찬할 만큼 시에 대한 이해가 깊었던 율곡의 단면을 볼 수 있는 시이다.

보개산 모습이 눈 안에 들어오네	寶蓋山容入望中
산골짝 어귀는 흰 구름에 막혔을 터	洞門應有白雲封
아마도 은자가 봄잠에 한창 취해	遙知隱者饒春睡
솔 밑에 두던 바둑 거두지 않았겠지	松下殘棋斂未終[58]

19세 때 어머니 사임당 신씨의 3년상을 마치고 금강산으로 가는 도중에 지은 시이다. 시의 제목은 「보개산을 바라보며」이다. 이 시는 멀리서 보개산을 바라보며 느낀 작자의 심회를 노래한 작품이기 때문에 보개산의 경치에 대한 구체적인 묘사가 없다. 제2구부터는 순전히 작자의 상상이다. 보개산 골짝 어귀에는 응당 흰 구름이 쌓여 막혀있을 것이라 상상한다. 그 흰 구름 너머 산속에는 분명 은자가 살고 있을 것이다. 그곳에서 지금쯤 은자는 무얼 하고 있을까? 아마도 혼자 바둑을 두다가 바둑판을 치우지도 않은 채 봄잠에 취해 있겠지. 이 시기에 율곡은 어머니의 죽음과 집안의 일로 인하여 정신적으로 심한 갈등을 겪고 있었다. 그래서 불교에 뜻을 두고 마음의 안정을 찾기 위하여 금강산으로 향하던 중이었다. 이러한 심정이 이 시에 표출된 것이다. 번거로운 세상일로부터 벗어나고 싶은 생각이 보개산의 흰 구름을 매개로 하여 이 시를 쓰게 한

---

58 『叢刊』 44, 14면, 『栗谷全書』 권1, 「望寶蓋山」.

것이다. 산과 흰 구름과 은자와 바둑으로 이어지는 무리 없는 상상력의 전개에서 율곡의 시재(詩才)를 다시금 확인할 수 있다.

| 마을 개, 사립문에서 짖고 | 邨犬吠柴門 |
| 고목 옆엔 집이 두어 채 | 數家依古木 |

| 영마루 중턱에 묵은 밭이 비껴있고 | 荒田半嶺橫 |
| 구불구불 오솔길 시내 따라 이어졌네 | 細逕緣溪曲[59] |

그야말로 그림 같은 시이다. 이 시에 묘사된 풍경을 그대로 그리면 한 폭의 그림이 된다. 마치 성당(盛唐)의 왕유(王維)의 시를 읽는 것 같다. 어느 촌마을의 모습을 조금도 과장하지 않고 일체의 수식을 배제한 채 눈에 보이는 대로 담담하게 묘사하여 한 폭의 수채화를 그려놓았다. 이른바 '천성(天成)'의 시라고 할 만하다. 이렇게 율곡은 심오한 도학적 경지를 표현하기보다 일상의 견문이나 대인관계, 주위 사물의 관찰에서 느낀 바를 자연스럽게 노래한 시를 많이 썼다.

6. 맺음말

이씨조선의 건국 이후 독점적 권력을 장악하고 있던 훈구파를 견제하면서 꾸준히 세력을 키워온 사림파는 성종 15년을 전후하여 중앙정계에 진출하기 시작했다. 그러나 이들의 진출은 필연적으로 훈구파와 충돌하지 않을 수 없었다. 이 충돌의 결과 네 차례의 사화가 일어났고 네 번의

---

[59] 『叢刊』 45, 476면, 『栗谷全書』 拾遺, 권1, 「題烏原驛三首」 중 제2수.

사화에서 사림파는 참담한 패배를 당했다. 그러나 성리학으로 무장한 이들은 16세기 후반 선조의 즉위와 함께 전면적으로 등장하여 화려한 사림정치의 막을 열었다.

본고는 이들 사림파의 문학을 검토하는 데에 중점을 두었다. 이들 중, 네 차례의 사화를 거치면서 집권하는 과정에서 사림파의 이데올로기인 성리학을 이론적으로 체계화시킨 회재 이언적, 회재를 계승하여 조선 성리학을 한 단계 발전시킨 퇴계 이황, 퇴계와 같은 시대를 살면서 퇴계와는 또 다른 학풍으로 일가를 이룬 남명 조식, 그리고 이들보다 한 세대 후에 기호학파의 터전을 이룬 율곡 이이의 문학세계를 검토했다.

이들 네 분은 모두 성리학을 학문적 기반으로 하고 있기 때문에 문학적 견해 역시 성리학적 문학관의 테두리에서 크게 벗어나지 않는다. 즉 도본문말(道本文末)에 바탕을 둔 문이재도(文以載道)의 문학관이 이들의 공통된 견해였다. 따라서 이들의 저술에 나타난 문학론을 추출하여 비교하는 작업만으로는 이들 상호간의 변별성을 검증하기 어렵게 되어있다. 그래서 본고에서는 이들이 남긴 실제 시 작품(詩作品)을 분석함으로써, 같은 성리학적 시각을 공유하면서도 그 문학적 성과가 어떻게 다르게 나타나는가를 밝혀보려고 했다.

그 결과 네 분 작품 상호간에는 미세하나마 각기 개성적인 차이가 발견되었다. 그러나 이러한 차이가 이들의 학문적 견해의 차이에서 비롯된 것 같지는 않다. 이들은 기본적으로 성리학이라는 공분모로 묶여있기 때문에, 그리고 하나의 학파를 이루어 그 이론이 다기(多岐)하게 분화되기 이전이기 때문에 첨예한 이론상의 대립은 별반 없었던 것으로 보인다. 물론 성리학의 어떤 면을 중시하고 강조했는가에 따라 차이가 없었던 것은 아니지만, 이러한 차이가 이들 문학의 성격을 지배할 정도는 아니라고 생각한다. 오히려 이들이 처한 정치적 환경, 지역적 특성, 그리고 무엇보다 개인적 기질과 취향이 더 큰 비중으로 이들의 문학 작품에 영향을 미친 것으로 보인다.

이른바 '문장화국(文章華國)'을 내세워 화려한 수식과 기교에 치중했던 사장파(詞章派)의 문학에 비하면, 사림파의 문학은 분명 한 단계 발전된 양식임에 틀림없다. 사림파의 문학은 성리학과 결합하여 심오한 철리(哲理)를 문학에 담으려고 했으며, 도덕적 가치의 실현과 문학행위를 분리하여 보지 않았다. 그리하여 나름대로 수준 높은 도학적 문학의 세계를 펼쳤다. 그러나 '도본문말'이라는 완강한 사고에 갇혀있는 한 사림파의 문학은 어쩔 수 없는 한계를 지닐 수밖에 없다. 문학의 독자성을 인정할 여지가 좁은 것이 사실이다.

서애 류성룡의
시문학

1. 머리말

  서애(西厓) 류성룡(柳成龍, 1542~1607)은 임진년의 국난을 극복한 명재상(名宰相)으로 너무도 유명한 정치가이다. 또한 그는 퇴계(退溪) 이황(李滉)의 고족(高足)으로 한국 성리학사에서도 확고한 위치를 점하고 있다. 그러므로 서애에 대한 평가는 정치가로서의 경륜과 도학자로서의 학문적 깊이에 의하여 이루어질 것이다.

  서애는 정치, 군사, 외교, 경제 분야에서 탁월한 능력을 발휘했고 학문 분야에서도 중요한 업적을 남겼을 뿐만 아니라 시문학 분야에서도 결코 간과할 수 없는 업적을 남겼다. 현전(現傳)하는 문집에 800여 수라는 적지 않은 시가 수록되어 있다. 물론 그는 시에 치력(致力)하지도 않았고 시인으로 자처하지도 않았다. 그러나 국가의 정사를 돌보고 학문적 사색에 잠기는 틈틈이 써둔 시가 800여 수나 되었다는 것은 그가 결코 시를 외면하지 않았다는 사실을 말해준다.

  사실상 시는 한 인간의 내면세계를 읽어내는 데에 중요한 길잡이가 된다. 규격화(規格化)한 일반적 산문에 작자의 공식적인 견해가 표현되는 반면에 시에서는 작자의 내밀(內密)한 심적 궤적이 섬세하게 내장되어 있기 때문이다. 인간은 일생 동안 복잡한 감정의 기복을 무수히 겪게 마련이다. 외부의 상황이나 내면의식의 변화에 따라 그때그때마다 물결치는 이 감정의 기복을 표현하는 것이 시의 몫이다. 서애의 경우도 마찬가지일 것이다. 탁월한 경세가, 훌륭한 도학자로서의 표면적인 서애의 내면 깊숙이 감추어진 인간적 고뇌나 심적 갈등은 시를 통해서만 드러나게 된다. 시가 비록 작자의 내면세계를 굴절된 형태로 표현하긴 하지만 그 속에는 작자의 사상이나 정치적 견해 등이 산문에서보다 더 진솔하게 드러나 있다.

서애의 시에 대한 견해는 유가(儒家)의 전통적인 시교설(詩敎說)의 범위를 벗어나지 않는다. 그러나 실제 작품이 모두 전통적인 시교(詩敎)만을 구현한 것은 아니다. 그의 시세계는 이보다 훨씬 더 넓고 개방적이다.

2. 그리움과 기다림

서애의 시에 가장 빈번히 나타나는 주제는 그리움이다.

계수나무는 높은 언덕에 나있고	桂樹生高岡
그윽한 난초는 빈 골짝에 자라는데	幽蘭在空谷
계수나무 푸른 가지, 등 넝쿨에 얽혀있고	碧榦困藤蘿
아름다운 난초꽃은 가시나무에 가려있네	芳心蔽荊棘
내, 가서 꺾어와	我欲往採之
늘 그리는 사람에게 부치려 해도	遠寄長相憶
왕손(王孫)은 한 번 가서 오지를 않고	王孫去不返

| 초객(楚客)은 아무런 소식 없는데 | 楚客無消息 |

| 한 해가 다 가도록 알아주는 사람 없이 | 竟歲人不識 |
| 드맑은 향기만 짙게 감도네 | 淸香徒馥郁[1] |

 문과에 급제한 25세 때의 작품으로 청년 시절 서애의 지향(志向)이 잘 드러나 있다. 이 시는 다분히 굴원(屈原)의 「이소(離騷)」를 염두에 두고 쓴 작품이다. 「이소」에서 계수나무와 난초는 어진 신하를 상징하고 또한 고결한 마음을 나타내는 것이기도 하다. 계수나무는 향목(香木)이고 난초는 향초(香草)이다. 그런데 이 시에서는 계수나무와 난초가 곤경에 처해있다. 즉 "계수나무 푸른 가지는 등 넝쿨에 얽혀있고 / 아름다운 난초꽃은 가시나무에 가려있다"라고 한 것은 곧 어진 선비들이 제대로 쓰이지 못하고 언덕과 골짜기에 버려져 있는 것이다. 서애는 아마 계수나무와 난초를 통하여 당시의 상황을 우회적으로 풍자하려 한 것으로 보인다.
 그래서 서애는 계수나무와 난초를 꺾어서 "늘 그리운 사람[長相憶]"에게 보내고자 한다. "늘 그리운 사람"은 누구일까? 서애의 시에는 누군가를 기다리고 그리워하는 표현이 자주 나온다. 이 그리움의 대상은 일정하지 않다. 그러나 그가 이상적으로 생각하는 사람임은 분명하다. 이 시에서는 그리움의 대상이 "초객(楚客)"으로 표현되어 있다. "초객"은 다름 아닌 굴원이다. 계수나무와 난초를 그토록 사랑했던 굴원이 그리웠던 것이다. 굴원이 계수나무와 난초를 사랑한 것은 그가 고결한 인품과 맑은 영혼을 지녔기 때문이었다. 이러한 굴원을 그리워한다는 것은 서애

---

1 『西厓集』(『韓國文集叢刊』 52, 21면, 「古意」). 이하에서는 '『叢刊』, 면수'로 표기한다.

자신도 굴원과 같은 사람이 되고 싶다는 염원의 표현이다. 하지만 굴원은 "소식이 없다" 그래서 더욱 그립다. 이렇게 그리운 사람은 가고 없지만, 그리고 "알아주는 사람이 없어도" 계수나무와 난초는 여전히 "드맑은 향기"를 지니고 있다.

나는야 지금 세상에 태어났고요	我生在今世
어진 벗들 그 옛날에 살았었기에	伺友在前昔
천 년 전 사람이 영원히 그리워도	永懷千載人
세대가 멀어서 만날 수 없네	世遠不可覿
때때로 남긴 글 읽다 보면은	時來讀遺編
가끔은 그들 마음, 보기도 하는데	往往見心曲
옥쟁반에 맑은 구슬 올린 것 같고	玉盤薦明珠
연못 위 얼음에 새달이 비친 듯	淵氷映新月²

이 시에서도 "천 년 전 사람을 영원히 그리워한다"고 했다. 서애가 영원히 그리워하는 천 년 전 사람은 누구일까? 이 시에는 다음과 같은 서(序)가 붙어있다.

신미년 가을에 나는 겸암정사(謙巖精舍)에 있었는데 꿈에 세 사람을 만났다. 한 사람은 회암(晦庵)이고 두 사람은 남헌(南軒)과 임택지(林擇之)

---

2 『叢刊』 52, 21면, 「記夢」.

였다. 그때 나는 『주서절요(朱書節要)』를 읽고 있었는데 깨어나서 고시 (古詩)로 이를 기록했다.

서애가 꿈에서 만난 세 사람은 주자(朱子)와 장식(張栻)과 임용중(林用中)이었다. 이들은 모두 같은 시대에 살았던 송나라의 이학가(理學家)였다. '남헌(南軒)'은 장식의 호(號)이고 '택지(擇之)'는 임용중의 자(字)이다. 서애는 21세 때 퇴계 문하에 들어가 퇴계학의 정수인 성리학을 전수받았다. 이 시를 쓴 신미년(서애 30세) 무렵까지 서애의 정신세계를 지배한 것이 성리학이었음을 알 수 있다. 그렇기 때문에 성리학의 고봉(高峰)인 이들 세 사람을 그리워하다가 꿈에서 만난 것이다. 이렇게 볼 때 30세 전후의 서애는 성리학적 질서가 지배하는 이상세계를 꿈꾸고 있었던 것으로 보인다. 물론 일생을 통하여 서애의 사상을 일관하는 핵(核)이 성리학이었지만 이 시기에 특히 성리학에 몰두한 것 같다.

평상시 사는 게 뜻 같지 않아	端居意不適
생각은 저 멀리 관하(關河)에 가있네	遠思在關河
밤사이 비바람이 몰아닥쳐서	風雨夜來集
뜰 가득 누런 잎이 많이도 쌓였도다	滿庭黃葉多
사람이 그리워서 뒤척이는데	懷人旣輾轉
게다가 깊은 병 안고 있어라	況復抱沈痾
백 가지 생각이 얽히고설켜	百慮坐纏繞
심사(心事)가 날마다 뒤틀어지네	心事日蹉跎[3]

"사람이 그리워서 뒤척이는데"라고 했을 때의 서애가 그리워하는 사람은 "관하(關河)"에 있는 사람이다. 관하에 있는 사람은 누구일까? '관(關)'은 중국의 관중(關中) 땅이고 '하(河)'는 황하를 가리킨다. 그러므로 관하에 있는 사람은 엄밀히 말하면 관중과 황하 유역에 살았던 정호(程顥), 정이(程頤), 장재(張載) 등을 가리킨다. 그러나 이 시에서는 이른바 '염락관민(濂洛關閩)'으로 통칭되는 송나라의 성리학자 일반을 지칭하는 것으로 보인다. 이들이 "저 멀리 관하에" 있기 때문에 만날 수 없어 뒤척이며 그리워하는 것이다.

서애가 이들을 그리워하는 것은 만날 수 없었기 때문이기도 하지만 그 보다 더 적극적인 이유가 있다. "평상시 사는 게 뜻 같지 않아서" 이들이 그리운 것이다. 즉 "백 가지 생각이 얽히고 설켜 / 심사가 날마다 뒤틀어지기" 때문에 이들을 그리워한다. 서애 30세경의 이 시기에 무슨 일이 그의 심사를 뒤틀리게 했는지 구체적으로 알 수는 없지만, 아마도 갓 출사한 청년 관료인 서애의 눈에 비친 조정과 나라의 현실이 그의 뜻에 맞지 않았던 것 같다. 이상에 불타는 젊은 서애가 당시의 현실을 불만의 시선으로 바라보았으리라는 것은 능히 짐작할 수 있는 일이다. 이 불만의 현실을 바로잡고 정도(正道)로 나아가야 하겠다는 생각이 그로 하여금 "관하"의 선현들을 그리워하게 한 것이라 생각된다. 옛 선현들에 대한 서애의 그리움의 정서는 그의 전 생애를 통하여 반복적으로 나타난다.

내 마음 아직도 기억이 생생한데	吾心了了猶能記
세상일 망망해서 책(責)할 수도 없다네	世事茫茫不可求

---

3   『叢刊』52, 21면, 「秋思」.

| 강리(江蘺) 꺾어 먼 사람에게 보내고 싶지만 | 欲採江蘺遺遠客 |
| 하늘 가득 비바람 쳐 서루(西樓)에 기대있네 | 滿天風雨倚西樓[4] |

    42세 때의 작품인데 이때에도 서애는 "먼 곳에 있는 사람"을 그리워하고 있다. "강리(江蘺)"는 역시 굴원의 「이소」에 나오는 향초(香草)이다. 평소에 향초인 강리와 벽지(辟芷)를 몸에 두르고 가을 난초를 엮어서 허리에 찼다는 굴원을 그리며 강리를 꺾어 그에게 보내고 싶다고 했다. "먼 곳에 있는 사람"을 꼭히 굴원으로 보지 않아도 좋다. 그가 마음으로 그리고 사모하는 이상적인 어느 사람일 수도 있다. 이미 작고한 퇴계 선생일 수도 있다.

    서애는 왜 이토록 "먼 곳에 있는 사람"을 그리워할까? 지금 이곳의 현실이 그의 뜻에 맞지 않았기 때문이었다. 『서애선생연보』에는 이 시를 쓴 계미년(1583) 조에 다음과 같은 기록이 있다.

> 5월에 휴가를 얻어 어머니를 가 뵈었다. 동서(東西)의 당론이 처음 일어날 때부터 선생은 깊이 우려하여 뜻을 같이하는 여러 사람들과 힘껏 평화롭게 진정시킬 계획을 세웠으나 끝내 뜻대로 할 수가 없었다. 이때에 이르러 붕당으로 편 가르기가 더욱 심해서 서로 편들고 후원하고 있었다. 선생은 조정에 있는 것이 즐겁지 않았고 대부인(大夫人) 역시 늙고 병들어 뵈러 왔다가 시골에 머물러 있었다.[5]

---

4   『叢刊』52, 23면, 「癸未秋精舍偶吟」.

5   『叢刊』52, 500면, 「西厓先生年譜」, 神宗皇帝萬曆 十一年, "五月乞假歸覲 自東西黨論 始起 先生已深憂之 與同志諸公 力爲和平鎭定之計 而卒不能如意 至是朋比益甚 互相擠援 先生不樂在朝 大夫人亦老病 以覲便退處鄕曲"

이래저래 심기가 편치 않았는데, 종실(宗室)인 경안령(慶安令) 요(瑤)가 조정의 의논을 안정시킨다는 계책으로 류성룡, 김효원(金孝元), 이발(李潑), 김응남(金應南) 4인을 외직으로 내보내자고 건의하여 서애는 7월에 함경도 관찰사에 제수되었으나 어머니 병환으로 사양하고 부임치 않았다. 9월에는 성균관 대사성에 제수되었으나 사양하고 나아가지 않았고 이어 경상도 관찰사에 제수되었으나 역시 사양하였지만 윤허를 받지 못하여 10월에 부임하였다. 이런 와중에 이해 8월에는 박근원(朴謹元), 송응개(宋應漑), 허봉(許篈)이 이이(李珥)를 공격하다가 귀양 가는 이른바 '계미삼찬(癸未三竄)' 사건이 일어났다.

바로 이해 가을 고향에서 쓴 것이 위의 시이다. 위의 시에서 말한, 마음에 아직도 생생하게 남아있는 기억이 무엇인지 분명하지 않지만 서애는 이때 심한 심적 갈등을 겪고 있었던 것으로 보인다. 시의 마지막 구절에서 "하늘 가득 비바람이 친다"고 한 것은 당시의 어지러운 정국을 비유한 표현이다. 이러한 때에 "먼 곳에 있는 사람"이 그리운 것이다.

그리운 님이여 어디에 있는가?	我所思兮在何許
산 높고 물 깊어 하늘 끝에 있는가?	山高水長兮天一方
옛날에 서로 만나 웃으며 즐겼는데	宿昔相逢兮嬉而笑
갑작스런 생이별로 삼상(參商)이 되었네	忽焉生離兮參與商
따라가고 싶지만 그럴 수 없어	欲往從之兮不可得
산 오르려니 수레 없고 물 건너려니 배가 없네	登山無車兮涉水無航
아! 어쩔거나, 북풍은 싸늘한데	嗚呼奈何兮北風涼

산초와 난초 품어 스스로 꽃다울 뿐	懷椒握蘭兮徒自芳[6]

 서애 50세 전후의 작품으로 추정되는데 여기서도 서애는 누군가를 몹시 그리워하고 있다. 그런데 이 시에서는 그리운 사람과 "생이별"을 했다고 했다. 그래서 하늘의 삼성(參星)과 상성(商星)처럼 서로 만날 수 없음을 안타까워하고 있다. 그가 그리워하는 사람이 누구인지는 분명하지 않다. 생이별을 했다는 표현으로 보아 굴원이나 주자와 같은 고인(古人)은 아닌 듯하다. 아마도 서애가 그리워하는 사람은 정도(正道)를 걷다가 나쁜 무리들의 모함을 받아 멀리 유배가 있는 사람일지도 모른다. 수레가 없어 산을 오를 수 없고 배가 없어 물을 건널 수 없다는 표현은 그 사람을 구제할 수 없는 현실적 제약을 반영한다.

 그렇다면 마지막 제4연은 유배지에 있는 그 사람의 처지를 상상하여 그린 것으로 보아야 할 것이다. 북풍이 몰아치는 유배지에서도 그 사람은 "산초와 난초"를 품고 있다. "산초[椒]"는 굴원의 「이소」에서 현신(賢臣)에 비유되어 있는 향목이고 난초 역시 고결한 인품을 상징하는 향초이다. 그러나 서애가 그리워하는 그 사람은 산초와 난초처럼 향기로운 사람이지만 "스스로 꽃다울 뿐"인 사람이다. 아무도 그 향기를 알아주지 않는다. 그래서 서애의 곁을 떠나 먼 곳에 가있다. 그 사람을 서애는 지금 애타게 그리워하고 있는 것이다. 이렇게 서애의 일생은 그리움의 연속이라 해도 과언이 아니다.

흰 구름 저 가에 우두커니 서서는	延佇白雲表
쓸쓸히 기다리네, 마음 같은 사람을	恨望同心客

---

6 『叢刊』52, 28면, 「遠思」.

| 이 해도 저문데 돌아오지 않으려나 | 歲晚歸不歸 |
| 빈산엔 계수나무 꽃잎 떨어지리니 | 山空桂花落[7] |

이 시는 「남계정사 12절(南溪精舍十二絶)」 중의 한 수이다. 남계정사는 서애가 45세 때 군위군(軍威郡) 선영(先塋)의 남쪽에 지은 재실(齋室)인데 초은대(招隱臺)는 정사의 서쪽 산기슭 아래에 있었다고 한다. 「초은대」라는 제목이 암시하는 바와 같이 이 시는 『초사(楚辭)』의 「초은사(招隱士)」에서 모티프를 취한 작품이다. 「초은사」는 혼탁한 현실을 멀리하고 산중에 은거하고 있는 은사를 애타게 부르는 내용이다. 이 시에서도 서애는 "마음 같은 사람" 즉 마음을 같이할 수 있는 사람을 그리며 기다리고 있다. 서애가 기다리는 사람이 누구인지 모르지만 현실을 떠나 숨어사는 은사인 것은 분명하다. 그리고 그 은사는 고결한 품성을 지닌 인물이다. 끝 구절의 "계수나무"는 『초사』에서 한결같이 고결한 사람이나 현신(賢臣)에 비유되어 있다. 산속에서 계수나무와 더불어 살고 있는 은사가 서애의 그리움의 대상인 것이다. 그 은사가 혹 권호문(權好文)과 같은 사람일지도 모르겠다. 권호문은 퇴계의 문인으로 일찍이 진사시(進士試)에 합격했으나 사환(仕宦)에의 뜻을 접고 평생을 청성산(靑城山)에서 은거했는데 서애는 그의 학행(學行)을 높이 평가했다. 서애는 권호문에게 다음과 같은 시를 보낸 적이 있다.

| 조용히 살다보니 생각 멀리 달린다오 | 幽居空遠思 |
| 게다가 중양절(重陽節) 아름다운 시절이라 | 佳節又重陽 |

---

7 『叢刊』 52, 27면, 「招隱臺」.

| 안개 쌓여 강물은 흐릿하고요 | 霧積江渾色 |
| 바람 높아 기러기도 끊어졌네요 | 風高雁斷行 |

| 마음이 같은데도 스스로 막혔으니 | 同心猶自隔 |
| 국화꽃은 누굴 위해 향기로운가 | 寒菊爲誰香 |

| 언제나 한 번 뵙고 | 幾日能相枉 |
| 술 한 잔 나눌는지 | 村醪過斷墻[8] |

서애와 권호문은 각자 가는 길이 달랐다. 서애는 벼슬길에 나섰고 권호문은 은거생활을 하고 있었다. 그래서 서로 "막혀 있었다." 그런데도 두 사람은 "마음이 같았다[同心]"고 했다. 그리고 실제로 서애는 권호문을 진심으로 존경하고 있었다. 후일 권호문이 작고하고 나서 그가 살던 송암(松巖)을 지나면서 쓴 시에서도 "일생의 사업을 평론하자면 / 백세의 스승이 될 만하다네"[9]라고 하여 그를 "백세사(百世師)"로 추앙하고 있다. 그러므로 이 시의 "마음이 같았다[同心]"는 표현과 「초은대」 시에서의 "마음 같은 사람[同心客]"이란 표현이 우연의 일치가 아닐 수 있다. 서애는 경세제민하고 진충보국(盡忠報國)하는 유자(儒者)로서의 본분을 지키는 한편으로 권호문과 같은 은일(隱逸)을 늘 가슴에 품고 있었다.

서애가 그리워하는 사람은 "미인(美人)"으로 표현되기도 한다.

| 동재(東齋)에 앉았으니 달이 막 뜨는데 | 東齋獨坐月初生 |

---

8 『西厓全書』 권2, 西厓先生紀念事業會, 1991, 6면, 「寄權章仲好文」.
9 『叢刊』 52, 419면, 「過松巖懷權章仲」.

| 서강(西江)의 밤 물소리 고요히 듣노라 | 靜聽西江灘夜鳴 |

| 미인은 오늘밤 어디에 있는가? | 美人今夜在何處 |
| 달 지는 먼 하늘에 은하수 비껴있네 | 月落長天河漢橫[10] |

고요한 밤, 재실에 홀로 앉아 강물 소리를 들으며 서애가 궁금해하는 "미인"의 정체는 무엇일까? 시가(詩歌)에서 흔히 미인은 임금에 비유되지만 이 시에서는 그럴 만한 근거가 발견되지 않는다. 이 시가 수록된 『속집(續集)』의 편차로 미루어 보면 대개 48, 49세 때의 작품으로 추정되는데 그렇다던 서애 43세 되던 해 7월에 죽은 부인을 그리며 쓴 시일는지 모른다. "달 지는 먼 하늘에 은하수 비껴있네"라는 구절은 저 멀리 하늘나라로 가버린 부인에 대한 그리움의 표현이 아닐까?

이밖에도 누군가를 그리워하는 정서는 서애시(西厓詩) 전반에 걸쳐서 빈번하게 나타난다.

| 마음속 그 사람은 보이지 않고 | 不見意中人 |
| 매화만 저 혼자 피었다 지네 | 梅花自開落[11] |

| 그 사람은 오랫동안 오지를 않고 | 伊人久不來 |
| 산 빛은 저녁에 잠기려 하네 | 山景欲沈夕[12] |

| 아침 내내 말 없이 빈 집을 지키는데 | 終朝無語守空堂 |

---

10 『西厓全書』 권2, 18면, 「題未詳」.
11 『叢刊』 52, 424면, 「題看竹門」 중에서.
12 『叢刊』 52, 25면, 「燕坐樓秋思三首」 중 제2수 중에서.

| 그리운 이, 하늘 남쪽 또 하늘 북쪽에 | 所思天南又天北[13] |

이들 시에 나오는 "마음속 그 사람[意中人]", "그 사람[伊人]", "그리운 이[所思]" 등은 모두 누구인지 모르지만 서애가 그리워하고 기다리는 사람들이다. 이와 같은 서애의 그리움은 현실에 대한 불만에 기인한 것으로 보인다. 사람은 누구나 현실에 전적으로 만족하고 살지는 않지만 서애의 경우, 현실에 타협하지 않고 더 높은 이상을 추구하려는 의지가 그로 하여금 옛 현인(賢人)이나 덕이 높은 선배들을 그리워하게 한 것이다. 그가 그리워하는 사람들은 맑고 깨끗한 세계에서 고결하게 살았던 인물이었다.

3. 마음의 안정을 찾아서

일생을 통하여 끊임없이 고인(古人)에 대한 그리움을 가슴에 품고 살았다는 것은, 서애가 살았던 사회가 고인의 가르침에 따르지 않았다는 사실을 말해준다. 이렇게 정도(正道)가 행해지지 않는 현실에서 벼슬하는 서애가 심한 마음의 갈등을 겪지 않을 수 없었을 것이다. 때로는 짙은 우수에 잠기기도 하고 때로는 모든 걸 떨쳐버리고 낙향하고 싶기도 했을 것이다.

| 세상일 본래부터 갈래가 많은지라 | 世事本多岐 |
| 내 생애 역시도 안주(安住)하지 못하여 | 吾生亦無住 |

---

13 『叢刊』 52, 425면, 「早春」 중에서.

| 한평생 강호(江湖)에 살려 했으나 | 平生江海志 |
| 이 홍진(紅塵) 세상길에 또 한 해가 저무니 | 歲晩紅塵路 |

| 말을 몰아 물속으로 달려드는 듯 | 驅馬水中沚 |
| 산 위의 나무에 배를 메는 듯 | 繫船山上樹 |

| 인간 세상 살아가는 그 어려움 | 人間行路難 |
| 그 어려움 이루 다 말할 수 없네 | 辛苦不可語[14] |

38세경의 작품으로 이 시기에 서애는 바야흐로 조정에서 중용되던 때이다. 그런데도 그는 인생살이의 어려움을 호소하고 있다. 자신의 처지가 마치 "말을 몰아 물속으로 달려드는 듯"하고 "산위의 나무에 배를 메는 듯"하다고 했다. 하는 일이 순조롭지 못하고 그의 뜻과 어긋난다는 말이다.

| 집 떠나 삼년 동안 행상(行商)을 하다가 | 三年去室作行商 |
| 길에서 천금(千金)을 다 날려버렸네 | 散盡千金道路傍 |

| 저문 해에 돌아오니 가진 물건 하나 없어 | 歲晩歸來無一物 |
| 하루 종일 띠 집에 누운 것만 못하네 | 不如終日臥茅屋[15] |

40대 후반에 쓴 것으로 추정되는 이 시에서 서애는 자신의 사환(仕宦)

---

14 『西厓全書』 권2, 8면, 「寄許美叔篈」.
15 『叢刊』 52, 27면, 「無題二首」 중 제2수.

생활을 "행상(行商)"에 비유하고 있다. 행상을 한다는 것은 선비의 본분이 아니다. 더구나 그나마 "길에서 천금을 다 날려버렸다" 아무 소득이 없다는 말이다. 청운의 뜻을 품고 나선 벼슬길에서 그는 자신의 이상을 마음껏 펼칠 수 없었던 것이다. 현실과 이상의 괴리에서 오는 이러한 마음의 갈등을 그는 승려들과의 교유에서 달래고자 했던 것으로 보인다. 『서애집』에 승려들에게 준 시가 그토록 많은 것도 이 때문이 아닌가 생각된다. 이런 시들은 주로 『속집(續集)』에 수록되어 있는데, 아마 불(佛)을 좋아한다는 혐의를 피하기 위하여 『원집(元集)』과 『별집(別集)』에서는 제외한 것으로 보인다.

흰 구름이 비로봉(毘蘆峰)을 반쯤 가리고	白雲半沒毘蘆峰
기수(琪樹)가 영롱한 옥계(玉界)와 같네	琪樹玲瓏玉界同
망망한 푸른 바다 천지의 바깥이요	碧海茫茫天地外
홍진(紅塵)이 아득한 천지의 가운데라	紅塵漠漠寰區中
가을 달밤, 우인(羽人)이 학을 타고 내려오고	羽人跨鶴下秋月
선녀가 피리 불며 소나무에 앉아있네	仙女吹簫坐晚松
스님 하나 석장(錫杖) 짚고 어디서 왔는가	錫杖一僧何處至
절에서 향 피우고 면벽(面壁)을 하네	焚香面壁梵王宮[16]

이 시는 금강산으로 수행하러 가는 사경(思敬)이라는 스님에게 써준

---

16 『西厓全書』 권2, 19면, 「贈山人思敬」.

듯하다. 그러므로 이 시에 묘사된 광경은 서애가 상상하여 그린 것이다. 금강산은 원래가 아름다운 산이지만 사경이 수행하는 절 주위 풍경을 선계(仙界)로 묘사하고 있다. 서애가 금강산을 간 적이 있는지 없는지 모르지만, 사경이 수행하는 곳을 이렇게 맑고 깨끗한 세계로 상정했다는 것은 그가 불교에 대해서 호의적이었음을 말해준다.

구름 같은 자취를 관악산서 이별하고	一別雲蹤冠岳山
십 년이라 맑은 생각 그곳에 맴돌았네	十年淸想繞重巒
어디서 참소식을 한번 물어볼거나	何方一問眞消息
한스럽네, 세간(世間)을 벗어날 수 없음이	恨我無由脫世間[17]

혜묵(惠黙) 스님과 관악산에서 이별한 후 10년 동안 서애의 "맑은 생각"이 관악산 봉우리를 맴돌았다고 했다. 만나지 못하는 사이에 "참 소식"을 물어볼 데가 없었다고 토로한다. "참소식"이란 인생의 지혜를 담은 법어(法語)일 것이다. 그리고 스님처럼 세간의 루(累)를 벗어나지 못하는 자신이 한스럽다고 했다. 혜묵이 어떤 스님인지 알 수 없지만 서애는 그를 높이 평가하고 있음이 틀림없다.

봄 수심 답답하여 홀로 취해 잠들었다	春愁黯黯獨醉眠
문소리, 홀연히 시(詩) 구하는 스님이네	剝啄忽見求詩禪
묻노니 시 구하여 무슨 즐거움 있는가?	借問求詩有何樂

---

17 『西厓全書』 권2, 13면, 「贈山人惠黙」.

필경엔 속세 인연 끊지를 못하리	畢竟未斷塵間緣
학가산(鶴駕山) 깊어서 봄이 한창 좋을 터	鶴駕山深春正好
구름 산, 꼭대기에 돌아가 좌선(坐禪)하라	且歸堅坐雲山巓
뜬구름 흐르는 물, 삼천세계(三千世界)요	浮雲流水三千界
덩굴 달, 바위 꽃과 이십 년이라	蘿月巖花二十年
공(空) 말함이 실사(實事)가 아니라 이르지만	談空雖云非實事
오히려 낫다네, 속세의 분주함보다	猶勝奔走紅塵邊[18]

스님이 선비들로부터 시를 받는 것은 흔히 있는 관습이다. 여기서도 어떤 스님이 낮잠 자는 서애를 깨워 시를 써달라고 하자 장난삼아 써준 시이다. 비록 희작(戲作)이라고 했지만 불교에 대한 그의 호의적인 정서가 스며있다. 덩굴 사이로 보이는 달이 있고 바위에 피는 꽃이 있으며 뜬구름과 흐르는 물이 있는 그곳 아름다운 "삼천세계(三千世界)"에서 20년 동안이나 수행(修行)했으니 더 이상 속세에 내려오지 말라는 농담이다. 그러나 마지막 연에서 서애의 진심이 토로된다. 공(空)을 말하는 것 즉 부처의 가르침에 따라 사는 것이 속세에서 분주하게 사는 것보다 오히려 낫다는 것이다. 그러나 그가 정말 불교의 교리를 진리라 생각한 것은 아니다. 다만 현실에서 몹시 시달린 나머지 불교로부터 약간의 정신적인 위안을 얻으려고 한 것이라 생각된다. 그가 관직 생활을 하면서 얼마나 시달리고 지쳤는지는 다음과 같은 시를 보면 짐작할 수 있다.

---

18 『西厓全書』 권2, 20면, 「醉臥書齋有僧踵門求詩走筆戲贈」.

| 내 마음은 길가의 샘과 같아서 | 吾心有似路邊泉 |
| 치는 자는 많지 않고 마시는 자, 연이었네 | 渫者無多飮者連 |

| 하루 종일 바람, 먼지에 얼마나 혼탁했나 | 盡日風埃幾溷濁 |
| 밤 깊어야 별과 달이 제대로 돌아오네 | 夜深星月獨回旋[19] |

마지막 구절의 뜻이 분명치 않으나 이 시의 대강의 의미는 이해할 수 있다. 서애는 자신의 마음을 길가의 샘에 비유했다. 오는 사람 가는 사람이 샘물을 떠서 마신다. 그러나 샘의 밑바닥을 쳐주는 사람은 없다. 샘은 바닥의 흙을 쳐주어야 맑은 물이 고이는데 흙을 쳐주는 사람은 많지 않고 마시는 자는 줄을 서있다는 것이다. 게다가 하루 종일 바람이 불고 먼지가 날려 샘물이 혼탁해지는데 밤이 깊어서야 맑아진다는 것이다. 벼슬하는 동안의 서애의 마음을 짐작할 수 있다. 샘물을 "마시는 자가 연이었다"는 것은 국가에서 서애를 활용하는 정도가 심했다는 말이고 활용하는 정도가 심할수록 서애는 시달리고 지쳤다는 말이다. 샘을 치는 자가 많지 않다는 것은, 그를 위로하고 격려해 줄 만한 동지, 뜻을 같이 할 수 있는 동지가 많지 않다는 말이다. 그래서 샘물은 흐릴 대로 흐려있다. 이렇게 지친 심신(心身)을 위로할 수 있는 탈출구로 불교의 세계가 떠오른 것이지 그가 이념적으로 불교를 신봉한 것은 아니다. 그러나 주위에서는 이러한 그를 못마땅하게 보기도 했다.

깨우쳐 주시기를 성룡(成龍)이 요사이 불교 서적을 본다고 하셨는데 이것은 말을 전하는 자가 실상을 잘못 옮긴 것입니다. 지난번에 이웃에

---

19 『叢刊』 52, 27면, 「無題二首」 중 제1수.

사는 중이 우연히 그 책을 가지고 왔기에 무료하던 차에 한번 보는 것을 면하지 못했습니다만 책을 다 읽기 전에 그만두었습니다. 그중에 선현들이 그 병통이 되는 곳을 논한 것이 더욱 분명했으므로 친구들에게 간략히 언급했던 것인데 뜻하지 않게 말이 전해져서 어른께 걱정을 끼쳐드렸습니다. 불학(佛學)의 잘못되고 망령됨은 성룡도 역시 알고 있습니다.[20]

조목(趙穆)에게 보낸 편지인데 아마 당시에 서애가 불교 서적을 읽고 있다는 소문이 퍼져서 이 말이 조목의 귀에까지 들어갔던 것 같다. 이에 퇴계 문하의 연장자인 조목이 이를 질책하는 서한을 보낸 데 대한 변명으로 쓴 편지이다. 이 편지에서 말한 대로 서애가 "불학(佛學)의 잘못되고 망령됨"을 모를 리 없다. 불교는 유학에서 이단시하는 것이기 때문이다. 그러나 서애가 불교에 어느 정도 관심을 가졌던 것은 사실인 듯하다. 지적 호기심이 많고 개방적인 사고의 소유자였던 그가 불교에 관심을 가지는 것은 당연한 일이기도 하다. 하지만 그가 불교의 교리에 관심을 가졌다기보다는, 엄격한 계율을 지키는 승려들의 수행방법으로부터 정신적인 위안을 얻고 마음의 안정을 찾기 위한 측면이 강하다.

하늘에서 찬 이슬 떨어져 내려	玄天墮寒露
푸른 연잎에 방울져 맺히는데	滴在靑荷葉
물의 성질 본래가 일정치 않아	水性本無定
연꽃 가지 즐거이 기울어지네	荷枝喜傾側

---

20 『叢刊』52, 201면, 「答趙士敬」, "示喩成龍近日觀佛書 此傳者過實也 頃者 隣僧偶持其書 無聊中未免一番看過 未終卷而罷 其中先賢論病痛處 頗益明白 故對友人略言及之 不意流傳 貽長者之憂也 夫佛學之謬妄 成龍亦知之矣"

둥글고 밝아서 사랑할 만하지만	團明雖可愛
흩어져 도리어 없어지기 쉽다네	散漫還易失
사흘 밤을 앉아서 그대로부터	從君坐三夜
청컨대 안심법(安心法)을 물어보려네	請問安心法[21]

    서애는 밤에 이슬이 내려 연잎에 맺히는 것을 바라보고 있다. 이슬이 맺히면 연잎은 이슬 무게 때문에 기울어지고 맺혔던 이슬은 흩어 없어진다. 그리고 또 이슬이 맺히고 없어진다. 이러한 현상을 보고 서애는 깊은 명상에 잠긴다. 마지막 연의 "그대[君]"는 이슬을 가리키기도 하고 연잎을 가리키기도 한다. 이슬과 연잎 둘을 함께 가리킨다고 볼 수도 있다. 이슬이 맺히면 연잎은 "즐거이" 기울어진다. 왜냐하면 이슬은 "둥글고 밝아서 사랑할 만하기" 때문이다. 그러나 연잎이 기울어지면 사랑스러운 이슬은 굴러 떨어져 없어진다. 이슬도 원래는 일정한 형체가 없는 것인데 연잎에 맺혀있을 때는 둥근 모양이다가 굴러 떨어지면 다시 형체가 없어진다.

    이 이슬과 연잎에게 서애는 "안심법(安心法)"을 묻는다고 했다. 안심법은 문자 그대로 마음을 안정시키는 방법일 터인데 이 말은 원래 불교 용어이다. 그렇다면, 이슬이 둥글게 맺혔다가 없어지고, 이슬이 맺혔다고 즐거워했는데 어느 듯 사라져버리는 이러한 자연현상으로부터 서애가 불교의 '색(色)'과 '공(空)'의 이치를 깨달은 것은 아닐까? 서애의 시에는 이 "안심법" 또는 "안심"이라는 말이 자주 등장한다. 그런데 특히 승려들에게 준 시에서 이 용어가 빈번히 사용된다.

---

21   『叢刊』 52, 26면, 「偶詠」.

어디서 안심법 배워가지고　　　　　　　　　何方學得安心法
가슴속 번뇌 씻고 재같이 되어 볼고　　　　一洗煩襟似木灰[22]

어떤 승려에게 준 시이다. 승려에게 써준 시에서 안심법을 배우겠다고 굳이 말한 것은 안심법이 불가의 수행방법이기 때문이다. 안심법을 배우려는 목적은 "가슴속 번뇌를 씻기" 위함이었다. 정치적인 상황으로 인하여 온갖 번뇌로 들끓는 마음, 그래서 길가의 샘처럼 흐려있는 마음을 한번 씻어내고 싶었던 것이다. 그래서 "재(灰)"와 같은 마음이 되고 싶었다고 했다. 서애가 승려들과 가까이 한 것은 실로 이 안심법 때문이었다.

병중의 안심법은 습정(習靜)뿐이라　　　　　病裏安心惟習靜
선정(禪定)을 해보며 산승(山僧)에 견주네　　試將禪定較山僧[23]

이 시 역시 어느 스님에게 써준 시이다. "습정(習靜)"은 정(靜)을 익히는 것인데, 정(靜)은 불교의 이른바 '십육행상(十六行相)' 중의 하나이다. 서애는 이렇게 습정을 하기 위하여 실제로 선정(禪定)을 해보며 스스로 산승(山僧)에 견준다고 했다. 이쯤 되면 당시 서애의 마음이 얼마나 복잡하고 괴로웠는지 짐작할 수 있다. 승려들의 산중생활에 대한 동경은 만년으로 갈수록 더 짙어진다.

어느 해나 함께 뭉쳐 먼 산에 앉아　　　　　何年結社坐遠峯

22　『西厓全書』 권2, 11면, 「贈僧」 중에서.
23　『叢刊』 52, 28면, 「贈僧」 중에서.

| 밤마다 향 피우리, 새벽 종소리 들릴 때까지 | 夜夜焚香達曉鍾 |

| 한중(閒中)의 참 의미 묻고 싶은데 | 欲問閒中眞意味 |
| 석단(石壇)엔 봄비 내려 살구꽃이 붉겠지 | 石壇春雨杏花紅[24] |

이 시도 어느 이름 모를 스님에게 준 시이다. 서애는 이 스님과 함께 결사(結社)를 만들어 아예 산중생활을 하고 싶어 한다. 산속에서 밤마다 새벽 종소리가 들릴 때까지 향을 피우며 정진할 수 있었으면 좋겠다는 바람을 말하고 있다. 그리고 그곳 스님이 있는 곳엔 봄비가 내려 살구꽃이 붉게 피어 있으리라 상상한다. 승려들이 마음을 다스리는 산속 풍경은 언제나 아름답게 설정되어 있다.

불교 이외에 서애는 도교나 양명학에 대해서도 비교적 개방적인 자세를 취하고 있다. 물론 불교나 도교가 이단(異端)이고 양명학이 유학의 정도가 아니라는 생각은 확고하지만 여타 성리학자들처럼 이를 고집스럽게 배척하지 않고 유연하게 포용하려는 폭넓은 사고의 소유자였다.

4. 귀전원(歸田園)

안심법(安心法) 배우기를 그토록 갈망한 데에서도 알 수 있듯이 서애의 사환(仕宦) 생활은 결코 평탄한 것이 아니었다. 동서 분당(分黨)으로 인한 파당간 대립의 와중에서 마음고생이 심했을 뿐만 아니라 왜란(倭亂)을 겪는 동안 국정을 책임지는 재상으로서 실로 쓰라린 경험을 하기도 했다. 그는 56세 때 백형(伯兄)에게 보낸 한 편지에서 "아우는 정신이

---

24 『叢刊』 52, 423면, 「贈山人」.

이미 다 나가버리고 겨우 몸의 형체만 남아있는데도 금방 죽지도 못하고 이와 같이 분주하게 뛰어다니고 있으니 어찌해야 하겠습니까?"[25]라고 신세의 고달픔을 호소하고 있다. 이렇게 나라를 위하여 진력(盡力)하고 있었음에도 불구하고 그를 집요하게 모함하는 무리들도 있었다. 같은 해에 역시 백형에게 보낸 편지에서 그는 "아우는 백 가지 천 가지의 어려움과 쓰라림을 겪는데도 저를 원수같이 여기는 자가 나라 안에 가득합니다"[26]라고 하여 당시 그가 처한 어려움을 말하고 있다.

이러한 상황에서 그가 관직을 계속 유지하고 싶지 않았을 것임은 능히 짐작할 수 있는 일이다. 아니 그 이전에도 서애는 퇴계의 문도(門徒)답게 기회 있을 때마다 사직(辭職)을 청했으나 그때마다 윤허를 얻지 못했다. 아마 내버려 두기에 그는 너무나 큰 그릇이기 때문이었을 것이다.

45세 때에는 휴가를 얻어 고향에 돌아와 남계서당(南溪書堂)과 옥연서당(玉淵書堂)을 짓고 은거의 터전을 마련하였다. 그리고 이해에 임금이 여러 번 불렀으나 가지 않았다. 46세 되던 해 3월에는 부름을 받고 서울로 가다가 도중에서 되돌아오기도 했다.

깊은 골짝 시냇가에 예쁜 풀 자라고	芳草生幽澗
봄바람은 나그네 옷깃을 흔드는데	春風動客衣
어찌하여 숲 밖의 저 두견새는	如何林外鳥
나에게 돌아가라 권하고 있나	勸我不如歸[27]

---

25 『西厓全書』 권2, 92면, 「答伯兄書」, "弟精神已盡 僅存軀殼 而不能卽死 如此奔馳 奈何奈何"
26 『西厓全書』 권2, 93면, 「答伯兄書」, "弟百艱千辛 仇怨滿國"
27 『叢刊』 52, 25면, 「承召到龍湫 忽聞杜鵑聲有感」.

임금의 부름을 받고 서울로 가다가 용추에서 두견새 소리를 듣고 지은 시이다. 두견새의 별칭이 불여귀(不如歸)인데 이 말은 '돌아가는 것만 같지 못하다' 즉 '돌아가는 것이 더 낫다'는 뜻이다. 숲 밖에서 우는 두견새 소리가 마치 고향으로 돌아가기를 권하는 것처럼 들렸다는 것은 이번 걸음이 애초에 내키지 않은 걸음이었음을 말해준다. 그는 서울의 정치적 격랑 속으로 다시 들어가고 싶지 않았던 것이다. 47세 때에도 그는 동경연(同經筵)에 제수되어 부름을 받고 부임하다가 다시 돌아온 적이 있었다. 결국 그는 다시 조정에 나서지 않을 수 없었지만 벼슬을 버리고 귀향하려는 그의 의지는 꺾이지 않았다.

세상 인연 이기 날로 성글어지고	世緣日已疎
언제나 고향땅 눈앞에 아른하네	鄕關長在目
이따금 고향 사람 만날 때마다	時逢故里人
맨 먼저 묻는 것이 솔과 국화라	所問先松菊
강리(江蘺)는 아직도 캘 수 있겠고	江蘺尙可採
난초가 거칠어도 향기 남아 있겠지	蘭蕪餘殘馥
돌아갈 생각뿐 돌아가지 못하고	思歸未言歸
꿈속에서 가는 길 익숙하다오	夢中歸路熟[28]

솔과 국화와 강리와 난초가 있는 고향으로 돌아가고 싶은 절절한 염

---

28 『西厓全書』권2, 21면, 「次陶淵明問故居」.

원을 노래하고 있다. 그러나 세상일이 뜻과 같지 않아서 돌아갈 수가 없어 애태우고 있다. 꿈속에서 돌아가는 길밖에 없다. 고향 가는 꿈을 너무나 자주 꾸었기 때문에 돌아가는 길이 익숙하다고 말할 만큼 그는 강한 귀향의지를 가지고 있었다. 이 시는 과감하게 벼슬을 버리고 전원으로 돌아간 도연명의 시에 차운(次韻)한 것이다. 그는 도연명을 매우 존경했다. 그가 휴가를 얻어 고향으로 가는 도중 충주(忠州)를 지나면서 쓴 시에서도 주위의 풍경을 보고 "사람으로 하여금 정절(靖節) 생각나게 하네 / 늙기 전에 돌아갔으니 내 스승일세"[29]라고 하여 41세의 나이에 귀거래(歸去來)한 도연명을 "나의 스승"이라고 했다.

그렇게도 그리던 고향에 완전히 돌아간 것은 그의 나이 58세 때였다. 그전 해(1598)에 참혹한 왜란(倭亂)은 끝났지만 전쟁의 여파로 인한 정쟁(政爭) 속에서 그는 북인(北人)의 탄핵을 받아 그해 겨울 모든 관직을 삭탈당하고 귀향했던 것이다. 그러나 이것은 아이러니컬하게도 그의 의지에 의한 귀향이 아니고 순전히 타의에 의한 귀향이었다.

고향으로 가는 길 삼천리인데	田園歸路三千里
벼슬살이 깊은 은혜 사십 년이네	帷幄深恩四十年
도미협(渡迷峽)에 말 세우고 머리 돌려 바라보니	立馬渡迷回首望
종남산(終南山) 산 빛은 옛 모습 그대로네	終南山色故依然[30]

이 시의 제목은 「무술년 겨울에 파직되어 전원으로 돌아가는데 도미

---

29 『西厓全書』 권2, 9면, 「忠州道中」 중에서, "令人却憶陶靖節 未老歸田是我師"
30 『叢刊』 52, 32면, 「戊戌冬 罷官歸田 到渡迷峽 下馬望京山 四拜而行 盖過此則不復見京山故也」.

협에 이르러 말에서 내려 경산(京山)을 바라보며 네 번 절하고 갔다. 대개 이곳을 지나면 다시는 경산을 보지 못하기 때문이었다」로 되어 있다. 25세에 문과에 급제하여 승문원 권지부정자(承文院權知副正字)의 직함으로 첫 벼슬길에 나선 이래 정확히 따지면 32년만에 모든 걸 털어버리고 낙향하는 감회가 남다를 수밖에 없었을 것이다. 그래서 서울의 남산을 마지막으로 볼 수 있는 도미협에서 말을 내려 임금이 있는 서울을 향해 네 번 절하고 떠난 것이다. 그는 이때 낙향하여 66세에 세상을 떠날 때까지 다시는 출사하지 않았다.

까마귀 해 질 녘에 스스로 돌아오고	寒鴉西日自飛還
낙엽 지는 맑은 강, 들국화 찬란하네	木落江淸野菊斑
옛 친구 만나니 백발이 성성한데	舊友相逢多白首
늘그막에 잡은 집터 푸른 산과 마주했네	新居晩卜對靑山
백년의 사업은 너무나 엉성하고	百年事業衰遲甚
반평생 풍진에 진퇴(進退)도 어려웠지	半世風塵進退難
시골 마을 이곳에도 근심은 아직 있어	自是江湖憂尙在
때때로 해 뜨는 서울을 바라보네	時從日下望長安[31]

낙향 직후, 백발이 성성한 옛 친구를 만난 감회를 읊은 시이다. 서애는 여기서 자신의 일생을 돌이켜 본다. 한평생 이루고자 했던 경세제민의

---

31 『叢刊』 52, 35면, 「河上有友人來訪 不見數年 鬚髮盡白」.

웅대한 포부를 제대로 펼 수 없었던 데에 대한 회한(悔恨)과 함께, 마음대로 할 수 없었던 진퇴(進退)의 어려움도 말하고 있다. 그러나 그렇게도 바라던 고향에 돌아왔지만 "근심은 아직 있다"고 했다. 저녁이면 까마귀도 둥지로 돌아오듯 그도 옛 터전으로 돌아왔고 들국화 피어있는 맑은 강가 푸른 산 밑에 거처를 마련한 그에게 무슨 근심이 있었던 것일까? 낙향한 초기엔 아직 임금과 나라 걱정을 떨쳐버릴 수 없었던 것이다. 그래서 "때때로 해 뜨는 서울을 바라본다"고 했다. 거의 같은 시기에 쓴 다른 시에서도

이 백발을 그 누가 슬퍼해 주리오	白髮知誰惜
한 조각 붉은 마음 그대로인데	丹心只自如
뜬구름 하루 종일 하늘에 있어	浮雲終日在
나그네 눈물이 옷깃을 적시네	遊子淚沾裾[32]

라고 하여 "붉은 마음[丹心]" 즉 임금을 향한 충성심이 변치 않았음을 말하고 있다. "뜬구름"은 해를 가리는 간신들을 가리킨다. 그가 떠난 조정에서 간신들이 임금의 총명을 가릴 것이라는 생각에 "눈물이 옷깃을 적신다"고 했다. 그러나 시간이 지남에 따라 고향에서의 은거생활도 차츰 안정을 찾아간다.

| 사람이 날 이미 찾지 않으니 | 人旣不求我 |
| 나 또한 사람을 찾지 않아서 | 我亦不求人 |

---

32 『叢刊』52, 36면, 「村居秋日有感」중에서.

| 문밖을 나서도 갈 곳이 없고 | 出門無所適 |
| 집안에 들어와도 벗할 이 없네 | 入門無與親 |

| 열흘을 사립문 닫아걸고서 | 十日掩柴衡 |
| 단정히 앉아서 도(道)를 기르네 | 端居養道眞 |

| 때때로 북창(北窓) 앞에 눕기도 하고 | 時尋北窓臥 |
| 남쪽 시내 둑가를 거닐기도 하여라 | 或步南澗濱 |

| 바람 불면 대나무에 소리가 나고 | 風來竹有聲 |
| 달 뜨면 강가엔 티끌 한 점 없어라 | 月出江無塵 |

| 아무리 거닐고 또 거닐어도 | 逍遙更逍遙 |
| 이 길은 닳지 않고 물들지 않는다네 | 此道無緇磷[33] |

찾아오는 사람도 없고 찾아 갈 사람도 없는 한적한 시골에서 유유자적하게 살아가는 서애의 모습이다. 바람이 불면 대나무에 스치는 아름다운 소리를 듣고, 달이 뜨면 깨끗한 강변을 거닐며 살아가는 안온한 모습이다. 아무런 감정의 파란(波瀾)도 일지 않은 듯 보인다. 이 속에서 그는 "도(道)"를 기른다고 했다. 이 도는 꼭히 도학적(道學的)인 도라기보다 그가 추구하는 이상적인 어떤 삶의 형태일 것이다. 마지막 구절은 『논어』「양화(陽貨)」편에 나오는 "不曰堅乎 磨而不磷 不曰白乎 涅而不緇(갈아도 닳아지지 않는다면 굳다고 하지 않겠는가. 물들여도 검어지지 않는다면 희

---

[33] 『叢刊』 52, 39면, 「夏日村居戲作」.

다고 하지 않겠는가)"에서 따온 말이다. 갈아도 닳지 않고 검은 색으로 물을 들여도 검어지지 않는다는 것은 외부의 환경에 따라 흔들리지 않고 자기만의 중심을 지킨다는 말이다. "이 길은 닳지 않고 물들지 않는다"라고 말할 수 있었던 것은 그가 하회(河回)에서의 생활에 안착했음을 의미한다.

예순 세 살 나이가 되어	行年六十三
비로소 몇 간의 집을 얻었네	始得數間屋
지금은 반밖에 짓지 못해서	經營今半成
사방에 담장도 아직 없지만	四面無牆壁
새벽에 일어나 푸른 산 바라보고	晨興對靑山
밤에는 누워서 밝은 달 맞이하네	夜臥邀明月
진실로 인생의 족(足)함을 알겠도다	人生苟知足
이르는 곳마다 모든 게 안락하네	着處皆安樂
길이길이 옛 사람 마음을 생각하며	永念古人心
날이면 날마다 이리저리 거니네	逍遙日復日[34]

첫 구절에 63세 때 쓴 시로 밝혀져 있다. 이 시를 쓸 당시 집을 "반 밖에 짓지 못했다"고 한 것으로 보아 이 집은 65세에 완성한 서미동(西美洞)의

---

34 『叢刊』 52, 46면, 「新成小舍題壁」.

농환재(弄丸齋)로 추정된다. 아직은 완성되지 않아 담장도 없지만 "새벽에 일어나 푸른 산을 바라보고 / 저녁에 누워서 밝은 달을 맞이할" 수 있을 만큼은 지어졌던 듯하다. 그전 해에 화회에 홍수가 나서 조양(調養)하기에 마땅치 않고 또 찾아오는 손님을 접대하는 일도 번거로워 깊은 산속에 있는 서미동으로 이사를 하고 새집을 짓기 시작하여 65세 되던 해 3월에 완성했다. 그가 서거하기 1년 전인데 그는 이 집에서 운명(殞命)했다. 초당이 완성되었을 때 서애는 자제들에게 이렇게 말했다고 한다.

"사람이 이욕(利慾)에 빠져서 염치를 잃어버리는 것은 다 족(足)한 줄을 알지 못하는 데에서 나온 것이다. 이 집이 비록 누추하지만 족히 비바람을 가릴 수 있고 추위와 더위를 견딜 수 있으니 이밖에 또 무엇을 구하겠는가? 무릇 사람이 그 처한 바에 안정해서 걱정스러운 생각이 없다면 어느 곳인들 살지 못하겠느냐?"[35]

위 작품은 자제들에게 당부한 내용을 시로 노래한 것이다. "진실로 인생의 족(足)함을 알았"기에 "이르는 곳마다 모든 게 안락하다"고 느끼는 것이다.

빈천(貧賤)은 사람이 싫어하는 것	貧賤人所厭
부귀(富貴)는 사람이 추구하는 것이라	富貴人所求
슬프고 기쁘고 얻고 잃는 동안	悲歡與得喪

---

35 『叢刊』 52, 527면, 「年譜」神宗皇帝萬曆三十四年, "人之所以沒利慾喪秉恥者 皆出於不知足也 此屋雖陋 亦足以蔽風雨度寒暑 過此何求 夫人安於所遇 而無戚戒之懷 則何處不可居乎"

마음의 어지러움 그칠 줄 모르지만	擾擾不知休
인생이 이 세상에 살아가는 건	人生在世間
큰 바다에 하나의 뜬 거품이라	大海一浮漚
백년의 세월이 얼마나 된다고	百年能幾何
만사(萬事)가 참으로 아득하기만	萬事眞悠悠
편안히 티끌 망상 떨쳐버리고	居然了塵妄
한 번 웃고 서루(西樓)에 기대어 보네	一笑倚西樓[36]

역시 63세 때에 쓴 작품으로 보이는데 만년의 서애의 심경이 잘 드러나 있다. "인생이 이 세상에 살아가는 건 / 큰 바다에 하나의 뜬 거품이라"는 표현에서는 인생의 이치를 달관한 듯한 느낌을 받는다. 고향 마을에서 그는 크고 작은 세속의 일에 구애받지 않고 마음껏 자유를 누린 듯하다. 이 시기에 서애는 많은 양의 시를 썼는데 모두 평온한 마음의 상태에서 창작된 것이다. 그리고 이와 관련하여 이 시기에 특히 이백(李白)의 시를 높이 평가한 것이 주목된다.

많고 많은 시인 중에	詩人亦無數
오직 이백을 사랑할 뿐	所愛惟李白
하늘을 달리는 말과도 같아	比如行天馬

---

36 『叢刊』 52, 46면, 「題西樓二首」 중 제1수.

| 사람의 구속을 받지 않았지 | 不受人羈縶 |

| 가을꽃은 고운 단장 하지 않고요 | 秋華去粉飾 |
| 지극한 보배는 다듬지 않는 법 | 至寶無彫琢 |

| 밤마다 들보의 달빛 속에서 | 夜夜屋梁月 |
| 그대의 정신을 볼 수 있다네 | 精神猶可覿[37] |

    서애는 원래부터 이백을 좋아했다. 유자(儒者)로서 터놓고 이백을 좋아한다고 말하기가 쉽지 않았을 터인데도 그는 이백의 「陪族叔刑部侍郎曄及中書賈舍人至遊洞庭」 시를 인용하고 "진실로 천리, 만리의 다 표현하지 못한 뜻이 있으니 뛰어나서 따라갈 수가 없다"[38]라 극찬한 바 있으며, 또 이백의 시에 차운(次韻)한 작품도 여러 편 남겼다. 그가 이백을 좋아한 것은 승려들과의 교유에서 보았듯이 그의 개방적인 사유에서 비롯된 것이다.

    위의 시에서는 그 많은 중국의 시인들 중에서 오직 이백만 사랑한다고 하여 이백 사랑의 강도를 높였다. 이렇게 만년에 특히 이백에 경도된 것은 이백의 활달한 기상 때문이 아니었나 생각된다. 이백이 "하늘을 달리는 말과도 같아 / 사람의 구속을 받지 않아서" 좋다고 했다. 세속의 이욕(利慾)을 초월하여 평온하게 살아가는 그에게 이백의 시가 가슴에 와 닿았을 것이다. 마지막 연은 두보(杜甫)가 이백을 그리워하며 쓴 저 유명한 「몽이백(夢李白)」 시의 끝 구절에서 따온 것이다. 두보가 이백을 그리

---

37 『叢刊』 52, 48면, 「閒中讀寒山子李陶詩三首」 중 제2수.
38 『叢刊』 52, 299면, 「誌意」, "眞有千萬里不盡之意 卓乎不可及"

위하는 만큼이나 서애 자신도 이백을 좋아한 결과일 것이다. 이렇게 이백의 시를 애호한 데에서 만년의 서애의 심경의 일단을 읽을 수 있다. 그는 서미동(西美洞)으로 거처를 옮긴 직후에 다음과 같은 시를 썼다.

검봉(黔峯) 한 봉우리 저 멀리 푸르고	黔峯一點望中靑
조촐한 묏부리가 형제처럼 연이었네	淨嶽連衡若弟兄
깊이 잠긴 골짜기에 산 빛이 은은하고	深鎖洞門山隱隱
평지의 포구(浦口)에는 나무들 우거졌네	平臨浦口樹冥冥
뜰 가득 배꽃에 봄날은 바다 같고	梨花滿院春如海
밤에는 섬돌가에 시냇물 소리	石澗循除夜有聲
한평생 높이 누워 일없는 나그네	高臥百年無事客
세간(世間)의 영리(榮利)가 터럭 같이 가볍네	世間榮利一毫輕[39]

64세에 쓴 이 시의 제목은 「시월에 서미동으로 옮겨 살았는데 창 앞에 늙은 배나무 한 그루가 있었다. 명년 봄에 꽃이 활짝 피면 볼 만할 것이라 미리 생각하고 벽에다 쓴다」로 되어 있다. 즉 내년 봄 배꽃 필 때를 미리 상상하고 쓴 시이다. 그는 뜰 가득 배꽃이 피어 봄날이 바다와 같을 것이라 상상하고 즐거워한다. 그만큼 이곳 농환재에서의 생활에 거는 기대가 컸고 실제로 그는 이곳에서 "세간의 영리"를 "터럭같이 가볍게" 여기면서 행복한 나날을 보냈다. 그러나 그는 농환재에서 일 년 반

---

39   『叢刊』52, 52면, 「十月移寓西美洞 窓前有古梨樹一株 預念明年春花盛開可玩 故題壁」.

남짓 살다가 파란 많은 일생을 이곳에서 마감했다

5. 맺는말

　정치가, 경서가, 군사 전략가, 도학자로서의 서애에 관해서는 이미 다방면에서 많은 연구가 이루어졌다. 그러므로 본고에서는 이에 대한 논의는 접어두고 서애의 시(詩)를 집중적으로 검토했다. 끊임없이 타인을 의식해야 하고 타인과의 관계를 전제로 써야 하는 타 분야의 글들과는 달리 시는 개인의 내면의식의 표출이다. 그렇기 때문에 시에는 작자의 마음 상태가 비교적 진솔하게 드러나게 마련이다. 한 나라의 재상으로서 짊어져야 했던 국정의 무게가 너무나 컸던 만큼 서애의 개인적인 심적 갈등 역시 적지 않았을 터인데 이러한 갖가지의 정신적 곡절을 그의 시를 통하여 살펴보았다. 그 결과 다음과 같은 결론을 얻을 수 있었다.

　첫째, 서애는 현실에 안주하지 않고 끊임없이 이상을 추구했다. 맑고 밝은 세계를 지향하려는 그의 이상이 시에서는 고인(古人)에 대한 그리움으로 나타났다. 청년시절부터 만년에 이르기까지 이 그리움은 그를 떠나지 않는다.

　둘째, 이러한 이상과 불만스러운 현실 사이의 갈등이 그로 하여금 승려들의 세계를 동경하게 했다. "산위의 나무에 배를 메는 듯 / 말을 몰아 물속으로 달리는 듯'한 답답한 마음의 안정을 찾기 위하여 승려들과 가까이 지냈던 것이다. 그러나 그가 불교의 교리를 인정한 것은 결코 아니었다. 그리고 불만의 현실을 떠나 전원으로 돌아가고 싶은 염원이 시에 짙게 나타나 있었다. 경세제민하려는 유자로서의 본분과 전원으로 돌아가려는 자연인으로서의 염원이 빚어내는 심적궤적(心的軌跡)이 그의 시에 빈번하게 나타난다.

셋째, 58세 때 북인(北人)의 탄핵을 받아 고향으로 돌아간 후의 서애는 세간의 영리(營利)를 초월하고 마음의 안정을 찾은 것으로 보인다. 서미동(西美洞) 농환재(弄歡齋)에서의 만년 생활은 더없이 평온했고, "인생이 이 세상을 살아가는 건 / 큰 바다에 하나의 뜬 거품이라"고 말할 정도로 달관(達觀)의 경지에 이르렀다.

지식인의
품격

1. 지식인으로 산다는 것

모택동은 지식인을 '털'에 비유했다. 털은 그 자체로서는 독자적인 정체성을 갖지 못하고 어딘가에 붙음으로써 비로소 성격이 규정된다. 소가죽에 붙으면 소털이 되고 개가죽에 붙으면 개털이 된다. 마찬가지로 지식인도 독자적인 계급을 형성하지 못하고 어디에 붙어야만 하는 속성을 지닌다는 말이다. 사회주의자인 모택동이 생각하기에 지식인은 생산수단을 소유한 유산계급은 아니다. 그렇다고 해서 가진 것이라곤 '불알 두 쪽밖에 없는' 노동자도 아니다. 확고한 소속감이 없는 이러한 속성 때문에 지식인의 위치는 불안정할 수밖에 없다. 그래서 털처럼 어디엔가 붙는다는 것이다. 자신의 지식을 무산계급의 이익을 위해서 활용하면 양심적 지식인이 되고 유산계급을 위해서 봉사하면 어용 지식인이 되는 것이다. 그러므로 지식인은 유산계급과 무산계급의 중간지대에서 어느 계급에 붙어야 할지를 끊임없이 고민하는 존재이다.

이러한 고민 속에서 지식인은 역사적 결단의 순간에 중대한 과오를 범하기도 한다. 프라이쿠르크 대학 총장 시절 히틀러를 찬양한 철학자 하이데거가 그렇고, 역시 2차대전 중 독재자 무솔리니를 찬양한 미국의 시인 에즈라 파운드가 그렇다. 논란이 끊이지 않는 우리의 친일파 문제를 보더라도 지식인의 처신이 얼마나 어려운가를 짐작할 수 있다. 어느 시대에나 지식인의 처신은 어려운 법이다. 처신이 어려울수록 지식인은 더욱 냉철한 이성으로 자신을 무장해야 한다. 왜냐하면 지식인은 한 시대 한 사회의 방향을 제시해주는 나침반과 같은 존재이기 때문이다. 이 시대에 우리가 부끄럽지 않은 지식인으로 살아가기 위해서 다방면의 노력이 필요하겠지만 이 글에서는 우리 옛 선인들, 특히 그 시대를 주도했던 대표적인 지식인들이 어떻게 사고하고 행동했는가를 살펴보기로 한다. 지식인으로서 훌륭한 역할을 수행한 옛 선인들에게서 일정한 교훈을 얻을 수 있으리라 생각하기 때문이다.

전통시대에 지식인에 해당되는 존재는 선비[士]일 것이다. 선비는 지식이 풍부할 뿐만 아니라 모든 사람들의 도덕적 표준이 되는 인물이다. 맹자는 "항산(恒産)이 없어도 항심(恒心)을 갖는 것은 오직 선비만이 그렇게 할 수 있다"고 말했다. 즉 일정한 재산이 없어도 변치 않는 마음을 지닐 수 있는 사람은 오직 선비뿐이라는 것이다. 연암(燕巖) 박지원(朴趾源)도 말하기를 "천하의 공변된 말을 사론(士論)이라 하고, 당대의 제일류를 사류(士類)라 말하며, 천하에 의로운 목소리를 외치는 것을 사기(士氣)라 하고, 군자가 죄 없이 죽는 것을 사화(士禍)라 하며, 학문을 강론하고 도(道)를 논하는 곳을 사림(士林)이라 말한다"고 했다.

이렇게 사람들의 모범이 되는 인물을 선비라 부르는데, 선비라고 해서 모두 모범적인 행동을 한 것은 아니다. 선비라는 명칭에 걸맞게 훌륭한 행적을 남긴 인물이 있는가 하면 선비로 자처하면서도 간악한 짓을 한 인물도 있다. 그러나 이씨조선 500년을 돌이켜 볼 때 올곧은 선비들이 있었기에 나라의 품격을 유지할 수 있었다. 이 글에서는 나라의 품위를 유지할 수 있게 한 참선비들을 몇 가지 유형으로 나누어 그 정신과 행적을 살펴보고자 한다.

2. 고뇌하는 지식인 - 매천 황현

1910년 8월 5일, 매천(梅泉) 황현(黃玹)은 한일합방의 통분을 이기지 못하여 절명시(絶命詩) 4수를 써놓고 조용히 술에 아편을 타서 마셨다. 그리고 다음날 새벽 56세를 일기로 생을 마감했다. 절명시 4수 중 제3수는 이렇다.

새와 짐승 슬피 울고 강산도 찡그리니	鳥獸哀鳴海岳嚬
무궁화 이 강산 이미 없어졌어라	槿花世界已沈淪
등불 아래 책을 덮고 옛일을 생각하니	秋燈掩卷懷千古
글 배운 사람 구실 참으로 어렵구나	難作人間識字人

이 시에서 우리는 "글 배운 사람[識字人]"의 고뇌를 읽을 수 있다. 글 배운 사람은 다름 아닌 지식인이다. 격동하는 구한말의 정세 속에서 지식인으로 산다는 것이 얼마나 어려운 일인가를 매천의 경우에서 살필 수 있다.

매천이 살았던 시대는 한국 근대사의 격동기였다. 1876년의 병자수호조약으로 문호를 개방한 이래 한반도는 서구 열강의 각축장이 되었다. 이때가 그의 나이 22세였다. 이후 임오군란, 갑신정변, 동학농민전쟁, 갑오경장, 청일전쟁, 을미사변이 일어났고 1904년의 노일전쟁을 거쳐 그의 나이 51세(1905) 때에는 이른바 을사보호조약이 체결되어 외교권을 박탈당했다. 드디어 1910년에는 나라를 잃고 말았다.

이런 일련의 사건들이 터지는 동안에 조정에서는 이에 대처할 방책을 갖지 못했다. 민씨(閔氏) 일파의 친청(親淸) 수구파(守舊派)와 친일(親日) 성향의 개화파(開化派)가 첨예하게 대립하여 싸움만 일삼을 뿐이었다.

게다가 관료들은 부패하여 이 시기에는 매관매직이 공공연히 자행되고 있었다.

　이와 같은 국가적 위기를 맞아 재야의 양심적인 지식인들은 어떻게 대응했는가? 세 갈래의 반응을 보이고 있다. 첫째는 의병운동이었다. 의병운동을 주도한 사람들은 무력으로 일본에 대항한 적극적인 지식인들이었다. 둘째는 애국계몽운동이었다. 1898년에 창간된 황성신문, 제국신문 등을 통하여 지식인들은 일반인들을 대상으로 한 계몽운동에 나섰고 이후 이 운동은 더욱 확대되었다. 셋째는 은거생활이었다. 혼탁하고 어지러운 세상을 등지고 시골에서 조용히 생활하는 유형이다.

　매천은 의병운동에 참여하지도 않았고, 애국계몽운동도 펼치지 않았다. 34세에 낙향하여 줄곧 향리에서 살았으니 굳이 분류하자면 은거생활을 했다고 말할 수 있다. 여기에 매천의 고뇌가 있었다. 그는 각종 소식통과 관보 등을 통하여 당시의 정세를 정확히 알고 있었다. 그런 그가, 서울에 올라와 애국계몽운동을 펼치자는 친구의 권유도 뿌리치고 시골생활을 하고 있었으니 마음의 갈등이 없을 수 없었다. 이러한 갈등을 그는 다음과 같은 시로 표현했다.

맘 내키면 벗을 찾는 발걸음 가벼운데	隨意相尋野屐輕
문 앞에선 글 읽는 소리 듣기도 역겨워라	門前厭聽讀書聲
십 년 세월 시골에서 꽃을 보며 사는 동안	十年湖海看花伴
거지반 인간들이 설경(舌耕)으로 늙어가네	强半人間老舌耕

　1904년 50세에 쓴 「늦은 봄날 시골집에서(村居暮春)」 6수 중의 일부인데, 발걸음도 가볍게 친구를 찾아가 보지만 문 앞에서 들려오는 글 읽는

소리에 역겨워한다. 글 읽는 소리는 학동들의 글 읽는 소리이다. 찾아간 친구는 학동들에게 글을 가르치는 훈장이었던 것이다. "설경(舌耕)"은 문자 그대로 '혀로 경작한다'는 뜻인데, 아동들에게 글을 가르쳐서 먹고 산다는 말이다. 국가의 존망이 걸린 이 위기의 시대에 학문이 높고 생각이 깊은 선비가 나라를 위해 일해야 하는데 시골구석에서 고작 훈장 노릇으로 늙어가는 것이 못마땅했던 것이다. 이 못마땅함은 곧 자기 자신에 대한 못마땅함이기도 하다.

이 시를 쓰기 전 해에 그는 서울에서 애국계몽운동을 펼치고 있던 이기(李沂)라는 친구로부터 자기를 질책하는 편지를 받은 바 있었다. "비록 지극히 어리석은 소인도 그 두려움을 아는데 형은 산림에 높이 누워 글을 읽고 시를 얘기하며 편안하게 스스로 즐기고 있다"며 질책했던 것이다. 이 편지를 받고 그는 매우 괴로워했지만 어쩔 수 없었다. 그사이에 이른바 을사보호조약이 체결되자 민영환, 조병세, 홍만식은 자결했고 각지에서 의병이 봉기했다. 이듬해에는 최익현이 대마도에서 순국했고 그 이듬해에는 이준 열사가 헤이그에서 자결했다. 1909년에는 그에게 따끔한 충고를 해주던 이기마저 스스로 목숨을 끊었다.

그러나 그는 아무 일도 할 수 없었다. 치미는 울분을 시로 달랠 수밖에 없었다. 그래서 그는 을사조약 이후 나라를 위해 목숨을 끊은 의로운 인사들의 공적을 기리는 시를 쓰는 일에 정열을 쏟았다. 그러나 그렇다고 해서 당대 최고의 지식인이었던 그의 고뇌가 사라질 리가 없었다. 드디어 1910년 국치(國恥)의 날이 닥쳤을 때 그는 미련 없이 생을 마감했다. 을사조약 이후 뜻있는 인사들이 줄지어 자결하는 것을 보고 그 또한 죽을 명분을 찾고 있었을 것이다. 이제 "무궁화 이 강산 이미 없어져" "새와 짐승 슬피 울고 강산도 찡그리는" 때를 당하여 더 이상 살아야 할 명분이 없어진 것이다. 붓 하나만으로 버텨온 자기 나름의 사명감도 사라진 마당이다. 스스로 목숨을 끊으면서 그가 남긴 마지막 말, "글 배운 사람 구실 참으로 어렵구나"는 고뇌하는 지식인의 처절한 외침이다. 비록 그러하지만 매천은 끝까지 지식인의 품위를 잃지 않은 올곧은 선비였다.

3. 의(義)를 좇는 지식인 - 퇴계 이황

근대 이전의 지식인은 선비[士] 또는 군자(君子)에 해당할 것이다. 선비의 개념은 『논어』에 정확히 정의되어 있다.

증자(曾子)가 말하기를 "선비는 뜻이 광대하고 강인하지 않으면 안 된다. 그 임무가 무겁고 길이 멀기 때문이다. 인(仁)으로 자기의 임무를 삼으니 무겁지 아니한가. 죽은 뒤에야 그칠 것이니 (갈 길이) 또한 멀지 아니한가"라 했다.

"인(仁)을 자기의 임무로 삼고" 죽을 때까지 그 임무를 수행해야 하는 선비는 말하자면 재주와 덕(德)이 높으며 지혜롭고 현명한 사람이어서 도덕적으로 완벽한 인품을 갖춘 인물이라 할 수 있다. 여기에 덧붙이자면 선비는 독서하는 지식인으로 분류될 수 있을 것이다. 연암 박지원은 「원사(原士)」라는 글에서 "한 선비가 독서를 하면 그 은택이 사해(四海)에 미치고 그 공이 만세에 드리워진다"고 말했다. 그만큼 선비 즉 지식인의 존재가 막중한 것이다. 연암은 또 같은 글에서 선비의 참모습을 이렇게 비유했다.

내가 말하는 선비란, 그 뜻은 어린아이와 같으며 그 모습은 처녀와 같이 하여 평생 문을 닫아걸고 독서하는 자이다. 어린아이는 비록 연약해도 그 사모하는 것이 전일(專一)하고 처녀는 비록 졸박(拙樸)해도 그 지키는 것이 확고하다.

선비는 어린아이와 같고 처녀와 같다고 했다. 그 이유로, 어린아이는 사모하는 것이 전일하고 처녀는 지키는 것이 확고하기 때문이라고 했다. 어린아이가 사모하는 것은 어머니의 품일 것이다. 어린아이는 어떠한 경우에도 어머니의 품만을 오로지 그리워한다. 처녀가 지키는 것은 순결일 것이다. 순결을 잃으면 처녀가 아니기 때문에 처녀는 목숨을 걸고 순결을 지킨다. 선비가 어린아이와 같고 처녀와 같아야 한다는 말은, 어린아이나 처녀와 같이 전일(專一)하게 사모하는 것이 있고 확고히 지키는 것이 있어야 한다는 말이다.

그러면 선비가 사모하고 지키는 것은 무엇이어야 하는가? 다름 아닌 도(道)와 의(義)이다. 도는 다소 추상적인 개념으로 일반적인 진리를 지시하거니와, 선비의 덕목으로 중시되는 것은 의이다. 의는 공자이래 맹자에서 특히 강조되었다. 맹자는 말하기를 "인(仁)은 사람의 편안한 집이고, 의(義)는 사람의 올바른 길이다. (그런데도) 편안한 집을 비워두고 거처하지 않으며 올바른 길을 버리고 그 길로 걸어가지 않으니 슬픈 일이다"라 했다. 의는 사람이 걸어갈 올바른 길이라 했으니 삶의 올바른 방향인 셈이다. 맹자는 또 "생(生)도 내가 바라는 것이고 의(義)도 내가 바라는 것인데 이 두 가지를 함께 얻을 수 없으면 생을 버리고 의를 취할 것이다"라 말하여 목숨과 맞바꿀 만한 것이 의임을 강조하고 있다. 의 또는 의리는 국가에 대한 의리, 임금에 대한 의리, 친구에 대한 의리 등 인간 생활 전반에 걸쳐 모든 행위의 규범이 된다.

34세에 문과에 급제하여 벼슬길에 나아간 퇴계(退溪)의 일생은 은퇴와 출사의 반복이었다. 이 과정에서 그를 가장 괴롭혔던 것은 임금에 대한 의리였다. 출사와 은퇴를 반복했지만 그의 본심은 은퇴 쪽에 있었다. 평생을 꼿꼿한 선비로 살아온 퇴계가 임금의 간곡한 권유를 뿌리치고 수차례 은퇴를 고집한 데에는 그 나름의 이유가 있었겠지만 그가 밝힌 은퇴의 명분은, 자신이 벼슬하는 것이 '군신지의(君臣之義)'에 합당하지 않다는 것이었다. 1558년의 「무오사직소(戊午辭職疏)」에 이 점이 분명히 드러나 있다.

> 무엇이 의(義)입니까? 일의 마땅함입니다. 그런즉 어리석음을 감추고 자리를 차지하는 것이 마땅한 일입니까? 병으로 일을 보지 못하면서 국록만 먹는 것이 마땅한 일입니까? 헛된 명성으로 세상을 속이는 것이 마땅한 일입니까? 옳지 않은 줄 알면서도 벼슬에 나아가는 것이 마땅한 일입니까? 직책을 다하지 못하면서 물러나지 않는 것이 마땅한 일입니까? 이 다섯 가지 마땅하지 않은 점을 지니고 조정에 있다면 신(臣)의 의(義)는 어떻게 되겠습니까? 그러므로 신이 감히 벼슬에 나아가지 않는 것은 단지 '의(義)'라는 한 글자를 성취하고자 함입니다.

여기서 말한 은퇴의 이유를 그대로 믿기는 어렵겠지만 퇴계는 당시의 상황에서 벼슬한다는 것이 임금에 대한 신하로서의 의리가 아니라고 판단한 것은 분명하다. 사실상 의는 시대와 상황 그리고 개인의 처지에 따라서 그 기준이 다양하게 규정되기도 한다. 퇴계도 기대승(奇大升)에게 보낸 한 편지에서 "대개 의(義)가 있는 곳은 사람에 따라 때에 따라 변해서 일정하지 않다"고 말한 바 있다. 그러므로 그 당시 그의 처지에서는 물러나는 것이 의로운 일이라 생각한 것이다. 기대승에게 보낸 또 다른 편지에서 "무릇 선비가 세상에 태어나서 혹은 벼슬에 나아가기도 하고 혹은 물러나기도 하며, 혹은 때를 만나기도 하고 혹은 때를 못 만나기도 하지만 그 귀결은 몸을 깨끗이 하고 의를 행할 뿐이요, 화와 복은 논할 바가 아니다"라 말한 것을 보면 퇴계의 처신은 오직 의에 따라 이루어졌음을 알 수 있다. 벼슬을 함으로써 누릴 수 있는 부귀영화를 마다하고 도산(陶山)에 은거하며 학문에 정진한 퇴계에게서 우리는 오직 의에 따라 살다 간 고결한 지식인의 전형을 발견하게 된다. 퇴계에게 의(義)는, 어린이가 사모하는 어머니의 품과 같고 처녀가 지키려는 순결과 같은 것이었다.

4. 비판적인 지식인 - 남명 조식

퇴계와 같은 해에 태어나 70여 년을 같은 경상도 땅에 살면서 경상도의 학풍을 좌우로 양분했던 남명(南冥)은 평생 벼슬하지 않고 포의의 선비로 지냈다. 그는 늘 칼을 차고 다녔다고 한다. 그리고 그 칼에 "안으로 마음을 밝히는 것은 경(敬)이요, 밖으로 행동을 결단하는 것은 의(義)이다(內明者敬 外斷者義)"라는 명(銘)을 새겼다. 그래서 그 칼을 후세에 '경의검(敬義劍)'이라 부르는데 아무래도 이 칼이 환기하는 이미지는 '경'보다는 '의' 쪽에 가깝다. 불의와 타협하지 않는 의연한 기상, 칼로 자르는 듯한 결단력 이것이 남명의 기상이다.

과거를 보지 않고 재야에 있었던 남명에게 임금은 여러 차례 벼슬을 내렸지만 그는 이를 단호히 거절했다. 그것이 의라고 생각했기 때문이다. 그러나 그의 의리정신은 벼슬을 사양하는 데에서 그치지 않았다. 1555년 명종(明宗)은 그에게 세 번째 벼슬을 내려 단성현감에 임명했으나 역시 사양하면서 장문의 상소문을 올렸는데 이것이 유명한 「을묘사직소(乙卯辭職疏)」이다.

또 전하의 나랏일이 이미 그릇되었고 나라의 근본이 이미 망했으며 하늘의 뜻은 이미 떠나버렸고 민심도 이미 이반되었습니다. 비유하자면, 백 년 동안 벌레가 그 속을 갉아먹어 진액이 이미 말라버린 큰 나무가 있는데 회오리바람과 사나운 비가 어느 때에 닥쳐올지 전혀 알지 못하는 것과 같으니, 이 지경에 이른지가 오랩니다. … 자전(慈殿)께서는 생각이 깊으시기는 하나 깊숙한 궁중의 한 과부에 지나지 않고, 전하께서는 어리시어 다만 선왕의 한 외로운 아드님이실 뿐이니, 천 가지 백 가지의 천재(天災)와 억만 갈래의 민심을 어떻게 감당해내며 무엇으로 수습하시겠습니까?

여기서 남명은 당시의 조정을 신랄하게 비판하고 있다. 뿐만 아니라 명종과 수렴청정을 하고 있던 문정왕후에 대해서도 불경(不敬)한 언사를 거침없이 쏟아내었는데 아마 임금과 대비(大妃)를 이렇게까지 노골적으로 야유한 상소문은 일찍이 없었을 것이다. 이 상소문을 읽고 명종은 왕대비를 모독하였다 하여 그에게 벌을 내리려 하였으나 주위 신하들의 만류로 벌을 면하게 되었다. 남명은 이렇듯 왕과 대비에 대해서도 자신의 소신을 당당하게 피력할 수 있는 선비였다. 그만큼 남명의 출처관(出處觀)은 철저했다. 그 후 선조가 즉위하여 그를 두 번이나 간곡하게 불렀지만 나아가지 않았다. 그럼에도 불구하고 1571년 큰 흉년이 들었을 때 남명을 늘 그리워하던 선조는 시골에서 가난하게 지내는 남명의 생활을 걱정하여 경상감사에 명하고 그에게 음식물을 내려보냈다. 그는 이런 시를 지었다.

사십 년 동안 쌓인 온 몸의 허물을	全身四十年前累
맑은 못의 천 섬 물로 다 씻어 버리리	千斛淸淵洗盡休

| 만일에 티끌이 오장에 생긴다면 | 塵土倘能生五內 |
| 지금 당장 배를 갈라 물에 흘려 보내리라 | 直今刳腹付歸流 |

「냇물에서 목욕하다(浴川)」라는 제목의 시인데 남명의 기상이 잘 드러나 있다. 이러한 기상을 지녔기에 임금 앞에서도 당당히 자신의 소신을 펼칠 수 있었을 것이다. 그리고 이러한 기상은 확고히 지키는 바가 있는 선비만이 가질 수 있는 고귀한 품성이 아닐 수 없다.

5. 저항하는 지식인 - 교산 허균

허균(許筠)은 명문인 양천허씨(陽川許氏) 가문 출신으로 26세에 문과에 급제하여 벼슬길에 나섰다. 그러나 그의 사환 생활은 순탄하지 않았다. 지나친 재주와 자유분방한 성격 탓이었다. 그는 지방관으로 있다가 여러 번 탄핵을 받아 파면되었는데 여성과 관련된 그의 사생활이 문제된 경우가 많았다. 실제로 그의 여성 편력은 화려하기 그지없다. 그의 문집에 등장하는 기생만도 십수 명에 달한다. 의주에서 자기와 잠자리를 같이 한 기생이 열두 명이나 된다고 스스로 말하기도 했다. 이러한 그의 행적을 두고 후일 안정복(安鼎福)은 이렇게 비판했다.

균(筠)은 총명하여 문장에 능했으나 품행이 방정치 못하여 상중에도 고기를 먹고 자식을 낳았다. 사람들이 모두 그를 비웃자 스스로 사류(士類)에 용납되지 못함을 알고 부처에 의탁하여 밤낮으로 부처에 절하고 불경을 외워 지옥에 떨어지는 걸 면하려 했으며, 앞장서서 말하기를 "남녀의 정욕은 천(天)이고 윤기(倫紀)의 분별은 성인의 가르침이다. 천(天)은 성인보다 더 높은 것이니 차라리 성인을 어길지언정 감히 천(天)이 품부(禀賦)해 준 본성을 어기지 않겠다.

　이 말이 어디까지 사실인지 알 수 없지만 허균이 인간의 본성을 속박하는 중세적 예교(禮敎)에 얽매이지 않으려 했던 것은 사실이다. 그가 벗어나려고 했던 중세적 예교는 성리학적 가치관에 바탕을 두고 있는데 그는 이 완강한 성리학적 질서에 저항을 했던 것이다. 그가 살고 있던 시대는 성리학이 절대적인 아성을 구축하고 있어서 이에 저항한다는 것은 대단한 용기가 필요한 일이었다. 그의 일련의 행동은 타고난 기질에서 연유한 부분이 많은 것은 사실이다. 그는 어느 친구에게 준 편지에서 "저는 평생 자신을 익히 헤아린바, 비유컨대 강의 물고기나 들의 새와 같아서 연못에서는 살 수 없고 새장 속에서 길들일 수 없다"라 하여 타고난 본성이 얽매이기를 싫어한다고 했다. 그렇다고 해도 당시 교조적(敎條的) 이데올로기로 군림했던 성리학에 소극적으로나마 저항할 수 있었다는 것은 지식인만이 누릴 수 있는 특권이라 할 수 있다.

　그는 39세에 삼척부사로 부임했다가 13일 만에 다시 파직된 적이 있었는데 이때의 파직 사유는 불교를 신봉한다는 것이었다. 사헌부에서는 그가 "불경을 외우고 평소에도 중의 옷을 입고 부처에게 절을 한다"고 하여 탄핵했다. 그는 파직을 당하고서도 자신의 행동이 잘못되었다고 생각하지 않았다. 파직당한 직후 최천건(崔天健)에게 보낸 편지에서 다음과 같이 말했다.

　　저는 세상과 어긋나서 죽고 삶, 얻고 잃음을 마음속에 개의할 것이 없다고 여겼습니다. 그래서 차차 노자(老子), 불도(佛道)의 무리를 따라 거기에 의탁하여 스스로 도피한 적이 오랜지라 저도 모르게 젖어들어 더욱 불경(佛經)을 좋아하게 되었습니다. … 읽으면 읽을수록 더욱 아득하여 정신이 팔극(八極)의 밖에 노니는 듯하였습니다. 그래서 항상 이 책을 읽지 않았다면 아마 일생을 헛되게 보냈으리라고 말하곤 했습니다.

그는 불경을 좋아했음을 시인했다. 퇴계에 의하여 동방의 이단(異端) 중에서 가장 폐해가 심한 것으로 규정된 불교와, 성인을 업신여기고 예법을 멸시한다고 이단시되어온 노장(老莊)에 빠져든 이유를 그는 "세상과 어긋났기[畸於世]" 때문이라고 했다. 또 다른 글에서도 자신이 "세상과 화합하지 못한다[不與世合]"라 말했는데, 세상과 어긋나고 세상과 화합하지 못한다는 것은 성리학적 윤리규범과 봉건적인 통치 질서에 따라 지배되는 당시의 가치관을 받아들일 수 없었다는 것을 의미한다. 그러므로 그의 분방한 남녀관계나 불교에 대한 호감은 본질적으로 기존 질서에 대한 저항의식에서 나온 것이라 할 수 있다. 이런 저항적 지식인에 의해서 역사가 한 단계 발전됨은 말할 필요도 없다.

6. 백성의 편에 선 지식인 - 다산 정약용

지식인으로서의 다산(茶山)의 업적과 역할에 대해서는 널리 알려진 바와 같다. 다만 여기서는 다산사상의 저류(底流)를 이루고 있는 애민정신이 극적으로 구체화된 일화 한 가지를 소개하고자 한다. 다산은 28세 때 문과에 급제한 이래 정조의 각별한 총애 속에서 경륜을 펼쳐나갔다. 그러나 그를 시기하고 모함하는 무리들의 집요한 공격 때문에 귀양 아닌 귀양살이도 했고 한직으로 좌천되기도 했지만 그때마다 정조가 그를 돌보아 주었다. 반대파들의 공격이 심해지자 36세 때에는 정조도 하는 수 없어 그를 황해도 곡산부사로 내보냈다. 떠나기 전 여러 대신들에게 하직인사를 하니 모두들 말하기를 "곡산 땅의 죄인 이계심(李啓心)이란 자를 체포하여 처형하라"고 권유했다.

　이계심은 전임 부사의 비리에 항의하기 위해서 백성 천여 명을 모아 사또에게 억울함을 호소하러 갔는데 사또가 이들에게 형벌을 내리려고 하니 백성들이 이계심을 둘러싸고 대신 벌 받기를 청하였다. 이에 아전들이 백성들에게 곤장을 치고 백성들이 흩어지는 와중에 이계심도 도망가서 숨었다. 다산이 곡산에 부임할 때까지 그는 잡히지 않고 전국에 지명수배된 상황이었다. 이 사실이 와전되어 서울에서는 "곡산의 백성이 들것에다 부사를 담아 객사 앞에 내버렸다"는 소문이 났으니 이계심은 말하자면 극악무도한 죄인이었다.

　다산이 곡산 땅에 들어서자 그런 이계심이 스스로 다산 앞에 나타났다. 그리고 그의 손에는 '백성을 병들게 하는 12가지 조항'을 적은 호소문이 들려 있었다. 당장 잡아들이자는 주위의 요청을 물리치고 다산은 그를 따라오게 하여 관청에 이르러 이렇게 말했다. "한 고을에 모름지기 너와 같은 사람이 있어 형벌이나 죽음을 두려워하지 않고 만백성을 위해 그들의 원통함을 폈으니, 천금은 얻을 수 있을지언정 너와 같은 사람은 얻기가 어려운 일이다. 오늘 너를 무죄로 석방한다." 그리고 이 사건을 불문에 부쳤다.

　다산의 애민정신은 이렇게 철저했다. 사실상 애민사상은 새롭게 내세울 것이 못 된다. 『서경(書經)』의 "백성은 나라의 근본이니 근본이 튼튼해야 나라가 편안하다"는 구절 이래로, 그리고 맹자가 이를 거듭 강조한 이래로 애민사상은 모든 유학자들이 지향해야 할 절대적 명제였다. 그러나 다산의 시대에 이르러 이 애민사상은 그저 겉으로 표방하는 구호가 되어버렸던 것이 사실이다. 다산은 이 껍질만 남은 애민사상에 실체를 채우려 했다. 그 결과가 『목민심서』와 같은 저술로 구체화되었고, 이계심 사건에서 보듯 다산 자신이 몸소 이를 실천했던 것이다.

사미헌 장복추의
시에 대하여

장복추(張福樞, 1815~1900)의 본관은 인동(仁同), 호는 사미헌(四未軒), 자는 경하(景遐)로 여헌(旅軒) 장현광(張顯光)의 8대손이다. 그는 일정한 스승 없이 독학으로 유학의 일가를 이루어 400여 명의 제자를 배출하는 한편으로 경학과 예학 등에서 많은 저술을 남겼다. 그의 학문과 명망이 알려져 만년에는 조정으로부터 선공감가감역(繕工監假監役), 장원서별제(掌苑署別提), 경상도도사(慶尙道都事), 용양위부호군(龍驤衛副護軍) 등에 제수되었으나 모두 사양하고 재야에서 학문에간 전념했다.

사미헌은 평생을 도학(道學)에 진력했기 때문에 많은 시를 남기지 않았다. 지금 문집에 수록되어 있는 시는 140여 수에 불과하다. 이마저도 반 이상이 만시(輓詩)이다. 그러므로 시인으로서의 사미헌을 논하기는 어렵다. 즉 사미헌의 시를 문학적 측면에서 본격적으로 분석하기에는 난점이 있는 것이 사실이다. 그의 시는 상당 부분이 도학과의 관련하에서 고찰되어야 할 작품들이다. 그런대로 그가 남긴 시를 통해서 그의 시세계를 살펴보기로 한다.

1. 초기의 시편들

열여섯 글자 속에 도(道)의 맥을 찾을지니　　　十六言中道脈尋

인심과 도심을 두 마음이라 하지 말라	莫將人道二其心
발(發)한 곳에 따라서 이름이 달라질 뿐	只從發處爲名異
미저위안(微著危安)이 가리키는 뜻 심오하도다	微著危安指意深[1]

『사미헌집』의 제일 처음에 수록된 시인 것으로 보아 아마 그의 초년 작으로 추정된다. "열여섯 글자"란 『서경』의 「대우모(大禹謨)」에 나오는 "人心惟危 道心惟微 惟精惟一 允執厥中"을 말한다. 이 인심(人心), 도심(道心)의 해석을 둘러싸고 후대 성리학자들 사이에 논란이 있어왔다. 명나라 나흠순(羅欽順)은 도심을 성(性), 인심을 정(情)이라 해석했다. 그에 의하면 도심은 발동하기 전의 천리를 갖추고 있는 마음[心]이고, 인심은 마음의 모든 발동양상을 지칭한다. 그러므로 일반적인 사람의 마음을 전체적으로 가리키는 말은 인심이 된다. 이와 달리 주자(朱子)는 일찍이, 형기(形氣) 즉 육체로부터 나오는 감각적인 마음을 인심이라하고, 성명(性命) 즉 본성에 연유하는 도덕적 마음을 도심이라고 했다. 따라서 인심과 도심은 모두 발동한 후의 마음의 양상이다. 말하자면 인심과 도심은 한 마음의 두 가지 발동양상이다. 나흠순에 의하면 일상생활에서 실제로 작용하는 마음은 인심에 국한되는 데에 반하여, 주자는 사람의 일상생활에서 인심과 도심이 모두 발하여 작용한다고 보았다. 이 주자의 학설을 퇴계(退溪)가 계승했고 사미헌도 퇴계의 학설을 따랐다. 제2구와 제3구는 이것을 말한 것이다. 인심과 도심이 "두 마음"이 아니라 "한 마음"의 두 가지 발동 양상이라는 것이다. 다만 형기에서 발하느냐 성명

---

[1] 「人道吟」, 『四未軒文集』(『韓國文集叢刊』 316), 306면. 이하에서 같은 문헌은 '『叢刊』, 면수'라고만 표기한다.

에서 발하느냐에 따라 그 이름이 달라질 뿐이라는 것이다.

그런데 인심은 선할 수도 있고 악할 수도 있기 때문에 "위태롭고[危]", 도심은 본래 선한 것이지만 "가늘다[微]." 그러므로 사람은 모름지기 위태로운 인심을 "편안하게[安]"하고, 가늘고 희미한 도심을 "드러나게[著]하여 인심이 아닌 도심이 이 몸의 주인이 되도록 해야 하는데 이렇게 하는 공부가 '정일(精一)'인 것이다. 제4구의 "미저위안(微著危安)"은, 희미한 도심을 드러나게 하여 위태로운 인심을 편안하게 한다는 표현이다.

이 시는 사미헌 일성의 학문적 지향과 생활자세를 천명한 작품이라 할 수 있기 때문에 문집의 제일 첫머리에 수록한 것으로 보인다. 또한 이것은 선생이 소싯적부터 확고한 뜻을 세웠음을 나타낸다.

돌길 가기 더뎌서 느린 말에 채찍질하나	石路遲遲款段鞭
저녁 햇살 그림자 산 위로 올라갔네	夕暉移影上山巓
옆 사람, 갈길 멀다 말하지 말라	傍人莫道道之遠
쉬지 않고 가노라면 끝내 동천(洞天) 들어가리	不息終當入洞天[2]

이 시 역시 소싯적, 20세 전후의 작품으로 추정된다. 제목이 말해주듯 선석(禪石)이란 곳으로 가는 도중에 지은 시인데, 길은 험하고 말은 느려서 목적지에 도달하기도 전에 이미 해가 저물었음을 말하고 있다. 그럼에도 불구하고 "갈길 멀다 말하지 말라"고 했다. 쉬지 않고 부지런히 가면 종당에는 동천(洞天)에 들어갈 것이라는 의지를 나타내고 있다. 이

---

2 「禪石途中口號」, 『叢刊』, 306면.

시는 선석으로 가는 도중의 상황을 빌려 학문하는 자세를 나타낸 것으로 생각된다. 즉 아무리 어렵더라도 굴하지 않고 자강불식(自强不息)한다면 마지막에는 좋은 결실을 맺을 것이라는 말이다. "동천(洞天)"은 신선이 산다는 경치 좋은 곳을 일컫는 말인데, 이 시에서는 목적지인 선석을 가리킴과 동시에 또한 자강불식하여 도달하는 학문의 높은 경지를 암시하는 말이다. 소싯적부터 이러한 의지와 자세를 지녔기에 선생의 높은 학문이 나올 수 있었을 것이다.

바위 아래 맑은 샘, 한 맥으로 통했는데	巖下淸泉一脈通
어느 해에 이 산중에 샘을 팠던가	何年鑿得此山中
밤낮으로 쉬지 않고 콸콸 흐르니	日夜無停流活活
우리들의 참공부 시험해 보라 하네	要令吾輩驗眞工[3]

연보에 의하면 그는 24세 때 겨울에 이정상(李鼎相), 이진상(李震相), 정삼석(鄭三錫)과 함께 성주(星州)에 있는 감응사(感應寺)에 머물면서 독서를 하며 학문을 닦은 적이 있는데 이 시는 바로 그 시절에, 감응사에 있는 암하천(巖下泉)을 두고 지은 작품이다. 얼핏 보면 평범한 시인 것 같지만 그의 도학 공부의 한 단면을 보여주는 작품으로 생각된다. 이 시의 요체는 바로 제3구와 제4구에 있다. "밤낮으로 쉬지 않고 콸콸 흐르는" 샘물을 보고 "우리들의 참 공부를 시험한다"는 것이 무엇을 뜻하는가? "샘물"에서 "참공부"로 이어지는 상상력의 비약은 주자의 저 유명한 시「관서유감(觀書有感)」으로부터 나온 것이다. 다음에서 주자의 시를

---

3 「與李穉凝鼎相汝雷震相鄭晉叔三錫 讀書感應庵 拈韻賦巖下泉」,『叢刊』, 306면.

먼저 살펴본다.

반 이랑 반듯한 연못, 한 거울인 양 열려있어	半畝方塘一鑑開
하늘 빛 구름 그림자 함께 오고 가는구나	天光雲影共徘徊
묻노니 어쩌던 그렇게도 해맑은가?	問渠那得淸如許
원두(源頭)에서 활수(活水)가 흘러오기 때문이네	爲有源頭活水來

이 시에서 연못의 물에 "하늘 빛과 구름 그림자"가 비친다는 것은 마음이 온갖 일에 응해간다는 것을 나타낸다. 마음이 온갖 일에 응해갈 수 있는 것은 마음이 연못의 물과 같이 거울처럼 맑고 영명하기 때문이다. 연못의 물이 맑은 것은 원두(源頭) 즉 근원에서부터 활수(活水) 즉 맑고 싱싱한 물이 항상 흘러오기 때문이다. 활수는 고여있는 물이 아니고 살아서 움직이는 물이다. 주자는 연못의 맑은 물을 영명한 마음의 본체에 비유한 것이다.

사미헌의 시에서는 샘물이 "밤낮으로 쉬지 않고 콸콸 흐른다"고 했다. "콸콸"이라고 번역한 "活活"은 주자 시에서의 "活水"를 의미한다. 선생은 감응사의 암하천을 보고 심학(心學)의 요체를 터득한 것이다.

2. 묵방 십영

묵방(墨坊)은 경상북도 성주군 염속봉(厭俗峯) 아래에 있는 지명으로, 사미헌의 선조인 여헌(旅軒) 장현광(張顯光)이 병란을 피해 은거했던 곳이다. 사미헌은 78세 때 이곳을 방문하게 되는데 이때의 사정이 「연보」에는 다음과 같이 기록되어 있다.

(사월에 금릉산수를 유람하고) 돌아오는 길에 묵방에 이르러 장수(藏修)할 곳을 정했다. 묵방은 신안(新安)의 염속봉 밑에 있는데 이곳은 여헌(旅軒) 선생이 병란을 피했던 곳이라 선생이 선조의 유적을 추모하고 또 그 암림(巖林), 천석(泉石)의 좋은 경치를 사랑하여 드디어 이곳에 거처할 뜻이 있어 집 한 채를 사서 자언(玆焉)이란 편액(扁額)을 달았으니, 주자시의 "자언필모경(玆焉畢暮境)"의 뜻을 취한 것이다. 이로 인하여 멱진탄(覓眞灘), 수등간(垂藤澗) 등 열 수의 시를 지었다.[4]

「묵방십영」[5]은 78세 때 이곳의 승경 10곳의 경치를 읊은 시이다. 그러나 단순한 서경시(敍景詩)가 아니다. 다소간의 무리를 무릅쓰고 말한다면 이 시는 다분히 주자의 「무이도가(武夷櫂歌)」를 염두에 두고 쓴 작품으로 보인다. 우선 7언 절구 10수로 구성된 시의 형식이 일치한다. 특히 이 시의 제9수에 있는 "添得飛泉幾度寒"이란 구절은 「무이도가」 제8수의 "添得飛泉幾道寒"을 그대로 옮겨놓은 것이다. '度'와 '道' 두 글자만 다를 뿐이다. 무엇보다 마지막 제10수의 제목이 「평천(平川)」이란 사실이 양자의 친연성(親緣性)을 더욱 짙게 해준다. 「무이도가」 제10수가 평천(平川)의 풍광을 그리고 있기 때문이다.

「무이도가」는 주자가 만년에 무이산에 은거할 때 지어진 시인데, 무이구곡(武夷九曲)을 선유(船遊)하면서 주위의 경치를 노래한 작품이다. 이 작품을 단순한 서경시로 보느냐, 아니면 도학시(道學詩)로 보느냐에 대해서는 논란이 분분했다. 그러나 주자를 '무류(無謬)의 성인'으로 추앙

---

4   二十九年 壬辰條, "還至墨坊 卜藏修之所 墨坊在新安之厭俗峯下 是旅軒先生避兵之地也 先生寓慕先躅 且愛其巖林泉石之勝 遂有誅茅之志 買一屋子 扁以玆焉 盖取朱詩玆焉畢暮境之義也 因品題覓眞灘垂藤澗等十詠"

5   『叢刊』, 314면.

하고 주자가 은거했던 무이산을 도학의 성지로 여겼던 우리나라의 도학자들은 「무이도가」를 단순한 도가(櫂歌)나 서경시로 보지 않았다. 이들은 이 시에 지나친 의미를 부여하여 입도차제(入道次第)의 조도시(造道詩)로 이해했다. 그래서 우리나라에도 무이구곡을 본떠 고산구곡(高山九曲), 화양구곡(華陽九曲), 포천구곡(布川九曲) 등 헤아릴 수 없이 많은 계곡에 구곡이란 이름이 붙여졌고, 「무이도가」에 차운한 시도 무수히 창작되었다.

사미헌의 「묵방십영」도 주자의 「무이도가」를 의식하고 쓴 작품이다. 차운을 하지 않은 것은 무이구곡의 지형과 묵방의 지형이 너무 달랐기 때문일 것이다. 묵방이 계곡인 것은 사실이지만 무이구곡처럼 배를 타고 유람할 수 있는 곳은 아니었던 듯하다. 그래서 「무이도가」에 차운하기가 어려웠을 것이고, 사미헌 자신도 「무이도가」와의 관계에 대한 어떤 정보도 주지 않고 있다. 그러나 전술한 바와 같이 여러 가지 면에서 조도시(造道詩)로 이해한 「무이도가」의 영향을 받은 작품으로 짐작된다. 이제 좀 더 자세하게 시의 내용을 살펴보기로 한다.

좋은 날 작지 짚고 진경(眞境)을 찾아가니	勝日扶衰眞境覓
시냇가 좌우엔 푸른 절벽뿐이라	一川左右但蒼壁
이 속에 길 있는데 공연히 헤매었네	此間有路空踟躕
덮인 안개, 깃든 노을이 방울져 떨어진다	冪霧捿霞滴復滴

- 제1수 「覓眞灘」

서시(序詩)에 해당하는 제1수인데, 묵방계곡에 처음 발을 들여놓는 마음가짐을 표현하고 있다. 좌우에 푸른 절벽이 서있고 안개와 노을이 방울져 떨어지는 풍경이 좋긴 하지만 그가 걸어가는 이 길은 진리를 찾아가는 길이다. 이 길로 가면 진리에 도달할 수 있는데 지금까지는 그걸 모르고 "공연히 헤매었다"고 말한 것은 사미헌의 자겸(自謙)일 것이다. 이곳을 "멱진탄(覓眞灘)"이라 명명한 것은, 진리를 찾아 나서는 머나먼 학문의 여정이 여기서 비롯됨을 말한 것이다.

바위 모양 울퉁불퉁 두 갈래로 흐르는 물	巖形凹凸水流雙
우당탕탕 소리 내도 두려운 줄 모르겠네	震蕩龍吟不覺雙
흘러라, 모래 자갈이 무슨 장애 되리오	放去何嫌沙礫碍
활원(活源)이 끝내는 큰 강에 이를 텐데	活源終可到滄江

– 제3수 「雙流湫」

「무이도가」 제3수에 나오는 이곡(二曲)의 옥녀봉(玉女峯)을 연상시킨다. 「무이도가」의 옥녀봉은 수도(修道)하는 과정에서 여색을 경계하라는 뜻으로 이해되었다. 사미헌의 시에서는 이 옥녀봉이 모래와 자갈로 대체되었다. 모래와 자갈이 물길을 막아도 끝내는 큰 강에 이르듯이, 굳건한 자세로 학문에 정진하면 진리에 도달하게 된다는 말이다. 이런 마음가짐이 있으면 물소리가 아무리 크게 나도 두렵지 않은 법이다. 여기서 "활원(活源)"은 중요한 의미를 지닌다. 이것은 주자의 저 유명한 시 「관서유감(觀書有感)」에 근거한 표현인데 앞에서 언급한 바 있다.

사미헌 시의 "활원"은 활수(活水)의 근원 즉 주자 시의 "원두(源頭)"를 가리킨다. 이 활원에서 나온 활수가 고여 있지 않고, 또 모래나 자갈에 의해서 흐려지거나 막힘이 없이 흘러가서 마침내 큰 강에 도달한다고 말함으로써 마음의 본체가 영명함을 보존한다는 것을 지시하고 있다. 묵방계곡의 쌍류추(雙流湫)에서 발원하여 흐르는 물을 보고 사미헌은 도학의 심오한 이치를 깨닫고 있다.

주자의 시 「관서유감」은 우리나라 도학자들에게 깊은 영향을 미친 작품으로 사미헌은 젊은 시절에도 "원두(源頭)", "활수(活水)"를 모티프로 한 시를 지은 바 있는데 앞에서 진술했다.

맑고 깊은 돗의 물이 티끌 마음 씻어주어	淵淸無底洗塵心
이곳에 이르니 사람에게 깊은 성찰하게 하네	到此令人發省深
총총한 떡갈나무 찬 물의 성질 알아서	械樸能知寒水性
짐짓, 봄 여름에 높은 그늘 덮어주네	故敎春夏覆高陰

- 제4수 「洗心淵」

세심연(洗心淵)의 물은 "맑고[淸]" "차다[寒]." 맑고 찬 물이기에 "티끌 마음을 씻어주고" 영명한 마음의 본체를 보존할 수 있다. 맑고 찬 물이라야 마음속의 인욕(人慾)의 찌꺼기를 씻어내어 항상 각성(覺醒)의 상태를 유지하게 할 수 있다. 그리고 연못의 물을 맑고 차게 보존하기 위해서 총총한 떡갈나무가 봄과 여름에 높은 그늘을 만들어 덮어준다고 했다. 이렇게 하는 것이 조도(造道)의 과정임은 두말할 나위가 없다.[6]

시냇물 막고 있는 늙은 바위 편편한데	爲障川流老石盤
비온 후 보는 것이 가장 정채(精彩)롭다네	精輝最好雨餘看

---

6 鄭羽洛 교수는, 이 시의 1, 2구는 省察을, 3, 4구는 存養을 의미한다고 말한 바 있다(「張福樞 문학의 사상적 기저와 그 작품의 경향」, 『어문논총』 제45호, 68면).

| 가는 티끌 씻어내고 본태를 드러내니 | 洗去纖塵呈本態 |
| 물의 기운 원래가 사시에 차가운 것 | 原來水氣四時寒 |

- 제5수 「盤陀石」

편편하고 늙은 바위 즉 반타석(盤陀石)이, 흐르는 시냇물을 막고 있다고 했다. 그러나 이 반타석은 앞의 제3수에 보이는 "모래와 자갈"과는 다르다. 제3수에서는 모래와 자갈이 물길을 막아도 끝내는 큰 강에 도달한다고 말함으로써 공부를 방해하는 여러 가지 장애물을 이겨내야 저 물처럼 마침내 진리에 이른다는 것을 암시했다. 이 시에서의 반타석 또한 시냇물을 막고 있어서 때로는 장애물로 보이기도 한다. 그러나 그것이 반타석의 본모습이 아니라는 것이다. 반타석의 본모습은 비온 후 티끌이 씻긴 상태의 모습이다. 이것이 불변의 리(理)이다. 이 리는 언뜻언뜻 참모습을 보여주기 때문에 공부가 쌓여야 도(道)의 실체가 보이는 것과 같다. 유명한 퇴계의 시 「반타석」을 연상케 하는 작품이다. 또 한 가지, 4구에서 "물의 기운 원래가 사시에 차가운 것"이라 하여 여기서도 '찬 물'이란 표현이 나오는데 「묵방십영」에는 '寒' 자가 세 번이나 쓰이고 있다. 어느 경우에나 '寒'은 단지 물리적 성질이 아니라, 각성된 마음의 상태와 관련이 있다.

| 몇 길인가, 물소리가 두 귀를 때리는데 | 數丈鳴波兩耳鼓 |
| 높았다 낮았다, 삼켰다 또 토하는 듯 | 聲聲揚抑復吞吐 |

| 저토록 차가운 폭포 물이 불어나서 | 添得飛泉幾度寒 |
| 나라 걱정, 인간세상 비가 되어 내렸으면 | 憂國願作人間雨 |

- 제9수 「鼓瀑」

사미헌은 이제 험난한 수도(修道) 과정의 마지막 단계에 와있다. 도(道)의 세계로부터 인간의 세계로 돌아온 것이다. 도를 닦고 나서도 도의 세계에 그대로 머물러 있으면 의미가 없다. 하늘로부터 부여받은 본성을 잘 보존하여 도덕적 가치를 실현하는 인간이 되려는 것, 이것이 도학(道學)이 지향하는 궁극의 목표이다. 이 시에서는 거칠게나마 "人間雨"라는 표현으로 이러한 의도를 나타내고 있다. 그리고 이것은 주자「무이도가」의 지취를 따르려는 의도를 반영한 것으로 보인다. 왜냐하면「무이도가」제9수도, 수도의 극처에 다다른 경지를 암시함으로써 이 도가 인간의 일상생활에서 도덕적 행위로 실천되어야 한다는 점을 암시하고 있기 때문이다. 전술한 바와 같이 이 시의 제3구는「무이도가」제8수의 구절을 그대로 가져온 것이다.

어려움을 겪고 나니 문득 평지(平地) 나타나	歷盡艱危忽得平
뭇 봉우리 낮은 곳에 시야가 툭 트이네	亂峯低處眼開明
못난 내가 어찌 감히 인지락(仁智樂)을 말한손가	癡漢敢言仁智樂
숲 가득 우는 새, 저마다 새로운 소리	滿林啼鳥各新聲
	- 제10수「平川」

우선 이곳의 명칭을 '평천(平川)'이라 명명한 것이 심상치 않다. 묵방계곡의 10곳의 명칭은 아마 사미헌 자신이 붙인 이름인 듯한데, 서시(序詩)에 해당하는 제1수에서는 계곡 입구에 있는 여울에 '멱진탄(覓眞灘)'이란 이름을 붙였다. '진리를 찾는다'는 뜻의 이 명칭은 도학에 입문하는 단계를 나타낸다. 여기서부터 도를 찾는 긴 여정이 시작되는 것이다. 그리하여 가지가지 곡절을 겪으며 자강불식(自强不息)한 결과 마지막으

로 도달한 곳이 '평천'이다. 이곳을 평천이라 한 것은 다분히 주자의 「무이도가」를 염두에 둔 것이다. 「무이도가」의 마지막 수인 제9곡시를 참고로 보기로 한다.

구곡이라 다하려니 눈앞이 훤해지고	九曲將窮眼豁然
상마(桑麻)와 우로(雨露) 있는 평천(平川)이 보이누나	桑麻雨露見平川
어랑(漁郎)은 도원(桃源) 길 다시 찾지만	漁郎更覓桃源路
여기가 인간의 별유천(別有天)인 것을	除是人間別有天

이 시는 해석이 구구하여 수많은 논쟁을 불러 일으켰지만, 상마, 우로가 있는 평상 일용의 사물들 사이에 도가 있는 것이지 별다른 곳에 따로 존재하는 것이 아님이 우리나라 도학자들의 일반적인 견해였다. 즉, 수도 과정의 극처에서 발견한 평범한 진리를 상징한다는 견해이다. 그렇기 때문에 따로 도원(桃源)을 찾아 나설 필요가 없다는 것이다.

사미헌의 시도 대체로 「무이도가」의 뜻을 따르고 있다. "어려움을 겪고 나니 문득 평지가 나타난다"고 했다. 이 평지가 바로 상마, 우로가 있는 『무이도가』에서의 평천이다. 「무이도가」에서는 이곳의 풍광을 "眼豁然"이라 표현했고 사미헌은 "眼開明"이라 표현했는데 마찬가지의 뜻이다. 사미헌의 시에는 '상마', '우로', '어랑'이 등장하지 않지만 이것은 무이계곡과 묵방계곡의 지형, 지물이 달랐기 때문일 것이다. 대신 "숲 가득 우는 새, 저마다 새로운 소리"라는 「묵방십영」의 마지막 구절에서 우리는 천리(天理)를 체득한 노학자의 달관(達觀)의 경지를 엿볼 수 있다. 그리고 선조의 얼이 서려있는 묵방에 노년의 장수지처(藏修之處)를 마련하여, 무이계곡의 제5곡에 무이정사(武耳精舍)를 짓고 은거한 주자의 지취를 따르려한 사미헌의 모습을 이 시에서 읽을 수 있다.

3. 기타의 시

축하하지 말라고 자식에게 일렀으니	詔子莫稱慶
환갑 맞은 세상 사람 많지 않은가	世人多甲年
평생에 효도 못해 눈물짓는데	平生蓼莪淚
오늘은 더 많은 눈물 흐르네	今日倍潸然[7]

그가 회갑을 맞이한 날 아침에 지은 시이다. 그는 자식들에게 환갑잔치를 하지 말라고 일렀다. 환갑을 맞은 사람이 세상에 많기 때문이라는 것이 그 이유였다. 그러나 그것은 표면적인 이유이고 사실은 평생에 못다한 효도 때문이었다. 그는 지극한 효자였다. 그럼에도 불구하고 부모님 살아 계실 때 더 잘 봉양하지 못한 것을 늘 가슴 아파했다. 그래서 "평생에 효도 못해 눈물짓는다"고 말한 것이다. 제3구의 "요아(蓼莪)"는 『시경』「소아」의 「요아(蓼莪)」장에 나오는 말로, 효자가 부모의 봉양을 뜻대로 하지 못하는 것을 슬퍼하여 지은 시이다 이런 마음을 지녔기에 환갑날 잔치상을 받을 수 없었을 것이다. 또한 사미헌은 평시에도 생일을 챙기지 않았다고 한다. 그는 평상시 생일날 밥상에 평시와 조금이라도 다른 고기 반찬이 올라오면 문득 즐거워하지 않았다고 한다. 이 시는 그의 검소한 일상생활의 단면을 잘 보여주고 있다.

---

[7] 「甲朝述懷」, 『叢刊』, 312면.

할아버지 헌명(軒名)을 각(覺)이라 하신 것은	吾祖軒名覺
자손들로 하여금 깨닫게[覺] 함이신데	應令來裔覺
어리석게 조상을 욕되게 하였으니	蒙何忝爾生
백 가지에 하나도 깨닫지 못했도다	百不一於覺[8]

각헌(覺軒)은 그의 조부인 장주(張儔)의 헌명(軒名)이자 호이다. 각헌은 여헌(旅軒)의 6대손으로 세거하던 양촌(陽村)으로부터 지금의 녹리(甪里)로 이거한 분이다. 주지하는 바와 같이 사미헌은 학문적으로 연원이 없고 오직 조부인 각헌공에게 수학했을 뿐이다. 그러므로 각헌공이야말로 사미헌을 대유(大儒)로 성장시킨 장본인이다. 그런만큼 조부에 대한 사미헌의 존모(尊慕)의 염(念)은 남다를 수밖에 없었을 것이다. 이 시는 조부가 거처하시던 서재의 벽에 써놓은 것이다.

  조부가 헌명을 각헌이라한 것은 물론 조부 자신에 대한 경계(警戒)였을 것이다. 그러나 사미헌은 이것을 후손에 대한 경계, 특히 사미헌 자신에 대한 경계로 받아들였다. 그런데 자신은 백 가지에 하나도 깨달은 바가 없어 조상을 욕되게 했다고 자탄하고 있다. 언제나 자신을 낮추고 겸양하는 자세로 살다간 그의 모습을 이 시에서 읽을 수 있다. 제3구의 "忝爾生"은 『시경』의 「소아」〈소완(小宛)〉장에 나오는 "夙興夜寐 無忝爾所生(아침 일찍 일어나고 저녁 늦게 자면서 낳아주신 부모님 욕되게 말지어다)"라는 구절을 빌려 쓴 것이다.

| 너는 장지일(長至日)에 태어났기에 | 爾生長至日 |

---

8 「覺軒壁上志感」, 『叢刊』, 313면.

| 너에 거는 기대가 남들과 달라서 | 期望異於人 |

| 부모는 집안의 봉황새에 견주었고 | 父母視家鳳 |
| 형제들은 석학이 되리라 여겼었는데 | 弟兄擬席珍 |

| 어찌하여 사마병(司馬病)에 걸리고 | 奈何司馬病 |
| 양자운(揚子雲)의 가난까지 함께 지녔나 | 又此子雲貧 |

| 생각지도 못했네, 늙어빠진 이 몸이 | 不意癃衰我 |
| 이렇게 너의 환갑 보게 될 줄을 | 見君初度辰[9] |

막내아우 녹추(祿樞)의 환갑날에 감회를 읊은 시이다. 이때 사미헌의 나이는 74세였다. 그는 형제간에 우애가 돈독하기로 이름났었다. 추울 때는 아랫목을 양보했고 나란히 밥상을 받아 맛있는 음식이 있으면 그가 숟가락으로 권하고 아우는 입으로 받아먹어 마치 어머니가 어린아이에게 하듯 했다고 한다. "장지일(長至日)"은 하지(夏至)와 동지(冬至)를 동시에 가리키는데 어느 날에 태어났는지 모르지만, 자질이 영리하고 뛰어나 집안의 기대를 한 몸에 받고 자란 듯하다. 그러나 성장해서는 가난과 병마와 싸웠던 것으로 보인다. 제5구의 "사마병(司馬病)"은 한나라 때의 문장가인 사마상여(司馬相如)가 앓았던 소갈병(消渴病) 즉 지금의 당뇨병을 말한다. 그리고 제6구의 "자운빈(子雲貧)"은 역시 한나라 때의 학자인 양웅(揚雄)과 같이 가난했다는 것을 나타낸다. 자운(子雲)은 양웅의 자(字)이다. 이렇게 사마상여와 양자운을 빌려 병들고 가난했음을 말

---

9 「季崇晬日述懷」, 『叢刊』, 314면.

했지만, 또한 아우가 사마상여와 같은 문장가이고 양자운과 같은 학자임을 암시하고 있는 표현이다. 그러한 아우가 환갑을 맞이했으니 감회가 남다를 수밖에 없었을 것이다.

19세기 안동 유림의
활동과 서산학파

1.

안동을 중심으로 한 퇴계(退溪) 학맥의 전승은 크게 두 갈래로 나누어진다. 한 갈래는 퇴계-학봉(鶴峰) 김성일(金誠一, 1538~1593)-경당(敬堂) 장흥효(張興孝, 1564~1633)-갈암(葛庵) 이현일(李玄逸, 1627~1704)-대산(大山) 이상정(李象靖, 1711~1781)-손재(損齋) 남한조(南漢朝, 1744~1809)-정재(定齋) 유치명(柳致明, 1777~1861)으로 이어지는 학맥이고, 다른 한 갈래는 퇴계-서애(西厓) 류성룡(柳成龍, 1542~1607)-우복(愚伏) 정경세(鄭經世, 1563~1633)-수암(修巖) 유진(柳袗, 1582~1635)-입재(立齋) 정종로(鄭宗魯, 1738~1816)-강고(江皐) 유심춘(柳尋春, 1762~1834)-매산(梅山) 유후조(柳厚祚, 1798~1876)-계당(溪堂) 유주목(柳疇睦, 1813~1872)으로 이어지는 학맥이다.

이 두 갈래의 학맥은 이른바 '병호시비(屛虎是非)'에서 전자가 호론(虎論)의 학통을 전승했고 후자는 병론(屛論)의 학통을 전승하여 각기 퇴계의 적전(嫡傳)임을 주장했다. 이 중 본 논고의 배경이 되는 19세기 중반에 이르러 호론의 계승자인 유치명이 안동 유림의 종장의 위치를 점하게 된다. 그는 병호시비가 가장 격렬했던 시기에 호론을 대표하여 활동하면서 퇴계를 통한 주자 성리학 선양의 구심점 역할을 했으며, 「대산선생신도비(大山先生神道碑)」, 「갈암선생신도비(葛巖先生神道碑)」를 지어 학봉, 갈암, 대산으로 이어지는 퇴계 학통의 계보를 호론 쪽으로 확립시켰다. 1855년에는 장헌세자(莊獻世子) 추숭을 건의하는 '만인소(萬人疏)'를 주도하여 6개월간 유배생활을 했으나 이를 계기로 영남에서의 학문적, 정치적 위상이 더욱 높아져 수많은 제자를 거느리게 되는 정재학파를 형성했다.

유치명의 제자들은 19세기 안동 유림을 주도하면서 척사위정(斥邪衛正)운동을 전개했다. 이 시기에 이들이 주자학과 퇴계학에 대한 학문적 탐구에 몰두하기보다 척사위정운동 쪽으로 방향을 잡은 것은, 척암 김도화의 말대로 "경전의 의미는 이미 주자가 서술하였고 퇴계가 부연하였으며 대산이 다시 발명하였기" 때문에 더 이상 이론적으로 천착할 필요가 없다고 생각했던 것이다.

그러나 무엇보다도 급변하는 국내외의 정세가 이들로 하여금 실천적 행동에 나서게 했다. 1866년의 병인양요(丙寅洋擾)와 1871년의 신미양요(辛未洋擾)에 이어 1876년에는 병자수호조약을 체결함으로써 개항이 이루어졌다. 이에 1881년에는 '영남만인소(嶺南萬人疏)' 사건이 발생하여 대대적인 척사운동이 일어났는데 이를 주도한 세력은 유치명 학파의 인사들이었다. 한편 1871년 대원군에 의해 서원 훼철령이 내려져 호계서원마저 훼철되자 안동 유림들은 수차에 걸쳐 소(疏)를 올려 서원 복설을 청원했다. 척사(斥邪)와 위정(衛正) 운동을 함께 벌인 것이다. 그들은 이렇게 하는 것이 주자, 퇴계, 대산으로 이어지는 학통을 수호하는 것이라 생각했다.

유치명의 제자들 중 뛰어난 인물로 척암(拓菴) 김도화(金道和, 1825~1912), 서산(西山) 김흥락(金興洛, 1827~1899), 성대(星臺) 권세연(權世淵, 1836~1899), 서파(西坡) 유필영(柳必永, 1841~1924) 등이 있다. 김도화는 25세 때부터 유치명의 문하에서 주자학을 공부하여 학문적으로 깊은 경지에 들었을 뿐만 아니라 1881년 영남 만인소에 참여하여 「척사설소(斥邪說疏)」를 지었으며 1895년 명성황후가 시해되고 단발령이 내리자 「창의진정소(倡義陳情疏)」를 짓고 의병을 일으켜 70세가 넘은 나이에 의병장으로 활동했다. 권세연은 단발령 공포 후 안동 의병의 창의대장으로 추대되었고 유필영은 가학의 연원을 바탕으로 주자학을 깊이 연구했고 영남 만인소에 참가하여 조사(曹司)로 활동했으며 유림단 독립청원서인 파리장서에도 서명했다.

2.

학봉 김성일의 11대 종손인 김흥락은 일찍이 이우성(李佑成) 교수가 지적한 바와 같이 "하나의 큰 호수로서 위에서 흘러내린 물을 받아들이고 또 아래로 방류해 보내는 위치"에 있었다. 실로 그는 퇴계로부터 이어온 도학(道學)의 맥을 굳건히 지킨 큰 학자였다. 그의 학문적 요체는 「입학오도(入學五圖)」에 집약되어 있다. 입지도(立志圖), 거경도(居敬圖), 궁리도(窮理圖), 역행도(力行圖), 총도(總圖)로 구성된 「입학오도」의 총도에서 그는 다음과 같이 말했다.

나 흥락(興洛)이 『주자어류』의 「훈문인(訓門人)」 여러 편을 본 적이 있는데, 사람에게 학문하는 방도를 가르침이 진실로 한 가지 단초가 아니었다. 그러나 큰 항목을 뽑는다면 입지(立志)·거경(居敬)·궁리(窮理)·역행(力行) 네 가지일 뿐이다. 반드시 입지한 뒤에야 마음에 표준으로 삼을 것이 있어서 나갈 방향이 바르게 될 것이다. 거경은 뜻을 유지하여 궁리를 하는 근본이 된다. 궁리는 선을 밝혀 덕에 나가는 바탕이 된다. 역행은 자신을 돌아보고 밝힌 이치를 실천하는 것이다. 이 네 가지는 함께 해

나가야 하니, 참으로 오늘 이것을 하고 내일 저것을 하는 이치는 없다.

　이렇게 학문의 방도를 제시하고 그중에서 거경과 궁리를 중시했는데, 거경과 궁리는 수레의 두 바퀴나 새의 두 날개와 같아서 어느 하나도 없앨 수 없지만 거경을 급선무로 여겼다. 거경을 급선무로 여겼다는 것은 그가 인식론적인 리(理)보다 실천론적인 경(敬)을 더 중시했다는 의미이다. 그는 경(敬)을 '유외위근(惟畏爲近)'이라 하여 서재에 '외재(畏齋)'라는 편액을 달고 학문과 일상생활을 일관하는 하나의 지표로 삼았다. 이러한 그의 자세는 17세 때 썼다는 시에 잘 나타나 있다.

성현의 온갖 말씀 중에 경(敬)이 제일 중요하니	聖賢千言莫敬要
주자의 남긴 절조 분명하도다	紫陽端的有遺調
이 중에 참소식 알고 싶으면	欲知箇裏眞消息
넓은 길도 외나무다리처럼 걸어야 하리	官道當如獨木橋

　이렇게 그는 젊은 시절부터 항상 깨어있는 마음으로 외나무다리 건너듯 정신을 집중하는 경공부를 중시했다. 그는 "경은 성인 학문의 시작이요 끝이다"라 말했다. 다음과 같은 시에서도 경에 대한 그의 일관된 자세가 드러나 있다.

등산은 쉽지 않고 하산은 어려워	上山不易下山難
걸음마다 위태로워 가면서 또 보네	步步懸危行且看
이 마음 잠깐이라도 잃지 아니하면	此心造次能無失

| 험함이 응당 이부자리처럼 편안하리 | 險絶應如衽席安 |

참으로 절묘한 비유를 통하여 거경의 중요성을 설파하고 있다. 이러한 생활자세가 내우외환(內憂外患)이 겹친 19세기의 어려운 상황에 대처하는 버팀목이 되어준 것이다. 그리하여 1895년 민비가 시해되는 을미사변(乙未事變)이 일어났을 때는 김도화와 함께 안동의병운동을 주도했던 것이다.

3.

유치명 사후에 안동 유림의 종장의 위치에 있었던 김흥락의 문하에는 수많은 제자들이 모여들었다. 중요한 인물로 석주(石洲) 이상룡(李相龍, 1858~1928), 공산(恭山) 송준필(宋浚弼, 1869~1943), 해창(海窓) 송기식(宋基植, 1878~1949), 일송(一松) 김동삼(金東三, 1878~1937) 등이 있고 직접 제자는 아니지만 동산(東山) 유인식(柳寅植, 1865~1928)도 퇴계 학맥의 정통을 잇는 학자였다.

이들의 공통점은, 수학기에는 전통적인 도학자로 출발했으나 후에는 계몽사상가, 독립운동가로 변신했다는 점이다. 이상룡은 1908년 대한협회 지회를 설립하고 만주로 망명하여 향드의숙, 신흥강습소 등의 민족교육기관을 세우면서 독립운동을 펼쳤고 1925년에는 상해 임시정부의 국무령(國務領)의 지위에까지 올랐다. 송기식은 김흥락 사후에 7년간 유고를 정리하여 문집을 완성했고 3·1운동이 일어나자 그가 세운 신식학교인 봉양서숙(鳳陽書塾) 학생들과 만세운동을 벌이기도 했으며『유교유신론(儒敎維新論)』을 지어 유교 혁신을 꾀했다. 김동삼 역시 전통 교육을 받았으나 유인식, 이상룡 등과 함께 협동학교(協同學校) 설립에 앞장서 계몽운동에 나섰으며 1931년에는 만주로 망명하여 독립운동을 펼치며 '만주의 호랑이'로 활동했다.

　퇴계에서 이현일, 이상정, 유치명, 김흥락으로 이어지는 도학의 진정한 계승자는 송준필이었다. 그는 주저(主著)라 할 수 있는『심통성정삼도발휘(心統性情三圖發揮)』에서, 심성정론(心性情論)에 관한 송대 성리설과 퇴계 학통의 성리설을 정연하게 체계화하여 20세기 초에 정리된 성리학설의 일대집약이라는 평가를 받고 있다. 그는 또한 1919년의 유림단독립운동(儒林團獨立運動)을 실질적으로 주도하여 대의(大義)를 세우기 위한 구국활동의 전면에 나서기도 했다.

　이렇게 김흥락은 위로는 퇴계로부터 이어진 도학의 큰 물줄기를 계승하고 아래로는 수많은 제자들을 길러낸 하나의 호수 같은 존재였다. 실로 그는 당시 영남 유림의 종장의 위치에 있었으니, 아무리 학문이 뛰어나고 인격이 높다고 사람들이 평가해도 그의 인정을 받지 못하면 학자로서 행세를 못했을 정도로 그의 영향력은 컸던 것이다. 문인록「보인계첩(輔仁稧帖)」에는 705명의 문인이 등재되어 있다. 그를 중심으로 모인 이 일군의 학자들을 '서산학파(西山學派)' 또는 '서산학단(西山學團)'으로 불러도 손색이 없을 것이라 생각한다.

심산 김창숙의 독립운동과
반독재 투쟁 그리고 교육활동

1. 김창숙의 독립운동

　심산(心山) 김창숙(1879~1962)은 평생을 독립운동과 반독재 투쟁 그리고 유학의 개혁과 교육활동에 헌신했다. 심산은 영남의 명문인 의성 김씨 가문의 출신으로 특히 조선 중기의 명현인 등강(東岡) 김우옹(金宇顒)의 13대 종손으로 타어나 어렸을 때부터 유학과 한학을 익힌 전형적인 선비였다.

　당시 일본은 한국에 대한 제국주의 침략을 노골화하여 1905년에는 을사5조약을 체결했는데 이것이 심산 일생의 진로를 바꾸어 놓은 계기가 되었다. 유학자이면서도 애초에 심성이기(心性理氣) 등의 공허한 학문에 관심이 없었던 그는 국가의 운명이 걸린 중요한 시기에 나라를 지키기 위한 행동가로 나선 것이다. 을사5조약이 체결되었다는 소식을 듣고 그는 스승인 이승희(李承熙)와 함께 상경하여 「청참오적소(請斬五賊疏)」를 올렸고 1907년에는 국채보상운동에 적극 참여했으며 1909년에는 대한협회의 성주지회를 결성하여 총무를 맡아 활동하기도 했다.

　그러나 심산을 비롯한 전 국민의 노력에도 불구하고 1910년 나라를 잃게 되자 그는 그 통분을 이기지 못해 "나라가 망했는데 선비로서 이 세상에 산다는 것은 큰 치옥이다"라 말하고 이후 음주와 노름으로 자포자기한 듯한 생활을 했다. 저잣거리에서 미친 것처럼 노래하며 혹 머리를 풀어 헤치고 거리를 쏘다녀 주위에서는 그를 미친 사람이라 지목하기도 했다고 한다. 이런 생활을 몇 년간 계속하다가 1913년(35세) 겨울, 모친의 엄중한 견책과 간절한 충고를 듣고 귀가하여 오로지 학문에만 몰두하였다. 그의 평생의 학문적 축적과 한문 및 유학에 대한 지식은 이 시기에 이루어졌다.

1919년부터 그의 본격적인 항일독립운동이 전개되었다. 1919년 서울에서 3·1운동이 일어난 직후 영남 유림이 주동이 되어 전국 유림의 뜻을 모아 파리 평화회의에 독립청원서를 제출하기로 했는데 이것이 이른바 '파리장서(巴里長書)'이다. 이 파리장서는, 3·1운동의 민족대표에 유림대표가 참가하지 못한 것을 통분히 여긴 유림들이 기획한 것이다. 이에 유림의 신분으로 이 일에 적극 참여한 김창숙은 장서를 파리에 전달할 임무를 자임하고 나섰다.

그는 장서를 지니고 1919년 3월 23일 서울을 출발하여 27일 중국 상해에 도착했는데, 이미 김규식을 민족대표로 파리에 파견해놓은 상태였음으로 그가 파리에 가는 대신 장서를 번역하여 우송하기로 하였다. 이후 그는 중국에 머물면서 먼저 와 있었던 박은식, 신채호, 이회영, 이동녕, 김구 등과 함께 본격적인 항일독립운동의 길로 접어들었다.

1919년 4월에는 임시정부 수립에 참여하여 경상북도 대표로 임시의정원 의원이 되었고 7월에는 상해에서 손문(孫文)과 면담하여 독립운동 지원을 약속받았다. 8월에는 손문의 주선으로 광주(廣州)에 가서 국민당 인사들과 접촉하였고 이를 바탕으로 한국독립후원회, 중한호조회(中韓互助會) 등을 만들었다.

그와 임시정부와의 관계는 초기에는 그다지 적극적이지 않았다. 임시정부 대통령에 이승만이 당선되자 그는 박은식, 신채호 등과 함께 이승만을 강력히 성토했다. 이승만이 미국의 월슨 대통령에게 위임통치를 제안했기 때문에 대통령으로 부적당하다는 것이 그 이유였다. 결국 1925년에 이승만 탄핵안이 가결되었고 그 이듬해 그가 의정원 부의장에 선임되면서 임시정부에 적극 참여하게 된다. 이승만과는 이때부터 사이가 좋지 않았는데 이후에도 줄곧 두 사람은 서로 대립관계에 있었다. 해방 이후 죽을 때까지 김창숙의 활동은 반이승만 투쟁이라 해도 과언이 아닐 것이다.

 이 무렵 중국에서의 독립운동이 다소 위축되는 기미가 보이자 그는 이회영과 함께 새로운 독립운동 기지의 물색에 나섰다. 백방으로 노력한 끝에, 중국 광동정부의 외교부장이었던 서겸(徐謙)의 주선으로 내몽고 일대의 실권자인 풍옥상(馮玉祥)과 교섭하여 포두(包頭), 수원(綏遠) 일대에 3만 정보의 땅을 무료 임대하여 개간하기로 했다. 그리고 황무지 개간 자금 마련을 위해 1925년 8월 국내에 잠입하여 모금활동을 벌였으나 소기의 목적을 달성하지 못하고 출국하면서 그는 "지금 내가 가지고 가는 돈으로는 황무지 개간 사업을 거론하기에는 만 번 어려울 것이니 나는 서겸을 다시 만날 면목이 없습니다. 출국의 날에 즈음하여 이 돈은 의열단원의 결사대 손에 직접 전해주어 왜정의 각 기관을 파괴하고 친일 부호들을 박멸하여 이로써 우리 국내의 민의를 고무할 결심입니다"라 하여 비장한 결의를 표명했다. 상해로 돌아온 그는 김구와 상의하여 의열단원인 나석주(羅錫疇)에게 무기와 자금을 주고 국내로 잠입시켰다. 나석주는 식산은행과 동양척식회사에 폭탄을 던지고 척식회사 사원과 왜경을 사살한 다음 본인도 자결했다. 이제 김창숙은 극단적인 행동주의자로 변모한 것이다.

 한편 그의 모금운동이 탄로되어 연루된 유림 600여 명이 검거되고 또 폭탄투척 사건이 일어나자 일경은 그를 체포하려고 혈안이 되어 있었다. 김창숙은 치질로 상해 공동조계(共同租界) 안의 공제병원에 입원해 있다가 1927년 6월 병원에서 체포되어 국내로 압송되었다. 대구 형무소에 수감되어 있던 중 1928년 12월 14년형의 선고를 받고 대전 형무소로 이감되었다. 1929년 5월에 형집행정지로 출옥했다가 8월에는 대전 형무소에 재수감되었다. 그는 일경의 취조 과정에서 고문으로 인하여 이미 앉은뱅이가 되어 있었다. 후에 그가 앉은뱅이를 뜻하는 '벽옹(躄翁)'을 자호(自號)로 삼은 것은 이러한 연유에서였다. 1934년에는 병이 위독하여 형집행정지로 출옥하여 울산, 백양사 등지에서 요양하다가 1940년 4월에 고향으로 돌아갔다. 이때 일제는 집요하게 창씨개명을 강요하였지만 그는 끝내 거절했다. 무슨 이유인지 분명치 않지만 그는 1945년 8월 7일 왜관경찰서에 구검되었고 8월 15일 옥중에서 광복을 맞았다.

2. 김창숙의 정치활동

1945년부터 1948년 정부가 수립되기까지 김창숙의 정치활동에 관해서는 본 특집의 성격상 다른 인물들의 서술 과정에서 중복되는 사항이 많을 것이므로 자세한 기술은 피하고 몇 가지 특징적인 사실만 살펴보기로 한다.

광복 이후 그의 활동에서 가장 두드러진 특징은 '무정당주의(無政黨主義)'이다. 광복이 되자 60여 개가 넘는 정당, 사회단체가 난립하여 서로 그를 당수 혹은 단체장으로 영입하려 했으나 그는 모두 거절했다. 그는 이렇게 말했다.

아아, 이 늙은이는 광복의 일에 종사하면서 그 운동을 할 때 당색의 노소남북은 묻지 않고 다만 동지인가를 물었을 따름이다. 비록 동지로써 백범(白凡), 해공(海公) 같은 이가 모두 그 당에 끌어들이려고 했으나 늙

은이는 끝내 거절하였으니 지금 한국의 천하에서 우뚝 당이 없는 사람은 오직 이 늙은이뿐이다.[1]

그가 이렇게 정당에 참여하기를 거부하고 정당 자체를 적대시하기까지 한 것은 이조시대 사색당파의 폐해를 너무나 절감했기 때문이었을 것이다. 그는 「당인탄(黨人歎)」이란 장편시에서 이씨조선의 당파의 분열을 열거하고 "아비가 전하면 아들이 또 이어 / 대대로 보기를 원수처럼 했으라 / 가슴속 깊이 든 병 갈수록 더욱 악화해 / 마침내는 망국의 빌미가 되었다가 / 달갑게 왜놈의 노예가 되었음은 / 천추에 씻지 못할 한스러운 일"이라 말했다.[2] 그와 이념을 같이했고 또 가장 가까이 지냈던 김구가 한독당(韓獨黨)에서 같이 일하기를 권유했을 때에도 이를 단호히 거절한 연유가 여기 있는 것이다. 장을병 교수는 이러한 김창숙을 '항구적 소수파(permanent minority)'라 분류한 바 있다.[3]

'해방정국'에서의 김창숙의 한결같은 노선은 임시정부를 중심으로 남북 통일국가를 건설해야 한다는 것이었다. 1945년 11월, 임정 요인들이 귀국했을 때 그는 "좌익, 우익의 구별을 타파하고 대한민국 임시정부의 기치 아래 모두 모여야 한다"는 요지의 성명을 발표했다.[4] 그렇기 때문에 1946년 김구를 중심으로 한 임정 세력이 비상국민회의를 소집했을 때, 그토록 정당, 사회단체 가입을 거부하던 그도 "정부를 수립하는 일이 극히 중대하니 마땅히 먼저 정부를 수립하기 위한 모체기관이 필요

---

1 김창숙, 『국역 심산유고』, 성균관대학교 대동문화연구원, 1979, 201면.
2 김창숙, 위의 책, 175면.
3 심산사상연구회, 『심산 김창숙의 사상과 행동』, 성균관대학교 대동문화연구원, 1986, 181면.
4 김창숙, 앞의 책, 790면.

하다"⁵는 여론에 따라서 이에 참가하여 최고정무위원회 28인에 피선되었다. 물론 여운형, 박헌영 등 좌익 세력은 불참하였다.

그러나 비상국민회의 최고정무위원회가 1946년 남조선 대한민국대표민주의원으로 개칭되어 주한 미군사령관 하지 중장의 자문기관이 되자 김창숙은 강력히 반발했다. 2월 18일 민주의원 2차 회의가 열리던 날 아침 그는 김구를 찾아가 "그대는 이승만과 더불어 우리 민족을 팔고자 하는가? 그대는 어찌하여 성명서를 발표하여 국민에게 사과하지 않는가? 나는 이승만 등과는 같이 자문기관에 가지 않겠다"고 항의했다. 이날 강제로 끌려가다시피 회의에 참석해서도 의장인 이승만을 향하여 "당신은 오늘에 있어서 이미 민족을 팔았으니 어찌 다른 날에 국가를 팔지 아니한다고 보장하겠는가"라 힐난했다.

이러한 김창숙의 행동은, 외세의 개입 없이 우리 민족의 힘으로 통일정부를 수립하자는 것이었다. 그러나 이해 3월에 미·소 공동위원회가 설치되고 찬탁, 반탁 세력이 날카롭게 대립하는 가운데 미군정은 우익 진영의 공위 참여를 유도했다. 우여곡절 끝에 결국 민주의원 의원들은 정당 사회단체 대표로서 공위에 참가하게 되었다. 공위 참가 여부를 묻는 투표에서 23명 중 김창숙만이 반대표를 던졌다.

1948년에 접어들면서 UN 결의에 의하여 남한에서의 단독선거가 시도되자 김창숙은 2월 다음과 담화를 발표했다.

1. 유엔 한국위원단 내한(來韓)과 위원 제씨가 부하(負荷)한 사명은 내정 간섭이 아니라 남북통일 총선거로 통일정부 수립에 관하여 외력(外力)의 부당한 간섭을 거절함에 있다고 믿는다.

---

5   김창숙, 앞의 책, 802면.

2. 단선단정(單選單政)에 대하여 이것은 국토 양단과 민족 분열을 조장함에 불과하니 북한지방을 소련에 허여하려는 것이다.
3. 외군의 주둔 밑에서 자유로운 선거가 있을 수 없고 이어서 연립되는 정부는 괴뢰정부일 것이다.
4. 남북 정치요인 회담으로 통일정부를 수립하여야 한다.[6]

이 담화문에 김창숙의 정치노선이 집약되어 있다. 즉 외세의 간섭 없이 통일정부를 수립하자는 것이 그의 일관된 생각이었다. 그리고 이미 굳어져가는 남북 분단을 막아보기 위하여 남북요인 정치회담을 제안한 것이 특이하다. 그러나 1948년 3월 1일 남한 단독선거 일정이 발표되고 5일 이승만이 각 정당 사회단체 대표자대회를 소집하여 단선, 단정을 추진하자 12일 김창숙은 김구, 김규식, 홍명희, 조소앙, 조성환, 조완구와 함께 이른바 '7거두 공동성명'을 발표하게 된다. 이 성명서는 "미·소 양국이 군사상 필요로 일시 발정(發定)한 소위 38선을 국경선으로 고정시키고 양 정부 또는 양 국가를 형성케 되면 남북의 우리 형제자매가 미·소 전쟁의 전초전을 개시하여 총검으로 서로 대하게 될 것이 명약관화한 일이니 우리 민족의 참화가 이에서 더할 것이 없다"[7]라 하여 6·25 전쟁을 정확하게 예언하고 있다. 하지만 이러한 도든 노력에도 불구하고 1948년 5월 10일 남한에서의 단독선거가 실시되고 7월 20일에는 이승만이 대통령에 당선된다.

---

6 『벽옹일대기(躄翁一代記)』, 태을출판사, 1965, 300면.
7 『벽옹일대기』, 301면.

3. 김창숙의 유교부흥운동과 교육활동

'해방공간'에서 김창숙이 수행한 가장 빛나는 업적 중의 하나가 유교부흥운동과 교육활동이다. 그가 수행한 유교부흥운동과 교육활동은 서로 밀접한 관계를 맺고 있다. 그는 한국 유교의 총본산이라 할 수 있는 성균관을 정상화하고 이를 바탕으로 대학을 설립하여 교육활동을 펼치려 했기 때문이다. 그러므로 이 두 가지를 묶어 함께 서술하기로 한다.

그는 전통적인 유가(儒家)의 후예로서 광복 후 피폐해진 성균관을 그대로 방치할 수 없었다. 1911년 6월 일제는 조선총독부령 제73호로 성균관에 경학원(經學院)을 설치했는데 경학원의 수장(首長)인 대제학은 조선총독의 지휘감독을 받도록 되어 있었다. 이로써 성균관은 전통적인 국립대학으로의 교육기능을 상실하고 일제의 어용기관이 되어 버렸다. 1930년에는 동양정신과 유교부흥을 가장한 일제의 회유정책의 일환으로 경학원에 명륜학원(明倫學院)이 부설되었고, 1939년 2월에는 신사참배, 창씨개명 등 이른바 '황국신민화 정책'을 강력히 추진하기 위하여 명륜학원을 명륜전문학원으로 개편했으며 이해 10월에는 조선유도연합회를 만들어 본격적인 '황도유학(皇道儒學)'을 강요했다. 1942년에 명륜전문학원을 재단법인 명륜전문학교로 개편했으나 2차 대전 막바지의 침략전쟁을 치르기 위해 곧 폐교되고 이후 청년연성소(靑年鍊成所), 조선명륜연성소로 바뀌었다.

광복이 되자 당시 성균관 안팎에는 수십 개의 유림단체가 난립하여 서로 대립하고 있었다. 이들 단체는 한결같이 김창숙을 위원장으로 모셔가려고 했으나 그는 이를 모두 거절했다. 그리고 1946년 1월에 난립한 여러 유림단체를 통합하여 유도회총본부를 결성하고 위원장에 취임했다. 유림에서의 명망과 독립운동의 경력 등으로 볼 때 유도회를 이끌 만한 인물로 그보다 나은 사람이 없었던 것이다. 5월에는 성균관에서 유도회총본부 총회를 가최하여 유교부흥을 위한 전반적인 안건을 토의했다. 여기서 토의된 사항은 첫째, 성균관의 숙청 및 유지 둘째, 전국 향교재산의 환수 문제 셋째, 성균관대학의 설립이었다.

성균관의 숙청은, 일제시대 경학원을 중심으로 친일 행각을 한 유림들을 숙청하는 일이 급선무였다. 당시 미군정청은 종교의 자유를 내세워, 유교인의 자치기관인 경학원을 군정청이 관여할 바 아니라는 입장이었기 때문에 이른바 '황도유학'을 표방했던 친일파들이 아직도 온존하고 있었다. 이에 김창숙은 경학원을 성균관으로 환원시키고 친일분자들의 숙청에 착수했다. 그리하여 1950년대 중반, 이승만 정권이 친일 유림들과 야합하여 성균관을 탄압하기 전까지는 대체로 김창숙의 지도 아래 성균관이 유지되었다.

향교재산의 환원 문제는 대단히 어려운 일이었다. 향교재산은 국가로부터 하사받은 학전(學田)과 지방민으로부터의 징수, 매수에 의한 전지로 구성되는데 각 지방에 따라 차이는 있어도 꽤 단단한 재정적 기반을 구축하고 있었다. 1918년에 조사한 바에 의하면 전국 335개 향교가 48만여 평의 토지를 소유하고 있어 당시의 시가로 1천 여 만원을 훨씬 넘는 것으로 평가되었다고 한다.[8] 이 향교재산은 1910년에 제정된 「향교재산관리규정」과 1920년에 제정된 「향교재산관리규칙」에 의하여 그 재산권의 행사가 유림들로부터 지방의 부윤(府尹), 군수의 손으로 넘어갔다. 이렇게 향교재산의 관리를 지방관리에게 넘김으로써 일제가 향교재산을 장악하게 되었다.

일제가 물러가고 광복이 된 마당에 향교재산의 관할권을 유림들에게 되돌려 주어야 한다는 것이 김창숙의 생각이었다. 이 문제를 해결하기

---

8 『성균관대학교 600년사』, 天, 269면.

위하여 그는 1946년 6월 군정청의 문교부장 유억겸(兪億兼), 차장 오천석(吳天錫) 등을 만나 협의한 결과는 1948년 군정법령 제194호 「향교재산관리에 관한 건」으로 구체화되었다. 이 법령에 의하여 향교재산은 각 도별로 재단법인을 설립하여 유림들이 관리하게 되었다.

유교부흥을 위한 다음 단계는 성균관대학의 설립이었다. 김창숙은 1946년 5월 유도회총본부 총회에서 다음과 같이 말했다.

> 성균관은 곧 우리나라의 유학을 높이 장려하던 곳이다. 유교가 쇠퇴하면 국가도 따라서 망하고 나라가 망하면 국학도 역시 폐한다. … 진실로 건국의 대업에 헌신하고자 한다면 마땅히 우리 유학문화의 확장에서 시작할 것이요, 진실로 우리 유학문화를 확장하고자 하면 마땅히 성균관대학의 확립으로써 급무로 삼을 것이다. 진실로 성균관대학을 창립코자 한다면 마땅히 우리 전국 유교인의 힘을 합함으로써 이루어질 것이다. 장차 전국 유교인이 합치느냐 못하느냐는 성균관대학이 성립되느냐 못하느냐를 점칠 것이오, 장차 성균관대학이 설립되느냐 못되느냐는 건국대업의 늦느냐 빠르냐를 점칠 것이다.[9]

여기서 눈여겨볼 것은 그가 성균관대학의 설립을 '건국대업'과 연계시킨 점이다. '건국의 대업'을 이루기 위해서 '유학문화'를 확장해야 하고 유학문화를 확장하기 위해서 성균관대학을 설립해야 한다는 논리이다. 이것은 김창숙 개인의 의지이기도 했지만 또한 그 당시 전체 유림의 뜻이기도 했다. 그리하여 1946년 6월 성균관대학 기성회를 발족시켜 김구를 초대 기성회장으로 추대하고 이어 재단법인 성균관대학을 설립하

---

9 김창숙, 앞의 책, 820~821면.

고 9월 25일에 성균관대학이 개교했다. 그리고 김창숙이 초대 학장에 취임했다.

이렇게 설립된 당시의 성균관대학은 오늘날의 사립대학교는 그 개념이 다르다. 이것은 앞서 그가, 성균관대학을 설립하여 '유학·문화'를 확장시킴으로써 '건국의 대업'에 이바지하겠다고 말한 데에서도 드러난다. 그는 전체 유림이 공동으로 운영하는 대학, 옛 성균관의 전통을 잇는 '새로운 성균관'으로서의 대학을 구상한 것이다. 그가 향교재산의 환수를 위해 노력한 일면에는 향교재산을 바탕으로 대학을 운영하려는 의도도 있었다. 1948년의 「향교재산관리에 관한 건」의 제7조에, 각도의 향교재단은 매년 총수입의 10%를 성균관에, 20%를 성균관대학에 납부토록 명시한 것도 이러한 의도에서였다. 이 법령이 제정되기 전에 성균관대학이 개교했기 때문에 초기에는 향교재단의 도움을 받지 못했지만 후에는 많은 재정적 지원을 받았다. 실례로 1951년과 1952년의 성균관대학 재정상황을 보면, 각각 재단법인 성균관대학의 기본수입이 연정조(年正租) 800석인 반면에 향교재단 부담금은 16,000석이어서 향교재단 부담금이 학교재단 수입의 20배에 달했다.[10] 이제 명실공히 성균관대학은 전체 유림의 대학이 된 것이다.

1953년 2월에는 성균관대학을 종합대학으로 승격시켜 초대 총장에 취임했고, 같은 해 6월에는 1948년에 제정된 미군정법령 제194호인 「향교재산관리에 관한 건」에 의거하여 각도의 향교재산을 갹출하여 재단법인 성균관대학을 재단법인 성균관에 병합했다. 이로써 김창숙의 유교부흥과 연계된 학교 설립 계획이 일단락되었다.

그러나 1955년경부터 시작된 성균관 유도회 및 성균관대학의 분규로

---

10 『성균관대학교 600년사』, 天, 319면.

인하여 1957년 7월에 김창숙은 성균관, 유도회, 성균관대학 등 모든 공직에서 물러났다. '유도회 사건'으로 불리는 이 파동은 이승만과 자유당이 배후에서 조종한 결과로 일어난 것이다. 즉 독재권력이 구 경학원 출신의 친일 유림들과 야합하여 김창숙을 몰아내고 유도회를 장악함으로써 1956년 5·15 총선에서 이승만, 이기붕을 당선시키기 위하여 꾸민 사건이었다. 이로써 유교의 부흥을 통하여 새 국가를 건설하려던 김창숙의 이상은 좌절되었다. 이 무렵에 쓴 「자조(自嘲)」라는 시에서 "저 명륜당을 바라보니 / 도리어 윤리를 어지럽히는 곳이 되어버렸네"라 탄식하고 있는데, 성균관의 "명륜당(明倫堂)"이 "난륜구(亂倫區)"로 되어 버렸다는 한탄에서 그의 좌절의 깊이를 읽을 수 있다. 임시정부 시절부터 맺은 이승만과의 악연(惡緣)이 아직도 끊어지지 않고 있었다.

 1963년에는 대학재단을 교육법인과 교화법인으로 분리하는 「사립학교법」의 공포에 따라 성균관대학의 재단이었던 '재단법인 성균관'은 교화 사업만 할 수 있었고 별도로 교육 사업을 담당하는 '학교법인 성균관대학'이 설치되었다. 이로부터 성균관과 성균관대학은 법적으로 분리되어 애초의 김창숙의 의도와는 완전히 어긋나게 되었다.

 이후로도 김창숙은 노령에도 불구하고 마치 독립운동을 하듯이 반독재, 반이승만 투쟁을 계속하다가 1962년 5월 10일 국립중앙의료원에서 84세를 일기로 영면(永眠)했다.

제3부

한국 인문학이 나아갈 방향

살아있는
전통문화

1. 왜 문제가 되는가?

　요즈음처럼 전통문화에 대한 관심이 높았던 때는 일찍이 없었던 듯하다. 이전에도 전통문화를 보존하고 우리의 것을 찾자는 논의가 없었던 것은 아니지만 그것은 주로 민속학자나 국학에 종사하는 사람들 사이에서 일어난 논의였다. 그러던 것이 지금은 범국민적 운동으로 확산되어 가고 있는 것이다.

　유학 또는 유교에 대한 관심이 갑자기 높아졌고 한문을 배우려는 사람들이 나날이 증가하고 있다. 뿐만 아니라 각급 학교에서는 학생들에게 가훈(家訓) 만들기를 권장하고 전통 다도(茶道)를 가르치는가 하면 어느 여학교에서는 학생들에게 한 달에 한 번씩 한복 치마저고리를 입혀 등교시키기도 한다. 각 지방마다 향토문화제가 개최되고 골동품을 수집하려는 풍조가 유행하게 된 것도 전통문화에의 관심의 일단으로 보아야 할 것이다. 정부나 언론기관의 뒷받침 역시 그 어느 때보다 적극적이다. 전국 규모의 민속경연대회가 문화공보부 주관으로 매년 열리고 있으며, 텔레비전이나 라디오 방송국에서는 프로그램의 상당 부분을 판소리, 창 등의 전통문화에 할애하고 각 신문에서도 우리의 옛것에 대해서는 지면을 아끼지 않고 있는 실정이다.

　이러한 현상을 우리는 어떻게 받아들여야 할까? 우선 외래문화의 무분별한 수용에 대한 반성이라는 점에서 긍정적으로 평가될 수 있으리라고 본다.

어느 민족이건 그 민족 특유의 전통문화를 가지고 있다. 인종이 다르고 풍토와 기후가 다르고 거기에 따라 생활습관이 같지 않았던 만큼 각 민족은 그 나름대로의 문화를 독자적으로 형성해 왔다. 물론 동양권 내의 민족들끼리는 서양과는 다른 의미에서 공통된 문화의 패턴을 가지고 있으며 이것은 서양권의 민족들도 마찬가지이다. 나아가서는 동서양을 막론하고 인류 전체가 공유하고 있는 문화양식이 있는 것도 사실이다. 그러나 이와 같은 공통점도 각 민족의 전통문화 속에서 각기 다른 모습을 띠고 나타나기 마련이다. 한 민족의 전통문화는 그 민족의 지리적인 환경과 정치, 경제적인 여러 조건 그리고 무엇보다도 그 민족의 역사적 체험의 내용에 따라 조건 지워지기 때문이다.

오늘날과 같이 교통수단이 발달하고 과학 문명의 이기(利器)가 세계를 좁혀놓기 전에는 각 민족은 싫든 좋든 그 민족 특유의 문화를 독자적으로 향유하고 발전시켜왔다. 전쟁이나 외교관계에 의한 문화의 교류가 없었던 것은 아니지만 대부분이 동일 문화권 안에서의 교류였고, 또 전쟁에 의하여 한 나라가 다른 나라를 정복한 경우에도 문화의 교류는 자연스럽고 완만하게 이루어졌었다.

문화의 교류 또는 이동이 자연스럽고 완만하게 이루어졌다는 것은 한 민족의 전통문화가 그 기본적인 골격을 손상당함이 없이 외래문화를 수용했다는 사실을 의미한다. 정복당한 나라의 문화가 정복한 나라로 거꾸로 유입된 사례가 있는 것을 보면 적어도 문화이동에 관한 한 침략적인 의도는 없었던 것으로 보인다. 오히려 그러한 문화 교류가 있음으로 해서 자신의 문화를 되돌아보고 반성할 수 있는 계기가 마련되기도 했다. 사실상 고립적이고 폐쇄적인 문화는 발전을 기대할 수 없다.

2. 문화의 대등한 교류

우리 민족도 우리 민족 자체의 오랜 문화전통을 가지고 있는 문화민족임은 말할 필요도 없다. 그리고 우리의 민족문화 역시 우리 민족만의 고유문화를 계속 그대로 지켜왔다기보다는 인접 국가들과의 끊임없는 교류에 의하여 수정되고 발전되어 왔다. 우리나라의 경우에 인접 국가들과의 문화 교류는 주로 중국문화의 영향을 일방적으로 받으면서 이루어졌는데 그럼에도 불구하고 우리는 이조(李朝) 말까지 중국문화와는 다른 우리의 문화를 우리 나름대로 지켜왔다. 이것은 외래문화인 중국문화의 유입이 우리 문화를 파괴할 정도로 위협적이지 않았다는 사실을 말해주기도 하고 또 한 문화가 다른 문화를 파괴하기에는 당시의 기술 수준이 너무도 낙후되어 있었다는 사실을 말해주기도 한다. 어쨌든 당시에는 외래문화로부터 우리 문화를 보호하기 위하여 우리의 전통문화를 새삼 강조할 필요가 없었다.

물론 이조 후기 실학자들에 의하여 중국 중심의 화이사상(華夷思想)으로부터 벗어나려는 주체적인 움직임이 있었다. 다산(茶山) 정약용(丁若鏞)이 중국적인 기준을 무시하고 조선시(朝鮮詩)를 쓰겠다고 한 것이나 연암(燕巖) 박지원(朴趾源)이 이덕무(李德懋)의 시를 조선풍(朝鮮風)이라고 하여 『시경』에 견줄 만하다고 한 사실들이 그 예이다. 그러나 다산이나 연암이 중국문화를 배타적으로 생각한 것은 아니다. 또 중국문화를 이질적인 문화로 간주하여 우리 문화를 위협하는 외래문화로 생각한 것도 아니다.

우리 민족이 우리의 전통문화에 대하여 적극적인 관심을 가지기 시작한 것은 일본 제국주의의 침략이 있고 난 후의 일이다. 일본은 우리나라를 식민지로 만든 다음 우리의 문화를 말살하려고 했다. 문화 창조의 가장 중요한 수단인 우리말 사용을 금지한 것을 필두로 하여 우리의 전통문화를 야만시함으로써 점차로 우리 문화를 일본문화에 종속시키려 했다. 이것은 분명히 문화적 침략행위였다. 이와 같은 일제의 식민지 정책에 대한 대항수단으로서 우리 문화를 지키고 보존해야겠다는 각성이 일어난 것이다.

그런데 일제로부터 해방되어 엄연한 자주독립국가가 된 지금 왜 새삼스럽게 우리의 전통문화가 문제시되는 것일까? 이것은 해방 이후 갑자기 밀어닥친 서구문화에 대한 반작용으로서의 자기 보호책이라 볼 수 있다. 일제에 의한 악랄하고 노골적인 민족문화 말살정책은 사라졌지만 서양의 재즈문화, 초콜릿문화가 우리 문화를 침식하기 시작한 것이다. 해방 이후 우리나라에 들어온 서양문화는 다음과 같은 세 가지 특징을 지닌다.

첫째, 그것은 이조시대의 중국문화 유입과 다른 것이었다. 앞에서 언급한 바와 같이 이조시대의 중국문화 유입은 점진적이었고 또 동일한 문화권 안에서의 일이었기 때문에 받아들이는 우리 쪽에서 그렇게 충격적인 일이 아니었다. 이에 비하여 서구문화의 갑작스러운 등장은 문화의 성격이 이질적이었음에도 불구하고 발달한 과학 문명을 수단으로 하고 있기 때문에 짧은 기간에 대량으로 집요하게 우리 문화에 파고들 수 있었다.

둘째, 일제에 의한 우리 문화 말살정책과는 달리 서양문화는 노골적인 의도를 숨긴 채 미소를 지으며 호의적인 몸짓으로 접근했기 때문에 우리는 서양문화에 대하여 별다른 적대감을 느끼지 않았다. 적대감을 느끼지 않은 정도가 아니라 서양문화야말로 참다운 문화이며 우리의 전통문화는 폐기되어야 할 전근대적인 유물이라는 생각에까지 이르렀다. 우리가 이질적인 서양문화에 거부감을 느끼지 않고 오히려 이를 동경하게 된 데에는, 일제로부터 우리를 해방시켜 준 거룩한 나라의 문화라는 인식이 밑바닥에 깔려 있었음도 부정할 수 없다.

 셋째, 서양문화의 전래는 올바른 의미에서 문화의 전래라고 부를 수 없을 정도로 기형적이고 국부적인 것이었다. 해방 이후 우리나라에 들어온 서양문화는 서양문화의 알맹이가 아니었다. 오늘의 서양을 만들어 준 서양정신사의 본질적이고 핵심적인 부분이 아니라 그 말초적인 껍데기가 먼저 우리 땅에 상륙하여 주로 향락적이고 소비적인 본능을 자극했다. 우리 땅에 들어온 서양문화를 좋지 않게 이야기할 때 그것을 재즈문화니 초콜릿문화라 부르는 이유가 여기에 있다.

 이와 같은 몇 가지 조건으로 말미암아 서구문화는 무서운 속도로 전파되어 지금은 외래문화라 느끼지 않을 만큼 일반화되어 가고 있다. 오늘의 청소년들은 가야금의 선율이나 장고소리를 듣기 전에 피아노, 바이올린 소리에 더 익숙해 있고 기타는 거의 생활화되어 있다. 그러므로 음악 하면 서양음악만 있는 줄 알고 국악은 모른다.『춘향전』,『홍길동전』을 읽기보다『톰 소여의 모험』,『소공자』를 더 흥미 있게 읽는다. 또 우리의 전통적인 율동은 배우려고도 않고 고고나 디스코 리듬에 몸을 맡긴다. 그리하여 우리 선조들이 일상적으로 향유하던 전통적 풍속들이 도리어 낯선 외국의 것인 양 되어버리고 말았다. 이렇게 우리의 전통문화가 낯설게 되고 외국문화가 더 친근하게 느껴지는 마당에서 민족문화는 설 땅을 잃어버리지 않을 수 없다. 오늘날 전통문화에 대한 관심은 이와 같은 현상이 점점 심화되는 데 대한 자기반성이라 할 수 있다. 그리고 이런 의미에서 긍정적인 가치를 부여받아 마땅하다.

 세계가 한 가족인 터에 민족 단위의 문화를 굳이 강조할 필요가 어디 있느냐고 반문할지 모른다. 그러나 세계가 한 가족이 되는 것은 인류의 이상(理想)이지 지금 단계는 결코 한 가족이 된 상태가 아니다. 세계는 지금 크게 양대진영으로 나뉘어 날카로운 적대관계를 유지하고 있으며 이데올로기를 같이하는 국가들간의 관계도 결코 가족관계와 같다고 말할 수 없다 얼마 전에 있었던 영국과 아르헨티나와의 포클랜드 전쟁이 이를 말해준다. 이처럼 군사적 대립으로까지 확대되지는 않는다고 하더라도 각국은 자기 나라의 이익을 위하여 다른 나라와 눈에 보이지 않는 전쟁을 하고 있다. 이것이 선의의 경쟁이면 아무 상관도 없다. 그러나 선의의 경쟁을 하려면 두 당사자의 실력이 비슷해야 한다. 그렇지 않고 어느 한 나라가 경제적으로나 군사적으로 압도적 우위를 차지하고 있는 경우에는 상대적으로 열세에 있는 나라를 자기 세력권에 종속시키려 한다.

이와 같은 종속화가 2차 대전 이전에는 약소국을 식민지화하는 형태로 나타났지만 오늘날에는 그 양상이 달라졌다. 문화적 종속화가 그중의 하나인데, 어떤 형태로 종속시키든 그것은 힘센 나라의 경제적 이익과 관련되기 마련이다. 일제가 우리에게 단발령을 내린 것은 우리 국민의 인습적인 생활습관을 개혁하여 근대적인 사고방식을 갖게 하기 위함이 아니었던 것은 분명하다. 머리를 깎게 되면 양복을 입어야 하고 구두와 양말을 신어야 한다는 사실을 미리 내다보았기 때문이다. 결국 단발령은 일본의 섬유산업과 연관되어 시행된 것이라 볼 수 있다. 물론 상투를 없애는 것은 일제의 강요에 의하지 않더라도 마땅히 해야 할 일이다. 그러나 그것은 우리나라의 사회적인 조건들이 균형있게 발달한 결과 우리 스스로의 자각과 필요에 의한 것이어야 한다. 경제적인 여건이 뒤따르지 못한 상태에서 외세에 의하여 어느 한 부분만 개혁된다고 해서 그 개혁이 옳게 될 리가 없다.

오늘날 우리 문화는 서양문화에 종속되어 있다고 해도 과언이 아니다. 이와 같은 문화적 종속상태는 대개 두 가지 이유에서 일어난다. 첫째로 힘이 센 나라가 갖가지 방법을 동원하여 약한 나라를 문화적으로 종속시킴으로써 그들의 상품 시장을 확보하기 위한 것이다. 커피와 코카

콜라가 한국인의 입맛을 바꾸어 놓고 삐에르 가르뎅이나 이브 생로랑이 한국인의 사치성 소비 성향을 조장한 것이 그 한 예이다.

둘째는 우리나라 사람들이 서양문화를 맹목적으로 모방한다는 사실에 있다. 이것은 첫 번째 이유와 불가분의 관계에 있기는 하나 우리 자신의 입장에서도 냉철하게 반성해야 할 일이다. 모방이 모두 다 나쁜 것은 아니다. 단재(丹齋) 신채호(申采浩)에 의하면 모방에는 두 가지 종류가 있는데 하나는 '동등적 모방(同等的 模倣)'이고 또 하나는 '동화적 모방(同化的 模倣)'이다. 전자는 남의 장점을 취하여 나의 단점을 보충하고 남의 해를 거울삼아 나의 이익을 도모하려는 모방이고, 후자는 나의 정신을 잃어버리고 남에게 복종만 하는 노예적 모방이다. 그의 말을 빌리면 "발이 아프거나 말거나 세상이 외씨버선을 신으건 나도 외씨버선을 신고", "남이 체증으로 밥먹을 때 간장을 떠먹으면 나도 간장을 떠먹어 죽기를 한하고 남을 따라가는" 주체성 없는 모방이 곧 노예적 모방이다.

우리가 동등적 모방에 의하여 서양문화를 수용하지 않고, 서양 여자들의 머리를 본떠서 머리칼을 노랗게 물들이는 식의 동화적 모방만 일삼는 데에서 문화적으로 종속될 소지가 마련되는 것이다. 외부의 힘에 의해서건 내부의 모방에 의해서건 간에 한 국가가 다른 국가에 문화적으로 종속된다는 것은 바람직한 일이 아니다.

교통수단의 발달로 세계가 아무리 좁혀졌다고 하더라도 각 민족은 그 민족 나름의 특징적인 민족문화를 가지고 있다. 그리고 이 민족문화의 특징은 그 민족의 전통에 뿌리를 내리고 있다. 그러므로 한 민족이 전통문화를 제대로 발전시키지 못하고 외래문화에 종속된다는 것은 그 문화가 지니고 있는 개성을 잃어버리는 것을 뜻한다. 사람마다 각자의 개성을 지니고 있고 그 개성이 존중되어야 하듯이 문화의 개성도 존중되어야 한다.

오늘날 우리의 전통문화는 개성을 잃고 서양문화의 주변 문화로 전락할 위기에 처해 있다. 우리나라에 들어와 있는 서양문화의 양적인 크기와 질적인 침투력을 생각해보면 이 위기를 충분히 실감할 수 있을 것이다. 그러한 위기에서 전통문화를 보존하고 육성하자는 논의가 일어난 것은 지극히 다행한 일이다. 더구나 지금과 같이 어느 의미에서 외래문화의 수용을 강요당하고 있는 마당에서는 우리 자체의 전통문화의 기반이 없이는 이를 주체적으로 소화할 수 없는 것이다.

3. 복고주의의 극복

그러나 전통문화의 보존과 육성이 감상적인 복고주의의 차원에서 이루어져서는 안 된다. 전통문화란 오랜 기간 동안 집적되어온 한 민족의 정신활동의 총체이다. 또한 전통문화는 오랜 역사적 변천을 거치는 동안 집단적으로 이루어진 것이며 어떤 강압에 의한 것이 아니라 자연스럽게 취사 선택되면서 형성되어온 것이다. 그러므로 전통문화는 단순한 과거의 문화가 아니라 현재 속에 살아있는 과거의 문화이며 새로운 문화 창조의 굳건한 밑받침이 된다.

전통문화를 과거의 것으로만 돌려버리는 사례를 우리는 주위에서 흔히 볼 수 있다. 그중의 하나가 소위 원형(原形) 보존이라는 것이다. 이것은 전통문화의 원형 그대로를 보존하는 길이 가장 중요하다는 견해인데, 그것이 중요한 일임에는 틀림없지만 그것으로 모든 일이 끝났다고 생각한다든가 국민 모두가 원형보존을 위하여 힘써야 한다고 생각하면 곤란하다. 원형보존은, 무형문화재의 경우 해당 분야의 기능 보유자가 제자들에게 기능을 전수하는 것으로 충분하고 유형문화재는 그것대로 잘 보존하면 그만이다.

오늘날 탈춤은 기능을 보유하고 있는 인간문화재 이외에도 각 대학의 학생들에게 널리 보급되어 있는 대표적인 전통문화이다. 대학생들이 이 탈춤을 연희(演戲)할 때 반드시 몇백 년 전의 원형 그대로를 재현할 필요는 없을 것이다. 전문학자들의 연구를 위한 연희가 아닌 이상, 탈의 모양이나 춤의 율동이 다소 바뀔 수 있는 일이고 탈춤의 대사가 원형과 완전히 달라도 상관없다. 우리가 탈춤을 문제 삼는 중요한 이유의 하나가 탈춤이 지닌 풍자적 기능 때문일 터인데, 당시 풍자의 주 대상이었던 양반계급은 지금 존재하지 않는다. 오늘날 풍자의 대상은 당시의 그것과 달라졌다. 그러므로 오늘날 탈춤을 추면서 그 가장 중요한 풍자적 기능을 수행하려면 대사가 달라질 수밖에 없다. 이렇게 함으로써만 전통문화를 창조적으로 계승할 수 있는 것이다. 만일 원형보존만 중요하다면 그넷줄도 옛날 그대로의 새끼줄이어야 할 것이고 씨름판에서 승자에게 주는 상품도 반드시 황소여야 할 것이 아닌가?

가야금, 피리 등의 전통악기도 원형을 크게 손상시키지 않는 범위에서 개량할 필요가 있다고 본다. 기능보유자나 전문학자들의 연구를 위해서는 원형 그대로의 연주가 물론 있어야 한다. 그러나 앞에서 언급한 바와 같이 전통문화가 몇몇 개인에 의해서라기보다 집단에 의해 형성되고 발전한 것이라면, 그리고 그 이전의 문화를 끊임없이 수정하고 보완하는 취사 선택의 과정을 통하여 전승되어온 것이라면 오늘 이 시점에서도 국민 전체에 의한 취사 선택과 수정, 보완의 작업은 계속되어야 하리라고 생각한다.

요즈음 한창 거론되고 있는 충효사상(忠孝思想)의 문제만 해도 그렇다. 충은 국가에 대한 충성이고 효는 부모에 대한 효도를 뜻하는 말인 듯한데 이 충효가 이조시대의 충효 그대로여서는 곤란하다. 국가와 부모에게는 무조건 복종해야 한다는 식의 봉건 윤리를 원형 그대로 현대에 옮겨와서 어쩌겠다는 것인가?

　골동품이라면 원형 그대로 보존해야 한다. 그리고 골동품은 옛것이면 모두 가치가 있고 옛것일수록 더욱 가치가 있다. 그러나 전통문화는 화석화(化石化)한 골동품이 아니고 살아있는 과거이다. 우리의 전통문화를 오늘에 살리고 내일로 이어주기 위해서는 그것을 골동품 다루듯 해서는 안 될 것이다.

　새로운 것이고 서양의 것이면 무조건 좋다는 사고도 배격해야 하지만, 우리의 옛것에 대한 막연한 향수나 우리의 옛것이면 무엇이든지 훌륭하다는 식의 편견도 버려야 한다. 가장 한국적인 것의 전형이 무속(巫俗)이라는 발상 등은 이러한 편견에서 유래한다. 오늘날 무당의 푸닥거리는 일부 호사가들의 취미를 만족시켜주는 효과 이외에는 아무런 가치가 없다. 이야말로 하루 빨리 버려야 할 전근대적인 유물이지 계승해야 할 자랑스런 전통문화가 아니다.

　끝으로 전통문화의 계승과 관련하여 조기(早期) 영어교육에 대해서 언급해두고자 한다. 우리나라와 미국과의 남다른 관계로 보나 미국이 국제사회에서 차지하고 있는 비중으로 보나 우리나라에서의 영어교육의 중요성은 새삼 강조할 필요도 없는 일이다. 중, 고등학교와 대학에서 그토록 많은 시간이 영어에 배정된 것도 이러한 중요성 때문일 것이다. 그러나 문제는 영어의 조기 교육에 있다.

　조기 영어교육을 시행함으로써 기대되는 효과는 크게 두 가지일 것이다. 하나는 유치원이나 초등학교에서부터 영어를 가르치면 소위 회화 중심의 산 영어를 배울 수 있다는 것이고 또 하나는 그렇게 함으로써 국민 전체의 영어 실력이 향상된다는 것이다. 그러나 우리가 영어를 배우는 목적이 외국인과 회화를 잘하는 데에 있는 것이 아니다. 영어를 배움으로써 다른 나라의 문화를 섭취하여 우리 문화의 발전에 기여하는 것이 일차적인 목적이고 영어 회화는 부차적인 일이다.

더구나 어린 나이에 일상적인 말들을 영어로 하게 되면 모든 것을 영어식으로 사고할 위험이 있다. 그렇지 않아도 무분별한 외래어의 남용으로 우리말이 위축되고 있는 터에 조기 영어교육은 이러한 위축을 더욱 가속화시킬지도 모른다. 우리말이 위축되는 데에서 민족문화의 발전은 기대하기 어렵다.

전통문화의 보호와 육성이 참다운 민족문화의 발전을 위한 것이라면 조기 영어교육보다 오히려 한문교육(漢文敎育)의 강화가 더 바람직할 것이다. 우리의 전통문화는 싫든 좋든 수천 년 동안 한자문화권에서 형성된 것이기 때문에 한문을 모르고서는 이해할 수 없는 부분이 많다. 예를 들어 우리나라 최초의 국문소설이라고 하는 『홍길동전』의 원본은 상당한 수준의 한문 실력 없이는 읽을 수 없다. 대학을 졸업한 학생이 영어소설을 읽을 수 있으면서 『홍길동전』을 읽지 못하는 현실을 감안할 때 조기 영어교육이 꼭 필요한 일인가는 깊이 검토되어야 하리라고 생각한다.

인문학의 위기와
그 극복 방안

1. 인문학이란 무엇인가?

　인문학이 위기에 처해 있으니 인문학을 살려야 한다는 이야기가 이 시대의 화두(話頭)가 되었다. 위기에 처한 인문학을 살리기 위해서는 무엇을 어떻게 해야 하는가? 우선 인문학의 개념부터 검토할 필요가 있다.

　오늘날 많은 논자들이 서양의 개념을 원용하여 인문학을 정의하려고 시도해왔다. 그 결과 인문학, 인문과학, 사회과학 3자의 동질성과 변별성이 어느 정도 해결된 것이 사실이다. 그러나 그렇다고 해서 오늘 우리가 '인문학의 위기'라고 말할 때의 이 인문학의 성격이 온전하게 밝혀졌다고 생각되지 않는다. 그것은 서양의 학술사(學術史)가 우리의 학술사와 같지 않기 때문이다. 물론 우리의 근대 학문이 서양의 틀을 빌려서 그 체계가 확립되긴 했지만, 서양과는 문화전통이 다른 우리가 서양 학문의 외피(外皮)를 갑작스럽게 빌려왔다고 해서 학문의 내용과 진행 방향이 같아질 수는 없다. 또 지금 서양에서도 인문학이 위기에 처해 있는지, 위기에 처해 있다면 그 위기의 정도가 어떠한지, 서양학을 전공하지 않은 필자로서는 확실히 알지 못하지만 아마 한국과는 사정이 많이 다를 것으로 생각된다. 한국과 서양은 역사적 배경과 문화적 환경과 경제적 여건이 다를 것이기 때문이다. 그러므로 서양의 개념을 엄격히 적용하며 "이것이 인문학이다. 이것이 인문학의 위기이다"라고 말하기는 어럽다.

그러면 어떻게 해야 하는가? 인문학의 위기와 그 극복을 위한 전제로서의 인문학의 개념을 동양의 학문 전통에서 찾아볼 수 있으리라고 생각한다.

정치학이 정치를 연구하는 학문이고, 역사학이 역사를 연구하는 학문이듯 인문학(人文學)은 인문(人文)을 연구하는 학문이다. 그러면 인문이란 무엇인가? 인문이라는 용어가 최초로 사용된 출전은 『주역(周易)』이다. 『주역』 비괘(賁卦)의 단사(彖辭)에 이렇게 씌어 있다.

> 천문(天文)을 관찰하여 사시(四時)의 변화를 살피고, 인문(人文)을 관찰하여 천하를 (化成)한다.[1]

이에 대한 정자(程子)의 주(註)를 통하여 좀더 분명한 뜻을 알 수 있다.

> 천문이란, 해와 달과 별이 뒤섞여 있고, 추위와 더위, 음과 양이 교대로 변화는 것을 말하는데 그 운행을 관찰함으로써 사시(四時)의 변화를 살피는 것이다. 인문은 인리(人理)의 질서인데, 인문을 관찰함으로써 천하를 교화하여 천하가 그 예속(禮俗)을 이루는 것이다.[2]

『주역』에서는 이 세계의 현상을 크게 천문과 인문으로 구분하고 있다. 천문은 자연계의 현상을 가리키고 인문은 인간사회의 여러 현상을 가리킨다. 그런데 여기서 천문과 인문을 나란히 대비시킨 데에는 그럴

---

[1] "觀乎天文 以察時變 觀乎人文 以化成天下"
[2] "天文謂日月星辰之錯列 寒暑陰陽之代變 觀其運行 以察四時之遷改也 人文 人理之倫序 觀人文 以敎化天下 天下成其禮俗"

만한 이유가 있다. 자연계의 현상에는 일정한 법칙이 있다. 해와 달과 별의 운행에는 그 나름의 질서가 있고, 더위와 추위가 교대로 찾아오는 것도 어떤 법칙에 의한 현상이다. 이런 법칙과 질서에 의해서 자연계가 유지되는 것이다.

이와 마찬가지로 인간사회에도 일정한 법칙과 질서가 있어야 한다고 생각했다. 그것이 "인리(人理)의 질서"로 표현되어 있는데, '인리'란 인간의 도리이다. 그러므로 "인리의 질서"는 인간으로서의 도리를 수행하기 위한 질서라 말할 수 있다. 이 질서가 인간사회를 유지하는 기본 법칙이다. 그리고 이것이 곧 인문이라는 것이다.

공영달(孔穎達)은 『주역』에서의 인문의 개념을 구체화시켜 "시서예악(詩書禮樂)"을 가리킨다고 말했다. 시서예악은 인간으로서 마땅히 행해야 할 인간행동의 준칙을 담은 책이다. 그러므로 인문의 개념 자체가 이미 규범적인 성격을 띠고 있다. 우리 나라의 경우에도 마찬가지이다. 선초(鮮初)의 정도전(鄭道傳)의 글을 살펴보기로 한다.

> 일월성신은 천지문(天之文)이요 산천초목은 지지문(地之文)이요, 시서예악은 인지문(人之文)이다. 그런데 하늘[天]은 기(氣)로써 존재하고 땅[地]은 형(形)으로써 존재하지만 사람[人]은 도(道)로써 존재한다. 그러므로 "문(文)은 도(道)를 싣는 그릇이다"라 할 때의 문(文)은 인문(人文)을 말한 것이다. 그 도(道)를 터득하면 시서예악의 가르침이 천하에 밝아지고 삼광(三光: 해와 달과 별-인용자)의 운행이 순조로우며 만물이 옳게 다스려지는데 문(文)의 성대함이 이에 이르러 극치에 달한다.[3]

---

3 『韓國文集叢刊』 6, 52면. 鄭道傳, 「陶隱文集序」, "日月星辰 天之文也 山川草木 地之文也 詩書禮樂 人之文也 然天以氣 地以形 而人則以道 故曰文者載道之器 言人文也 得其道 詩書禮樂之敎 明於天下 順三光之行 理萬物之宜 文之盛 至此極矣"

정도전도 공영달의 소(疏)를 따라 시서예악을 인문이라고 했다. 그런데 이 인문은 도를 싣는 그릇이라고 말했다. 인문, 곧 시서예악의 글은 그 속에 도를 담고 있다는 것이다. 여기서 말하는 도는 인간사회와 자연계를 함께 지배하는 최고의 원리를 지시하는 것으로 표현되어 있지만, 이는 인문의 공능(功能)을 강조하려는 의도의 결과로 보아야 할 것이다. 그만큼 인문이 중요하다는 말이다.

인문학은 이러한 인문을 연구하는 학문이다. 여기서 '文'이란 글자의 뜻을 검토해 볼 필요가 있다. '文'이란 원래 무늬 또는 문채의 뜻으로 쓰인 글자이다. 이 문채는 어떤 사물 고유의 속성이 겉으로 드러난 것이다. 일월성신은 하늘 고유의 무늬이고 산천초목은 땅 고유의 무늬이다. 일월성신이야말로 하늘을 하늘이게끔 해주는 무늬이고 산천초목이야말로 땅을 땅이게끔 해주는 무늬이다. 일월성신의 무늬가 없으면 하늘이라 할 수 없고, 산천초목의 무늬가 없으면 그것은 더 이상 땅이 아니다. 마찬가지로 인문은 인간 고유의 무늬이다. 인문이 있으므로 해서 인간은 인간일 수 있다. 바꾸어 말하면, 인간인 이상 인간 고유의 무늬인 인문이 있어야 한다. 인문이 없으면 인간이 아니고 짐승과 다름없는 존재로 격하된다.

이렇게 보면 하늘의 무늬를 연구하는 학문이 천문학(天文學)이고 인간의 무늬를 연구하는 학문이 인문학이다. 시서예악이 인문이라고 했을 때의 시서예악은 포괄적인 개념이다. 시서예악은 인간의 윤리와 행동규범을 제시하는 전거로서의 대표성을 지니는 개념이다.

이상의 논의를 종합해보면, 동양적 전통의 맥락에서의 인문학은 인간에 대한 학문이고 인간의 삶의 질(質)에 대한 학문이다. 결국 인문학은 인간다운 삶에 대한 탐구를 목적으로 하는 학문이다.

2. 인문학이 왜 위기인가?

호랑이에게는 호랑이의 무늬가 있고 기린에게는 기린의 무늬가 있듯이 인간에게는 인간의 무늬가 있다. 이 인간의 무늬가 인문(人文)인데 요즈음 이 무늬가 점차 퇴색해가고 있다. 이것이 위기이다. 인간의 무늬가 퇴색한다는 것은 인간다움을 상실한다는 말이다. 인간의 무늬가 퇴색할수록 인간의 무늬를 연구하는 인문학이 지혜를 모아 이에 대처해야 하는데 현실이 그렇지 못하다. 이것이 인문학의 위기이다.

인문학의 위기의 원인이 인문학 자체에 있다는 논의가 있다. 기술문명이 고도로 발달한 현대사회에서 인문학은 그 용도가 폐기되었다는 것이다. 그러나 인간다운 삶을 탐구하고 가치관의 문제를 연구하는 인문학의 역할은 여전히 필요하다고 생각한다. 기술 만능주의적 사고가 아무리 팽배해 있더라도, 물질적 이윤 추구만이 삶의 목표라 생각하는 사람이 아무리 많더라도, 규범적 가치관이 아무리 혼란스럽더라도, 아니 그렇기 때문에 인문학의 비중이 더 크게 보인다. 셰익스피어의 희곡을 읽으면서 우리는 인생이 무엇인가를 다시 한 번 돌이켜 본다. 다산(茶山) 정약용(丁若鏞)의 시를 읽고 우리는 어려운 시대를 치열하게 살다 간 한 양심적인 지식인에게 머리 숙여 경의를 표한다. 또한 우리는 역사의 거울에 현재를 비추어 보고 거기서 교훈과 지혜를 얻는다. 히틀러의 광적(狂的)인 전쟁이 왜 일어났으며 앞으로는 그런 전쟁이 왜 일어나서는 안 되는가를 깊이 생각하게 된다. 그리고 『주역』을 연구함으로써 인간의 사유방식에 대하여 근원적 성찰을 할 수 있다.

인문학의 대표적 분야라 할 수 있는 문학·역사·철학이 존립할 공간은 이렇게 넓은 것이다. 인문학은 가치관의 문제를 다룬다. 어떻게 살아야 인간다운 삶인가? 어떻게 살아야 가치 있는 삶인가를 연구하는 것인 인문학이다. 그래서 전쟁과 학살과 거짓과 허위를 '있을 수도 있는 일'이라 생각하거나 '나'의 삶과는 무관하다고 생각하는 사고의 진전을 인문학은 일정하게 저지하는 역할을 한다. 말하자면 가치의 진공상태를 끊임없이 경계하고 예방해주는 것이 인문학의 임무 중의 하나이다.

인문학의 위기의 원인은 인문학 자체에 있다기보다 외부적 요인에 기인한다고 생각된다.

우선, 신자유주의에 근거한 세계화 이데올로기가 인문학을 위기로 몰아넣고 있다. 주지하는 바와 같이 교통수단의 발달과 정보통신 기술의 향상으로 국가 간의 거리가 좁혀져 자본과 상품의 이동이 훨씬 용이해졌다. 그래서 각국의 무역장벽을 없애고 자본과 상품의 수출입을 자유롭게 하자는 것이다. 세계화를 주장하는 선진 자본주의 국가들이 내세우는 명분은 피차간에 모든 규제를 철폐함으로써 국가 간의 무역에 있어 공정한 게임을 하자는 것이지만 여기에는 근원적인 불공정 장치가 이미 내장되어 있다. 이 세계화의 결과 다국적 기업이 전 세계 경제를 좌우하고, 초국적 금융자본이 개발도상국의 경제를 지배하게 되어 국가 간의 심한 불평등을 초래하고 있다. 또한 경쟁력 향상을 위한 구조조정이란 이름으로 인원 감축과 대량 해고 사태가 벌어지고 있다. 지금도 몇몇 국제 투기자본이 마음만 먹으면 한국 경제를 하루아침에 마비시킬 수 있다.

이 과정에서 국가는 국가대로 개인은 개인대로 살아남기 위한 필사적인 경쟁을 하지 않으면 안 되게 되었다. 그야말로 생존을 위한 무한 경쟁이다. 이 무한 경쟁의 틈새에 인문학이 설 자리가 없어지고 있다. 오직 경제적 이익 추구만이 최대의 목표가 되어버린 마당에 돈이 되지 않는 인문학을 돌볼 까닭이 없다. 인문학적 마인드로는 더 이상 치열한 경쟁에서 살아남을 수 없는 것이다.

세계화의 첨병 노릇을 하는 것이 컴퓨터를 비롯한 IT 기술인데, 컴퓨터의 발달로 인한 정보화에 적응하지 못하는 것이 인문학 위기의 원인이라는 논의도 있다. 컴퓨터의 급속한 발달에 인문학이 발 빠르게 대응하지 못한 것은 사실이다. 그러나 이것이 인문학 위기의 원인일 수는 없다. 정보화와 인문학이 전혀 무관하다고 할 수는 없지만 그 속성상 인문학은 컴퓨터에의 의존도가 상대적으로 낮은 것이 사실이다. 오히려 지나친 정보화가 인문학의 발달을 저해하는 측면이 있다. "정보화만이 살길이다"라 하며 초등학교에서부터 인터넷 교육을 시키는 바람에 전 국민이 인터넷에 중독되어 있는 상황에서 인간다운 삶을 추구하는 인문학의 입지가 좁아질 수밖에 없다. 물론 정보화가 필요 없다는 말이 아니다. 국가의 정보화 전략은 계속 추진되어야 마땅하다. 문제는, 인문학을 희생시키면서까지 정보화를 추진해서는 안 된다는 것이다. 컴퓨터 기술을 연구하는 것은 그것대로 하나의 학문 영역이지만 일반 국민들이 컴퓨터를 사용하는 것은 '무엇'을 달성하기 위한 수단이어야 한다. 그런데 지금 컴퓨터 조작 자체가 목적이 되어버린 감이 없지 않다. 국민의 정부 시절, 취임한지 한 달 만에 물러난 어느 교육부 장관의 취임 제1성이 "컴퓨터와 외국어를 교육의 지표로 삼겠다"는 요지의 발언이 있었는데 참으로 어처구니없는 일이다. 이 말 속에는 "어떻게 해야 인간다운 삶을 살 수 있을까"에 대한 배려가 조금도 없다. 일국의 교육정책을 책임지는 장관이 이렇게까지 막나가도 되는가 하는 생각이 들었다.

오해를 피하기 위하여 거듭 말하지만 컴퓨터 교육이 필요 없다는 말이 절대 아니다. 다만 컴퓨터 만능주의로 흘러 그것이 인문학의 고사(枯死)로 이어지는 사태를 우려하는 것이다. 아마 지금과 같은 인터넷 열기가 앞으로 계속된다면 머지않아 인간 사고양식의 질적인 변화가 도래하여 지금까지의 인류와는 다른 '신종 인류'가 탄생할지도 모른다. 미국의 기술문명 비평가인 니컬러스 카는 구글을 포함한 "인터넷 업체들이 가장 꺼리는 것은 한가롭게 한곳에 머물러 천천히 읽어내려 가거나 골똘히 사색에 잠기는 것"이라 말했다. 왜냐하면 우리가 인터넷망을 옮겨 다니는 속도가 빠를수록 더 많은 수익을 올릴 수 있기 때문이다. 이렇게 "골똘히 사색하는" 기능이 거세된 인간은 '신종 인류'일 것이다. "나는 생각한다. 고로 나는 존재한다"라는 데카르트의 명제가 이제는 '나는 검색한다. 고로 나는 존재한다'로 바뀌어야 할 판이다. 이탈리아의 언어학자이며 소설가인 움베르트 에코는 "인터넷은 신(神)이다. 하지만 아주 멍청한 신이다"라 말했다고 한다. 이 세상의 모든 정보를 무엇이든 빠르게 제공한다는 점에서 신적인 존재이지만 '아주 멍청한 신'이라는 것이다. 이 멍청한 신을 맹목적으로 추종하면 인간 고유의 무늬[人文]가 바뀔 것이고 따라서 인문학의 개념도 다시 정의해야 할 것이다.

오늘날 인문학을 빈사상태에 빠지게 한 주된 원인은 이 나라의 교육정책에 있다고 생각한다. 잘못된 교육정책 때문에 학문이 이루어지는 핵심적 공간인 대학이 황폐화되고 있다. 이 잘못된 교육정책의 핵심에는 '시장논리에 의한 대학 경영'이라는 해괴한 이론이 자리 잡고 있다. 이른바 국민의 정부 초대 교육부 장관이란 자가 대통령의 절대적인 후원 하에서 밀어부친 시장논리의 도입은 그 후 역더 교육부 장관들에 의해 일관되게 추진되어 오고 있다.

시장논리란 수요와 공급의 논리이다. 소비자의 수요가 있으면 생산자가 상품을 생산하여 시장에 공급하고, 수요가 없으면 공급이 중단될 수밖에 없다는 경제논리이다. 대학교육도 이 경제논리에 따라 운용하라는 것이다. 그래서 관련 용어도 교육 수요자, 교육 공급자 등의 명칭이 통용되고 최근에는 교육시장이란 용어까지 등장했다. 이 시장논리에 의한 교육에서 가장 중요한 사항은 수요자 중심의 교육이다. 시장경제에서 소비자는 왕이다. 소비자의 구미에 맞추어야 물건을 팔 수 있기 때문이다. 마찬가지로 교육에서도 수요자인 학생을 왕으로 모시라는 것이다. 이것이 이른바 수요자 중심의 교육인데, 이것은 학생을 이해하고 학생의 인격을 존중하라는 차원의 교육이 아니고, 모든 것을 학생 위주로 운영하라는 것이다. 심지어 교육과정까지도 수요자 중심으로 개편하라는 것이다.

이러한 '시장교육'의 결정판이 현행 학부제이다. 학부제는 여러 가지 장점을 가지고 있는 제도임에 틀림없다. 그러나 현행 학부제가 안고 있는 문제점은 이러한 장점을 무효화시킬 만큼 심각하다. 예를 들어보자. S대학교의 인문학부의 경우, 영문, 불문, 독문, 중문, 노문, 국문, 한문의 7개 학과로 구성되어 있는데 학부로 입학하여 2학년 진입 때 전공을 선택하도록 규정하고 있다. 전국에서 최초로 전면적 학부제를 실시한 이래, 인문학부로 입학한 학생의 90%가 매년 영문학 전공을 지원하고 한문학 전공에는 많을 때는 2명, 적을 때는 한 명도 지원하지 않는다. 그래도 학부제를 강행하라는 것이 교육부의 방침이다. 말로는 학부제가 강제사항이 아니라고 강변하지만 교육부는 당근과 채찍으로 이를 교묘하게 강요하고 있다. 현행제도가 계속 유지된다면 아마 머지않아 한문학과를 포함한 비인기학과는 폐과될 수밖에 없을 것이다. 설령 폐과되더라도 할 수 없다는 것이 학부제의 논리이다. 시장에서 돈 주고 물건 사는 것과 같이, 수요자인 학생들이 돈 내고 지식을 사는데 자기 구미에 맞는 것만 사는 것이 당연한 일이다. 도대체 수요자인 학생들이 배우기 싫다는데 억지로 가르칠 필요가 없다는 것이다. 학부제하에서 지원자가 적어서 폐과된 사례가 실제로 있다. 그 대학의 총장은 철저한 시장논리에 따라 학교를 운영한 것이다. 그 공로를 인정받아 그 총장은 교육부 장관에 발탁되기도 했다.

그런데 지원자가 없는 비인기 학과가 대부분 기초학문 분야라는 데에 문제의 심각성이 있다. 기초학문의 토대 없이는 응용학문도 발달할 수 없다는 것은 상식에 속하는 일이다. 이러한 상식까지 무시하는 것이 학부제이다. 인문학도 이 기초학문 분야에 속한다. 생존을 위해서 싸워야 하는 이 준엄한 경쟁의 시대에 그렇지 않아도 졸업 후 취업이 잘되는 학과, 돈이 되는 학과로만 몰리는 학생들의 풍조에 학부제는 부채질을 하고 있다.

교육에는, 배우는 사람이 배우기 싫어하더라도 반드시 가르쳐야 할 부분이 있다. 종아리를 때려서라도 가르쳐야 할 것은 가르치는 것이 교육이다. 교육을 시키는 것은 시장에서 물건 파는 것과는 다르다. 요사이 학생들은 깊이 생각하는 것을 싫어한다. 모든 일이 즉흥적이다. 그래서, 성과가 느리게 나오는 공부를 하려고 하지 않는다. 아마 이것도 인터넷식 사고의 결과 인듯한데 이런 학생들을 '소비자'로 모시고 소비자 중심의 교육을 하라는 것이 학부제이다. 이러한 제도가 학생들로 하여금 인문학을 더욱 외면하게 만들고 있다. 학생들은 쉽고 편한 공부만 하려고 한다. 그리고, 그렇게 하도록 제도가 뒷받침해 주고 있다. 학부제에서는 필수과목도 없어졌다. 학생들이 싫어할지도 모르는 과목을 강제로 가르쳐서는 안 된다는 것이다. 모든 것을 수요자의 요구에 맞추어야 한다. 이런 제도하에서 인문학이 생존할 수 있기를 바라는 것은 기적에 가까운 일이다.

3. 인문학의 위기, 어떻게 극복할 것인가?

지금 우리 대학에는 학문의 숨결이 사라졌다. 대학은 더 이상 학문의 장(場)이 아니다. 대학은 수요와 공급의 법칙이 지배하는 시장판이 되어 버렸다. 대학 운영자들은 부가가치가 생기지 않는 학문은 가차 없이 퇴출시킨다. 대학 캠퍼스 어디에도 학문을 위해서 진지하게 고민하는 학생을 보기 어렵다. 오직 영어와 컴퓨터에 매달려 있을 뿐이다. 교수들 또한 마찬가지이다. 교수들의 연구업적을 계량화하여 평가하기 때문에 '계산된' 논문을 '전략적으로' 써야 한다. 수강학생의 숫자에도 신경을 써야 한다. 미국 캘리포니아 대학의 미요시 마사오 교수의 글이 우리에게 타산지석(他山之石)이 될 수 있겠기에 잠시 인용해 본다.

대학의 학부생을 위한 강의실은 갈수록 교육보다는 대중을 즐겁게 하기 위한 토크쇼의 장소로 되어가고 있는 것처럼 보인다. 강의실은 슬프게도 아무런 알맹이 없는 면허증과 전문기능을 제외하고 거의 아무것도 제공하지 못하는 공허한 장소가 되었다. 한때 교수들은 무엇인가를 가르쳤다. 그러나, 이제 그들은 기업의 세계에 있어서처럼 단순한 전문기능인, 사업가, 출세꾼, 기회주의자들이 되었다. 우리는 우리가 마땅히 생각하고 가르치고 실천해야 할 것을 진지하게 대면하지 않는다면, 우리가 상상하고 싶어하는 것보다 훨씬 더 나쁜 상황으로 들어갈지 모른다.
― 『녹색평론』, 통권 48호, p. 38

그렇다. 현 사태를 그대로 방치하면 "우리가 상상하고 싶어하는 것보다 훨씬 더 나쁜 상황"이 초래될 수도 있다. 그러면 이 위기를 어떻게 극복해야 하는가? 앞에서 인문학 위기의 원인을 나름대로 짚어 보았으니 그 원인을 제거하면 된다고 말할 수밖에 없다. 적어도 논리적으로는 원인을 제거하면 된다. 그러나 그게 그렇게 간단한 일이 아님은 누구나 잘 알고 있을 것이다. 우선 강대국의 힘의 논리인 세계화 이데올로기를 막을 힘이 없다. 아니 정부가 앞장서서 세계화를 외치고 있다. 김영삼 정권 이래 '세계화만이 살길이다'라는 구호 아래 총력을 동원하여 세계화를 추진하고 있는데 어떻게 이 도도한 물결을 막을 수 있겠는가?

　가장 평범하고 가장 교과서적인 답변은, 모두가 인문학적 가치의 소중함을 알아야 한다는 것이다. 정부와 대학 경영자와 교수와 학생 모두가 인문학적 가치의 소중함을 깨달을 때에만 인문학의 위기를 극복할 수 있다. 인간에게서 인간 고유의 무늬가 퇴색하고 있는 이 비극적 상황을 심각하게 생각해야 한다. 그중에서 정부의 각성이 가장 중요하다. 정부, 특히 교육부는 하루빨리 이를 깨달아 그에 부응하는 정책을 펴야 한다.

　먼저 현행 학부제를 전면적으로 근본부터 재검토해야 한다. 대학에는 인문학을 연구하는 학과가 있어야 한다. 학과의 존폐를 시장논리에 맡겨두어서는 안 된다. 물론 교육부에서는 인문학과 기초학문의 보호, 육성을 위해서 다양한 지원을 하고 있다고 말한다. 실제로 지원을 하고 있는 것이 사실이다. 그러나 학부제가 존재하는 한 실효를 거두기 어렵다. 기초학문과 인문학이 위기에 처한 원인이 바로 학부제에 있는데 학부제를 개선하지 않고 인문학을 보호, 육성한다는 것은 임시 미봉책에 불과하다. 인문학을 연구하는 학과가 있고 이들 학과에 지원하는 학생이 있고 가르치는 교수가 있으면 되는 것이다. 그렇게도 요란스럽게 대학을 뒤흔들었던 실험대학 제도의 참담한 실패를 거울삼아야 할 것이다.

　그리고, 인문학을 위한 장기투자를 해야 한다. 인문학은 학문의 속성상 그 성과가 느리게 나타난다. 아예 성과가 보이지 않기도 한다. 인문학에 투자를 하면서 단기적이고 가시적인 성과를 기대해서는 안 된다. 클릭하면 금방 화면에 나타나는 인터넷식 성과를 기대해서는 안 된다. 따라서 인문학에 대한 지원방식도 개선되어야 한다. 여기서 일일이 적시하지는 않겠지만 한국연구재단의 연구비를 받아본 사람은 알 것이다. 그 번거로운 신청서류와 짜증나고 불필요한 각종 증빙서류를 갖추려다 보면 막상 연구할 의욕이 사라질 지경이다. 물론 이런 제도를 만든 데에는 교수들도 책임이 있다는 것을 알고 있다. 그러나, 인문과학, 사회과학, 자연과학의 특성을 고려하지 않고 일률적으로 규제하는 것은 행정편의주의라 생각할 수밖에 없다.

인문학의 위기를 극복하려면 대학 경영자들의 자세도 바뀌어야 한다. 먼저 '경영 마인드'를 버려야 한다. 대학은 부가가치를 산출하는 기업경영과는 다르다. 대학을 문자 그대로 학문의 전당으로 만들어야 한다. 그리고 그 학문의 중앙에 인문학이 자리 잡도록 해야 한다. 그래야 대학다운 대학이 될 것이다. 그렇게 되면 대학이 더 이상 교육부의 눈치를 볼 필요가 없을 것이다. 대학은 스스로 사명감과 자긍심을 가져야 한다.

한국 한문학 연구의 현황

1. 한국과 중국의 문화적 관계

한국과 중국은 지정학적(地政學的)인 조건 때문에 상호 영향을 끼치면서 밀접한 관계를 맺어왔다. 중국의 한(漢)나라는 이미 기원전 108년에 한국의 고대국가인 위만조선을 멸망시키고 그곳에 식민지를 설치하여 400여 년 동안 지배했다. 중국의 문자인 한자가 전래된 것도 이 무렵일 것으로 추정된다. 그리하여 고유문자를 갖지 못했던 한국이 한자를 받아들임으로써, 당시 세계에서 가장 융성했던 중국문화가 유입되는 계기가 마련되었다. 4, 5세기경에는 일부 귀족층에 국한되긴 했지만 한문을 구사하여 작품활동을 하기에 이르렀다. 그리고 이 시기를 전후하여 중국의 고전들이 교육기관의 교재로 채택되면서 중국문화의 정수(精髓)가 본격적으로 이식(移植)되기 시작했다.

7세기 후반, 한반도 최초의 통일국가를 이룩한 신라왕조는 당시 중국 대륙의 주인인 당(唐)나라의 문화를 더욱 적극적으로 받아들였다. 신라는 당에 대규모의 유학생을 파견했으며 이들이 귀국하여 중국문화의 보급에 앞장섰다. 그 대표적인 인물이 최치원(崔致遠)이다. 사실상 선진문화 유입의 유일한 창구가 중국이었다. 그러므로 고유문자가 없는 상황에서 당시의 문학은 중국문학의 형식을 그대로 모방할 수밖에 없었다.

그러나 표기수단으로 한자를 사용하긴 했지만 그 독음(讀音)은 중국과 달랐다. 지금은 복원할 수 없지만 신라인의 말이 따로 있었던 것이다. 이렇게 말과 글이 일치하지 않은 상태에서 참다운 문학적 성취를 기대하기는 어려운 법이다. 따라서 신라인들은 그들의 말을 그대로 글로 옮기고 싶은 문화적 욕구를 강하게 느꼈을 것이고 이러한 욕구가 '이두(吏讀)'라는 독특한 문자를 만들게 했다. 이두는 한자의 음과 뜻을 적절히 조합하여 신라인의 말을 표음화(表音化)한 것으로 7세기 말에 그 체제가 완성된 것으로 보인다. 비록 불완전한 문자이긴 하지만 그들은 이두를 사용하여 많은 시가를 창작했는데 이를 '향가(鄕歌)'라 부른다. 이러한 시도는 맹목적인 중국 시의 모방에서 벗어나려는 새로운 민족형식(民族形式)의 창조였다.

이두의 발명과 보급에도 불구하고 한문학은 한문학대로 발전을 거듭했다. 특히 10세기 중반 관리 임용시험인 과거제도의 성립을 계기로 한문을 사용하는 인구가 증가하면서 이두는 점차 소멸해 갔다. 원래 완벽한 표기수단이 아니었던 이두는 한자의 위력에 눌려 그 생명을 잃고 말았다.

그리하여 10세기 전반에서 14세기 후반까지 존속한 고려시대에는 한문학의 각 장르에 걸쳐 다양한 작품들이 생산되었으며, 중국과 일본에까지 문명(文名)을 떨친 인사들이 적지 않았다. 이제현(李齊賢), 이색(李穡), 정몽주(鄭夢周) 등이 대표적인 인물이다. 이 시기에 중국문학은 한국문학에 거의 일방적인 영향력을 행사했다. 고유문자를 갖지 못한 상황에서 이러한 현상은 불가피했을 것이다. 또한 중국문학 자체의 절대적 우월성 때문에 쉽사리 그것을 대체할 방안을 찾기도 어려웠을 것이다.

그러나 말과 글의 불일치에서 오는 불편함은 한국 민족으로 하여금 이두의 발명 이래 또 한 번의 자구적(自救的) 시도를 하게 했는데 이 시도의 결과가 1443년의 '한글'의 발명이었다. 한글은 한민족(韓民族) 역사상 최초로 갖게 된 완벽한 고유문자로서 민족문화의 찬란한 금자탑이었다. 이 한글의 발명과 더불어 참다운 한국문학이 성립될 발판이 마련되었다고 말할 수 있다. 이후 한글문학은 확고한 민족문학으로 오늘날까지 꾸준히 성장, 발전해 왔다.

한편 한글문학의 성장과 함께 한문학도 꾸준히 발전했다. 한글의 창제 이후에도 여러 가지 이유에서 귀족층의 지식인들은 여전히 한문을 사용하여 작품을 생산했다. 한글의 발명 이후 한국문학은 한글문학과 한문문학으로 이분화되어 각각 나름대로 발전을 거듭했는데, 양적인 면에서나 질적인 면에서나 한문문학이 절대적 우위를 점하고 있었다.

2. 한국 한문학 개관

지금 한국에서는 한문으로 표기된 작품을 중국문학과 구별하기 위하여 '한국 한문학(韓國漢文學)'이라 부른다. 이 한국 한문학은 중국문학의 형식을 그대로 답습했으며 내용적인 면에 있어서는 중국 사상의 영향을 짙게 반영하고 있다. 중국의 사상은 그 인구와 영토의 크기 만큼이나 다양하고 복잡하다. 도교, 불교, 유교를 비롯해서 제자백가(諸子百家)의 사상에 이르기까지 수많은 사상들이 혼재해 왔지만, 한국에 가장 깊은 영향을 미친 사상은 유학 사상이다. 이 유학 사상이 한국에 유입되어 독점적 권위를 누리게 된 것은 이씨조선(李氏朝鮮, 1392~1910) 시대였다. 이씨조선은 개국과 함께 유학을 국시(國是)로 정했으며 이후 500여 년 동안 유학적 이념에 따라서 국가를 경영했다. 따라서 유학의 영향을 가장 많이 받은 것이 이씨조선의 문학이다.

이씨조선이 받아들인 유학은 남송의 주희(朱熹)가 집대성한 성리학(性理學)이었다. 성리학은 끊임없는 자기 수양에 의해 천리(天理) 또는 도(道)를 체득함으로써 천일합일(天人合一)의 경지에 이르는 것을 목표로 삼는다. 그러므로 이 목표 이외의 일은 부차적인 것이라 여겼다. 문학도 예외일 수 없었다. 한국 성리학의 이론을 심화시켰고 어느 면에서는 중국 성리학의 이론 체계를 완성한 주희를 능가했다고 말할 수 있는 이황(李滉, 1501~1570)은 "시가 학자에게 가장 긴절한 것은 아니다(詩於學者 最非緊切)"라 하여 문학에 큰 의미를 부여하지 않았다. 이황뿐만 아니라 대부분의 성리학자들은 문학을 여기(餘技)로 여겼는데 이것은 천리의 체득을 위한 공부를 하고 난 나머지 시간에 문학을 한다는 사고에서 나온 것이다. 이것이 이른바 도본문말적(道本文末的) 사고이다. 적어도 이씨조선 전기까지는 이러한 사고가 지배적이었다. 물론 탁월한 문학적 재능을 지니고 도학(道學)보다 문학에 더 많은 정열을 쏟은 사람들이 있긴 했지만 이들은 사회적으로 큰 주목을 끌지 못했다. 따라서 문학의 주 생산층 역시 성리학자들이었다.

성리학자들이 문학보다 도학을 더 중시한다고 해서 그들의 문학 작품을 과소평가할 수는 없다. 그들은 자연시(自然詩)를 많이 창작했는데, '도학적 자연시'라 부를 수 있는 그들의 작품은 그 나름으로 높은 수준을 유지한 경우가 많았다. 특히 이언적(李彦迪), 이황 등 성리학의 대가들은 그들의 학문적 온축을 생경하게 드러내지 않고 훌륭하게 형상화(形象化)한 아름다운 자연시를 많이 창작했다. 그러나 어디까지나 도본문말적 기본사고가 그들의 자유로운 상상력을 구속했기 때문에 성리학자들의 작품은 일정한 한계를 지닐 수밖에 없었다. 즉 이들의 작품은 도학적 수양과 관련된 것이 많기 때문에 자연히 개인적이고 내면적인 경향을 띠게 되어 인간사회의 다양한 국면을 폭넓게 반영하지는 못했다.

이씨조선 후기에 접어들면 사정이 조금씩 달라진다. 1592년 일본의 침략과 1637년 만주족의 침략을 겪고 난 이씨조선사회에는 여러 가지 변화가 일어나는데, 그중 사상적인 면에서 성리학의 절대적인 권위가 도전을 받게 되었다. 이 시기의 지식인들은, 점점 관념화하고 교조화(敎條化)하는 성리학에 비판적 태도를 취하며 보다 실용적인 학문을 중시하게 되었다. 실학(實學)의 학풍이 발생한 것이다. 따라서 문학에도 많은 변화가 일어났다. 이 시기 문학의 특징을 대략 세 가지로 요약해 볼 수 있다.

첫째, 문학의 현실주의적 경향이다. 현실주의적 경향이라 함은, 문학의 주제가 관념적인 형이상학으로부터 국가, 민족의 현실 문제로 바뀌어졌음을 뜻한다. 이들은 자신을 포함한 이웃과 사회의 문제에 더 많은 비중을 두었다. 특히 이들의 관심은 두 차례의 큰 전란을 겪고 난 후의 민중들의 고통스러운 삶에 집중되었다. 그리고 민중들의 삶을 고통스럽게 만든 제도적인 모순도 이들의 관심사였다.

물론 이들의 사상적 기반은 여전히 유학이었다. 그러나 이들은 성리학과 일정한 거리를 유지했다. 이들은 성리학에서 중시하는 심성론(心性論)에 관심을 가지지 않았다. 관심을 가졌더라도 사단칠정(四端七情) 등 성리학의 중요 명제들을 종래의 성리학자들과는 다르게 해석했다.

문(文)과 도(道)의 관계에 있어서도 이들은 '문이재도(文以載道)'의 이론을 여전히 신봉했다. 그러나 문이 담는 도의 내용을 기존 성리학자들과 다르게 해석했다. 성리학의 도는 문자 그대로 형이상학적인 도이지만, 이들이 문에 싣고자 했던 도는 보다 구체적인 현실의 여러 문제들이었다.

둘째, 문학을 도의 종속적인 위치로부터 해방시키려 했다. 이러한 노력이 문학의 독자적 영역을 완전히 확보해 주지는 못했지만 적어도 문학이 도학의 눈치를 보지 않아도 될 상황은 어느 정도 조성되었다. 이러한 경향에 힘입어 이씨조선 후기에는 다양한 종류의 문학 작품이 풍부하게 생산되었다. 우선 문학 작품의 소재가 확대되었다. 성리학적 이데올로기에 묶여있던 인간의 감정을 비교적 자유롭게 표현할 수 있게 됨에 따라 종래에는 금기시되었던 소재를 과감하게 다룰 수 있게 되었다. 그리고 작가층이 다양해졌다. 즉 양반 사대부들 이외에도 여러 계층의 평민들이 개성적인 문학을 창작했다.

따라서 문체 또한 변화했다. 다양한 작가들이 새로운 내용을 표현하기 위해서는 문체가 바뀌지 않을 수 없었던 것이다. 작가들은 종래의 규범적인 문체가 자신들의 자유로운 상상력을 구속한다고 생각하여 새로운 문체로 글을 쓰기 시작했다. 이것이 사회적으로 큰 문제가 되어 저 유명한 '문체 파동(文體波動)'이 일어나기도 했다.

셋째, 문학에서 민족주의적 색채가 짙어졌다. 이씨조선은 오랫동안 중국문화의 영향권 안에 있었고, 지식인들은 중국의 문자인 한자로 작품활동을 했기 때문에 민족의식이 약했던 것이 사실이다. 이 시기에 오면 중국문화와는 다른 한국문화의 독자성을 강조하며 중화주의의 절대적 권위로부터 벗어나려는 노력이 나타난다. 따라서 조선 민족 고유의 정서를 조선식으로 표현한 작품이 많이 생산되었다. 조선식 한자어를 사용하여 시를 짓고, 조선의 역사적 사실을 소재로 한 작품을 대량 생산한 것은 이러한 민족 주체의식의 결과이다. 정약용(丁若鏞)이 "나는야 조선 사람 / 조선시 즐겨 쓰리(我是朝鮮人 甘作朝鮮詩)"라 하여 '조선시'를 짓겠다고 선언한 것이나, 민족적 색채가 짙은 이덕무(李德懋)의 시를 박지원(朴趾源)이 '조선풍(朝鮮風)'이라 평하여 『시경』의 국풍(國風)에 비견한 것이 그 단적인 예이다.

3. 한국 한문학 연구 개관

1945년 대한민국 정부 수립 이후 한국의 지식인들은 한국에 끼친 중국문화의 영향, 그중에서도 유학 사상이 끼친 영향에 대해서 다각도로 분석했다. 분석의 결과는 대체로 부정적이었다. 특히 이씨조선이 중국 일변도의 사대주의 정책을 펼쳤고 그로 인하여 봉건적 유교 도덕이 전파되었으며 그것이 한국의 자주적 발전을 방해했다는 것이 당시의 일반적 견해였다. 19세기 말 서구 열강의 침략에 속수무책으로 무너졌고, 1910년 일본에 나라를 빼앗긴 것도 맹목적으로 중국문화만 추종했기 때문이라고 생각했다. 그래서 한국에 남아있는 중국문화의 잔재 특히 유학의 잔재를 없애는 것이 급선무라고 생각했다.

또한 유교 도덕이 침투하게 된 가장 직접적인 도구가 한자, 한문이었기 때문에 한자를 사용하지 말아야 한다는 주장이 강하게 대두되었다. 그렇기 때문에 한자로 기록된 과거의 문학 작품들을 부정적으로 평가했다. 심지어 '한자로 표기된 문학 작품은 한국문학이 아니고 중국 문학이다'라는 극단적인 견해까지 제시되었다. 그래서 한동안 한문 문학을 한국문학사 서술에서 제외한 적도 있었다. 그러나 1970년대 중반을 전후하여 이러한 경직된 사고가 수정되기 시작했다. 현재는 지난 시대의 한문 문학도 한국의 문학유산으로 정당하게 평가해야 한다는 견해가 지배적이다.

유학 사상에 대한 편견도 시정되었다. 역사를 계기적(繼起的) 발전의 과정으로 본다면, 오늘의 한국문화를 있게 한 것은 과거의 문화적 토양이었을 것이다. 한국에 있어서 과거의 문화적 토양은 동양문화의 중심 사상인 유학이었음을 부정할 수 없다. 유학 사상은 역사적으로 순기능을 수행하기도 했고 역기능을 수행하기도 했다. 이 순기능과 역기능을 객관적으로 분별하여 버릴 것은 버리고 취할 것은 취하는 것이 옳다고 생각한다.

이러한 분위기에 힘입어 현재 한문학은 한국문학 중에서 가장 중요한 유산으로 평가받고 있다. 또한 한국문학 연구 중에서 한문학에 대한 연구가 가장 활발하게 이루어지고 있다. 1970년대 한문학 연구의 초창기에는 이씨조선 후기의 한문 소설이 주 연구 대상이었다. 초기 연구물로는 1965년에 이미 이가원(李家源)의 『연암소설 연구』가 출간되었고 1976년에는 이우성(李佑成)·임형택(林熒澤)이 번역한 『이조 한문 단편집』 3책이 출간되었다. 이후 한문학 연구가 활성화되면서 고려에서 이조 전시기에 걸쳐 다양한 연구가 이루어졌다. 1981년에 정약용의 시를 번역한 송재소(宋載卲)의 『다산시선』이 출간되어 한시가 본격적으로 연구되기 시작했으며 1986년에는 역시 송재소의 『다산시 연구』라는 한시 연구서가 나왔다. 김시습(金時習)의 전기소설집(傳奇小說集)인 『금오신화(金鰲新話)』와 명(明)나라 구우(瞿佑)의 『전등신화(剪燈神話)』를 비교하는 등의 한중 비교문학에 대한 연구도 활발하게 이루어졌다. 현재 한국 한문학 연구서는 헤아릴 수 없을 만큼 많이 나왔고, 최근에는 『한국 한문학사』, 『한문학개론』 등의 저서도 출간되고 있다.

　이러한 한문학 연구는 각 대학의 한문학과와 한문교육과 출신의 학자들이 주도하고 있다. 한국에서는 1973년부터 대학에 한문교육과와 한문학과가 설립되기 시작하여 현재 전국에 10개의 한문교육과와 11개의 한문학과가 있다. 이들 학과에서는 사서(四書)를 비롯한 기본적인 중국 고전과 한국 한문학을 가르치고 있다. 여기서 배출된 인력이 앞으로 한국 한문학을 이끌어갈 사람들이다.

　한국 한문학 연구는 지금 전성기를 맞이하고 있다. 한국한문학회를 중심으로 한국한시학회, 한국실학학회 등 한문학 관련 학회가 학술발표회를 꾸준히 개최하고 있으며 학회지도 발간하고 있다. 이밖에 퇴계학연구원(退溪學硏究院), 다산학술문화재단(茶山學術文化財團)을 비롯한 여러 학술단체에서도 한국 한문학 연구를 지원하고 있다.

　이제 한문으로 기록되었다는 이유로 한문학을 폄하하는 사람은 거의 없다고 말할 수 있다. 선현들의 정신활동의 결정체라 할 수 있는 고전적들이 대부분 한문으로 기록되어 있는데, 싫든 좋든 이 기록들이 오늘의 한국을 만들어 온 한국정신사의 뚜렷한 자취임이 분명하다는 인식을 공유하고 있다. 그리고 이 전적들이 비록 한문으로 기록되어 있지만 중국이 아닌 한국의 자랑스러운 문화유산이라는 인식도 공유하고 있다.

4. 한문전적(漢文典籍)의 영향 및 번역 사업의 현황

한문은 19세기까지 국가의 공식적인 문어(文語)였기 때문에 현재 남아있는 전체 기록물의 95% 가량이 한문으로 기록된 것이다. 이 한문 전적의 영인(影印) 사업은 1950년대 말부터 시작되었다. 1958년 국사편찬위원회에서는 『조선왕조실록』을 48책으로 축소 영인했다. 이 책은 4,700만 자에 달하는 거질(巨帙)로 이씨즈선의 정사(正史)이다. 1960년에는 2,300만 자의 『비변사등록(備邊司謄錄)』이 28책으로 축소 영인되었다. 비변사는 1554년에 정규 관청으로 독립되었는데 임진왜란과 정유재란을 거치면서 그 권한이 강화되어 중외(中外)의 군국기무(軍國機務)를 총괄하는 권부(權府)가 되었다. 『비변사등록』은 비변사에서 논의한 중요한 사항을 일자별(日字別)로 기록한 귀중한 사료로, 현재는 1617년부터 1892년까지의 기록만 남아있다.

이어서 『승정원일기(承政院日記)』(2억 4,000만 자), 『일성록(日省錄)』(6,000만 자)이 계속 영인되었다. 『승정원일기』는 왕명의 출납을 관장하던 승정원의 일기로 『실록』 못지않은 가치를 지닌 사료로 평가되고 있다. 1623년부터 1894년까지 270년간의 기록이 현존하고 있다. 『일성록』은 1760년부터 1910년까지 역대 왕의 언행을 기록한 책으로 역시 귀중한 사료이다. 이 중 『조선왕조실록』과 『승정원일기』는 현재 UNESCO 세계기록문화유산으로 등재되어 있다.

경(經)·사(史)·자(子)·집(集)의 분류 기준에 따른다면 이상의 기록물들은 사부(史部)에 해당된다. 그리고 국가 기관인 국사편찬위원회의 주도로 영인되었다. 1988년부터는 민간단체인 민족문화추진회에서 집부(集部)에 대한 대대적인 영인 사업을 시작했는데『한국문집총간』이 그것이다. 주로 개인 문집을 대상으로 한 이 영인 사업은 현재까지 663종 350책이 축소 영인되었고 속편 150책의 영인 사업이 진행 중이다. 이『총간』의 특징은 선본(善本)을 선택하여 표점(標點)을 찍고 자세한 목차를 작성하고 해제와 색인을 첨부했다는 것이다. 현재 한문학 연구자들이 가장 많이 이용하는 책이다.

이밖에도 각 대학의 부설 연구소에서 필요에 따라 수많은 고전적(古典籍)들을 영인해 왔다. 특히 성균관대학교의 대동문화연구원에서는 일찍부터 영인 사업의 중요성을 깨달아 현재까지 영인된 책이 100여 책에 가깝다. 또한 상업출판사에서도 1960년대부터 영인본을 출판해 왔는데 현재는『한국문집총간』때문에 거의 중단된 상태이다. 그러나 개인이 자기 선조들의 문집을 영인 출판하는 일은 아직도 활발하게 진행되고 있다.

한문으로 기록된 고전적 중 현재 남아있는 것은 대략 16,000책으로 추정되는데, 이 가운데 한국어로 번역될 필요가 있는 전적이 6,500여 책으로 평가된다. 개인적인 상업출판사의 번역 이외에 국가의 지원을 받아 번역을 하는 기관은 국사편찬위원회, 민족문화추진회, 세종대왕기념사업회, 한국학중앙연구원 등으로 이 4개 기관의 번역 실적은 2006년 현재 215종 1,529책이다.

중국 고전의 번역은 주로 상업출판사에서 담당하고 있다. 최근에는 전통문화연구회에서 국가의 지원을 받아『동양고전 역주 총서』를 출간하고 있다. 이 총서는 사서삼경(四書三經)을 비롯하여 제자백가(諸子百

家) 등 중국의 고전을 광범위하게 번역하고 있다.

　지금 한국에서 일반인들은 일상 생활에서 한자를 거의 사용하지 않는다. 그러나 한국문화의 뿌리가 되는 한문전적의 중요성은 일반인들도 깊이 인식하고 있다. 그리고 전문가들의 학문적 관심도 그 어느 때보다 높은 것이 사실이다.

　1992년 국교가 수립된 이래 한국과 중국 양국 간의 물적, 인적, 문화적 교류가 해다다 증가하고 있다. 이러한 때에, 같은 한자문화권에 속해 있는 한국과 중국이 한자, 한문을 매개로한 학술적 교류를 더욱 강화할 필요가 있다고 생각한다.

한국 고전문학의
번역을 위하여

　"번역자는 반역자다"라는 말이 있고, "번역은 기껏해야 메아리에 불과하다"라는 말도 있다. 이 말들은, 번역을 해서는 안 된다는 뜻이 아니고 번역이 그만큼 힘든 작업임을 암시하는 것이라 생각된다. 그러나 비록 번역을 해서 반역자가 되더라도 그리고 그 번역물이 메아리에 불과할지라도 번역을 계속해야 할 이유는 새삼스럽게 강조할 필요가 없다.

　지금까지 우리는 수많은 외국문학 작품을 한국어로 번역해 왔지만 한국문학을 외국어로 번역하는 일에는 다소 소홀했던 것이 사실이다. 그런 의미에서 한국문학번역원이 출범하여 왕성한 활동을 벌이고 있는 것은 참으로 고무적인 일이라 하겠다. 하지만 번역 대상 작품이 한국 현대문학에 편중되어 있다는 것이 옥(玉)에 티라면 티라고 할 수 있다. 현대문학은 현대문학대로 지금처럼 번역을 하되 앞으로는 고전문학의 번역에도 관심을 가져야 한다는 생각에서 몇 가지 제언을 하고자 한다. 물론 한국 고전문학의 번역에는 수많은 어려움이 수반될 것이다. 그러나 지금 당장은 아니라도 언젠가는 해야 할 일이기에 이제부터라도 그 준비가 필요하다고 생각한다.

　한국문학은 크게 고전문학과 현대문학으로 나누어지고 고전문학은 한글문학과 한문학(漢文學)으로 나누어진다. 최초의 한글소설이라 일컬어지는 『홍길동전』을 비롯해서 『춘향전』, 『심청전』 등의 소설과, 시조,

가사 등이 한글문학에 속하고, 박지원의 한문소설과 정약용의 한시 등이 한문학에 속한다. 이들 고전문학 작품은 자랑스러운 우리 정신문화의 결정체임에 틀림없다. 이 중 한문학에 대해서는 한때 약간의 논란이 있었다. 한문학을 한국문학에 포함시키지 말자는 극단적인 주장을 펼친 인사도 있었지만 지금은 한문학을 한국문학이 아니라고 주장하는 사람은 아무도 없다. 또한 양적인 면에서나 질적인 우수성으로 해서 한문학은 한글문학 못지않은 문학적 가치를 지니고 있다. 아마 한국문학에서 한문학을 제외한다면 한국문학사는 매우 적막해질 것임에 틀림없다.

이렇게 값진 우리의 문학유산을 훌륭하게 번역하는 것이 한국문학 번역원의 미래의 과제이다. 현대문학과는 달리 고전문학의 번역에는 허다한 어려움이 뒤따른다. 그러나 언젠가는 극복해야 할 어려움이기 때문에 번역에 따르는 몇 가지 문제를 짚어보고자 한다. 우선 번역자가 작품을 정확히 해독할 수 있어야 한다. 번역에 있어서 너무나 당연한 말이지만 우리 고전문학의 경우는 간단하지가 않다. 예를 들어본다.

심봉사거동보쇼. 쌈을가려뉘여노코만심환희ᄒ던차의 곽씨부인졍신차려못난말리, 여보시요봉사님남녀간무어시요. 심봉사대쇼ᄒ고 아기샷철만쳐보니손이나루비 지내듯문듯지내가니 아매도무근죠개가햇죠개나 안나부

『심청전』에서 심봉사의 부인 곽씨가 심청을 출산하는 장면인데 위의 인용문은 상당부분을 현대 철자법으로 그친 것이다. 이 대목을 현대어법에 맞게 온전히 번역하면 이렇게 된다.

심봉사 거동 보소. 삼을 갈라 뉘어놓고 만심환희(滿心歡喜)하던 차에,

곽씨부인 정신 차려 묻는 말이 "여보시오 봉사님, 남녀간에 무엇이오?" 심봉사 대소하고 "아기 살을 만져보니 손이 나룻배 지나듯 문득 지나가니 아마도 묵은 조개가 햇 조개를 나았나 보오"

앞을 보지 못하는 심봉사의 행동을 절묘하게 표현한 익살스러운 문장이다. 우리 고소설에는 이런 표현이 자주 나오는데 이것을 제대로 번역하려면 번역자가 원문을 제대로 이해해야 한다. 그러나 이 정도의 경우에는, 고소설의 상당 부분이 현대어로 번역이 되어있기 때문에 현대어 번역본을 저본(底本)으로 다시 번역을 하더라도 큰 무리는 없을 것이다. 그렇지만 같은 『심청전』의 다음과 같은 대목에서는 사정이 달라진다. 인당수에 몸을 던져 용궁의 황후가 된 심청이 황제에게 맹인잔치 베풀기를 청하는 장면이다.

솔토지민이막비왕신이오니백셩즁의불상ᄒᆞ배난환과고독사궁이요, 그즁의 불상ᄒᆞ계병신이오나병신즁의더욱맹인이오니, 천ᄒᆞ맹인을모도묘와잔치를ᄒᆞ옵소셔.

이 문장을 현대어로 옮기면 다음과 같다.

솔토지민(率土之民)이 막비왕신(莫非王臣)이오니 백성 중에 불쌍한 바는 환과고독(鰥寡孤獨) 사궁(四窮)이요, 그중에 불쌍한 게 병신이오나 병신 중에 더욱 맹인이오니, 천하 맹인을 모두 모아 잔치를 하옵소서.

이렇게 현대문으로 번역되었더라도 외국문학 전공자가 쉽게 이해하기는 어려울 것이다. "率土之民 莫非王臣"과 "鰥寡孤獨 四窮"의 뜻을 알아야 하기 때문이다. 우리 고소설에는 이런 한자 문구가 빈번하게 등장한다. 물론 번역자가 어느 정도의 한문에 대한 소양을 가지고 있다면 다행이겠지만 현실이 그렇지 못하다. 비록 한글로 표기된 소설이긴 하지만 띄어쓰기도 안 되어있고 맞춤법도 현대 어법과 다를 뿐만 아니라 한문 실력까지 갖추어야 하니 번역자로서는 이중 삼중의 어려움을 겪을 수밖에 없다. 그렇다고 이 소중한 고전소설의 번역을 포기할 수는 없다.

번역을 포기할 수 없다면, 고전문학 전공자와 외국문학 전공자가 공동작업을 하는 것이 하나의 해결책이 될 수 있을 것이다. 고전문학 전공자가 원문의 뜻을 상세히 설명해 주고 이를 바탕으로 해서 외국문학 전공자가 번역을 하는 것이다. 그렇게 하지 않고는 바람직한 번역을 기대하기 어려울 것이다. 시조의 경우는 어떠한가?

믉결이흐리거든발을싯다엇뎌ᄒ리이어라이어라 吳오江강의가쟈ᄒ니 千천年년怒노濤도슬플로다 至지匊국悤총至지匊국悤총於어 思사臥와 楚초江강의가쟈ᄒ니魚어腹복忠충魂혼낟글셰라

윤선도(尹善道)의 「어부사시사(漁父四時詞)」 중 〈하사(夏詞)〉의 네 번째 작품인데, 『고산유고(孤山遺稿)』 권6에 수록된 원문을 그대로 옮긴 것이다. 이 시조의 후렴구를 뺀 초·중·종장을 현대 어법에 맞게 옮기면 이렇게 된다.

물결이 흐리거든 발 씻은들 어떻하리, 吳江에 가자하니 千年怒濤 슬프도다, 楚江에 가자하니 魚腹忠魂 낚을서라

외국문학 전공자가 이 시조를 온전히 이해하기란 쉽지 않다. 또 단

순히 한자 실력만 있다고 해서 이해할 수 있는 것도 아니다. 이 작품은 초·중·종장이 모두 중국의 고사(古事)를 원용하고 있다. 초장은 굴원(屈原)의 「어부사(漁父辭)」를 알아야 하고 중장은 춘추시대(春秋時代) 오자서(伍子胥)의 행적을 알아야 하며 종장은 멱라수(汨羅水)에 투신자살한 굴원의 최후를 알아야 이해할 수 있다. 이 경우에도 역시 고전문학 전공자의 도움이 절대적으로 필요하다. 관련 고사를 풀어서 번역해야 할지, 직역을 하고 주(註)를 달아서 처리해야 할지 등의 문제도 함께 의논해서 결정하는 것이 옳다고 본다. 시조는 우리나라 고유의 문학 장르이고 윤선도의 「어부사시사」는 이 시조문학의 최고봉이라 일컬어지는 작품이다. 그러므로 우리의 고전문학을 번역해야 한다면 반드시 포함시켜야 할 작품이다. 그렇다면 공동작업 이외에는 다른 방법이 없다고 생각한다.

한문학의 경우에는 공동작업의 필요성이 더욱 절실하다. 한시나 한문소설의 한글 번역본만을 대본으로 해서 이를 외국어로 번역하는 것은 매우 위험하다. 비록 한글로 번역이 되었다고는 하나, 모든 번역이 다 그렇듯이 완전한 번역일 수 없고 특히 한문 작품은 번역본만으로는 원전의 의미를 충분히 옮길 수 없다. 한시를 번역할 때 번역문과 한시 원문을 나란히 제시하는 이유도 번역자 스스로가 불완전한 번역임을 자인(自認)하기 때문이다. 말하자면 "이 번역문만으로는 한시의 의미를 충분히 전달하지 못했으니 원문과 대조해서 보시오"라는 배려인 셈이다. 그러니 한문학 전공자와의 공동작업이 꼭 필요한 것이다.

필자는 전공의 특성상 중국 고대 한시를 접할 기회가 많은데 서양 사람들이 번역한 이백(李白)이나 두보(杜甫) 시의 영역본을 보고 실망한 적이 한두 번이 아니다. 한자(漢字) 자체가 표의문자로서 고도의 상징성을 가지고 있는 데다가 이런 한자를 표기수단으로 하는 한시의 함축적 간

결성은 독자들의 안이한 접근을 좀처럼 허용하지 않는다. 거기에다 수많은 전고(典故)들은 읽는 사람을 질리게 만든다. 중국문학을 전공한 서양인이 중국문학에 웬만큼 정통하지 않고서는 단독으로 번역하는 일은 거의 불가능에 가까운 일이다. 우리나라의 한시도 마찬가지이다.

끝으로, 꼭 문학 작품의 번역만을 위한 것은 아니지만 이 기회에 또 한 가지 제안할 것이 있다. 우리 고전용어(古典用語)의 외국어 표기를 통일한 사전을 만들 필요가 있다. 예를 들어서 실학(實學), 양반, 사대부, 아전(衙前) 등등의 고전용어를 번역자마다 각기 다르게 번역하고 있는 실정이다. 이 고전용어의 외국어 표기를 통일하는 것이 한국문학 작품과 한국학 관련 저술의 번역에서 가장 시급히 해결해야 할 일이다. 아마도 오랜 시일이 걸리겠지만 반드시 해야 할 일인데 이 작업이야말로 외국문학 전공자들과 국학 전공자들이 머리를 맞대고 토론을 통하여 하나하나 확정 지어야 할 일이다.

이상에서 말한 공동작업 이외에도, 번역 전문가의 양성, 번역을 학술업적으로 인정하는 등의 여러 가지 문제가 해결될 때 비로소 한국의 고전문학 작품이 세계인들에게 그 모습을 제대로 드러낼 것이다.

한국 고전 번역학의 과제

학문으로서의 번역학이 성립된 것은 20세기 후반이니 그 역사가 50여 년밖에 되지 않는다. 이렇게 짧은 역사에도 불구하고 번역학은 '20세기 마지막 신생학문'으로 일컬어지면서 새롭게 각광을 받고 있다. 서구에서는 이미 많은 이론서들이 출간되었고 번역학 전공학자들도 배출하고 있다. 이에 비하면 우리나라 번역학의 역사는 일천하여 겨우 걸음마 단계에 불과하다. 더구나 한국 고전 번역에 대한 이론적 탐구는 이제 막 첫걸음을 내디뎠을 뿐이다.

그동안 한국고전번역원의 전신(前身)인 민족문화추진회를 비롯한 여러 기관에서 꾸준히 번역 사업을 계속하여 이제는 양적으로도 상당한 축적이 이루어졌다. 양적인 축적은 일단 바람직하고 환영할 만한 일이지만 현시점에서는 번역물의 양적인 축적 못지않게 질적인 향상이 요구된다. 지금까지의 번역은 번역가들 나름의 개인적 취향과 각자의 스타일에 따라 다소 들쭉날쭉하게 이루어졌던 것이 사실이다. 번역의 체제도 통일되지 않았고 번역에 필요한 최소한의 기준도 마련되지 못했다. 그 결과 현대 독자들의 가독성(可讀性)이 갈수록 저하되는 현상을 초래했다. 만시지탄(晚時之歎)이 있으나 한국고전번역학회가 창립되어 고전 번역의 이론적 토대를 모색하고 번역의 제 문제를 함께 토론할 수 있는 장이 마련된 것을 기쁘게 생각한다.

무릇 번역의 대전제는 충실한 번역과 정확한 번역이다. 충실성과 정확성이란 개념은 상당히 포괄적이고 막연한 개념이다. 우선 일차적으로 원문의 내용이 왜곡됨이 없이 전달되어야 한다. 그리고 원문이 당시 독자들에게 주었던 이해와 감동을, 번역문을 읽는 현대 독자들에게도 비슷하게나마 전달해줄 수 있어야 좋은 번역이라 할 수 있을 것이다. 말하자면 번역문이 원문과 등가적(等價的) 가치를 지닐 수 있을 때 최상의 번역이 될 수 있다. 이렇게 최상의 번역을 하기 위한 기본적인 요건을 충실성과 정확성이라 정의하고 싶다.

충실성과 정확성을 염두에 두고 번역하더라도 실제 번역 과정에서 허다한 문제에 봉착하게 마련이다. 이 문제의 중심에 놓인 것이 직역(直譯)과 의역(意譯)의 문제이다. 이 직역과 의역의 문제는 서구의 번역학계에서도 수많은 논쟁을 불러일으킨 해묵은 과제이기도 하다. 이를 해결하기 위하여 번역학자들은 다양한 개념을 도입해 왔다. 어의적(語義的) 번역(semantic translation)과 소통적(疏通的) 번역(communicative translation), 직접 번역(direct translation)과 간접 번역(oblique translation), 형태적(形態的) 등가(等價)(formal equivalence)와 동태적(動態的) 등가(等價)(dynamic equivalence) 등등의 개념으로 직역과 의역의 도식적 대립으로부터 벗어나려고 했지만, 거창한 이론의 껍질을 벗겨내면 결국 직역과 의역이라는 핵만 남는다. 서양에서는 한때 기독교의 성서 번역을 둘러싸고 직역과 의역이 첨예하게 대립한 적도 있었다. 그래서 성서 번역에 있어서 용인된 해석의 범위를 벗어난 번역을 하면 신성 모독죄로 화형(火刑)에 처해지기도 했다.

한국 고전의 번역에서 직역과 의역의 문제는 더욱 첨예하게 다가온다. 직역은 원문의 언어구조, 당시의 문화와 관습 등에 최대한 근접하게 번역하는 것인데 자연히 많은 주석이 요구되는 번역이다. 이러한 직역의 대표적인 예가 경서언해(經書諺解)이다.

 ＊子曰 父母之年 不可不知也 一則以喜 一則以懼 (『論語』「里仁」)
 子ㅣ 골ᄋ샤데 父母의 나ᄒᆞᆯ 可히 知티 아니티 몯홀 꺼시니 일로ᄂᆞᆫ 써 깃브고 일로ᄂᆞᆫ 써 저프니라
 ＊子曰 事君盡禮 人以爲諂也 (『論語』「八佾」)
 子ㅣ 골ᄋ샤데 君을 셤곰에 禮를 다홈을 사ᄅᆞᆷ이 써 諂ᄒᆞ다 ᄒᆞᄂᆞ다.

 지금은 물론 이런 식의 번역을 할 리가 없지만 직역의 극단적인 한 예가 될 것이다. 이 경우, '정확성'은 어느 정도 달성되었을지 모르지만 '충실성'은, 원저자가 사용한 단어(單語) 또는 글자에 대한 충실성이란 느낌이 강하다. 그러므로 이런 언해류(諺解類)의 번역은 엄밀한 의미에서 번역이라 보기 어렵다. 보다 바람직한 번역은 이렇게 문자(文字) 추종적(追從的)인 충실성이 아니라 의미의 충실성을 목표로 해야 한다. 즉 원문의 의미를 정확히 살리는 동시에 원문으로부터의 간섭을 덜 받으며 비교적 자유롭게 번역하는 것이다. 이러한 번역을 의역이라 할 수 있을 것이다. 특히 한문과 한국어는 형태적 구조가 전혀 다르다. 고립어(孤立語)인 한문에는 어형(語形) 변화가 없고 접사(接詞)도 없어서 문법적 관계가 순전히 어순(語順)에 의해서 표시된다. 게다가 접속사나 전치사도 활성화되어 있지 않기 때문에 이른바 '형태적 등가'에 바탕하여 고립어인 한문을 교착어(膠着語)인 한국어로 직역한다는 것은 사실상 불가능하다.
 그렇다면 의역을 할 수밖에 없는데 여기에도 적지 않은 문제가 산적해 있다. 어느 선까지 의역해야 하는가? 이 문제가 먼저 대두된다. 한자, 한문은 우리가 오랫동안 사용해 왔기 때문에 타 외국어와는 다른 친연

성(親緣性)을 지니고 있다. 이 친연성이 오히려 번역의 장애물이 될 수 있다. '經濟(경제)' 등의 낱말을 옮길 때가 그러하다. 또 오랜 시간 쓰여 오던 용어를 살려야 할지 풀어야 할지도 과제로 남는다. 예를 들어 '中貴(중귀)'를 옮길 때 '궁중과 연결이 있는 권세가'로 풀어 옮기면 뜻은 쉽게 전달되지만 당시 일반적으로 사용되던 中貴라는 용어가 사라져 버린다. 이 경우 中貴를 살리고 주(註)를 다는 방법도 있다. '月課(월과)', '二望(이망)', '邑治(읍치)' 등의 경우도 마찬가지이다. 이밖에도 관용구나 고사성어의 문제도 있다. 이 점은 원작자의 성격에 따라서, 또 서(序), 기(記), 발(跋) … 로 분류되는 원문의 문체에 따라 그 기준을 달리 정할 수 있다고 생각한다.

이러한 문제에 대한 획일적인 기준을 세우기는 어렵고 결국은 번역자의 재량에 맡길 수밖에 없지만 번역자들 사이에 최소한의 합의는 있어야 할 것이다. 그리고 한문 고전을 번역할 경우에는, 번역을 하더라도 번역문에서 보존해야 할 원문의 가치가 분명히 있다는 사실을 잊지 말아야 할 것이다.

문학 작품의 번역은 더욱 어렵다. 모든 번역이 그렇겠지만 특히 문학 작품의 번역은 재생적(再生的)이면서 동시에 창조적(創造的)이어야 한다. 그러자면 원문이 지니고 있는 문체, 수사법, 어조(語調) 등을 염두에 두고 번역해야 되지 내용 전달에만 매달려서는 안 된다. 이렇게 볼 때 한문 독해 능력만으로는 좋은 번역의 필요충분조건이 될 수 없다. 물론 고전 번역에서 한문 독해 능력이 무엇보다 중요한 것은 사실이지만 여기에 그쳐서는 안 된다. 한국어 구사 능력, 문화적 교양, 예술적 심미안(審美眼) 등을 두루 갖출 필요가 있다. 문학 작품 중에서도 한시는 그 자체가 엄격한 정형을 갖춘 운문이다. 이런 한시를 산문식으로 번역해서는 좋은 번역이라 하기 어려울 것이다. 또 현재 관행적으로 한시 번역문과 원문을 같이 제시하고 있는데 이것은 '이 번역문은 완전하지 않으니 원문과 대조해서 읽으시오'라는 말과 같다. 원문을 보지 않고 번역문만 읽어도 어느 정도 이해할 수 있고 즐길 수 있는 번역, 즉 번역된 시 자체가 하나의 작품이 될 수 있도록 번역하는 것이 바람직한 번역일 것이다. 그러나 이러한 번역은 우리가 도달해야 할 이상적인 목표일 뿐이지 먼 훗날에야 이루어지리라 생각한다. 우리는 이 이상적 목표를 향해 조금씩 나아가야 하는데 한국 고전번역학회의 창립은 그 첫걸음이라 할 수 있다.

번역학(飜譯學)이란, 보다 나은 번역을 하기위한 방법이나 원리를 모색하는 학문이다. 번역의 일반이론에 관해서는, 서구(西歐)에서 이루어놓은 번역이론들을 광범위하게 섭취하는 한편으로 '한문 고전의 번역'이라는 특수성에 입각하여 우리 나름의 독자적인 이론을 개발해야 할 것이다. 이를 위해서는 기본적으로 학제적(學際的) 성격을 가진 번역학의 특성을 고려하여 언어학, 문화학(文化學), 미학(美學) 등 인접 학문과의 상호 협력이 절실히 요구된다. 번역이론의 개발과 함께 중요한 것은 다양한 번역기법의 개발이다. 실제 번역에서 부딪치는 여러 가지 문제점들을 제시하고 활발한 논의를 거쳐 하나하나 해결해 나가야 한다. 지금까지는 개인적으로 고민하고 개인적으로 처리해왔던 문제점들을 앞으로는 공론에 부쳐 합리적인 합의점을 찾아보자는 것이다. 어떤 면에서는 순수이론의 개발보다 이것이 지금 우리에게 더 필요한 일일지도 모른다.

더 나은 번역을 하기 위해서는 기존 번역서들에 대한 평가 작업도 수행해야 한다. 기존 번역서에 대한 평가는 앞으로의 번역의 질을 높이기 위한 중요한 여러 단서를 제공해줄 수 있을 뿐만 아니라 독자들에게 양질의 번역서를 제공하는데에 크게 기여할 수 있으리라 생각한다. 엄밀하고 객관적인 평가가 이루어지기 위하여 평가의 방법과 과정 그리고 결과의 활용 등 평가의 제반 시스템이 마련될 필요가 있다. 이 또한 한국 고전 번역학의 과제로 남는다.

이밖에도 국가적 차원의 번역 지원 정책을 수립하는 데에 큰 틀의 방향을 제시하고, 고전 번역의 활성화를 위해서 여러 가지 제도적 장치를 마련하는 등의 사업도 한국 고전 번역학의 과제라 할 수 있다.

또한 한문 고전을 한국어로 번역하는 일은 그 자체만으로도 중요하지만 이 작업은 한문 고전을 서구어(西歐語)로 번역하는 일과도 맞물려 있다. 수준 높은 우리의 한문 고전을 서구어로 번역할 필요가 있다는 것은 누구나 공감하는 사실이다. 이 경우 번역 담당자는 서구어 전공자들일 터인데 극소수를 제외하고는 이들이 한문 고전을 직접 번역하기는 어려울 것이다. 그러므로 이들에게 믿을 만한 결정적인 번역 텍스트를 제공해 주어야 한다. 이를 위해서도 우리 고전번역학회가 활성화되어 더 나은 번역서가 나올 수 있도록 중추적인 역할을 해야 할 것이다.

한국의 한자교육

1. 한글과 한자의 역사적 상호관계

한국만큼 문자 정책에 혼선을 일으킨 나라는 세계적으로 그 유례가 드물 것이다. 1443년 우리의 고유문자인 한글을 창제하고 난 후에도 중국 문자인 한자를 계속해서 사용해 온 데에 그 원인이 있다.

역사적으로 볼 때 한국과 중국은 지정학적(地政學的)인 조건 때문에 상호 영향을 미치면서 밀접한 관계를 맺어 왔다. 중국의 한(漢)나라는 이미 기원전 108년에 한국의 고대국가인 위만조선(衛滿朝鮮)을 멸망시키고 그 땅에 식민지를 설치하여 400여 년 동안 지배했다. 중국 문자인 한자가 전래된 것도 이 무렵일 것으로 추정된다. 그때까지 고유문자를 갖지 못했던 한국이 한자를 받아들임으로써, 당시 세계에서 가장 융성했던 중국문화를 유입하는 계기가 되었다. 그리하여 4, 5세기경에는 일부 귀족층에 국한되긴 했지만 한문을 구사하여 작품활동을 하기까지 이르렀다. 이 시기를 전후하여 중국의 고전들이 교육기관의 교재로 채택되면서 중국문화의 정수(精粹)가 본격적으로 이식되기 시작했다.

7세기 후반 한반도 최초의 통일국가를 이룩한 신라(新羅) 왕조는 당시 중국 대륙의 주인인 당(唐)나라의 문화를 더욱 적극적으로 받아들였다. 신라는 당나라에 대규모의 유학생을 파견하였으며 이들 유학생들이 귀국하여 누구보다 먼저 중국문화의 보급에 앞장섰던 것이다. 따라서 한자·한문의 보급 또한 확산되었다.

그러나 말과 글이 일치하지 않은 상태에서 참다운 문화를 발전시키기는 어려운 법이다. 따라서 신라인들은 그들의 말을 그대로 글로 옮기고 싶은 문화적 욕구를 강하게 느꼈을 것이고 이러한 욕구가 이두(吏讀)라는 독특한 문자를 만들게 했다. 이두는 한자의 음과 뜻을 교묘하게 조합하여 신라인의 말을 표기한 것으로 7세기 말에 그 체제가 완성된 것으로 보인다. 비록 불완전한 문자이긴 하지만 그들은 이두를 사용하여 많은 시가(詩歌)를 창작했다.

이두의 보급에도 불구하고 한자·한문의 영향력은 줄어들지 않았다. 특히 10세기 중반, 관리 임용시험인 과거제도의 성립을 계기로 한문을 구사하는 인구가 증가하면서 이두는 점차 소멸해 갔다. 원래 완벽한 표기수단이 아니었던 이두는 한자의 위력에 눌려 그 생명력을 잃고 만 것이다. 그 이후 한문은 보편적인 표기수단으로 나름대로의 발전을 거듭하여 수많은 한문 전적(典籍)들이 출간되었다.

그러나 말과 글의 불일치에서 오는 불편함은 한민족으로 하여금 또 한번의 자구적(自救的) 시도를 하게 했는데 이 시도의 결과가 역사적인 한글의 발명이었다. 한글은 한민족 역사상 최초로 갖게된 완벽한 고유문자로서 민족문화의 찬란한 금자탑이었다. 이 한글의 발명은 홍수처럼 밀려오는 중국문화의 물결에 매몰되지 않고 한민족의 주체성을 지키려는 끊임없는 노력의 소산이었다.

그런데 어느 나라 문자이건 그 문자를 바르게 사용하기까지는 장구한 시간이 필요하다. 오랜 기간 동안 끊임없이 연구하고 가다듬어야만 그 문자가 퇴화하지 않고 발전하게 마련이다. 그러나 불행하게도 우리 민족은 훌륭한 문자를 창제해 놓고도 그것을 충분히 발전시키지 못했다. 그 이유는 여러 가지가 있겠지만, 가장 큰 이유는 양반 사대부들이 한글을 외면했다는 점에 있다고 하겠다. 이들이 한글을 외면했다고 해서 한글이 전혀 사용되지 않은 것은 아니어서 부녀자들과 일반 서민층에서는 알기 쉽고 간편한 한글을 계속 사용해 왔다. 그러나 이들은 한글을 사용하면서도 한글이 한자보다 더 못한 글자라는 의식을 완전히 버리지 못했으며, 양반 사대부들은 일반 서민들이 모르는 한자를 사용함으로써 신분적 우월감을 과시하기도 했다. 게다가 국가의 정책도 한글을, 일반 국민들을 계도하고 교화하기 위한 수단으로 이용한 측면이 강하지, 전체 국민들이 한자를 버리고 한글만 사용할 것을 처음부터 바라지는 않았던 것 같다. 사정이 이러하기 때문에 주로 식자층(識者層)에 의해 이루어진 기록 문화 대부분은 한자로 표기되었다. 여기에 우리나라 문자 정책이 표류하게 된 원인이 있는 것이다.

2. 한글 전용론(專用論)과 한자 혼용론(混用論)

한글 창제 이후에도 한글과 한문은 이원적(二元的)인 공존관계를 유지하면서 각각 나름대로 발전해 왔다. 그러다가 19세기 초반 서구 열강(列强)의 제국주의적 침략으로 국운(國運)이 흔들리자, 이제까지의 한자·한문 사용에 대한 반성과 함께 한글 전용론이 강력히 대두되었다. 심재기(沈在箕) 교수의 논증에 의하면 이 시기에 최초로 한글 전용을 주장한 사람은 주시경(周時經)이다.[1] 주시경의 견해는 1906년에 나온 『대한국어문법』의 발문(跋文)에 피력되어 있는데 그 내용을 요약하면 다음과 같다.

---

1 심재기, 「國漢字混用의 妥當性에 關한 硏究」, 『冠嶽語文硏究』 제23집, 1988, 6면. 본 논문의 제2장에 인용된 자료들은 상기 심재기 교수의 논문에 인용된 자료를 직접 재인용했거나, 필자가 정리, 요약한 것임을 밝혀 둔다.

1. 한자는 다른 나라의 문자이지 우리의 문자가 아니다.
2. 한자는 배우기가 어렵고 시간이 많이 걸린다.
3. 그러므로 우리말·우리 글의 정리와 보급이 시급하다.

어렵고 비효율적인 한문 학습에 시간을 낭비했기 때문에 국가가 위기에 처했으니 한문 학습에 들이는 시간과 노력을 다른 일에 쏟자는 것이다. 그래서 부강한 나라를 만들어 보자는 민족주의적 발상에서 나온 이론이다.

그러나 결국 나라는 일본에 합병되었으며 그 후 한글 전용론은 더욱 세력을 넓혀갔다. 이 시기에 한자·한문의 사용을 반대하고 한글만을 사용해야 한다고 주장한 사람들의 의식에는, 한글을 사용함으로써 문맹(文盲)을 퇴치하고 그렇게 함으로써 국권회복의 기반을 마련하자는 생각이 자리잡고 있었다. 크게 보아서 주시경의 견해와 궤를 같이하고 있다. 그리하여 1926년에는 '한글날'의 전신인 '가갸날'을 제정하는 한편 표준어, 맞춤법의 정비 등 국어 정리 사업에 대한 공감대가 형성되어 1933년에는 조선어학회에서 한글 맞춤법 통일안이 만들어 졌다.

이와 같은 한글 전용론은 식민지시대의 민족 감정에 편승하여 상당한 호응을 얻었다. 그러나 당시에도 성급한 한글 전용론에 비판적인 견해를 제시한 홍기문(洪起文) 같은 사람도 있었다. 그는 배타적이고 국수적(國粹的)인 국어 사랑의 위험성을 지적했고, 한자가 비록 중국의 문자이긴 하지만 이미 조선에 들어와서 오랫동안 조선인의 문자 생활에 융합되었다면 한자도 하나의 조선어라는 논리로 한자 전용론을 비판했다.

한글 전용론자들과 한자 혼용론자들의 논쟁은 식민지 대라는 특수 상황 아래에서 일정한 한계를 지닐 수밖에 없었다. 문자 정책을 결정하는 권한이 일본에 있었기 때문이다. 따라서 이들 논쟁은 다분히 이상론에 치우친 감이 없지 않았다. 말하자면 당장 실현할 수 있다는, 현실성을 염두에 두었다기 보다는 이론적인 수준의 논쟁에 그칠 수밖에 없었던 것이다. 한글 전용을 주장하는 사람들의 글조차 국한(國漢) 혼용체로 표기되었다는 사실이 이를 말해준다.

양측의 논쟁은 광복 이후 1948년에 법률 제6호로 이른바 '한글 전용법'이 공포된 뒤에도 계속 이어졌다. 광복 이후 한글 전용론의 선봉장은 최현배(崔鉉培)였다. 그에 의하면, 문화 창조의 가장 근본적인 도구는 말과 글인데 우리 민족은 우수한 한글을 가지고 있기 때문에 이 우수한 한글을 도구로 하여 문화 혁명을 이룰 수 있다는 것이다. 문화 혁명을 이룰 수 있는 근거로 그는, 한글을 전용함으로써 일반적인 지식 수준을 상향(上向)시킬 수 있고, 과학 기술 교육을 효과적으로 실시할 수 있으며 그렇게 함으로써 참된 민주주의를 영위할 수 있다고 했다. 또한 한글의 기계화를 위해서도 한글 전용이 급선무임을 강조했다. 그러나 그의 주장은 식민지시대의 한글 전용론 못지 않게 극단적인 이상론에 서 있었다. 왜냐하면 적어도 일천 년 이상 우리 글처럼 사용해 온 한자를 하루 아침에 없앤다는 것은 현실적으로 불가능한 일일 뿐만 아니라 그렇게 할 절박한 필요도 없었기 때문이다. 최현배 이외의 전용론자들도 정도의 차이는 있지만 당장 전면적으로 한자 사용을 중단하자는 입장이었다. 이러한 한글 전용론을 주장하는 대표적인 단체는 한글학회였다.

한글 전용론에 맞서서 국한문을 혼용하자는 사람들의 주장 또한 만만치 않았다. 국한문 혼용론은 1970년에 창립된 한국어문교육연구회(韓國語文敎育硏究會)가 이를 주도하고 있다. 이들의 주장은 다음의 몇 가지로 요약될 수 있다.

1. 우리말 어휘의 70% 이상이 한자어이기 때문에 국어의 올바른 이해와

표현력, 어휘력의 신장(伸張)을 위해서도 한자가 필요하다.
2. 한자어를 한글로만 표기할 경우, 동음이의어(同音異義語)를 구별할 수 없어 혼란이 생긴다.
3. 우리의 전통문화를 계승, 발전시키기 위해서는 한자·한문 교육이 필수적이다.
4. 한자는 그 특성상 조어력(造語力)과 사고력(思考力), 응용력을 길러주기 때문에 교육적 효과가 높다.

이밖에도 최근에는 경제적인 측면에서 한자·한문의 중요성을 지적하기도 한다. 즉 한자문화권(漢字文化圈)에서 중국어를 사용하는 인구가 영어를 사용하는 인구보다 많은 것이 현실이니 만큼 한자를 외면해서는 안 된다는 것이다. 물론 현대 중국어와 우리가 사용하는 한자·한문이 발음(發音)이나 문장구조에 차이가 있는 것은 사실이지만, 한자 학습이 중국어 습득에 결정적인 도움이 된다는 것이 이들의 주장이다. 특히 중국의 경제력이 급속도로 신장하는 가운데, 앞으로는 아시아·태평양 문화권이 세계를 지배할 것이라는 전망이 일반적이다. 이러한 때에 기왕에 사용해 오던 한자를 스스로 폐기한다는 것은 국가적인 차원에서 경쟁력을 상실한다는 견해이다.

국한 혼용을 주장하는 근거로, 국민의식의 서구화(西歐化)를 예방한다는 견해도 있다. 지금처럼 서양의 언어를 무분별하게 받아들이고 있는 상황에서 국민 전체가 한자를 버리고 한글만 사용한다면, 한자문화권에 속해있는 우리 문화의 정체성을 상실할 것이고 국민의식 또한 급속도로 서구화될 우려가 있다는 것이다. 동양문화에 뿌리를 내리고 있는 우리가 서양문화의 외피(外皮)만 받아들이는 데에서 오는 혼란은 필연코 국민, 특히 청소년의 인성(人性)을 황폐화시킬 것이라는 견해이다.

광복 이후 지금까지 전용론과 혼용론이 대립하고 있는 상황에서 일반 국민들의 문자 생활에서는 한자 사용이 서서히 줄어들었다. 길거리의 간판과 표지판도 한글로 바뀌었고 한글을 전용하는 일간지(日刊紙)까지 나타났다. 대부분의 신문, 잡지들도 한자의 사용을 최대한 억제하고 있다. 뿐만 아니라 전문적인 학술서적에서조차 한자를 찾아보기 어렵게 되었다. 심지어 한자로 표기하지 않으면 뜻을 전혀 알 수 없는 고전(古典)의 제목까지도 한글로 표기하고 있는 실정이다.

사태가 여기에 이르자 최근에는 한자교육의 필요성이 다시 대두되고 있다. 1995년경부터 일간 신문에 한자를 해설하는 고정란이 신설되었고, 수십 종의 한자 교본(敎本)이 출판되어 놀라운 판매 부수를 기록하고 있으며, 주로 초등학교 학생들을 대상으로 하는 일일 학습지(日日學習紙)가 수없이 생겨났다. 3세에서 6세까지의 유아들을 대상으로 하는 한자 학습지까지 등장했다. 이것은 물론 상업주의적 영리 추구로부터 발단된 것이지만, 한편으로는 한자 학습에 대한 수요가 그만큼 증가했다는 반증이기도 하다. 이러한 추세를 반영하여 1993년에는 한국한자한문교육학회(韓國漢字漢文敎育學會)가 창립되었고 1998년에는 한자활성화추진회(漢字活性化推進會)가 결성되었으며 같은 해 11월에는 전국한자교육추진총연합회(全國漢字敎育推進總聯合會)가 결성되어 한자교육의 부활을 강력히 주장하고 있다. 다른 한편으로는 한글 전용법 폐기법안을 국회에 제출하기도 했고, 한글 전용법의 위헌 심사(違憲審査)를 헌법재판소에 청원하기도 했다.

3. 한국의 한자교육 정책

광복 이후, 개인이나 학술단체, 사회단체가 전용론과 혼용론을 두고 논쟁을 벌이는 동안 정부의 정책은 어떠했던가를 살펴보도록 하자.

   1948년 한글전용법 공포
   1949년 한자병용(漢字倂用) 허용
   1950년 한자혼용(漢字混用) 결정
   1954년 한글 전용 강조
              상용한자 1,300자 제정
              국민학교 고학년(高學年)에 한자 혼용 허용
   1955년 문교부 한글 전용법 발표
   1957년 한글 전용 적극 추진안과 한글 전용법 개정안의 국무회의 상정
   1958년 한글 전용 실천 요강 실시
   1959년 문교부, 내무부의 협조로 거리 간판의 한자를 강제로 추방함.
   1961년 한글 전용 법률안 개정(국가재건 최고회의)
   1962년 한글 전용 원칙 발표
   1963년 교과서에 한자 노출시킴.
   1965년 한글 전용에 관한 개정 법률안 공포
              초·중·고 교과서에 임시 허용 한자 1,300자 노출
   1968년 대통령 한글 전용 선언
              한글 전용 5개년 계획 수립
   1969년 모든 교과서에서 한자를 없앰.
   1970년 한글 전용 단행
              초·중·고 교과서에서 한자를 완전히 없앰.[2]

---

2   이 자료도 심재기 교수의 앞의 논문에서 재인용한 것임.

1970년까지의 정부 정책인데 이것만 보아도 정부의 문자 정책이 얼마나 무원칙(無原則)했던가를 짐작할 수 있다. 그러나 정부의 정책이 구속력을 갖지 않았기 때문에 일반 국민들은 각기 편리한 대로 한글을 전용하기도 하고 한자를 혼용하기도 했다. 한글 전용법이 공포된 후에도 한자를 혼용하는 사람들에 대해서 법률적인 제재(制裁)를 가하지는 않았던 것이다. 신문, 잡지, 일반 서적들은 정부의 정책에 관계없이 여전히 한자를 혼용했다. 그것이 편리하기 때문이었다.

문제는 학교교육에 있었다. 정부의 정책이 바뀔 때마다 교과서에 한자(漢字)가 나타났다가 사라졌다가 하는 과정에서 학생들만 피해를 입게 되었다. 특히 1970년에 전면적인 한글 전용이 단행되면서 모든 교과서에서 한자가 완전히 없어지자 일대 혼란이 일어났다. 충분한 준비 과정을 거치지 않고 갑작스럽게 단행되었기 때문에, 일선 학교에서 한자 없는 교과서로 수업을 진행하는 일이 불가능하게 되었다. 모든 한자어(漢字語)를 그 음(音)만 한글로 표기해서 뜻을 알 수 없었던 것이다. 급기야 국어 교사들은 한자가 복원된 유인물을 미리 학생들에게 배부하고 수업을 진행하는 사태에까지 이르렀다.

정부는 한글 전용에 따른 부작용을 보완하는 의미에서 1971년에 교육과정을 부분 개정하여 한문을 중·고등학교의 독립 필수 교과로 지정했다. 한문을 독립 필수 교과로 지정한 근거는 "한문 학습을 통하여 전통 문화의 바탕 위에 새로운 민족문화를 창조하기 위하여 한문 해독의 필요성을 느껴 고전 문화의 계승과 한자문화권의 조화를 이루기 위한" 것이었다. 이에 따라 1972년부터는 한문을 독립 교과로 운영했으며, 같은 해 8월에는 한문교육용 기초한자 1,800자를 제정하여 중·고등학교에서 각각 900자씩 한문과(漢文科) 교육을 통하여 필수적으로 지도하게 했다.

이러한 결정은 매우 타당한 정책으로 한자·한문 교육의 방향을 바로 잡은 것이었다. 이 결정에 따라 1973년부터 각 대학에 한문교육과가 신설되어 한문교사를 양성하게 되었다. 그러나 모든 교과서에서 한자를 삭제한 것은 여전히 큰 문제로 남아 있었다. 그래서 1975년부터는 중·고등학교 교과서에 한문교육용 기초한자(1,800자)의 범위 안에서 한자를 괄호 안에 병기(併記)하기로 했다. 이후 몇 차례의 교육과정 개편을 거치면서 현재는 중·고등학교 공히 한문이 필수 교과에서 선택 교과로 축소되었다.

　우리나라의 한자·한문 교육이 안고 있는 또 하나의 문제점은 교육 현장에서의 내실화(內實化) 문제이다. 1971년에 한문이 독립 교과로 지정된 후 상당 기간을 무자격(無資格) 교사가 한문교과를 담당한 경우가 많아서 한문교육의 내실을 기하기 어려웠다. 대학의 한문교육과를 졸업하고 한문교사 자격증을 소지한 인력이 있었음에도 불구하고 일선 중·고등학교에서는 학교의 편의에 따라 기존의 타 교과목 교사들로 하여금 한문을 가르치게 했다. 이러한 관행이 현재는 많이 시정되었지만 과목 상치교사(相馳敎師)가 아직도 존재하고 있는 실정이다.

　한문교육의 내실화를 지연시키는 또 하나의 요인은 대학의 입시제도이다. 싫든 좋든 간에 중등 교육은 대학 입시제도에 의하여 크게 영향을 받는 것이 한국의 현실이다. 한 동안은 대학 입학 학력고사에 한문 문항(問項)이 어느 정도 출제되어 중등교육과 그나마 연계(連繫)된 적도 있었는데, 현행 수학능력(修學能力) 시험에서는 한자·한문이 전혀 출제되지 않아 중·고등학교 학생들이 한자·한문을 외면하는 사태를 초래했다. 여기에다 한문교과의 선택 과목화가 이러한 사태를 더욱 악화시키고 있다.

　한편 1995년부터는 초등학교에서의 한자교육의 길이 열렸다. 1970년의 한글 전용 정책에 따라 전면 금지되었던 한자를 학교에 따라 재량 시간에 가르칠 수 있게된 것이다. 즉 초등학교에서 3~6학년 학생들을 대상으로 기초한자 600자를 바탕으로 한 한자, 한자어, 한자어구(漢字語句)를 가르치게 되었다. 그러나 초등학교 교육용 기초한자 600자가 제정되어 있지 않았기 때문에 교육용 기초한자 1,800자 안에서 자의적(恣意的)으로 선택하여 가르치고 있는 실정이며 이밖에도 지도교사의 문제, 재량 시간의 확보 등 해결해야 할 점이 많다.

이와 함께 1998년에는 정부의 모든 공용 문서에 한자를 병용(倂用)할 수 있게 했다. 그동안 정부의 각종 공문서가 한글로만 작성되어 의미 파악에 적지 않은 혼란이 초래된 점을 시정하려는 조치이다. 이것은 사실 1948년에 제정된 한글 전용법의 취지를 복원(復元)한 것이다. 1948년 한글 전용법의 요지는 "대한민국의 공용 문서는 한글로 쓴다. 다만 얼마 동안 필요할 때에는 한자를 병용할 수 있다"로 되어 있었던 것이다.

또한 정부는 도로 표지판, 각종 안내문 등에도 한자를 병용하겠다는 방침을 발표했는데 이는 한자문화권 국가들에서 들어오는 관광객의 편의를 위한 것으로 생각된다. 이에 따라 정부에서는 일상 생활용 기본한자의 제정을 검토하고 있으며, 차제에 1972년에 제정되어 한 번도 바뀌지 않은 교육용 기초한자 1,800자의 개정도 준비하고 있는 것으로 안다.

4. 한자·한문 교육에 대한 관견(管見)

지금까지 살펴본 바와 같이 우리나라에서 한자 사용을 둘러싸고 그토록 논의가 분분했던 것은 한자·한문에 대한 일반적인 인식이 잘못되어 있었기 때문이었다. 일반인의 인식 속에는, 한자가 중국의 문자이고 중국의 문자인 한자를 매개로 하여 유입된 중국문화가 우리의 자주적 발전을 가로막았다는 생각이 자리잡고 있다. 1945년 조국 광복 이후에 이러한 논의가 극에 달한 적이 있었다. 이씨 조선의 중국 일변도의 사대주의 정책과 그로 인한 봉건적 유교 도덕의 전파가 한국의 자립적 발전에 장애가 되었다는 것이 당시의 일반적 견해였다. 19세기 말, 서구 열강의 침략 앞에 속수무책이었고 드디어 일본의 식민지가 되어 버린 것도 맹목적으로 중국문화간 추종했기 때문이라고 생각했다. 그리고 중국문화 침투의 가장 직접적인 도구가 한자·한문이었기 때문에 한자·한문이야말로 마땅히 이 땅에서 추방해야 할 것으로 생각했다.

이러한 인식에는 상당한 타당성이 있는 것이 사실이다. 그러나 우리의 민족사를 지나치게 패배주의적인 시각으로 보는 것은 옳지 않다고 생각한다. 냉철하게 다시 한번 생각해 보자. 중국 문자인 한자가 한반도에 전래된 시기는 기원전(紀元前)일 것으로 추정되는데, 당시 중국은 일찍부터 고유문자를 가지고 찬란한 문화를 꽃피우고 있었다. 고유문자를 갖지 못했던 우리나라가 한자를 받아들인 것은 어느 의미에서 우리 문화의 발전을 위하여 퍽 다행한 일이었다. 한자의 전래와 함께, 당시 세계에서 가장 융성했던 중국문화의 유입이 가능했던 것이다.

이후 우리나라는 중국문화의 영향을 일방적으로 받으면서 성장해 왔다는 사실을 부인할 수 없지만, 한 가지 중요한 사실은 우리가 중국문화에 매몰되지 않고 꿋꿋하게 우리의 고유문화를 지켜 왔다는 사실이다. 국제 정치의 역학상(力學上) 때로는 사대(事大)를 하기도 했지만 우리는 중국문화에 동화(同化)되지 않으려는 주체적 대응을 잊지 않았다. 이두(吏讀)의 발명이 그것이고 한글의 창제가 그것이며 실학(實學)의 학풍이 그것이다. 아시아 대륙의 동북쪽에 위치한 극히 작은 반도국가(半島國家)인 우리나라가 수천 년 동안 중국문화의 영향을 일방적으로 받으면서, 그리고 끊임없는 침략을 당하면서도 끝내 중국에 합병되지 않고 독립국으로 살아남을 수 있었던 것은, 중국문화를 수용하여 자신을 성장시키면서도 중국문화에 매몰되지 않고 주체적 성찰(省察)을 계속했기 때문이다. 그래서 우리나라가 비록 작은 나라이지만 문화적인 면에서는 작은 거인(巨人)이라 불러도 좋을 만큼 세계적인 문화 민족이 되었던 것이다.

이 민족문화의 유산을 지금 우리가 상속받고 있다. 이 중에는 유형의 유산도 있고 무형의 유산도 있다. 유형의 유산에도 여러 가지가 있겠지만 가장 중요한 것은 우리 선조들의 정신활동의 결정체(結晶體)라 할 수 있는 각종 전적류(典籍類)이다. 문제는 이들 전적들이 대부분 한자로 기록되어 있다는 점이다. 이 책들이 중국의 문자인 한자로 기록되어 있는 만큼 사대주의적이고 몰주체적(沒主體的)인 내용이 없는 것은 아니지만, 어쨌든 이 기록들은 오늘의 우리나라를 만들어 온 우리 정신사(精神史)의 뚜렷한 자취임에 틀림없다.

한자로 표기되어 있기는 하지만 이들 전적(典籍)들은 중국문화의 유산이 아니고 우리의 문화유산인 것이다.『목민심서(牧民心書)』가 그렇고『조선왕조실록(朝鮮王朝實錄)』이 그렇고『삼국사기(三國史記)』와『동의보감(東醫寶鑑)』이 그렇다. 이 저술들이 중국 아닌 우리의 자랑스런 문화유산이라는 점을 아무도 부정하지 못할 것이다.

이러한 문화유산을 비판적으로 수용하여 오늘의 민족문화를 창조할 책무가 우리에게 주어져 있다. 이를 위해서는 고전적(古典籍)들의 정리, 해독, 번역 등이 선결되어야 한다. 여기에 우리가 한자·한문과 결별해서는 안 되는 이유가 있다. 광복 이후 지금까지 우리는 국수주의적(國粹主義的)인 한글 전용에 집착해 왔기 때문에 이 땅의 지식인들조차 우리의 고전은 고사하고 최초의 한글 소설인『홍길동전(洪吉同傳)』이나『춘향전(春香傳)』도 읽지 못하는 실정이다. 한국의 대학생들이 영어로 씌어진

『톰 소여의 모험』은 읽으면서 유길준(俞吉濬)의 『서유견문(西遊見聞)』을 읽지 못하는 현실을 더 이상 방치해서는 안 된다. 문제의 심각성은 오늘의 대학생들이 1960년대에 출간된 서적조차 읽지 못한다는 게에 있다.

　한글은 자랑스러운 우리의 문자이다. 한국인으로 한글을 사랑하지 않는 사람은 없을 것이다. 이러한 한글 사랑의 결과 우리의 말과 글에서 한자가 점차 사라지고 있다. 이러한 추세는 앞으로 더욱 가속(加速)될 것이다. 이러한 추세가 계속되면 앞으로 언제일지는 모르지만 한자의 도움을 받지 않고도 한글만 사용할 수 있는 날이 올 것이라 믿는다. 그 날이 100년 후이든 500년 후이든 상관없다. 그것을 조급하게 앞당기려 해서는 안 된다.

　또 한가지 분명한 것은, 현재와 같은 추세라면 한자를 병용(倂用)하든 혼용(混用)하든 그것이 한글의 발전에 장애가 되지 않는다는 사실이다. 오히려 그것이 한글을 살찌우고 풍부히 한다고 생각한다. 표의문자(表意文字)인 한자가 표음문자(表音文字)인 한글의 부족한 점을 훌륭하게 보완해 줄 수 있기 때문이다.

　이렇게 한자와 한글이 공존하며 점진적으로 한글 전용의 방향으로 나아가는 것이 옳다고 본다. 그리고 한글 전용의 추세가 가속되고 확대될수록 각급 학교에서의 한자·한문 교육은 더욱 강화되어야 할 것이다.

항체 문화의
형성을 위하여

1.

　교통과 통신 수단의 발달로 세계가 좁혀져, 이제는 그야말로 '한 가족 지구촌'에 살고있는 우리가 왜 새삼스럽게 민족예술, 민족문화, 민족미학을 거론해야 하는가? 더구나 '세계화만이 살길이다'라는 구호 아래 정부가 주도적으로 세계화 정책을 펼치고 있는 이 마당에 세계화에 역행하는 듯한 민족예술, 민족문화, 민족 미학을 운위하는 것이 무슨 의미가 있는가? 이 문제에 대한 논의의 실마리를 풀기 위하여 잠시 다산(茶山) 정약용(丁若鏞)과 연암(燕巖) 박지원(朴趾源)을 떠올려 보자.

　다산과 연암이 살던 시대는 세계화라는 말이 필요 없던 시대였다. 그 당시는 중국이 곧 세계였다. 그리고 그 당시 조선은 중국문화에 완전히 동화된 상태였다. 특히 다산과 연암은 '세계의 문자'인 한자(漢字)를 자유자재로 구사할 수 있는 완벽한 '세계인'이었다. 더구나 그들은 외모와 생김새에 있어서도 중국인들과 별반 다르지 않았다. 그러나 무엇보다도 그들이 '세계인'의 자격을 당당히 얻을 수 있었던 것은, 중국문화의 정신적인 지주인 공·맹(孔孟)의 사상을 중국인들과 공유하고 있었기 때문이었다. 그리고 공·맹의 가르침에 따라 생활하는 것을 최상의 생활 방식이라 여겼다. 그들은 최고의 가치가 공·맹으로 수렴되는 데 대하여 아무런 회의(懷疑)를 품지 않았다.

그런데도 다산과 연암은 중국 중심으로 편성된 세계화의 질서에 순순히 편입되기를 거부했다. 적어도 문화적인 면에서는 그렇다. 주지하는 바와 같이 다산은 '조선시(朝鮮詩)'를 쓰겠다고 선언했다. 조선시를 쓰겠다는 것은, 중국 시를 시의 절대적인 전범으로 삼지는 않겠다는 말이다. 다산이 말한 조선시의 함의(含意)가 간단한 것은 아니지만 우리는 여기서 '세계의 문학'이 아닌 '조선민족의 문학'을 염두에 둔 다산의 의지를 읽을 수 있다. 연암의 경우도 마찬가지이다. 그는 중국 시의 전범을 따르지 않은 이덕무(李德懋)의 시를 "조선의 국풍(國風)이라 해도 좋을 것이다"라 격찬했다. 이덕무의 시를 『시경(詩經)』의 반열에까지 올려놓은 연암의 이 말이 다소 과장된 표현인 것은 사실이지만 연암의 의식 속에는 민족적 색채를 강조하려는 의도가 있었음이 분명하다.

이렇게 중국이 세계인 시대에 완벽한 세계인으로서의 자격을 갖춘 다산과 연암이 왜 "조선시", "조선풍(朝鮮風)"을 내세웠겠는가? 그들이 비록 중국의 문자인 한자로 글을 쓰지만 '중국민족의 문학'과는 다른 '조선민족의 문학'을 창작하고 싶었을 것이다. 그들이 아무리 중국문화에 동화되었다고 하더라도 조선에 살고있는 조선 사람이라는 생각을 떨쳐버릴 수 없었던 것이다. 아니, 조선 사람이라는 생각을 떨쳐버리려고 해도 떨쳐버릴 수 없었던 것이 아니라 오히려 조선 사람임을 떳떳이 내세워야 한다고 주장했다. 다산은 유배지에서 아들들에게 보낸 편지에서 『삼국사기』, 『징비록』 등 우리 선현들의 저술을 읽고 그것을 소화해서 시를 쓰라고 당부했다. 중국의 고전을 반드시 공부해야 하지만 그것만으로는 부족하다는 것이다. 연암도 조선 사람이 조선 사람의 본분을 망각하고 글을 쓴다는 것이 얼마나 어리석은 일인가를 힘주어 강조한 바 있다.

중국과 조선이 비록 동일 문화권에 묶여 있어 문자와 정신적인 가치를 공유하는 정도가 아무리 깊다 하더라도 중국은 중국대로 조선은 조선대로 각각 그 나름의 변별적인 특징이 있게 마련이다. 특히 문화예술 부문에서는 그 차이가 더욱 두드러진다. 우선 음식문화만 해도 중국인이 좋아하는 음식과 조선인이 좋아하는 음식이 다르다. 음악에 있어서도 중국의 음악과 조선의 음악은 기본적인 곡조가 다르다. 이밖에 춤이나 연희(演戱)의 형태도 다르다. 심지어 색깔도 중국인은 붉은색을 좋아하고 조선인은 흰색을 좋아하는 차이가 있다. 문학도 예외일 수가 없다. 서로 다른 문화적 풍토에서 살아온 사람들의 정서가 같지 않았을 것임을 전제로 한다면 이러한 기반에서 생성된 문학 작품 또한 다르리라는 것은 자명한 사실이다.

2.

나는 이러한 문화적 차이를 '문화적 개성'이라 부르고자 한다. 각 민족은 그 민족 고유의 개성을 지니고 있다. 이것은 마치 한 민족 내에서도 개개인이 각기 다른 개성을 지니고 있는 것과 같다. 매운 것을 좋아하는 사람도 있고 싱거운 것을 좋아하는 사람도 있다. 음악을 좋아하는 사람이 있는가 하면 운동을 좋아하는 사람도 있다. 그림 그리기를 좋아하는 사람도 있고 책 읽기를 좋아하는 사람도 있다. 운동을 좋아하는 경우에도 야구를 좋아하는 사람도 있고 축구를 좋아하는 사람도 있다. 그림을 그리더라도 서양화를 선호하는 사람도 있고 동양화를 선호하는 사람도 있다. 검은 색깔의 옷을 즐겨 입는 사람도 있고 붉은 색깔의 옷을 좋아하는 사람도 있다. 이렇게 사람의 개성은 다양하기 그지없다. 그리고 그 다양한 개성은 그것대로 모두 존중되어야 한다. 사람들의 개성에는 차이가 있을 뿐이지 차별은 있을 수 없다. 야구를 좋아하는 사람과 음악을 좋아하는 사람 간에는 어떠한 차등도 있을 수 없다. 또한 서양화를 좋아하는 사람과 동양화를 좋아하는 사람 사이에도 그 개성의 질(質)을 판단할 아무런 근거가 없다. 그저 다를 뿐이다. 이렇게 다양한 개성들이 공존하면서 조화를 이루고 있는 것이 인간세계인 것이다.

국가와 국가 간의 문화적 개성의 차이도 이와 마찬가지로 생각한다. 어느 민족이나 그 민족 특유의 문화를 가지고 있다. 민족마다 인종이 다르고 언어가 다르고 거기에 따라 생활양식이 달랐던 만큼 각 민족은 그 나름대로의 문화를 독자적으로 형성해 왔다. 이 독자적 민족문화는 그 민족의 개성이라고 말할 수 있다. 말하자면 그 민족만이 창조할 수 있는 독특한 성격의 문화이다. 이렇게 각 민족이 오랜 기간에 걸쳐 형성해 온 개성적인 문화는 존중되어야 마땅하다. 왜냐하면 개인과 마찬가지로 민족과 민족 간의 문화적 개성에는 차별이 있을 수 없기 때문이다. 햄버거와 김치를 두고 우열에 따라 등급을 매길 수 없다. 피카소의 「게르니카」와 추사(秋史)의 「세한도(歲寒圖)」는 그저 다를 뿐이지 어느 것이 월등하고 어느 것이 열등한지 단정적으로 말할 수 없다.

한 국가 안에서도 다양한 개성이 존재하는데 이 다양한 개성을 존중하여 개인이 그 개성을 마음껏 발휘하게 함으로써만 그 민족의 문화가 풍성해지듯이, 각 민족의 개성적인 문화도 그것대로 존중해야만 세계문화가 풍성해질 수 있는 것이다. 그러므로 각 민족은 그 민족 특유의 개성적인 문화를 더욱 발전시켜야 한다.

물론 문화예술 분야에는 민족과 국가를 초월한 보편적이고 범세계적인 어떤 요소가 있는 것이 사실이다. 톨스토이의 소설은 어느 나라 사람들에게도 감동을 주며, 베토벤의 교향곡을 들으면 어느 나라 사람들도 미적 쾌감을 느낀다. 인간에게는 확실히 인류 전체가 공유하고 있는 선험적(先驗的)인 미의식(美意識)이 잠재하고 있다. 이것은 근원적으로 인간에 내재해 있는 미의식의 아키타입(archetype, 전형)이라 할 수 있다. 그러나 그렇다고 해서 민족 단위의 문화예술의 의의를 과소평가해서는 안 된다. 역설적으로 말하면, 그렇기 때문에 즉 인간에게 선험적인 미의식이 잠재하고 있기 때문에 개성적인 민족문화가 더욱 소중한 것이다. 왜냐하면 우리가 톨스토이나 베토벤의 작품에 공감하는 것과 마찬가지로 다른 나라 사람들도 김홍도(金弘道)의 익살스러운 풍속도나 애절한 가야금 산조를 듣고 미적 쾌감을 느낄 것이기 때문이다. 인간에게 아름다움의 정서를 환기시켜 주는 예술작품이 특정 민족의 것일 필요가 없다는 말이다. 다양하면 다양할수록 좋은 것이다.

거듭 말하거니와 문화예술에 있어서는 다양성의 공존이 절대적으로 필요하다. 개성적인 민족문화를 무시한 획일적 세계문화라는 개념은 상정(想定)해서도 안 되고 상정할 수도 없는 망상이다. 상상해 보라, 개성을 존중하지 않는 획일적 사회가 어떠할 것인지를. 이 세상의 여자들이 모두 양귀비(楊貴妃) 같은 미인이고 이 세상 사람들이 모두 아인슈타인 같은 천재라면 우리의 삶이 어떻게 될 것인가? 미국의 흑인 가수 마이클 잭슨의 처참한 모습은, 흑인으로서의 개성과 정체성을 지키려하지 않고 백인이 되려고 한 무모한 욕망의 결과였다.

3.

문제의 심각성은, 염무웅 선생이 적절히 지적한대로 "세계화라고 하는 이름으로 우리에게 전달되고 있는 문화 바이러스"에 있다. 이 문화 바이러스의 급속한 전염성과 가공할 파괴력은 익히 알려진 바와 같다. 그런데 사람들은 마치 에이즈 바이러스에 감염되었을 때처럼 병증(病症)이 심각해질 때까지는 자신이 바이러스에 감염되었다는 사실을 모른다.

문화 바이러스는 문화 또는 예술이라는 탈을 뒤집어쓰고 침투하기 때문에 자각증세를 느끼지 못하는 것이다. 세계적으로 그 영양학적 우수성을 인정받은 김치의 종주국인 우리나라 어린이들이 냄새가 싫어서 김치를 먹지 않겠다고 하면 부모들은 주저 없이 김치 대신 햄버거를 먹인다, 이미 바이러스가 몸 안에 들어온 줄도 모르고. 조기 영어교육이니 영어의 공용화(公用化)니 하는 말들이 공공연히 나오는 것도 이미 세계화 바이러스가 침투했다는 것을 의미한다. 그런데 사람들은 그것을 모르고 있다. 이렇게 해서 입맛의 세계화, 언어의 세계화를 추구하는 것이 과연 옳은 일인지를 깊이 생각해야 할 것이다. 고등교육을 받은 사람이 영어 책은 떠듬거리면서나마 읽을 줄 알면서 『춘향전』이나 『홍길동전』을 한 페이지도 읽을 줄 몰라도 되는 것인가. 길거리의 간판들을 보면 이 나라가 어느 나라인지 모를 정도로 '세계화' 되어 있다.

이런 현상이 계속된다면 우리 민족의 개성과 정체성은 점차 소멸되고 말 것이다. 민족의 개성과 정체성이 소멸된 대가로 우리가 얻는 것은 우리 모두가 세계인이 되는 일일 터인데 이렇게 해서 얻는 세계인의 자격이 과연 바람직한 일인지를 심각히 따져보아야 할 것이다.

사태를 더욱 악화시키는 것은 정부가 주도적으로 세계화 정책을 추진하고 있다는 사실이다. 지금 우리 정부는 미국이라는 공룡의 힘에 밀려 어쩔 수 없이 세계화를 추진하는 것이 아니라, 진실로 세계화가 옳은 일인 줄 착각하고 있다. 정부 당국도 '세계화 바이러스'에 감염되어 있다는 사실을 모르고 있는 것이다.

지금 나는 문화적 민족주의나 문화적 국수주의를 주장하는 것이 아니다. 각 민족의 문화가 상호 교류를 통하여 자연스럽게 섞여 그것대로 조화를 이룬다면 이것은 민족문화의 발전을 위해서나 세계문화의 발전을 위하여 극히 다행한 일이다. 문화는 하루아침에 이루어지는 것이 아니고 또한 하루아침에 변화·발전하는 것이 아니다. 문화는 타율적인 힘에 의해서 그 성격이 바뀌지는 것이 아니다. 또 그래서도 안 된다. 문화를 어떤 '정책'에 의해서 바꾸려 해서는 안 된다. 오랜 기간에 걸쳐 형성되고 흘러내려 온 문화의 물줄기를 타율적인 정책에 의해서 바꾸려 한다면, 바뀌지기는 하겠지만 기형적인 문화, 잡종 문화가 되고 만다. 문화는 법률이나 제도와는 다르다. 어떤 민족의 법률이나 제도가 인간의 기본적인 인권을 무시하거나 개인의 자유를 구속한다면 하루아침에 바꾸어야 한다. 그러나 문화는 한 민족의 집단 정서가 쌓이고 쌓여서 형성되어 온 것이기 때문에 인위적으로 바꾸려 해서는 안 된다.

그러면 온통 세계화의 광기(狂氣)에 휩싸여 있는 오늘의 문화적 위기를 어떻게 해결해야 하는가? 역시 염무웅 선생의 지적대로 '항체 바이러스'를 배양하여 '항체 문화'를 만드는 수밖에 없다. 그렇지만 항체 문화를 만드는 일이 말처럼 그렇게 쉬운 것이 아니다. 더구나 정부가 앞장서서 세계화 바이러스를 전파시키고 있는 이 마당에서는 더욱 그렇다. 이병훈 선생의 제안처럼 '문화적 국제주의'의 자세를 취하는 것도 지금의 형편으로는 썩 효과적인 대응이라 할 수 없다. 이병훈 선생의 제안은, "이제 현대사회에서 문화의 국적은 점점 사라지고 있다. 문화에는 국경도 없고 국적도 없는 시대가 된 것이다"라는 전제에서 내린 처방이다. 그러나 현재 "문화의 국적이 점점 사라지고 있는" 것은 사실이지만 이같은 현상은 문화간의 자연스러운 교류에 의한 문화 자체의 내재적 변화가 아니고, 힘을 앞세운 강대국들이 경제적 이익을 도모하기 위하여 은밀히 추진하는 음모의 결과이기 때문에, 아직은 "문화의 국적이 점점 사라지고 있다"는 현상을 기정사실로 받아들일 필요가 없다. 우리는 힘이 없으니까 살아남기 위해서는 어쩔 수 없이 그들의 요구에 따를 수밖에 없다는 논리는 대단히 현실적인 생각이긴 하지만 아직은 성급한 결론이 아닌가 한다. 그렇다고 해서 북한처럼 "우리 식으로 살자"는 식의 폐쇄적 태도를 취해서도 안될 것이다.

그렇다면 어떻게 해야 할 것인가? 필자로서도 별 뾰족한 대안이 없는 것이 사실이다. 다만 이럴 때일수록 원칙적인 정공법(正攻法)이 필요하다는 생각이 들뿐이다. 세계화를 강요하지 않아도 저절로 세계화가 되어 있는 시대에, 세계인이 되는 것을 자랑스럽게 생각하던 시대에, 당당한 세계인의 자격을 갖춘 다산과 연암이 제한적이긴 하지만 왜 탈세계화(脫世界化)의 기치를 들었는지 곰곰이 생각하고 그것을 교훈으로 삼아야 할 것이다. 또한 단재(丹齋) 신채호(申采浩)의 다음과 같은 말에도 귀를 기울여야 할 것이다.

슬프도다! 한국 사회가 외국을 모방함에는 그들의 장점을 취하여 우리의 단점을 보충하며 그들의 손해를 거울 삼아 우리의 이익을 도모함이 그 법문(法門)이니, 그러므로 외국의 문물이 혹 세계에 보통되는 것으로 우리 고유의 문물보다 더 낫거나 비슷하거나 그렇지 않고 보통은 되지 못하는 것이라도 특별히 월등한 것을 모방할 것이요, 만약 보통은 되지만 유해(有害)하거나 또 보통도 되지 못하고 월등하지도 못한 것은 모방치 아니하여야 한다. 어찌 외국의 문물이라 하면 옥(玉)도 줍고 기와도 주워 일종의 노예적 습관을 양성하리오.[1]

단재는 같은 글에서 모방에는 "동등적(同等的) 모방"과 "동화적(同化的) 모방"이 있다고 말했는데, "그들의 장점을 취하여 우리의 단점을 보충하며 그들의 손해를 거울삼아 우리의 이익을 도모하는 것"이 동등적

---

1   이 글은 단재가 쓴 「同化의 悲觀」 일부분인데 필자가 쉽게 풀어서 인용했음.

모방이고, "외국의 문물이라 하면 옥도 줍고 기와도 줍는" 식의 모방이 동화적 모방이다. 단재는 또, 동등적 모방은 새가 나는 것을 익히는 것과 같고 동화적 모방은 양자(養子)가 되려는 것과 같다고 하였다. 새가 날기를 익히는 것은 성숙한 새가 되기 위한 필연적 과정이며 새로서의 정체성을 지키며 새로 살아남기 위한 당연한 노력이다. 양자가 된다는 것은 자기 가문(家門)의 정체성을 포기하고 다른 가문의 사람이 되는 것을 의미한다. 이러한 모방을 단재는 "노예적 모방"이라 했다.

위의 글에서 단재는 외국의 문물 중에서 "세계에 보통되는 것으로 우리 고유의 문물보다 더 낫거나 비슷하거나 그렇지 않고 보통은 되지 못하는 것이라도 특별히 월등한 것"의 예로 "양복, 단발(斷髮), 양화(洋靴)" 등을 들고, "보통은 되지만 유해하거나 또 보통도 되지 못하고 월등하지도 못한 것"의 예로 "일복(日服), 청복(淸服)" 등을 들고 있다. 이로 보면 단재가 당시로서는 매우 진보적인 사상의 소유자였음을 알 수 있다. 일본 옷이나 중국 옷보다 양복이 실용적이기 때문에 양복을 입는 것이 옳고, 상투를 트는 것보다 머리를 짧게 깎는 것이 여러모로 합리적이기 때문에 단발(斷髮)을 주장한 것이다. 단재가 우리 민족의 국수(國粹)를 내세웠지만 그는 결코 편협한 국수주의자는 아니었다.

세계화 바이러스에 대항할 항체 문화를 만들기 위해서는 두 눈을 똑바로 뜨고 항상 깨어있어야 하는데, 다산과 연암과 단재의 가르침은 우리의 정신을 깨어있도록 하는 데에 커다란 기여를 할 것이라 생각한다. 그리고 이렇게 깨어있기만 한다면 항체 바이러스도 점차 만들어질 것이라 확신한다.

[부록]

김동리의 『사반의 십자가』에 대하여

1. 김동리 문학의 일반적 성격

『사반의 십자가(十字架)』는 『현대문학』지 1955년 11월호부터 1957년 4월호까지 18회에 걸쳐 연재되었고 1958년 일신사(日新社)에서 단행본을 출간되었다.

이 작품을 이해하기 위해서는 김동리(金東里) 문학 전반의 성격을 먼저 알아야 하고 또 김동리 문학 전체의 맥락 속에서 파악하는 것이 이 작품 이해의 관건이라 생각한다. 그래서 김동리 문학의 일반적 성격을 먼저 살펴보기로 한다.

김동리 문학은 순수문학이란 말로써 특징지어진다. 해방 직후 좌·우익의 분열 속에서, 주로 좌익계통의 비평가들로부터 받은 공격의 답변 형식으로 쓰여진 여러 편의 논문에서 그는 자기 문학을 순수문학이라 말한 바 있는데, 이 순수문학은 그가 생각하는 참다운 문학을 지칭하는 것이었다. 그러므로 그가 말하는 순수문학이 무엇인가를 이해하는 것이 김동리 문학 이해의 관건이 된다.

순수무학이란 한마디로 말하면 문학정신 본령정계(本領正系)의 문학이다. 문학정신의 본령이란 물론 인간성 옹호에 있으며 인간성 옹호가 요청되는 것은 개성 향유(享有)를 전제한 인간성의 창조의식이 신장되는

때이니만치 순수문학의 본령은 언제나 휴맨이즘이 기조되는 것이다.[1]

그가 생각하는 순수문학은 "문학정신 본령정계의 문학"이며 그 본질적 기저는 휴머니즘이다. 이 휴머니즘은 김동리 문학 전체를 포괄하는 기본 개념인데, 그는 이를 역사적으로 고찰하여 3기로 구분하고 있다.[2] 그의 말에 의하면 제1기 휴머니즘은 고대의 휴머니즘으로 이것은 다시 이분(二分)된다. 즉 소크라테스, 플라톤을 대표로 하는 "이성적 인간 정신"과 예수를 대표로 하는 "고차원적(高次元的) 영혼 생장의 인간 확립"이 그것이다.

제2기는 "르네쌍스로 표현된 소위 신본주의(神本主義)에 대한 인본주의(人本主義)의 승리"로 나타난 휴머니즘이다. 그는 이 제2기 휴머니즘의 발전 결과 오늘날의 화려한 과학시대가 도래했으며 급기야는 그것이 인간성을 파괴하는 존재로 등장하게 되었다고 말한다. 제2기 휴머니즘의 말기적 현상인 '과학주의'의 병폐를 그는 다음과 같이 지적하고 있다.

현대 과학 정신의 구경적(究竟的) 발달과 발화(發花)의 난숙(爛熟)은 다시 공식주의적 번쇄이론(煩瑣理論)과 과학주의적 기계관을 산출하게 된 것이니, 고대의 신화적 우상(偶像), 중세의 계율화(戒律化)한 신성(神性) 등에 대치된 새로운 현대적 우상이 즉 '과학'이란 이름으로 불러지게 된 것이요 특히 과학주의 기계관의 결정체인 유물사관(唯物史觀)이 그것이다. … 그러나, 이러한 과학주의적 현대적 우상숭배열(偶像崇拜熱)이란 세계사적 문화 창조 의욕에 저해될 뿐 아니라 진실로 민족문화 수립에

---

1 김동리, 「純粹文學의 眞義」, 『文學과 人間』(白民文化社, 1948) 106면.
2 김동리, 앞의 책, 106면.

있어서도 암(癌)이 돋다는 것은 반성해야 한다.[3]

이 제2기 휴머니즘을 극복하고 다음 단계의 휴머니즘으로 나아가려는 지점에서 김동리 문학은 출발한다. 그리고 그는 니체, 하이데거, 딜타이, 헤세, 만, 지이드, 헉슬리 등에 의해서 이미 새로운 휴머니즘 즉 제3기 휴머니즘에의 지향이 천명되었다고 말한다. 이 제3기 휴머니즘에의 지향이 그의 문학의 기저에 깔린 사상이고, '과학'에 의해서 속박당하고 있는 인간성을 해방시키고 옹호하려는 모색 과정이 그의 문학이 걸어온 길이다. 실로 그는 자기 나름으로 동서고금을 종횡하면서 제3 휴머니즘에의 길을 꾸준히 추구해 왔다고 할 수 있다.

실제로 그의 작품에는 이 '제3 휴머니즘' 또는 '제3 세계관'에의 모색이 다양하게 전개된다. 우선 그는 기독교의 유일신에 비판적인 태도를 취함으로써 기독교의 유일신으로 대표되는 서구적인 의미의 신을 거부한다. 예를 들어 「부활(復活)」은 예수를 따르던 사람들 중의 하나인 아리마데·요셉의 수기의 형식으로 되어 있는데 김동리는 이 소설에서 예수의 부활을 기적으로 보지 않고 현실적으로 있음직한 사실로 시종 묘사하고 있다. 즉 십자가에 매달릴 때부터 죽을 때까지의 과정을 자세히 관찰한 아리마데·요셉의 생각으로는, 예수의 체질이나 강인한 성격 등으로 미루어서 하느님의 권능에 의해서가 아니라 물리적인 법칙에 의해서 예수가 다시 살아날지도 모른다고 여긴다. 예수의 부활에 대한 김동리의 생각이 잘 들어난 작품이라 하겠다. 「목공(木工) 요셉」에서도 마리아는 일곱 아이의 똥기저귀에 파묻힌 평범한 아낙네로 그려져 있지 성모(聖母) 마리아의 이미지와는 거리가 멀다. 후술하겠지만 이러한 사정은

---

3 김동리, 앞의 책, 107면.

『사반의 십자가』에서도 비슷하다고 말할 수 있다.

다음에 김동리는, 한편으로는 기독교의 유일신이 지배하고 있고 다른 한편으로는 물질주의, 기계주의가 지배하고 있는 서구정신 자체에 대해서도 회의를 품는다. 회의를 품는다는 것은 그가 말하는 제3 휴머니즘의 가능성을 서구 문명에서 기대할 수 없다는 것이다. 여기서 그는 동양으로 눈을 돌린다. 서양의 신이 아닌 새로운 신, 서양의 이성이 아닌 새로운 이성을 동양에서 더 구체적으로는 한국에서 찾으려 한 것이다. 비교적 최근에 그는 이렇게 말했다.

> 서양 사람들의 기계문명 내지 과학은 그들이 수천년간 정신적 지주로 삼아오던 기독교의 신(神)과 함께 막다른 골목에 다다르게 되었다. 그들의 신만이 니체의 말대로 사망한 것이 아니고 그들의 과학과 기계문명도 인간의 구경(究竟)을 해결하지 못한 채 인간을 불행한 기계의 일부로 타락시켰다는 걸세. 그래서 앞으로의 문학은 이러한 막다른 골목에 다다른 기계문명을 딛고 일어날 수 있는, 새로운 성격의 신을 찾아냄으로써 인간의 구경에도 새로운 해결의 서광(曙光)을 비춰주는 것이라야 한다. 그러기 위해서는 서양 사람들의 잔재(殘滓)를 긁거나 모방을 일삼는 문학을 지양하지 않으면 안 된다. 내가 샤머니즘이다 토속이다 하는 세계로 눈을 돌리게 된 정신적 과정이랄까 경위는 대체로 이런 것일세. 그러니까 일제 강점기나 해방 이후나 일부 평론가들이 나의 「무녀도(巫女圖)」, 「황토기(黃土記)」 따위 작품을 두고 일제의 식민정책에 반항하기 위하여, 민족을 찾는다, 민족의 고유한 것을 찾는다 하여 그 방법으로 그러한 샤머니즘이나 토속 세계를 파헤치게 되었다고 본다면 그것은 너무나 단순하고 피상적인 관찰이 아닐까. 물론 나의 다른 작품들과의 관계에서 볼 때 이러한 샤머니즘이나 토속이 그러한 일면의 의의를 띠고 있는

것도 사실이지만 그것은 어디까지나 부차적인 것이라고 보네. 나는 나대로 서양 사람들의 근대 문학 내지 현대 문학의 결론에서 출발하여 미래의 문학을 시도한 셈일세. 새로운 신의 성격을 찾고 새로운 인간의 구경을 탐구하는 문학으로서, 시각을 동양으로 돌리고 동양하고도 한국으로 돌려서 손댄 게 샤마니즘과 토속과 불교와 그런 것이 되었다네.[4]

김동리의 이 말은 그의 시선이 동양과 한국에만 고정되었다는 것을 의미하지는 않는다. 동양과 서양을 왕래하면서 끝없이 모색하는 과정에 있다고 봐야 할 것이다. 이런 식의 모색은 초기 작품인 「무녀도」에서 이미 나타난다. 이 작품에서 그는 동양적인 것과 서양적인 것을 동시에 제시하고 양자를 대립시켜 놓고 있다. 다음과 같은 갈이 이를 증명해 준다.

무당이라는 것이 말하자면 미신이지요, 미신이니까 개화사상으로나 계몽주의적인 견지로 보아서는 어디까지나 배격해야되는 것이지요. 그런데 이것이 가지고 있는 미신적인 폐습보다는 이 무(巫)가 지닌 한국민족과의 정신적 관계를 근원에까지 올라가서 생각해야 합니다. 그래서 나는 「무녀도」를 쓸 때에는 이 동양적인 것하고 서양적인 것의 대결을 생각했던 것입니다. 그러니까 무당을 통하여 고유적인 한국 정신의 본질을 찾기로 하고 그런 화신으로 무녀 '모화'를 내세워 놓고 이것을 기독교적인 것하고 한 번 대결시켜 본 것이지요.[5]

그가 이 양자의 대결을 통하여 새로운 휴머니즘의 가능성을 찾으려

---

4 金東里, 「샤마니즘과 불교와」(對談), 『文學思想』 창간호, 266면.
5 김동리, 「근대 소설·전통·참여문학」(좌담), 『新東亞』 7월호, 1968.

한 점은 그의 전 작품을 일관하고 있는 경향이다. 그러나 김동리의 생각은 점차 동양 쪽으로, 한국 쪽으로 쏠린다. 과학주의의 질곡(桎梏)으로부터 인류를 구원할 수 있는 새로운 휴머니즘의 가능성이 동양정신에 내재해 있는 것으로 그는 생각한 것으로 보인다. 이렇게 해서 새로운 신의 모습과 새로운 자연을 찾으려는 그의 추구의 흔적이 방대한 동리 문학을 형성하게 되었다. 초기의 「바위」에서 최근의 「을화(乙火)」, 「등신불(等身佛)」에 이르는 방대한 작품은 이러한 추구의 흔적이라 볼 수 있다.

물론 김동리 문학이 이와는 다른 각도에서 논의되기도 했다 그의 문학을 허무주의로 보려는 견해가 한 예이다 사실 불교나 샤머니즘이나 토속 등을 주제로 한 작품의 주인공들이 죽는 것으로 끝나는 경우가 많다. 「무녀도」에서도 모화와 그의 아들 욱이 둘 다 죽어버리고, 「달」, 「당고개 무당」, 「먼산 바라기」 등의 주인공들도 모두 죽는 것으로 끝난다. 이런 계열에 속하지 않는 작품에서도 죽음은 그의 소설에서 중요한 부분을 차지한다. 「밀다원(密茶苑) 시대」에서의 박운삼의 죽음이 그 하나의 예가 될 것이다. 이를 두고 김동리 문학의 본질이 허무주의라는 말이 나온 것같다. 그러나 주인공들의 죽음의 원인을 허무주의에서 찾기보다는, 그가 한국적인 것에서 아직 전적으로 공감하고 긍정할 만한 요소를 발견하지 못한 데에서 찾아야 하리라고 본다. 즉 그의 샤머니즘 계열의 소설에서 무당 주인공들의 빈번한 죽음은 그가 샤머니즘에서 "새로운 신"에 해당하는 요소를 아직은 발견하지 못했음을 설명해 주는 것이다. 그러므로 김동리는 아직까지 모색 과정에 있다.

2. 『사반의 십자가』 분석

『사반의 십자가』도 이상에서 밝혀진 김동리 문학의 맥락에서 크게 벗어나지 않는 작품이다. 이야기의 줄거리는 다음과 같다.

　무대는 로마에 지배받던 유대 나라. 여수의 처형 당시 골고다 언덕에서 예수와 함께 다른 2명의 도적이 십자가에 못 박혔다는 성경 구절을 근거로 김동리가 왼쪽 도적을 사반, 오른쪽 도적을 마나엔이라 이름 붙이고, 사반이 십자가에 못 박힐 때까지의 이야기를 그린 작품이다.

　사반은 유대 나라를 로마로부터 독립시키기 위하여 '혈맹단(血盟團)'이라는 독립운동단체를 만들고 자신이 단장이 된다. 이 혈맹단은 험한 절벽에 동굴을 파고 숨어서 적군을 괴롭히는 일종의 게릴라전을 펴는 소규모의 단체로 되어 있다. 사반은 독립을 앞당겨 성취하기 위하여 메시아를 찾는다. 전통적인 유대교에서 말하는 메시아가, 민족이 고난을 겪고 있는 이때에 나타나기를 희망하고 또 틀림없이 나타나리라고 사반은 믿고 있다.

　그래서 당시 여러 가지 이적(異蹟)을 행하며 사람들을 가르치던 요한과 예수에게 기대를 건다. 그러나 사반은 2차에 걸친 예수와의 면담에서 예수에게 실망하고 전국 규모의 무력 항쟁을 벌이다가 체포되어 십자가에 못 박힌다는 줄거리이다.

　이외에도 소설에는 막달라 마리아와 사반의 사랑, 마리아와 사반이 남매 간이었다는 사실, 적군에게 잡혀간 부인 실바아의 구출 작전 등의 이야기가 잡다하게 전개되지만 소설의 주제와는 직접적인 관계가 없다.

　이 소설에서 김동리가 내세운 일차적인 주제는 천상적(天上的) 성격의 예수와 지상적(地上的)이고 현실주의적인 사반과의 대립이다. 민족 독립이라는 현실적인 문제의 선결을 주장하는 사반과, 육신의 허망함과 하늘나라의 영원함을 앞세우는 예수와의 대립이 이 소설을 지탱하는 가장 중요한 기둥이다. 성격 묘사에 있어서도 천상적 성격의 예수를 부각시키기 위하여 그의 이적(異蹟)들을 그리고 있으며, 사반의 화려한 여성 편력 등을 통하여 그의 지상적이고 인간적인 성격을 강조하고 있다.

　이 양자의 대립의 양상이 가장 극적으로 묘사된 대목은 사반과 예수가 대면하는 장면이다. 이 대면에서, 땅 위의 질서를 바라는 사반과 하늘나라의 영원함을 설득시키려는 예수는 날카롭게 대립한다. 첫 번째 대면은 세리(稅吏) 마태의 집에서 이루어진다. 한편으로는 기대를 가지고 또 한편으로는 의심을 하면서, 예수가 정말 자기가 생각하는 메시아인가를 알아보기 위하여 사반은 예수를 만나지만 결과는 실망이었다. 이 소설에 나오는 사반과 예수의 대화를 임의로 선택하여 인용해 본다.

　　사반: 라삐여, 당신은 우리들이 기다리는 그분이오니까?
　　예수: 사람이여, 그대의 기다림이 하늘나라의 것이라면 나를 따를지니라.
　　사반: 라삐여, 우리는 땅 위에 있나이다. 땅 위에 맺은 것을 땅에서 이루게 하여 주소서.
　　예수: 사람이여 들어라. 사람이 땅 위에 있음은 오직 하늘에 맺기 위함이니라. 사람과 사람이 더불어 맺으면 사람과 함께 멸망할 것이요, 사람과 땅이 더불어 맺으면 땅과 함께 또한 허망할 것이니라. 진실로 내 그대에게 이르노니 사람의 귀중한 생명을 오직 하늘에 맺음으로써 하느님 아버지의 끝없음을 누릴지니라.
　　사반: 라삐여, 이스라엘은 하늘에 맺은 땅이요, 백성이외다. 이스라엘을 땅 위에 서게 하소서.[6]

　여기서 사반은 예수의 생각이 자기의 생각과 근본적으로 다르다는 것

6　김동리,『사반의 십자가』, 日新社, 1958, 84~85면.

을 느낀다. 이런 느낌을 면담이 끝난 후 그의 부하들에게 이렇게 말한다.

> 바로 말하면 나는 그 자리에서 이미 우리와 그의 사이에는 합작하기 어려운 근본적인 차이가 있다는 걸 느꼈네. 우리가 땅을 말하면 그는 하늘을 말하고 우리가 현재를 말하면 그 사람은 과거나 미래를 말하고, 우리가 사는 것을 말하면 그 사람은 죽는 것을 말하는 듯하네. 그러고 보니 나는 그의 뜻을 충분히 이해한다 할 수는 없었지만 하여간 우리와 근본적으로 다른 것이 있다고 보았기 때문에 나는 일단 질문을 중지하고 말았던 것일세.[7]

여기서 사반은 민족 독립에 대한 예수의 생각이 자기의 의견과 근본적으로 다르다는 것을 느낀다. 그러나 사반은 예수에 대한 미련을 떨쳐 버리지 못한다. 작품의 후반부에서 혈맹단이 전국적인 무장 항쟁을 벌이고 있을 때 사반은 마지막 희망을 걸고 다시 예수를 만나 간곡히 호소한다.

> 라삐여, 사람의 생명은 육신과 더불어 있으며, 사람의 육신은 또한 땅과 더불어 있나이다. 로마인이 만약 우리의 땅을 빼앗아버린다면 우리의 생명은 어느 곳에서 또한 하늘나라를 찾아 거듭 날 수 있겠나이까?
> 라삐여, 당신이 세우신 하늘의 왕국은 우리가 죽은 후에나 가는 곳이올시다. 살아있는 우리의 생명은 당신의 왕국이 땅 위에 세워지기를 원하나이다. 지금도 우리의 사랑하는 형제들이 당신의 왕국을 땅 위에 맞이하려고 겔게사의 산위에서 로마인에 의하여 죽어지고 있나이다. 로마

---

[7] 김동리, 앞의 책, 91면.

인의 에움을 풀고 그들을 구해주소서. 그들을 우리와 함께 당신의 왕국
으로 이끌어 주소서.[8]

이렇게 간절한 사반의 요청에도 불구하고 예수의 대답은 전과 마찬가
지였다. 그러나 예수에 대한 사반의 기대가 완전히 무너진 것은 아니었
다. 처형장의 십자가에 매달려서도 사반을 예수에게 최후의 희망을 걸
어본다. 그 장면을 소설은 이렇게 묘사하고 있다.

> 그와 동시에 이 생명의 마지막 선에서 예수가 어떤 메시아로서의 표적
> 을 보이리라고 그는 은근히 기대했던 것이다. 처음부터 예수의 모든 이적
> 과 함께 그를 메시아라고 믿어온 사반은 그가 메시아라면 그 마지막 순
> 간에 반드시 메시아로서의 어떤 권능이 행해지리라고 믿어졌던 것이다.
> 그리고, 만약 어떤 권능이 행해지지 않는다면 그는 메시아가 아닐 것이
> 다. 메시아라면 반드시 이적의 힘으로써 로마인을 쫓고 유대 나라를 구해
> 낼 것이다. 이렇게 믿어온 사반이 그 생명의 마지막 언덕에서 예수와 만
> 나게 되었다는 것은 적지 않은 위로와 희망이 될 수밖에 없었던 것이다.[9]

이런 기대를 가지고 오른쪽 십자가의 예수를 돌아다보며 사반은 계속
해서 메시아의 권능을 보이라고 재촉하지만, 예수는 끝내 불응한다. 김
동리가 사반으로 하여금 마지막까지 예수에게 기대를 걸도록 이야기를
끌고간 것은, 결국 이 기대를 여지없이 무너뜨림으로써 양자 간의 대립
을 극단화하려는 의도인 것으로 보인다. 드디어 "비겁한 자여, 너는 유

---

8 김동리, 앞의 책, 295~296면.
9 김동리, 앞의 책, 359면.

대 나라와 너의 생명을 버리고 오히려 낙원을 찾고 있느냐?"¹⁰라는 사반이 절규로 양자의 대립은 극에 달한다.

여기까지 사반과 예수의 대립을 그리면서 김동리의 시선은 사반 쪽에 더 동정적이다. 휴머니즘을 표방하는 그로서는 당연한 일이라 하겠다. 신(神)에 대해서이건 과학문명에 대해서이건 간에 인간성을 옹호하는 것이 휴머니즘의 본질이기 때문이다. 두 사람의 죽어가는 모습의 묘사에서 이 점은 더욱 뚜렷해진다. 즉 사반은 죽음을 내적(內的)으로 초월해 있는 반면, 예수는 끝까지 육체적인 고통과 죽음의 공포에서 벗어나지 못한다.

> 나는 왜 이렇게 이렇게 죽음이 두렵지 않고 오히려 시원한지 알 수가 없다. 그때 그의 눈에 비친 예수의 얼굴은 잿빛으로 질리었고 그 넓은 이마에는 땀방울이 구슬처럼 송송 달려 있었다. 그것은 죽음 그 자체가 그대로 얼굴에 그려지고 있는 듯한 그렇게도 괴로운 얼굴이었다.¹¹

지금까지의 이야기 전개로 보아 김동리는 예수보다 인간 사반 쪽에 더 많은 비중을 두고 있다. 그러나 인간 사반 쪽에 더 많은 비중을 두었다고 해서 이것이 김동리가 이 작품에서 말하려고 한 결론은 아니다. 그러면 그가 이 소설에서 말하려고 한 것이 무엇인가?

그것은 이 소설의 초간본 후기에서 밝힌 그의 창작 동기에 드러나 있다. 이를 요약하면, 근래 과학문명의 결과 신의 사망을 선언한 인간은 "불안과 혼돈의 풍토"를 스스로 초래했다. 이 불안과 혼돈의 풍토에 인

---

10 김동리, 앞의 책, 365면.
11 김동리, 앞의 책, 360면.

간이 언제까지나 안주할 수는 없다. 그래서 "신과 인간이 면목을 달리하고 손을" 잡을 수는 없을까 하는 생각을 하게 된 것이 이 작품을 쓰게 된 동기이다. 이것은 김동리가 늘 주장하는 제3 휴머니즘에의 길이기도 하다. 그러므로 이 작품은 신과 인간이 "그 본원에 있어서 어떻게 다르며 어떻게 갈렸으며 어떻게 통할 수 있었던가" 하는 문제를 기독교에 한정시켜 모색해 본 작품이라 할 수 있다.

그 결과는 부정적이다. 지금까지 살펴본 바와 같이 인간 사반과 신 예수는 끝내 악수를 못한 채 둘 다 죽어버린다. 작가가 신보다 인간 쪽에 더 비중을 두긴 했지만 그의 말대로 "신과 인간이 면목을 달리하고" 손을 잡지는 못한 것이다. 이는 마치 동양적인 것과 서양적인 것의 대립을 그린 「무녀도」에서 어느 한쪽의 승리나 양자의 결합에 대한 가능성이 제시되지 않고 모화와 욱이 다 죽는 것과 비슷하다.

그러나 이 작품이 「무녀도」와 다른 점은 신과 인간이 악수의 가능성을 완전히 배제하지는 않고 있다는 사실이다. 이 작품의 주인공은 인간 사반이다. 이 인간 사반이 악수에 실패한 신은 기독교의 신이다. 그러므로 기독교의 신이 아닌 다른 새로운 성격의 신과의 악수의 가능성은 여전히 남아있는 셈이다. 김동리에게 있어서 "새로운 신"의 범주에는 동양적인 의미의 신, 특히 불교나 샤머니즘의 신비적 요소도 포함되어 있기 때문이다. 그의 말을 들어본다.

인간과 신의 악수의 가능성은 다음과 같은 조건을 전제로 해야 한다. 그것은 구라파인을 주체로 하여 형성된 〈근대 휴먼이즘〉의 인간상과 아울러 그들에 의하여 살해되었다고 믿어지는 신(기독교의)을 기준으로 해서는 안 된다는 것이다. … 여기서 우리는 〈근대 휴먼이즘〉의 원동력이 된 〈헬레니즘〉의 〈자연〉 이외의 다른 성격의 〈자연〉을 생각할 수 있는 것이다. 새로운 〈자연〉을 거점으로 하는 새로운 〈휴먼이즘〉의 새로운 인간상과 동시에 어디까지나 초자연적 원칙에서만 존재하는 〈히브라이즘〉의 신이 아닌, 새로운 성격의 새로운 신과의 공존과 악수는 반드시 불가능한 것이나 절망적인 것만은 아니라고 믿는다.[12]

예수는 말하자면 '히브라이즘'의 신이니까 사탄은 신 중에서 하나의 신인 예수와 악수를 못한 것뿐이다. 그러면 김동리가 말한 "새로운 성격의 새로운 신"의 실체는 무엇인가? 그의 문학에서 뚜렷이 밝혀지진 않고 있다. 단지 서양적인 것이 아닌 동양적 성격의 신일 것이라는 추측을 할 수 있을 뿐이다.

그러나 적어도 「사반의 십자가」에 관한 한 "새로운 신"은 하닷으로 형상화되어 있는 것으로 보인다. 점성술가인 하닷 노인은 혈맹단의 단사(團師)로 사반의 정신적인 지주로 설정되어 있다. 작품 속에서 하닷은 마치 한국의 무당처럼 신비롭게 그려져 있다. 별을 보고 점을 쳐서 사반의 행동을 지시하는 이 하닷에게 사반은 아무런 이유 없이 끌려 들어간다.

드디어는 하닷의 요청에 따라 그의 딸 실바아와 결혼까지 하게 된다. 이 실바아 또한 신비롭게 묘사되어 있다. 여자로서 다분히 가질 수 있는 모든 감정을 억제하고 남편을 섬기는 동양적 미덕을 지닌 여성으로 그려져 있다. 하닷과 실바아의 인물 설정에 관하여 김동리 자신도 이렇게 말한 바 있다.

가령 『사반의 십자가』의 경우를 보더라도 나는 그 작품에서 지금까지 유럽 사람들이 찾아온 기독교나 기독교의 신을 그리지는 않았어. 그러기

---

12 金佑圭, 「하늘과 땅의 辨證法」(『現代文學』 통권 49호), 320면에서 재인용.

때문에 예수보다도 사반이 주인공으로 되는 거야. 그리고 여주인공 실바아나 실바아의 아버지요 점성술가인 하닷 노인을 우리의 샤마니즘의 변형이라고 보는 편이 옳을 거야.[13]

이런 성격의 하닷과 사반은 작품 속에서 너무나 밀착되어 있다. 그 한 예로, 로마군의 침공을 받아 혈맹단의 본부를 옮기면서 동굴 속에 하닷을 혼자 남겨놓고 왔다는 얘기를 들었을 때의 사반의 비통한 절규는, 사반이 얼마나 하닷에게 연결되어 있는가를 잘 말해주고 있다.

> 내가 잘못인가? … 하닷이 없어선 안 될 것같이 생각하는 내가 잘못인가? 응 스가랴! 나는 어쩜 좋단 말이냐, 응 디메오!
> 스가랴! 내가 용기를 잃은 건가? 하닷이 나의 용기였단 말인가? 나는 무엇을 잃은 건가? 예수? 마리아? 난 마리아나 예수를 잃었을 때에도, 예수에게서 더 기대할 수 없게 되었을 때에도 나는 이렇지 않았다. 하닷이 나에게 무엇이란 말인가? 하닷이 나의 용기란 말인가? 나는 무엇을 잃었단 말인가?[14]

하닷과 헤어져 있는 동안 사반은 마치 정신나간 사람처럼 계속 술만 마신다. 그리고 사반이 로마군에 잡혀서 죽게 되는 직접적인 원인도 하닷에게 있다. 하닷을 찾기 위해 미친 사람처럼 날뛰는 사반을 아굴라가 이용한 것이다. 부인 실바아의 만류를 뿌리치고 하닷을 찾겠다는 일념에서 사반은 아굴라를 따라 나서고 아굴라의 계획대로 그는 잡히고 만다.

---

13 주 4와 같음.
14 김동리, 앞의 책, 309면.

이렇게 볼 때 하닷은 사반에게 있어서 예수보다 더 큰 비중을 차지한다. 사반이 비록 죽기는 하지만 인간 사반은 기독교의 신이 아닌 새로운 신 하닷과 일단 악수를 한 셈이다. 사반과 하닷의 이 결합은 김동리 문학에서 매우 중요한 의미를 지닌다. 사반과 하닷의 결합은 인간과 신의 결합, 서양과 동양의 결합을 의미하는 것으로 보이기 때문이다. 그러므로 우리는 "제3 세계관"을 정립해 보려는 김동리의 원대한 야심을 이 작품에서 읽을 수 있다.

3. 결론

이상에서 살펴본 바와 같이 『사반의 십자가』는 매우 거창한 주제를 심각하게 다룬 작품이다. 말하자면 사상성이 짙은 소설이라 볼 수 있는데 이 점은 그의 소설이 가지는 일반적인 특성이다. 그만큼 김동리는 문학에서 사상성을 매우 중요시하고 있다. 그는 "문학에 있어서의 참된 사상성"이라는 말을 흔히 쓰고 있는데, 이제 그가 말하는 "참된 사상성"의 본질이 무엇이며 그것이 『사반의 십자가』와 어떻게 연결되며, 오늘날 어떻게 평가받아야 하는가 하는 문제를 검토하는 것으로 결론을 삼을까 한다.

그는 사상성이 결여되어 있는 문학의 예로 "공식파(公式派)"의 문학과 "공리파(功利派)"의 문학을 들고 있다.[15] 그에 의하면 공식파의 문학이란 "지주(혹은 자본주)와 소작인(혹은 직공)의 대립 알력에서 방화, 습격으로 끝마칠 수 있는 천편일율의 공식"에 따라 쓰여진 문학으로, 이런 문학은 "사상성에 있어서 완전히 제로"인 문학이라고 한다.

15　김동리 『文學과 人間』이 수록된 「文學的 思想의 主體와 그 環境」 참조.

공리파의 문학은 공식파보다는 소재의 범위가 넓지만, "시대적 사회적 의의"와 "역사적 현실"을 사상성의 표준으로 삼고 있으며, 또한 "유물 변증법적 역사의식"을 기저에 깔고 있는 "정치주의 문학"이란 점에서 그리고 "문학의 자율성"을 부인하는 점에서 공식파의 문학과 다를 바가 없다고 말한다.

그에 의하면 이 공식파와 공리파의 문학은 소위 제2기 휴머니즘의 병폐인 "과학주의적 기계관"에서 벗어나지 못하고 있다. 그가 과학주의적 기계관의 결정체를 유물사관으로 파악한 이유가 여기에 있는 것이다. 그러면 그가 말하는 "문학에 있어서의 참된 사상성"은 어떠한 것인가? 그의 말을 직접 들어본다.

> 시대와 사회를 초월하여 인간이 영원히 가지지 않을 수 없는 인간의 가장 보편적이요 근본적인 문제에 대한 고도(高度)의 해석이나 비평—이것이 문학에 있어서의 참된 사상성 다시 말하면 문학적 사상의 주체가 되는 것이다.
>
> 나는 문학이—특히 장편소설일 때—〈시대적〉 사회적 의의와 공리성을 가질 것을 주장한다. 그러나 그것이 문학적 사상의 주체가 되거나 〈유일한 것〉이 된다고 생각하는 것을 배격한다. 왜 그러냐 하면 참다운 문학적 사상의 주체는 시대와 사회를 초월하여 인간이 영원히 가지지 않을 수 없는 인간의 보편적이요 근본적인 문제—다시 말하면 자연과 인생의 일반적 운명—에 대한 독자적 해석이나 비평에서만 가능한 것이며, 〈시대적 사회적 의의〉니 공리성이니 하는 것들은 이 〈주체적인 것〉의 환경으로써 제2의적 부수적 의의를 가지는 데서 지나지 못하기 때문이다.[16]

---

16 김동리, 『文學과 人間』, 93~94면.

윗 글에서 김동리가 말하는 "문학에 있어서의 참된 사상성"이 무엇인가가 밝혀졌다. 즉 "시대와 사회를 초월하여 인간이 영원히 가지지 않을 수 없는 인간의 보편적이요 근본적인 문제"가 바로 그것이다. 그리고 같은 글에서 그는 "참된 사상성"은 시대적, 사회적 제약을 받지 않기 때문에 "시간적 항구성과 공간적 보편성"을 지닌다고 말함으로써 "참된 사상성"에 제약 조건이 되는 "시대적, 사회적 의의"나 "역사적 현실성"을 "제2의적 부차적 의의"로 돌리고 있다. 물론 부차적이라고 해서 그가 시대적 의의를 무시한 것은 아니다. 그는 "시대적 사회적 의의 또는 공리성 이외의 다른 참된 사상성이란 시대적 사회적 의의를 속성으로 곁들였다는 뜻이다"라고 하여 이점을 분명히 하고 있다. 그러나 "속성으로 곁들였을" 뿐이지 그것이 일차적인 중요성을 갖는 것은 아니다.

우리는 이 지점에서 김동리 문학을 재검토할 필요가 있다. 물론 우리는 보편적이고 범세계적인 시야로 인류 전체의 근본 문제를 집요하게 추구해온 그의 노력을 높이 평가해야 하리라고 본다. 더구나 제3의 휴머니즘을 정립하려는 그의 미래지향적인 자세는 더욱 그렇다.

그러나 보다 근본적이고 보편적인 것을 추구하는 과정에서 이 보편성을 가능케 했던 구체적인 현실을 소홀히 했다는 비난을 면하기 어려울 것이다. 여기서 말하는 구체적인 현실이란 시대와 장소와 민족에 따라서 각기 상이한 특수성을 가지는 살아있는 삶의 현장을 지칭한다. 어느 시대, 어느 장소, 어느 민족이건 구체적인 삶의 현장을 무시하거나 소홀히 한 위에서 보편성이 도출될 수는 없을 것이다. 오히려 자신이 처해있는 현실의 문제들을 심각하게 고민하고 해결해 나가는 과정에서 보편성이 얻어질 수 있다. 여기서, "보편적이고 근본적인 문제"가 어떤 것인가를 김동리 자신의 말을 통하여 살펴본다.

인간은 시대와 사회의 제약 속에 있으나 또 다른 일면에서 그것을 초월하여 있는 것이다. 가령 어떤 시대에는 편발(編髮)을 했었는데 그 다음 시대에는 전발(電髮)을 한다든가 또 어떤 사회에서는 혈족결혼(血族結婚)이 금지되는데 다른 사회에서는 그것이 허용된다든가 하는 것은 모두 인간이 받는 시대와 사회의 제약성의 일례라고 볼 수 있다. 그러나 편발을 했든 전발을 했든 그가 여인인 이상 남성을 그리워한다든가, 또는 혈족결혼을 했든 이족결혼(異族結婚)을 했든 결국 그들은 다 같이 죽음을 이기지 못한다든가 하는 것은 시대와 사회를 초월하여 인간이 영원히 가지는 인간의 일반적 운명인 것이다.[17]

결국 김동리가 말하는 "보편적이요 근본적인" 것은 사랑, 죽음 등이다. 사랑과 죽음의 문제는 "공간적 보편성과 시간적 항구성"을 가진다는 의미에서 참으로 중요한 과제이다. 그러나 그렇다고 해서 사랑과 죽음의 문제가 시대와 사회와 민족을 초월하여 언제나 "제1의적인" 중요성을 가지는 것은 아니다.

때로는 그가 "제2의적 의의" 밖에 가지지 못한다고 말한 문제가 더 절박한 경우도 있다. 예를 들어 식민지 시대의 우리나라에서 "제1의적 의의"를 지닌 문제가 과연 사랑과 죽음이었을까? 우리는 식민지 시대의 민족현실을 회피한 몇몇 식민지 시대 작가들을 알고 있다. 가령 이효석(李孝石)의 경우, 그는 민족 전체가 신음하고 있는 절박한 상황에서 성(性)의 세계로 도피해 버렸다. 성의 문제가 "시대와 사회를 초월하여 인간이 영원히 가지지 않을 수 없는 인간의 가장 보편적이요 근본적인 문제"이고 "시간적 항구성과 공간적 보편성"을 가지는 문제라고 말하는

---

17 주 15와 같음.

것으로, 당면한 민족의 현실 문제에 대한 성실한 처방을 포기하고 회피한 행각이 합리화 되지는 않는다.

김동리의 경우에도, 그는 「무녀도」, 「황토기」 등의 작품을 일제(日帝)에 반항하기 위한 방법으로 민족정신을 내세웠다고 평하는 것을 "단순하고 피상적인 관찰"이라고 했는데 그의 말은 다음과 같은 반문에 답할 수 있어야만 설득력을 갖는다. 즉 일제에의 반항은 "시간적 항구성과 공간적 보편성"을 띠지 못하기 때문에 "제2의적 의의"밖에는 없는가? 일제에의 항거는 공간적으로 우리만의 일이고, 일제의 식민지 지배는 한 특정한 시기에 있었던 일이기 때문에 "참다운 사상성"과는 거리가 먼 것인가? 또 그렇기 때문에 작가의 일차적인 관심의 대상이 될 수 없는 것인가?

김동리의 작품에는 초기의 몇 작품을 제외하고는 그가 살았던 시대 현실을 진지하게 사고한 흔적이 보이지 않는다. 단지 6·25 전쟁에 대해서는 「흥남철수(興南撤收)」, 「밀다원시대(密茶苑時代)」 등의 작품이 있으나 그 큰 민족의 비극을 피상적으로 다루었다는 느낌을 준다. 6·25가 왜 일어났으며, 그것이 민족사에서 어떤 의미를 가지는가 하는 문제 보다는 "시대를 초월한" 인간의 근본적인 문제에 더 관심이 있었기 때문일 것이다. 역사의 현장을 벗어나 본원적인 것, 보편적인 것, 영원한 것을 찾는 일이 가장 손쉽고 안전한 현실도피의 방법이 될 수도 있다는 사실은 모든 작가들이 생각해야 할 점이다.

"신과 인간의 본원적인 문제"를 다루면서 김동리가 독자들에게 전달한 메시지에도 불구하고 오늘날 한국에서는, 예수를 믿는 사람과 불교를 믿는 사람과 무당의 푸닥거리로 병을 고치려는 사람들이 큰 불편 없이 공존하고 있다.

초출일람

- **제1부 다산학과 실학**

  다산 경세론의 인문학적 기반
  『다산 정약용 연구』(실시학사 연구총서 2), 사람의 무늬, 2012

  다산의 사언시에 대하여
  『다산학』 6호, 다산학술문화재단, 2005

  다산학단 연구 서설(序設)
  『다산학』 12호, 다산학술문화재단, 2008

  다산학 연구의 제 문제
  다산 탄신 250주년 기념 강연문, 2012

  18세기 동아시아 문명의 새로운 전환
  『韓國實學硏究』 제10호, 한국실학학회, 2005

  동아시아 실학 연구가 가야 할 길
  『한국실학연구』 12호, 한국실학학회, 2006

- **제2부 선비정신의 명맥**

  조선 전기 사림·도학파의 문학 사상
  『韓國儒學思想大系』 제4권 문학사상편, 한국국학진흥원, 2006

  서애 류성룡의 시문학
  『류성룡의 학술과 경륜』, 태학사, 2008

  지식인의 품격
  원제 「글 배운 사람 구실 참으로 어렵다」, 김우창 외 7명, 『국가의 품격』, 한길사, 2010

  19세기 안동 유림의 활동과 서산학파
  2016년 11월 30일 안동문화예술의 전당에서 열린 〈서산 김흥락의 학문·사상과 서산학파〉 주제의 학술회의 기조 발표문

심산 김창숙의 독립운동과 반독재 투쟁 그리고 교육활동
『한국사 시민강좌』 43호(특집 대한민국을 세운 사람들), 일조각, 2003

- 제3부 한국 인문학이 나아갈 방향

살아있는 전통문화
『오늘의 책』 창간호, 한길사, 1984

인문학의 위기와 그 극복 방안
『국학논총』 제5집, 경산대학교 국학연구원, 2001

한국 고전문학의 번역을 위하여
2008년 한국문학번역원 주최 제2회 세계번역가대회 발표문

한국 고전 번역학의 과제
『고전번역연구』 제1집, 한국고전번역학회, 2019

한국의 한자교육
『새국어생활』 여름호, 1999

향체 문화의 형성을 위하여
『민족예술』 통권 92호, 한국민족예술인총연합, 2003

송재소宋載卲

1943년 경북 성주에서 태어났다. 서울대학교 영문학과와 같은 학교 대학원 국문학과를 졸업하고 『다산 문학연구』로 문학박사학위를 받았다. 한국한문학회 회장을 지냈고, 성균관대학교 한문학과 교수로 정년을 맞았다. 현재 성균관대학교 명예교수, 퇴계학연구원 원장, 실시학사 연구원장이자 다산연구소 이사로 활동하고 있다. 다산 정약용의 학문과 문학세계를 알리는 데 오랫동안 힘써 왔고, 우리 한문학을 유려하게 번역하는 것으로 정평이 나 있다.

지은 책으로 『다산시 연구』, 『한시 미학과 역사적 상상력』, 『한국 한문학의 사상적 지평』, 『주먹바람 돈바람』, 『몸은 곤궁하나 시는 썩지 않네』, 『한국 한시 작가 열전』, 『시로 읽는 다산의 생애와 사상』, 『중국 인문 기행』(1-4권), 『당시 일백수』, 『주시 일백수』, 『차시 일백수』가 있고, 옮긴 책으로 『다산시선』, 『다산의 한평생』, 『역주 목민심서』(공역), 『한국의 차문화 천년』(1-7권, 공역) 등이 있다.

2002년 제3회 다산학술상 대상, 2015년 제5회 벽사학술상, 2023년 제15회 임창순상을 수상했다.

인문학의 뿌리로서의
한국 한문학

2025년 5월 12일 초판 1쇄 펴냄

지은이 송재소
펴낸이 김흥국
펴낸곳 보고사

책임편집 김태희
표지디자인 김규범

등록 1990년 12월 13일 제6-0429호
주소 경기도 파주시 회동길 337-15
전화 031-955-9797(대표)
팩스 02-922-6990
메일 bogosabooks@naver.com
홈페이지 http://www.bogosabooks.co.kr

ISBN 979-11-6587-854-2 (93810)
ⓒ 송재소, 2025

정가 30,000원

사전 동의 없는 무단 전재 및 복제를 금합니다.
잘못 만들어진 책은 바꾸어 드립니다.